金融企业会计丛书

租赁公司与财务公司会计实务

王保平 陈 盈 张 林 著

中国财经出版传媒集团
中国财政经济出版社

图书在版编目（CIP）数据

租赁公司与财务公司会计实务/王保平，陈盈，张林著．－－北京：中国财政经济出版社，2020.12

（金融企业会计丛书）

ISBN 978－7－5095－7242－9

Ⅰ.①租… Ⅱ.①王… ②陈… ③张… Ⅲ.①融资租赁－金融公司－会计实务②金融公司－会计实务 Ⅳ.①F830.39

中国版本图书馆 CIP 数据核字（2017）第 016143 号

责任编辑：张若丹	责任校对：胡永立
封面设计：耕　者	责任印制：党　辉

中国财政经济出版社 出版

URL：http://www.cfeph.cn

E－mail：cfeph@cfeph.cn

（版权所有　翻印必究）

社址：北京市海淀区阜成路甲 28 号　邮政编码：100142

营销中心电话：010－88191522

天猫网店：中国财政经济出版社旗舰店

网址：https://zgczjjcbs.tmall.com

北京中兴印刷有限公司印刷　各地新华书店经销

成品尺寸：170mm×230mm　16 开　27 印张　429 000 字

2020 年 12 月第 1 版　2020 年 12 月北京第 1 次印刷

定价：95.00 元

ISBN 978－7－5095－7242－9

（图书出现印装问题，本社负责调换，电话：010－88190548）

本社质量投诉电话：010－88190744

打击盗版举报热线：010－88191661　QQ：2242791300

金融企业会计丛书专家组

组　长：

王君彩　中央财经大学　　　　教授、博士生导师

成　员：

余应敏	中央财经大学会计学院	博士、教授、博导
罗　乐	中央财经大学会计学院	博士、副教授、博导
朱莲美	中国矿业大学管理学院	博士、教授、博导
金　鑫	中国银行总行	博士
赵会军	工银资本管理有限公司	博士、副总经理
程六满	中国银河金融控股有限责任公司	博士、总监级经理
潘前进	中粮信托有限责任公司	博士后、高级经理

总序

好像就是一晃功夫,金融业就大摇大摆地走进了我们的生活。从改革开放初期只有一家银行,到如今商业银行、保险公司、证券公司、基金公司、期货公司、信托公司、租赁公司和财务公司等各类金融机构五彩缤纷、各显其能,金融监管机构也经历了"一行"裂变出"三会",再由"三会"整合成"两会"了。可以说,过去三十多年的中国金融业,由"一枝独秀"到"八仙过海"的演绎进程历历在目,处处都彰显着金融业的无穷魅力,金融网络的影响力正越来越强地辐射到经济发展和社会生活的方方面面。

几乎与此同时,中国会计业也发生了翻天覆地的变化,从传统的会计制度已经进化为全新的会计准则,实现了会计准则的国际化趋同,并逐步实现等效。进一步地,伴随着经济的演进,包括金融会计准则在内的众多准则也在持续的嬗变之中。

就在我们承接历史积蓄、凭借内在驱动力持续前行之时,十年前的美国金融危机在将美国长期积蓄的金融帝国面纱撕得粉碎的同时,也给世界许多国家带来了致命的冲击。金融会计也未能独善其身。尽管由于中国金融业有序开放的"防火墙"使其还不至于对我们形成致命的伤害,但是,影响不可谓不大、教训不可谓不深。不容置疑,此次金融危机也将改变世界金融格局、洗刷金融理念、重建金融体系。十年轮回,制度涅槃。面对这样一种新的金融环境,对金融风险的认识与控制、对金融产品的创新与监管、对金融公司的营运与管控,甚至于金融业务的分业与混业,都需要进行理性认知和规范操作。从这个意义上说，我们又将面临一个全新的金融时代。

过去三十多年来的沉浸，让我们感受了中国金融的发展与会计的进步，经历了金融行业的发展高潮与艰辛低谷，我们还体会了金融产品的日新月异与管理核算的相对滞后。随着商品市场、资本市场、金融市场的纵横交流和内外一体，我们也越来越认识到，会计作为一种商业语言，既存在着国家之间交流沟通的必要性，也存在着国内企业统一遵循的现实基础，对于任何一个企业，都需要在商业活动中忠实地执行，这对处于全球互动时代的中国金融企业来说，显得更为重要。

本套丛书立足于整体统一框架下，视其内容的信息含量多少分为五个分册：将商业银行、保险公司各自独立成书；将证券公司与基金公司这两个存在紧密关系的行业组合一书；将期货公司与信托公司划为一组，构成一个分册；将租赁公司和财务公司也结合为一体。这样，在2009版《商业银行会计实务》《保险公司会计实务》《证券公司与基金会计实务》《期货公司与信托公司会计实务》《租赁公司与财务公司会计实务》的基础上，根据实践养分和2017年新金融会计准则的变革，新一版的金融企业会计丛书就此诞生。

从感知新准则、传播新准则，感悟新金融、传导新金融的使命出发，本系列专著的作者们以严谨、认真的专业眼光和执着、奉献的职业修炼，承担了本套丛书的创新性修缮活动。他们的目标是选其精华，择其要点，通过精心打造，使之能融合先导和现实，兼容理论与实战，真正演绎为一个个金融企业的会计宝典，为读者提供按图索骥、内容规范、形式新颖的专业会计读本。

书卷多情似故人，晨昏忧乐每相亲。没有食物和水，人们的物质生活将难以为继；而没有读书和领悟，我们也将失去诸多智慧和策略！在各种各样的金融机构遍布大街、时时刻刻可能发生的风险需要我们随时预防的金融时代，希望这套金融企业会计丛书能够像一盏正在燃烧的知识明灯，陪伴你走过新的金融岁月，使你在轻松的阅读中找到准则的神采，在联动的管理中悟出金融会计核算与精算文化的真谛。

      中央财经大学　教授、博士生导师　王君彩
      2019 年 4 月

再版说明

从本丛书上一次出版到现在算起来已经过去差不多八年的时光。本次再版是对相关内容的调整修缮。再版意念衍生久远，真正动手则已跨越三四年之久。

金融与经济鱼水相依，会计与经济血肉相连。回首过去十余载，加入WTO、国企改革、银行股改上市、培育房地产市场，等等，这一个个市场热点先后激发了中国改革开放以来持续时间最长的一个经济增长周期，到2007年达到了周期高点，随后在2008年因美国次贷危机而陡然回落，而随后的"4万亿"刺激政策带来V形反转，不过随着刺激力度逐步减弱、经济增长逐级回落探底，中国经济进入了新常态。这是一个经济结构转换时期，也是经济增长新动力形成和旧动力逐渐弱化这两股力量双重交织的过渡时期。在经济政策重心转向供给侧改革，去产能、去库存、去杠杆、降成本、补短板等成为必然趋势之时，特别需要关注金融与经济的联动。此外，不论是互联网技术在金融领域的嫁接神速，还是资产管理与财富管理的市场效应，都将金融行业置身于整体经济、社会的热点话题中。如何持续创新？如何管理风险？如何在既有基础上实现行业的精耕细作？这些无疑都是一个个全新的时代使命，也给金融企业的会计核算与财务管理提出了相应的探索主题。

因此，在金融宏观调控和金融监管不断加强、金融市场功能显著增强、金融改革取得突破性进展的背景下，金融企业会计也自然而然地担当着相应的核算与管理使命。在规范核算、科学管理的同时，进一步探索行业创新发展的财务机制、提升内部风险管理能力，这是本丛书作者们持续追求的专业境界。经过两年多的打磨之后，修正与完善的手稿终于付梓，也就是您面前的这套金融企业会计丛书。期待您手中这散发着金融企业会计时代气息的书卷，能够带给您新的知识营养。

这次修订，主要在四个方面推进：一是会计确认、计量和报告进一步体现近年来国内金融行业持续的强化监管理念；二是全面适应金融会计理论建设的突飞猛进，对原书部分章节和内容进行了必要的修改，其中，最重要、最核心的指导性文献就是根据2017年4月财政部重新修订的《企业会计准则第22号——金融工具确认和计量》以及2018年7月陆续编写的应用指南等；三是根据近年来相关财税政策的持续调整，对案例作了相应更新，保持与此书出版时最新政策一致；四是对近年来金融创新与金融监督进一步强化所带来的会计新业务，如面广量大的企业都可能参与的新兴业务核算进行了必要阐述，从而尽可能保持与金融行业会计现实的全面对接。

《租赁公司与财务公司会计实务》一书的修订工作，由王保平（浙江东方金融控股集团股份有限公司会计学博士、教授级高级会计师）、陈盈（中国人民公安大学会计学博士、高级会计师）、张林（中国农业银行总行会计学博士、高级会计师）等同志负责完成。在写作的过程中还得到了浙江省国贸集团范佳梦同志的相关配合。由于作者水平有限、加之时间仓促，书中错谬之处敬请读者批评指正。

作者

2020年8月

目 录
Contents

第一篇　会计核算共同篇　/1

第一章　会计核算概论 …………………………………………………… 3
第一节　租赁公司与财务公司的理财使命 ………………………… 4
第二节　租赁公司与财务公司的会计目标 ………………………… 7
第三节　租赁公司与财务公司的会计假设 ………………………… 10
第四节　租赁公司与财务公司的会计信息 ………………………… 11
第五节　租赁公司与财务公司的会计要素 ………………………… 14
第六节　租赁公司与财务公司的会计流程 ………………………… 19

第二章　资产要素核算 …………………………………………………… 24
第一节　金融资产投资核算 ………………………………………… 25
第二节　长期股权投资核算 ………………………………………… 39
第三节　套期保值业务核算 ………………………………………… 53
第四节　衍生金融工具核算 ………………………………………… 57
第五节　金融资产转移核算 ………………………………………… 64
第六节　固定资产核算 ……………………………………………… 71
第七节　无形资产核算 ……………………………………………… 86
第八节　投资性房地产核算 ………………………………………… 95

第三章　负债要素核算 …………………………………………………… 102
第一节　流动负债核算 ……………………………………………… 102
第二节　非流动负债核算 …………………………………………… 119

第四章　损益要素核算 ········· 127
第一节　经营收入核算 ········· 127
第二节　经营支出核算 ········· 134
第三节　经营利润核算 ········· 138
第四节　所得税会计核算 ········· 143

第五章　权益要素核算 ········· 155
第一节　权益概述 ········· 156
第二节　资本核算 ········· 157
第三节　公司资本公积 ········· 160
第四节　公司盈余公积与一般风险准备 ········· 164
第五节　未分配利润的核算 ········· 167

第二篇　租赁公司专业篇　/171

第六章　租赁公司会计核算背景 ········· 173
第一节　租赁公司概述 ········· 174
第二节　租赁公司的功能与监管 ········· 176
第三节　新监管导向下的租赁新时代 ········· 180

第七章　租赁会计准则解读 ········· 182
第一节　既有租赁准则的基本态势 ········· 183
第二节　租赁会计准则的改革导向 ········· 187
第三节　租赁公司会计概述 ········· 193

第八章　租赁公司租赁业务核算 ········· 198
第一节　融资租赁的分类与判断 ········· 198
第二节　融资租赁出租业务核算 ········· 202
第三节　经营租赁业务核算 ········· 210

第九章　一般公司租赁业务的核算 ········· 216
第一节　融资租赁业务的初始计量 ········· 216

  第二节 融资租赁业务的后续计量 ……………………………… 220
  第三节 特殊租赁业务的会计处理 ……………………………… 224

第十章 租赁公司管理及其控制 ……………………………………… 228
  第一节 租赁公司纳入专业监管 ………………………………… 228
  第二节 租赁行业内外联动分析 ………………………………… 229
  第三节 租赁公司内部管控视角 ………………………………… 233

第三篇 财务公司专业篇 /237

第十一章 财务公司会计核算基础 …………………………………… 239
  第一节 财务公司概述 …………………………………………… 239
  第二节 财务公司的功能与使命 ………………………………… 243
  第三节 财务公司会计核算概述 ………………………………… 247

第十二章 财务公司筹资业务核算 …………………………………… 249
  第一节 吸收存款业务核算 ……………………………………… 249
  第二节 发行债券业务核算 ……………………………………… 254

第十三章 财务公司投放业务核算 …………………………………… 261
  第一节 发放贷款的管理 ………………………………………… 261
  第二节 发放贷款的核算 ………………………………………… 263

第十四章 财务公司其他业务核算 …………………………………… 268
  第一节 常见结算业务 …………………………………………… 268
  第二节 往来业务的核算 ………………………………………… 272

第十五章 财务公司管理与控制 ……………………………………… 278
  第一节 产融结合下的财务公司思维 …………………………… 278
  第二节 财务公司风险管控 ……………………………………… 283
  第三节 财务公司流动性风险管理 ……………………………… 286
  第四节 财务公司绩效管理 ……………………………………… 289

第四篇　综合业务与财务报告篇　/295

第十六章　资产减值与债务重组 …… 297
　　第一节　信用减值损失核算 …… 298
　　第二节　资产减值会计核算 …… 305
　　第三节　债务重组会计核算 …… 315

第十七章　会计政策、会计估计变更和差错更正 …… 322
　　第一节　会计政策及其变更 …… 322
　　第二节　会计估计变更 …… 331
　　第三节　前期差错及其更正 …… 335

第十八章　资产负债表日后事项 …… 337
　　第一节　资产负债表日后事项管制概述 …… 337
　　第二节　资产负债表日后事项会计处理 …… 342

第十九章　年度财务报告 …… 350
　　第一节　财务报告概述 …… 350
　　第二节　资产负债表 …… 354
　　第三节　利润表 …… 360
　　第四节　现金流量表 …… 363
　　第五节　所有者权益变动表 …… 377
　　第六节　财务报表附注 …… 381

第二十章　其他财务报告 …… 394
　　第一节　中期财务报告 …… 395
　　第二节　关联方管制披露 …… 401
　　第三节　合并财务报表的编制 …… 403
　　第四节　财务报表分析 …… 410

主要参考文献 …… 415

第一篇 会计核算共同篇

 **开篇有益**

本篇是基于认知租赁公司和财务公司的基本行业特色之后,进入新准则背景下租赁公司与财务公司会计核算的共同性重要篇章。

本篇第一章,从行业背景视角对租赁公司和财务公司进行一个初步的认识。在阐述租赁公司和财务公司的基本态势、经济职能之基础上,系统阐述会计目标、会计假设、会计信息、会计要素和会计流程。

本篇第二章、第三章、第四章、第五章,分别对资产类、负债类、损益类和权益类会计要素进行专门阐述。基于会计准则的专业视角,从新会计准则在租赁公司和财务公司的普遍适用性出发,对此类公司会计相关的常规性、共同性会计活动系统解读。可以说,这四章的学习是一个重点,也是一个难点。学习这四章,务必在掌握相关新旧准则变化基础上,充分吸收相关的新视点,比如金融资产的全新概念等,并利用这些共同性的新理念来为后期分类业务核算提供导航性的知识储备。

因此,认知租赁公司与财务公司的共同核算基础,掌握会计基础与共同要素的学习成为本篇学习的核心内容。

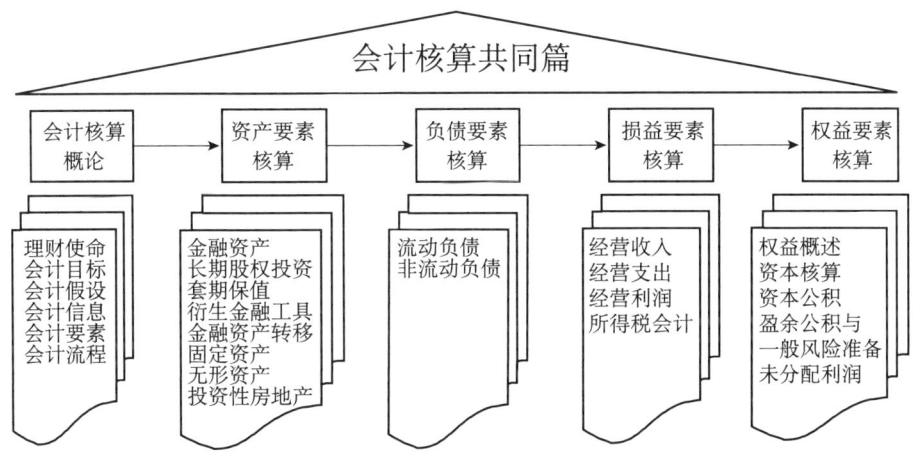

第一章
会计核算概论

本章精要

租赁公司和财务公司,是针对特定对象而开展特定金融服务业务的金融企业,既与整个宏观经济潮流相依为命、相伴而生,又与企业自身运行水平相映成趣,相得益彰。在这种风险与收益"一半是火焰,一半是海水"的情景下,每一个公司对会计的敏感度大大增强,会计环境和会计处理对象也随之日趋复杂。但是,高楼万丈,根基为先。租赁公司和财务公司会计核算的征途便是从本章开始的。

租赁公司和财务公司会计是在何种现实态势下运行的,我们需要从企业背景出发,深刻理解新准则所赋予的特殊会计使命,这是搞好租赁公司与财务公司会计核算的前提。我们知道,目标是一个导向,会计目标能够诱导着会计的价值倾向,所以,必须对会计目标进行适当的探讨;当然,对会计确认、计量与报告所赖以存在的基本前提与假设进行解读自然也是情理之中的事,这些表面多少有些枯燥的内容其实是会计大师们高度提炼过的精神食粮;围绕着会计信息保真度的问题,会计"产品质量"一直关系方方面面的利益,如何通过原则规范与质量标准来确保所生成的会计信息真实可信,也是一个基础性的革命工程,值得分析;结合公司会计,将会计对象归结为哪几类,同样需要关注;不同公司都采用哪些会计科目,是共同的还是个性的,这要给读者一个初始阶段的见面礼;从理论上看,会计确认、会计计量和会计报告的日常流程的布局,也是本章的重要构成内容之一。

本章是跨进整个公司会计领域的初始印象,需要在共同理论基础上衍生出新的"火苗"。

第一节 租赁公司与财务公司的理财使命

一、租赁公司与财务公司的基本态势

包括租赁公司与财务公司在内的金融业在国民经济中处于牵一发而动全身的地位,关系到经济发展和社会稳定,具有优化资源配置、调节经济运行的作用。金融业的独特地位和固有特点,使得世界各国政府都非常重视本国金融业的发展。从1979年起,中国开始推进金融业改革。经过四十多年的改革与发展,中国金融业已经形成一个以中央银行为核心,专业银行为主体,银行业、保险业、证券业、基金业、期货业、财务业、租赁业和财务公司等八类公司渐进发育与并存的现代金融体系。

20世纪50年代,现代租赁在美国出现,然后在世界许多国家得到迅速发展。现代租赁集融资与融物于一身,具有促进投资、商品促销等功能,已经发展成为发达国家设备投资的第二大融资渠道,为经济建设和产业结构调整起到了巨大的推动作用。现代租赁在我国已经有了二十多年的历史,在其发展初期对引进外资和先进设备等方面起到了重要作用,且在当前的产品销售和企业融资新渠道等方面进行着有益尝试,租赁理念正在被人们逐渐认识和接受。但与美国超过30%的租赁市场渗透率相比,我国的渗透率不足1%。由此可见,我国的现代租赁业还有很大潜力可以挖掘,政府正从宏观政策的角度来采取措施,力促我国现代租赁业的发展。

自从中国人民银行1987年批设首家企业集团财务公司——东风汽车财务公司以来,生产资本与金融资本通过财务公司的结合开始了全新的征程。经过初步兴起(1987—1991年)、稳步增长(1991—1996年)、调整规范(1996—2000年)和规范发展(2000年至今)的四个发展阶段[①],多年来,在国家政策的扶持下财务公司发展很快,很受试点企业集团欢迎,也逐渐成为中国非银行金融机构体系中一支不可忽视的力量。从中国财务公司协会获悉,截至2015年,我国224家财务公司实现营业收入981.49亿元,税后净利

---

① 参见中国财务公司协会编:《中国财务公司的发展与前景》,中国金融出版社2005年版。

润 584.08 亿元，同比增长 9.15%。在国有企业收入、利润"双降"的背景下，财务公司正在成为企业集团的效益"稳定器"，许多财务公司坚守产业金融、投身并购金融、推进财银合作、苦练公司内功、强化行业抱团、强化外部监管，形成了在我国经济改革发展和企业集团转型升级的宏大形势下，财务公司行业发展依然"风景这边独好"的势头。近年来，在中国金融监管进入更加规范、更加严格的新时代，金融租赁、财务公司都进入银保监机构严格有序的监管进程中。

从租赁公司与财务公司在整个金融企业中所占据的位置看，其已经成为中国金融企业群体的重要力量之一，这种非银行金融机构与其他金融企业（商业银行、保险公司、证券公司、基金公司、期货公司、信托公司等）一道，正在打造具有中国特色的金融企业群体（见图 1-1）。

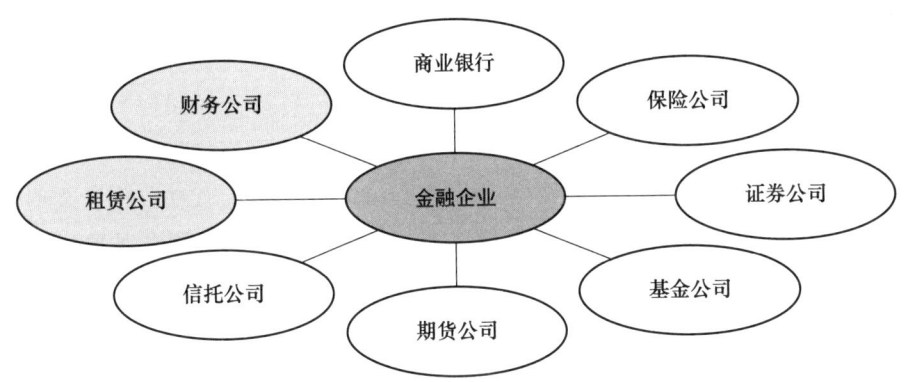

图 1-1　中国金融企业主要类别构成

二、租赁公司与财务公司的经济职能

（一）租赁公司的经济职能

租赁公司①是专门经营租赁业务的公司，是租赁设备的物主，通过提供租赁设备而定期向承租人收取租金。金融租赁公司开展业务的过程是：租赁公司根据企业的要求，筹措资金，提供以"融物"代替"融资"的设备租赁；

---

① 租赁业务包括两大类：一类是实物租赁公司，一类是金融租赁公司。两个的区别点主要在，前者最终只转移使用权，后者最终要转移所有权。因此，金融租赁公司实际上是一家金融机构，与银行不同在于，银行贷款给企业，企业用于购买设备，先付息后归还本金；金融租赁公司是先购买设备，再将设备租赁给企业，企业付租赁费，比如付 5 年的租赁费，5 年租赁费的总和等于本金加利息。

在租期内,作为承租人的企业只有使用租赁物件的权利,没有所有权,并要按租赁合同规定定期向租赁公司交付租金。租期届满时,承租人向租赁公司交付少量的租赁物件的名义贷价(即象征性的租赁物件残值),双方即可办理租赁物件的产权转移手续。其实,金融租赁公司成了兼有融资、投资和促销多种功能,以金融租赁业务为主的非银行金融机构。金融租赁在发达国家已经成为设备投资中仅次于银行信贷的第二大融资方式,从长远来看,金融租赁公司在中国同样有着广阔前景。我国的融资租赁业起源于1981年4月,最早的租赁公司以中外合资企业的形式出现,其原始动机是引进外资。自1981年7月成立的首家由中资组成的非银行金融机构"中国租赁有限公司"到1997年,经原中国人民银行批准的金融租赁公司共16家。1997年后,海南国际租赁有限公司、广东国际租赁有限公司、武汉国际租赁有限公司和中国华阳金融租赁有限公司先后退出市场。目前,经过增资扩股后正常经营的金融租赁公司已经大大增强了实力,并从事公交、城建、医疗、航空、IT等众多产业的支持活动。融资租赁是不同资本市场之间进行资源传导和资本形态转化的有效机制。由于融资租赁具有其他筹资方式所不可比拟的优点,所以在国际上得到普遍使用,其发展速度也首屈一指。20世纪80年代初,作为改革开放的产物,租赁被引进中国,到目前已有了长足的发展,但因各种原因,金融租赁公司普遍存在着经营范围较为混乱、在高风险领域投资规模过多过大又疏于风险控制与资产管理的问题,加之中国市场经济体制不健全,租赁业发展的四大支柱(法律、监督、会计准则和税收)不配套,导致一些金融租赁公司资产质量恶化,出现严重的支付困难、正常的业务经营难以为继的状况。

随着中国市场经济体制的不断完善,中国资本市场的进一步发育成熟,法律、监督、会计准则和税收环境对租赁业的支持力度越来越大,根据十届全国人大常委会立法规划要求,十届全国人大财经委员会组织商务部、中国银监会等部门在充分调查研究、广泛听取各方意见,结合国情,借鉴国外经验的基础上,数易其稿,形成了《中华人民共和国融资租赁法(草案)》(征求意见稿)。融资租赁立法将推进融资租赁业市场化进程,在盘活固定资产、优化资源配置,满足企业技术改造的要求,提高企业技术水平,促进中小企业发展,引导消费,增加就业等方面发挥积极作用。融资租赁的立法将促进融资租赁业的快速发展,在加快折旧、呆账准备、流转税缴纳、关税缴纳、外汇结算资金来源等方面给予了重大政策扶持，宏观政治环境十分有利于中国租赁业的发展。

未来的几十年是中国经济迅速发展的时期，国家将继续对能源交通和基础设施大力投资，中国企业经过几十年市场化运作和积累后急需产业更新和技术改造，这些都会带来大量的成套设备、交通工具、专用机械的需求，而发达国家的成功经验已经证明了租赁是解决这些需求的最有效途径。今后市场的巨大需求是租赁业务发展的最好时机。

（二）财务公司的经济职能

财务公司是指以加强企业集团资金集中管理和提高企业集团资金使用效率为目的，为企业集团成员单位（以下简称成员单位）提供财务管理服务的非银行金融机构。

财务公司可以经营下列部分或者全部业务：一是对成员单位办理财务和融资顾问、信用鉴证及相关的咨询、代理业务；二是协助成员单位实现交易款项的收付；三是经批准的保险代理业务；四是对成员单位提供担保；五是办理成员单位之间的委托贷款及委托投资；六是对成员单位办理票据承兑与贴现；七是办理成员单位之间的内部转账结算及相应的结算、清算方案设计；八是吸收成员单位的存款；九是对成员单位办理贷款及融资租赁；十是从事同业拆借；十一是中国银行业监督管理委员会批准的其他业务。

此外，符合条件的财务公司，可以向中国银行业监督管理委员会申请从事下列业务：经批准发行财务公司债券；承销成员单位的企业债券；对金融机构的股权投资；有价证券投资；成员单位产品的消费信贷、买方信贷及融资租赁。

第二节 租赁公司与财务公司的会计目标

我们知道，租赁公司与财务公司的会计核算是将会计学的基本原理、专业方法和处理流程应用于租赁公司与财务公司的各项业务和财务活动的处理中，以货币为主要计量形式，采用特定方法，对租赁公司与财务公司的经营活动内容、过程和结果进行核算与监督的行业会计，是租赁公司与财务公司管理活动的重要组成部分。

租赁公司与财务公司会计的目标定位是什么？可以明确地说，会计目标是财务会计工作总体的目的性要求，它是会计职能的具体化，往往作为会计研究的逻辑起点。由于会计目标和会计职能的内在联系，西方会计学界强调会计目标，我国会计学界过去注重分析会计职能，现在也开始强调会计目标。职能与目标，这是基于不同的视角来观察会计运行的目的，即是期望达到主观要求还是发挥客观功能的侧重点区别而已。

目前，会计界普遍接受会计目标的概念，但不同学派对会计目标的理解也有不同。如"决策有用性学派"，认为会计目标是向信息使用者提供有用的信息，而"经济责任学派"则认为会计目标是反映和报告受托经济责任及其履行情况。在西方国家，在会计目标的选择上，决策有用观经常占据上风，因此会计信息质量特征都重视相关性和决策价值。而我国大多数学者认为，基于我国的会计环境，对会计目标的定位不能单纯地对受托责任观和决策有用观二者选择其一，要制定适应我国会计环境的会计目标。有鉴于此，关于我国企业会计目标，根据与国际趋同的准则理念，集中起来看，就是向财务报告使用者提供与企业财务状况、经营成果和现金流量等有关的会计信息，并反映企业管理层受托责任履行情况，有助于财务报告使用者作出经济决策。

结合我国经济环境与会计改革的持续性进步，租赁公司与财务公司会计的目标定位，已经越来越趋于明确的统一，集中概括为两点，其具体内涵分别是：

一、充分体现决策有用观的宗旨

任何企业，包括租赁公司与财务公司在内，其会计的根本目标是为了满足财务报告使用者的信息需要。财务报告使用者主要包括投资者、债权人、政府及其有关部门和社会公众等。如果企业在财务报告中提供的会计信息与投资者的决策无关，那么财务报告就失去了其向投资者报送的真正价值与内在意义。根据投资者决策有用性目标，财务报告所提供的信息应当如实反映企业所拥有或者控制的经济资源、对经济资源的要求权的变化情况；如实反映企业活动的各项收入、费用、利得和损失的金额及其变动情况；如实反映企业各项经营活动、投资活动和筹资活动等所形成的现金流入和现金流出情况等。凭借这些能够体现企业经营过程与成果的会计信息，有助于现在的或者潜在的投资者正确、合理地评价企业的资产质量、偿债能力、盈利能力和营运效率等；有助于投资者根据相关会计信息作出理性的投资决策；有助于投资者评估与投资有关的未来现金流量的金额、时间和风险等。

除了投资者之外，企业财务报告的使用者还有债权人、政府监管机构及有关部门、社会公众等。财务报告中提供有关企业发展前景及其能力、经营效益及其效率等方面的信息，可以满足社会公众的信息需要。应当讲，这些使用者的许多信息需求是共同的。由于投资者是企业资本的主要提供者与最终利害关系人，通常情况下，如果财务报告能够满足这一群体的会计信息需求，也可以满足其他使用者的大部分信息需求。

对于包括租赁公司与财务公司在内的金融企业来说，会计信息的有用性应该考虑到租赁公司与财务公司会计信息使用者的构成以及他们决策的特殊性。租赁公司与财务公司的会计信息使用者的数量要比一般工商企业多，其构成也复杂得多。因此，租赁公司与财务公司会计信息的提供要考虑到不同使用者对会计信息的特殊需求。比如，金融监管当局需要能够反映租赁公司与财务公司风险状况、资本充足度、贷款质量等方面的信息；而租赁公司与财务公司的客户需要了解公司的资产质量、准备金的充裕状况、支付利息的能力等方面的信息。租赁公司与财务公司的会计系统只有提供能满足其会计信息使用者的特殊需要的会计信息才能够算得上是有用的。

二、始终体现受托责任观的使命

现代企业制度强调企业所有权和经营权相分离，企业管理层是受委托人之托经营管理企业所有的资产，负有受托责任。即企业管理层所经营管理的企业各项资产基本上均为投资者投入的资本（包括留存收益作为再投资）或者向债权人借入的资金所形成的，企业管理层有责任妥善保管并合理、有效运用这些资产。企业投资者和债权人等需要及时或者经常性地了解企业管理层保管、使用资产的情况，以便于评价企业管理层的责任情况和业绩情况，并决定是否需要调整投资或者信贷政策，是否需要加强企业内部控制和其他制度建设，是否需要加强和更换管理层，等等。因此，作为会计最终产品的财务报告，很显然，应当反映企业管理层受托责任的履行情况，以有助于外部投资者和债权人等评价企业的经营管理责任和资源使用的有效性。

第三节 租赁公司与财务公司的会计假设

租赁公司与财务公司会计面对的是变化不定的社会经济环境，必须对所依附主体的交易或事项作出基于特定理念下的专业判断，即务必规定会计确认、计量和报告所依赖的一系列基本的前提条件，才能使会计确认、计量与报告工作正常进行。这种前提是基于一种专业的科学性判断，又称为会计假设。会计假设的科学、全面、完整，决定着会计理论框架的科学、全面、完整，决定着会计确认、计量和报告的整体水准和对会计实践的指导能力。概括而言，会计假设包括四个方面：

1. 会计主体

租赁公司与财务公司要对其本身发生的交易或者事项进行会计确认、计量和报告，就要明确边界线，即会计主体假设。主体假设就是会计确认、计量和报告是用来说明特定企业个体所发生的交易或事项的，对该特定个体的各项生产经营活动的记录和反映应当与其他相关主体的活动严格分开，包括与所有者的活动、债权人的活动以及交易对方的活动相分离。只有这样，才能明确特定会计主体的态势。在公司，通常是以独立法人主体为会计主体的，而对在同一法人主体之下的分支机构则不作为完全独立核算的会计主体（如总公司下属的省分公司，作为内部报账的核算单位与考核主体，但并不对外提供会计报告）。

2. 持续经营

租赁公司与财务公司会计确认、计量和报告应当以持续经营为前提，即持续经营假设。其基本含义是指会计主体的经营活动将按照现在的形式和既定的目标无限期地继续下去，在可以预见的将来，会计主体不会进行清算，它所持有的资产将按照预定的目的在正常经营过程中被耗用、出售或转让，它所承担的债务也将如期偿还。

持续经营假设是整个权责发生制会计大厦所赖以建立的基础。例如，资产的计量尺度有历史成本（购买成本）、重置成本、现行市价、变现价值等多种形式。在一份财务报表中究竟采用哪一种计量尺度，就与企业是否能够持续经营下去这个前提有密切的关系。

3. 会计分期

租赁公司与财务公司应当划分会计期间，分期结算账目和编制会计报告。会计期间分为年度和中期。中期是指短于一个完整会计年度的报告期间。会计期间假设的基本含义是：连续不断的经营过程可以被划分为特定、相等的时间单位，以便对企业的经营状况进行及时、连续的反映。这种为了会计核算的需要而人为划分的相等时间单位，就称为会计期间。

4. 货币计量

租赁公司与财务公司会计应当以货币进行计量。货币之所以成为会计信息的计量工具，是因为其具有下列功能：其一是货币的价值尺度，无论实物、劳动还是其他财富形式，大多可以用货币来表示；其二是货币的交易媒介功能，是对经济交易从价值方面进行记录的最通用的单位；其三，货币可以作为信用的衡量尺度和延期支付的标准，因此，它是借贷合同或者其他契约赖以产生和顺利履行的基础；其四，货币作为财富的一种标志，是企业组织投入与产出的最终表现形式。可见，货币天然是计量、描述企业经营活动和财务成果的工具。

第四节 租赁公司与财务公司的会计信息

会计信息就是一个企业会计经过科学的流程、专业的加工、严格的审查、精心的编排之后，奉献给会计报表使用者的"产品"。这个"产品"的质量显然是众目睽睽的焦点问题。正因为会计信息相当复杂、相当敏感，促成了从会计理论到会计实践，都极为关注会计信息的质量问题，这也是会计准则总是将这些主题作为基本准则条款的现实理由。

会计信息质量特征是会计信息所应当达到或满足的基本质量要求，它是会计系统为达到会计目标而对会计信息的外在约束机制。国际会计准则委员会（IASC）提出了可理解性、相关性、重要性、可靠性、真实反映、实质重于形式、中立性、审慎、完整性、可比性、效益和成本等会计信息质量特征。其中，可理解性、相关性、可靠性和可比性作为四个主要质量特征，而将及时性、效益和成本、公允表述等作为限制因素。美国财务会计准则委员会（FASB）则坚持认为，相关性和可靠性是会计信息应具备的首要质量特征

（相关性由预测值、反馈值和及时性构成，可靠性由可核性、中立性和反映真实性构成），提供会计信息还受到普遍性约束条件——"效益＞成本"，以及承认质量的起端——"重要性"的约束。

新准则在充分研究与借鉴国内外会计信息质量特征研究成果的基础上，基本形成了中国企业包括租赁公司与财务公司在内的会计信息质量特征体系，这种会计信息质量特征主要表现如下：

第一层是两个约束条件——成本效益、可理解性。作为经济约束条件是成本效益，即只有当其可能获得的收益大于履行成本的时候，提高会计信息质量的举措才是可行的。当然，"收益＞成本"应该是站在全社会角度，以增进全社会利益为目的，不应局限于个别企业、个别投资者等小范围内的利益。作为表达方式约束条件，则是可理解性，即要求会计信息的表达要易于理解，要使使用者可以比较容易地理解其真实含义。

第二层是核心质量特征：即在真实性与相关性作为主要信息特征前提下的可比性、及时性、明晰性、谨慎性、重要性和实质重于形式同时并举。这些信息质量特征都具有进一步的细化内涵，具体包括以下内容：

1. 真实性

真实性（等同于客观性、真实性、可靠性）要求会计信息客观地反映、如实地表达经济对象。即会计计量的结果要与它所反映的经济对象或经济事项相一致。对租赁公司与财务公司来讲，由于租赁公司与财务公司业务及信息的复杂化，真实地反映客观的经济现象就显得更为重要。而且，租赁公司与财务公司的交易大多是"无形"的，如何真实地表达，是一个十分复杂的问题。一般认为，当信息没有重要错误或偏向，并且能够忠实反映其所要反映或理当反映的情况，以供使用者作依据时，信息就具备了真实性。

2. 相关性

相关性是指会计信息要与使用者的使用目的相关，一般认为会计信息应具有与决策相关联、能够影响决策的能力。对于租赁公司与财务公司信息披露来说，相关性就意味着披露更广泛的信息。这主要是因为金融业务日趋复杂化，租赁公司与财务公司所开展的业务也越来越多，混业经营是世界的潮流，只有把握好相关性，以适当的方式披露与租赁公司与财务公司相关的所有信息，才能更好满足使用者的要求。

3. 可比性

可比性是指不同企业或同一企业不同时期的会计核算与信息披露应当按

照规定的会计方法进行，会计指标应当口径一致，相互可比。对租赁公司与财务公司而言，不同类型的租赁公司与财务公司之间是没有可比性的，而相同类型与规模的租赁公司与财务公司间的比较才有意义。

4. 及时性

及时性是对信息提供时效的要求。它要求对于需要披露的事实，要在事实发生后尽可能短的时期内予以披露。及时与否对于一个信息的价值影响很大。事过境迁的信息对于使用者的决策很难说仍具有相关性。及时性对于租赁公司与财务公司来说有特别的意义，主要是因为租赁公司与财务公司日常资金流动量很大，交易十分迅速，导致企业经营的快速运转，这些就需要会计信息及时披露才能使投资者获得相关的信息。

5. 明晰性

明晰性要求租赁公司与财务公司提供的会计信息应当清晰明了，便于财务报告使用者理解和使用。在会计确认、计量过程中，坚持明晰性原则，就是要求会计记录准确、清晰，填制会计凭证、登记会计账簿必须做到依据合法、账户对应关系清楚、文字摘要完整；在编制会计报表时，就是要求项目勾稽关系清楚、项目完整、数字准确。

6. 谨慎性

谨慎性是指会计在对存在不确定性的交易进行确认、计量和报告时，必须以审慎、保守的态度与做法来处理；在提供的会计信息中应使主要会计指标尽可能地趋于稳健，避免收入、利润与利得的虚增和费用、成本与损失的虚减。

7. 重要性

重要性是指会计信息应该对那些相对比较重要的项目予以全面和尽可能详细的披露。重要性是对信息披露范围的一个补充限制。如披露大量不重要信息，必然淹没其他重要信息，削弱重要信息的被关注程度。重要性本身没有确切的衡量标准，哪些情况重要，是否需要在财务报告中披露，主要靠会计人员的经验判断。由于租赁公司与财务公司业务的复杂化、交易迅速、交易数量巨大，因此需要充分利用重要性原则，对哪些信息需要详细披露、哪些信息只需简要披露、哪些信息无须披露等作出合理安排。

8. 实质重于形式

实质重于形式，要求应当按照交易或者事项的经济实质进行会计确认、计量和报告，不应仅以交易或者事项的法律形式为依据。外在法律形式或人为形式并不总能完全反映其实质内容。所以，会计信息要想反映其所拟反映的交易或事项，就必须根据交易或事项的实质和经济现实，而不能仅仅根据其法律形式进行核算和反映。

第五节　租赁公司与财务公司的会计要素

会计要素是对会计对象的基本分类，是会计用于反映会计主体财务状况、确定经营成果的基本单位。从公司会计来说，其核算对象是经济资源的来龙去脉，而财务状况就是某一时点的各种资源（融入资金、吸收存款等）的占用、运用和来源情况。要表明企业的财务状况，就需要按一定标准对各种经济资源的占用和来源进行分类，并体现到会计报表上。

公司应当按照交易或者事项的经济特征确定会计要素。会计要素有两大类，第一类体现一定时点（如资产负债表日）资产、负债、权益等财务状况的要素，即处于这一时点的资本运动的相对静止状态；第二类包括收入、费用和利润，是反映一定时期（如一个会计年度）经营成果的会计要素，即这一时期的资金运动显示的变化状态。从逻辑关系上看，前者的时点数是一个会计期间的基础或结果，而后者则始终是处于两个时点之间的一个动态过程，二者之间就是结果与过程的关系。正是这样的"期初时点数、本期时期数和期末时点数"的逻辑关系，将起源于唐宋的"四柱结算法"（旧管＋新收－开除＝实在）应用到了极致，其中的科学道理值得关注。公司会计也就是这样的循环往复，才使得企业持续、恒定地向前发展。现对上述六类会计要素进行具体阐述（见图1-2）。

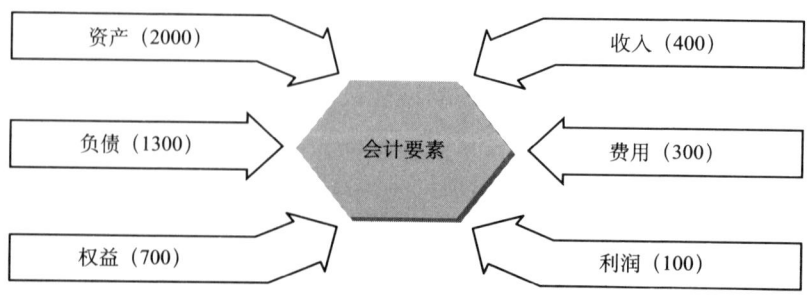

图1-2　会计要素关系示意图

一、资产

对任何一个公司来说，资产都是指企业过去的交易或者事项形成的、由企业拥有或者控制的、预期会给企业带来经济利益的资源。符合资产定义的资源，在同时满足以下条件时，确认为资产：一是与该资源有关的经济利益很可能流入企业，即该资源有较大的可能直接或者间接导致现金和现金等价物流入企业；二是该资源的成本或者价值能够可靠地计量。

租赁公司与财务公司的资产，按其流动性特征可分为流动资产和非流动资产。

（一）流动资产

流动资产是指可以在1年内（含1年）变现或耗用的资产。租赁公司与财务公司的流动资产种类繁多，表现各异，主要包括货币资金、拆出资金、交易性金融资产、衍生金融资产，等等。除了以上这些公司的共同流动资产项目外，各家还有其特殊项目，比如，财务公司所持有的存放中央银行款项、存放同业等流动资产项目，租赁公司所特有的未担保余值等流动资产项目。

（二）非流动资产

租赁公司与财务公司的非流动资产包括以摊余成本计量的金融资产、以公允价值计量且其变动计入公允价值或其他综合收益的金融资产、长期股权投资、投资性房地产、固定资产、无形资产、递延所得税资产、其他资产等。除此之外，财务公司发放的长期贷款等、租赁公司的长期应收款等，也都是具有行业特色的非流动资产项目。现先对几个相同项目进行概括解读：

（1）以摊余成本计量的金融资产，是指以收取合同现金流量为目标作为业务模式、在特定日期产生的现金流量仅为对本金和以未偿付本金为基础所计利息的支付的金融资产。

（2）以公允价值计量且其变动计入其他综合收益的金融资产，是指既以收取合同现金流量为目标又以出售该金融资产为目标作为其业务模式、在特定日期产生的现金流量仅为对本金和以未偿付本金金额为基础所计利息的支付的金融资产。

（3）长期股权投资，是指持有时间准备超过1年（不含1年）的各种股权性质的公司权益性投资。

（4）投资性房地产，是指为赚取租金或资本增值，或两者兼有而持有的房地产。主要包括：已出租的土地使用权；持有并准备增值后转让的土地使用权；已出租的建筑物。

（5）固定资产，是指为租赁公司与财务公司开展经营活动和管理工作而持有的，使用年限超过1年，单位价值较高的有形资产。

（6）无形资产，是指为租赁公司与财务公司开展经营活动和管理工作而持有的、没有实物形态的非货币性长期资产。

（7）其他资产，包括长期待摊费用及商誉等。

二、负债

租赁公司与财务公司的负债是指企业过去的交易或者事项形成的、预期会导致经济利益流出企业的现时义务。现时义务是指企业在现行条件下已承担的义务。未来发生的交易或者事项形成的义务，不属于现时义务，不应当确认为负债。符合负债定义的义务，在同时满足以下条件时，确认为负债：一是与该义务有关的经济利益很可能流出企业；二是未来流出的经济利益的金额能够可靠地计量。

租赁公司与财务公司的负债按其流动性可以划分为流动负债和非流动负债两大类。

（一）流动负债

流动负债是指将在1年（含1年）内偿还的债务。租赁公司与财务公司流动负债，既能有共同性项目，如短期借款、拆入资金、交易性金融负债、衍生金融负债、卖出回购金融资产款、应付佣金及手续费、应付职工薪酬、应交税费、应付利息等；也有特定项目，如财务公司的向中央银行借款、同业及其他金融机构存放款项、吸收集团成员企业存款等项目，等等。

（二）非流动负债

公司的非流动负债包括预计负债、长期借款、应付债券、各类长期准备金、递延所得税负债、其他负债等。

三、所有者权益

所有者权益是所有者在企业资产中享有的经济利益，其金额是资产减去负债后的余额，即所有者享有的企业净资产。对于租赁公司与财务公司来说，使用负债往往以支付利息为代价，而所有者权益的使用不需要支付利息；企业清算时，所有者权益只有在清偿所有的负债之后才返还给所有者。

租赁公司与财务公司的所有者权益包括投入资本和留存收益两大部分，具体又分为实收资本、资本公积、盈余公积和未分配利润等项目。实际运行中，针对不同公司的情况，也存在着具有特色的权益项目，如财务公司的一般风险准备，也都是其所有者权益的组成部分。

四、收入

租赁公司与财务公司的收入是指企业在日常活动中形成的、会导致所有者权益增加的、与所有者投入资本无关的经济利益的总流入。需要强调的是，收入是日常活动中产生的，而产生于非日常经济活动的经济利益流入就不能作为收入，而应该作为利得，如营业外收入；收入的增加有多种表现形式，既可能表现为资产的增加，也可能表现为负债的减少。收入增加的结果是会引起所有者权益的增加。公司对于收入的确认，只有在经济利益很可能流入从而导致企业资产增加或者负债减少，且经济利益的流入额能够可靠计量时才能进行。

从租赁公司与财务公司所提供的金融服务性质来看，其收入主要包括：租赁收入、利息收入、手续费及佣金收入、投资收益、公允价值变动损益、汇兑收益和其他业务收入，而不包括为第三方或者客户代收的款项。

五、费用

租赁公司与财务公司的费用是企业在销售商品、提供劳务等日常经济活动中发生的经济利益的流出。费用是日常活动中发生的经济利益流出，不属于日常活动发生的经济利益流出则不属于费用，而归属于损失，如营业外支出。费用发生也有多种表现结果，可以是资产的减少，也可以是负债的增加。费用将引起所有者权益的减少。

费用只有在经济利益很可能流出从而导致企业资产减少或者负债增加，且经济利益的流出额能够可靠计量时才能予以确认。

租赁公司与财务公司的费用包括营业成本和期间费用两大类：

营业成本，就一般意义来看，主要是指公司在其业务经营过程中发生的与业务经营直接相关的支出。对于不同类型的公司，其营业成本的具体表现形式不尽相同。比如，在财务公司，其营业成本是指在业务经营过程中发生的与业务经营有关的支出，包括利息支出、手续费及佣金支出等。而在租赁公司，其营业成本也是其开展对外租赁活动所必需的成本支出，如融资租赁的设备成本买价及相应的利息支出、经营租赁的设备折旧等。

期间费用，是指在租赁公司和财务公司日常发生的，为了确保其业务经营及管理工作的正常进行的各项费用。其包括：自用固定资产折旧、业务宣传费、业务招待费、电子设备运转费、安全防卫费、坏账损失、财险费、邮电费、劳动保护费、外事费、印刷费、分杂费、低值易耗品摊销、理赔勘察费、职工工资、差旅费、水电费、租赁费、修理费、职工福利费、职工教育经费、工会经费、税金、会议费、诉讼费、公证费、咨询费、无形资产摊销、长期待摊费用摊销、待业保险费、劳动保险费、取暖费、审计费、技术转让费、研究开发费、绿化费、董事会费、上交管理费、银行结算费等。

六、利润

租赁公司与财务公司的利润是指企业在一定会计期间的经营成果。利润是指企业在一定会计期间的经营成果，包括收入减去费用后的净额、直接计入当期利润的利得和损失等。利润包括营业利润、利润总额和净利润三个层次。

第一层次：营业利润＝营业收入－营业成本

第二层次：利润总额＝营业利润＋营业外收入－营业外支出

第三层次：净利润＝利润总额－所得税费用

《企业会计准则——基本准则》将利得和损失纳入利润要素的构成中，规定："利润金额取决于收入和费用、直接计入当期利润的利得和损失金额的计量。"直接计入当期利润的利得和损失，是指应当计入当期损益、会导致所有者权益发生增减变动的、与所有者投入资本或者向所有者分配利润无关的利得或者损失。因此，收入、费用、利得和损失等要素及项目之间的数量关系共同决定了商业银行在某一特定期间的经营业绩，即：利润＝收入－费用＋利得－损失。

在准确理解上述会计利润计算过程后，我们可以从更一般、更宽泛的原理来分析六大会计要素之间的关系。即如果将利得视为收入、将损失视为费用，那么，广义的收入、费用和利润等三个要素通过如下等式形成了相互之同的数量关系，进而反映商业银行在某一特定期间的经营业绩：

收入 − 费用 = 利润

这一等式从动态角度描述了租赁公司与财务公司在一定期间内资产及对资产要求权的变动和变动的结果，描述了利润、收入、费用三要素之间的关系，从而形成了编制利润表的理论依据。正因为这三个动态会计要素的内容构成了利润表内的各个具体项目，因此，可认为利润表是对这一等式的扩展和具体体现。此外，如果撇开利润分配和资本增减业务，在利润表要素和资产负债表要素之间，存在着明显的勾稽关系。在一定期间内，净利润额必然与净资产的增加额，即与所有者权益的期末增加数相等；亏损必然与净资产的减少数，即所有者权益的期末减少数相等。

总结上述六类会计要素之间的逻辑关系，可以归结如下：

资产 − 负债 = 权益

收入 − 费用 = 利润

这两者逻辑关系组合在一起，就形成了租赁公司与财务公司会计报表的完整体系。

第六节 租赁公司与财务公司的会计流程

租赁公司与财务公司会计流程，无疑是将租赁公司与财务公司会计的各个构成要件，按照其内在关系，科学、高效地组织起来，使得租赁公司与财务公司会计能够有条不紊地推进的系统工程。也就是说，流程是在会计凭证、会计账簿、会计报告三个载体之间，通过设置会计科目、采用复式记账、登记会计账簿、计算成本费用、进行财产清查，编制会计报表等方法构成有机的处理系统。本书所谓会计流程，就是会计这一系统工程正常运行所依赖的诸个主体骨架，即会计确认、计量与报告三步。从确认到计量，最后形成报告，这三步必须环环紧扣，缺一不可。

一、会计确认

作为会计流程的第一项重要程序，确认是指依照准则规范来确定某一项目、交易或事项应否、应在何时以及如何列作一项会计要素（如资产、负债、所有者权益、收入、费用或利润）正式地记入会计账内、列入会计报表的过程。广义的会计确认包括在记录中的初始确认与在报表中的最终确认两个方面，而通常意义上的会计确认仅指会计报表的确认，因会计记录最终是为会计报表披露有用信息服务的。显然，会计确认要解决的问题是"应否确认""何时确认""如何确认"三个问题。美国财务会计准则委员会（FASB）指出，确认一个项目和有关的信息要符合四个标准：一是符合要素定义；二是可计量性；三是相关性；四是可靠性。只要符合这些标准就应在成本效益与重要性前提下予以确认。国际会计准则委员会（IASC）提出的确认标准是三条：一要满足要素定义；二要与该项目有关的任何未来经济利益可能流入或流出企业；三要确保该项目具有能够可靠计量的成本或价值。综合二者，我们自然可以获得确认的一般标准为"符合要素定义与能够可靠计量"，二者缺一不可。

二、会计计量

会计计量是指用数量尤其是用金额对应该列入报表的各项会计要素加以描述的基本方式。会计计量通常被认为是会计的核心问题。基于已经拥有了货币计量的会计假设，会计计量则主要意味着会计计量属性的选择问题。计量属性是指会计要素可用货币计量的各种特征。会计计量实际上也是一个动态过程，往往不能一次性完成，除了初始计量，还有后续计量，多数情况下，随着业务的进行，计量属性随着计量模式会持续地发生改变。如期末资产价值的减损、物资盘盈盘亏或资产价值重估等，这些因素均会导致会计计量模式的调整。我国《企业会计准则——基本准则》第四十一条规定：企业在将符合确认条件的会计要素登记入账并列报于会计报表及其附注时，应当按照规定的会计计量属性进行计量，确定其金额。会计计量属性主要包括历史成本、重置成本、可变现净值、现值、公允价值等五种方式。

1. 历史成本

在历史成本计量模式下，资产按照购买时支付的现金或者现金等价物的金额，或者按照购置资产时所付出对价的公允价值计量；负债按照因承担现时义务而实际收到的款项或者资产的金额，或者承担现时义务的合同金额，或者按照日常活动中为偿还负债预期需要支付的现金或者现金等价物的金额计量。

2. 重置成本

在重置成本计量模式下，资产按照现在购买相同或者相似资产所需支付的现金或者现金等价物的金额计量；负债按照现在偿付该项债务所需支付的现金或者现金等价物的金额计量。

3. 可变现净值

在可变现净值计量模式下，资产按照其正常对外销售所能收到现金或者现金等价物的金额扣减该资产至完工时估计将要发生的成本、估计的销售费用以及相关税费后的金额计量。

4. 现值

在现值计量模式下，资产按照预计从其持续使用和最终处置中所产生的未来净现金流入量的折现金额计量。负债按照预计期限内需要偿还的未来净现金流出量的折现金额计量。

5. 公允价值

在公允价值计量模式下，资产和负债按照在公平交易中，熟悉情况的交易双方自愿进行资产交换或者债务清偿的金额计量。

企业在对会计要素进行计量时，一般应当采用历史成本。需要采用重置成本、可变现净值、现值、公允价值计量的，应当保证所确定的会计要素金额能够取得并可靠计量。因此，历史成本依然是通常情况下的主流计量模式，其可检验性决定了这是一种最为可靠、最为方便的计量模式。而确实需要采用其他计量模式时，则需要确保相应的配套环境，以保证其计量产生的会计信息具备必要的可靠性。

三、会计报告

租赁公司与财务公司会计确认、计量的最终目的是编制会计报告（会计报告，通常也可称为财务报告，有时又被等同于会计报表）。会计报告是租赁公司与财务公司对外提供的反映企业某一特定日期的财务状况和某一会计期间的经营成果、现金流量等会计信息的文件。投资者、债权人等使用者主要是通过会计报告来了解企业当前的财务状况、经营成果和现金流量等情况，从而预测未来的发展趋势。因此，会计报告是向各类会计报告使用者提供决策有用信息的媒介和渠道，是沟通投资者、债权人等会计报告使用者与企业管理层之间信息的桥梁和纽带。随着我国改革开放的深入和市场经济体制的完善，编制和使用会计报告的作用也越来越突出。国家通过《会计法》《公司法》《证券法》等相关法律，出于保护投资者、债权人等利益的需要，明确规定了企业应当定期编报会计报告的法定义务。

会计报告包括会计报表和其他应当在会计报告中披露的相关信息和资料。会计报表又由报表本身及其附注两部分构成，附注是财务报表的有机组成部分，而报表至少应当包括资产负债表、利润表、现金流量表和所有者权益变动表等报表。因此，我们通常可以将会计报表简称为"四表一注"。

1. 资产负债表

资产负债表是企业会计报表的总表，反映企业在某一特定日期的财务状况的会计报表。企业编制资产负债表的目的是通过如实反映企业的资产、负债和所有者权益金额及其结构情况，从而有助于使用者评价企业资产的质量以及短期偿债能力、长期偿债能力、利润分配能力等。

2. 利润表

利润表是反映企业在一定会计期间的经营成果的会计报表。企业编制利润表的目的是通过如实反映企业实现的收入、发生的费用以及应当计入当期利润的利得和损失等金额及其结构情况，从而有助于使用者分析评价企业的盈利能力及其构成与质量。

3. 现金流量表

现金流量表是反映企业在一定会计期间的现金和现金等价物流入和流出的会计报表。企业编制现金流量表的目的是通过如实反映企业各项活动的现金流入、流出情况，从而有助于使用者评价企业的现金流和资金周转情况。

4. 所有者权益变动表

所有者权益变动表是反映构成所有者权益的各组成部分在一定会计期间的增减变动情况的报表。对影响所有者权益的当期损益、直接计入所有者权益的利得和损失，以及与所有者的资本交易导致的所有者权益的变动，应当分别列示。

5. 会计报表附注

会计报表附注是对在会计报表中列示项目所作的进一步说明，以及对未能在这些报表中列示项目的说明等。企业编制附注的目的是通过对财务报表本身作补充说明，以更加全面、系统地反映企业财务状况、经营成果和现金流量的全貌，从而有助于向使用者提供更为决策有用的信息，作出更加科学合理的决策。

对于租赁公司与财务公司来说，由于在财务运行的许多方面存在着与商业银行相近或相似的地方，因此，需要执行商业银行的财务报表格式。

　　财务报表是会计报告的核心内容，但是除了财务报表之外，会计报告还应当包括其他相关信息，具体可以根据有关法律法规的规定和外部使用者的信息需求而定。如企业可以在会计报告中披露其承担的社会责任、对社区的贡献、可持续发展能力等信息，这些信息对于使用者的决策也是相关的，尽管属于非财务信息，无法包括在财务报表中，但是如果有规定或者使用者有需求的，企业应当在财务报告中予以披露，有时企业也可以自愿在财务报告中披露相关信息。

第二章
资产要素核算

本章精要

对于租赁公司与财务公司来说,其资产领域的核算是最复杂也是最重要的。不同的视角往往会有不一样的分类。先从金融工具准则来看,有《企业会计准则第22号——金融工具确认和计量》规范的金融资产(包括衍生金融工具),也有《企业会计准则第23号——金融资产转移》规范的金融资产转移,更有《企业会计准则第24号——套期保值》规范的套期保值,此外还有极为重要的长期股权投资;再从传统资产类别看,包括固定资产、无形资产和投资性房地产等多种类别。尽管有些内容之间相互交叉,但为了阐述方便,本章将分成金融资产投资、长期股权投资、套期保值、衍生金融工具、金融资产转移、固定资产、无形资产和投资性房地产八节分别阐述。

第一节关注的是金融资产投资,这也是《企业会计准则第22号——金融工具确认和计量》的基本内容,即三类金融资产,需要读者们转变观念,全新认知。第二节是长期股权投资,要全面理解新准则所指定的四类股权投资环境,根据租赁公司与财务公司的具体情况,探析通过合并、非合并方式取得长期股权投资的初始计量,并掌握持有期间的成本法和权益法核算方法。第三节是套期保值,需要理解公允价值套期、现金流量套期和境外经营净投资套期等三种方式下的会计处理。第四节是衍生金融工具。第五节金融资产转移。而第六节、第七节、第八节分别围绕固定资产、无形资产和投资性房地产等三个传统资产项目来展开。其中,固定资产的确认与计量,需要在对比度中掌握固定资产的精华与要点;无形资产需要在明确通常概念和特征的前提下,关注不同类型的无形资产，尤其是针对土地使用权的核算需要进行新准则下的解读；而投资性房地产也需要领悟其变换环境与要求。

资产是一个相对复杂、多样化的问题，又是一个与投资水乳交融的项目。随着我国市场经济体制逐步完善，租赁公司与财务公司作为一个特殊企业群体，其投资范围也渐生变化，监管政策正逐步配套。对于租赁公司或财务公司而言，投资有广义和狭义之分、金融类与非金融类之分，也有实物类与合约类之分，其种类复杂、核算也各有不同。现分成金融资产投资、长期股权投资、套期保值、衍生金融工具、金融资产转移、固定资产、无形资产和投资性房地产八节分别阐述。

第一节　金融资产投资核算

一、金融资产投资概述

关于金融资产投资的概念，目前尚无公认的统一表述。我们认为，金融资产投资是泛指通过资本市场和金融市场广泛存在的金融工具所进行的各类投资，即租赁公司或财务公司作为投资方，利用金融合约形成双方股权或债权关系的非实业性投资。显然，金融资产是一种高级形态的资产，也是一种认知、处理和监管都比较复杂的项目。不同的金融资产，其特征与管理互不相同，所以，金融资产的分类是一个值得关注的问题。

（一）金融资产的基本分类

《企业会计准则第22号——金融工具确认和计量》（2017年）（以下简称"CASS22号准则"）将金融资产的"业务模式"和"合同现金流量特征"作为对金融资产进行类别划分的分类标杆，金融资产相应由原"四类"（即以公允价值计量且其变动计入当期损益的金融资产、持有至到期投资、贷款和应收款项、可供出售金融资产）改为"三类"——以摊余成本计量的金融资产、以公允价值计量且其变动计入其他综合收益的金融资产、以公允价值计量且其变动计入当期损益的金融资产。

将上述金融工具准则的金融资产分类与一般应用类金融资产结合起来，可以将金融资产投资划分为以摊余成本计量的金融资产、以公允价值计量且其变动计入其他综合收益的金融资产、以公允价值计量且其变动计入当期损益的金融资产、长期股权投资、套期保值、衍生金融工具等六个大类,如图2-1所示。

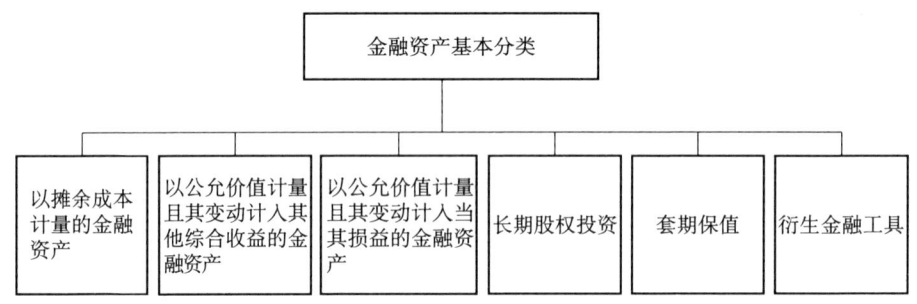

图 2-1 金融资产基本分类

其中,前三类是按新的金融工具准则之狭义分类,即基于"主体管理金融资产的业务模式"和"金融资产合同现金流量特征"所作的分类;而后三类则是基于另外意义上的一般分类。具体为:

(1) 以摊余成本计量的金融资产。

(2) 以公允价值计量且其变动计入其他综合收益的金融资产。

(3) 以公允价值计量且其变动计入当期损益的金融资产。

(4) 长期股权投资,是指持有时间准备超过1年(不含1年)的各种股权性质的投资。这种投资主要是为了达到控制其他单位或对其他单位实施重大影响,或出于其他长期性质的目的而进行的投资。

(5) 套期保值,是指企业为规避外汇风险、利率风险、商品价格风险、股票价格风险、信用风险等,指定一项或一项以上套期工具,使套期工具的公允价值或现金流量变动,预期抵销被套期项目全部或部分公允价值或现金流量变动。

(6) 衍生金融工具,是指同时具有下列特征的金融工具或其他合同:其一,其价值随特定利率、金融工具价格、商品价格、汇率、价格指数、费率指数、信用等级、信用指数或其他类似变量的变动而变动,变量为非金融变量的,该变量与合同的任一方不存在特定关系;其二,不要求初始净投资,或与对市场情况变化有类似反应的其他类型合同相比,要求很少的初始净投资;其三,在未来某一日期结算。

鉴于金融资产的具体内容十分复杂，下面分别进行阐述。

（二）金融资产的重分类

企业初始确认金融资产的类别划分后，不得随意变更。但是，当企业改变其管理金融资产的业务模式时，应当按照金融工具会计准则相关规定对所有受影响的相关金融资产进行重分类。企业对金融资产进行重分类，当自重分类日起采用未来适用法进行相关会计处理，不得对以前已经确认的利得、损失（包括减值损失或利得）或利息进行追溯调整。重分类日，是指导致企业对金融资产进行重分类的业务模式发生变更后的首个报告期间的第一天。如甲上市公司决定于2×17年3月22日改变其管理某金融资产的业务模式，则重分类日为2×17年4月1日（即下一个季度会计期间的期初）；乙上市公司决定于2×17年10月15日改变其管理某金融资产的业务模式，则重分类日为2×18年1月1日。

金融资产重分类，按照其发生的逻辑关系而言，有六种情形：

情形之一：将一项以摊余成本计量的金融资产重分类为以公允价值计量且其变动计入其他综合收益的金融资产的，应当按照该金融资产在重分类日的公允价值进行计量，原账面价值与公允价值之间的差额计入其他综合收益。该金融资产重分类不影响其实际利率和预期信用损失的计量。

情形之二：将一项以摊余成本计量的金融资产重分类为以公允价值计量且其变动计入当期损益的金融资产的，应当按照该资产在重分类日的公允价值进行计量，原账面价值与公允价值之间的差额计入当期损益。

情形之三：将一项以公允价值计量且其变动计入其他综合收益的金融资产重分类为以摊余成本计量的金融资产的，应当将之前计入其他综合收益的累计利得或损失转出，调整该金融资产在重分类日的公允价值，并以调整后的金额作为新的账面价值，即视同该金融资产一直以摊余成本计量。该金融资产重分类不影响其实际利率和预期信用损失的计量。

情形之四：将一项以公允价值计量且其变动计入其他综合收益的金融资产重分类为以公允价值计量且其变动计入当期损益的金融资产的，应当继续以公允价值计量该金融资产，同时，企业应当将之前计入其他综合收益的累计利得或损失从其他综合收益转入当期损益。

情形之五：企业将一项以公允价值计量且其变动计入当期损益的金融资产重分类为以摊余成本计量的金融资产的，应当以其在重分类日的公允价值作为新的账面余额。

情形之六：企业将一项以公允价值计量且其变动计入当期损益的金融资产重分类为以公允价值计量且其变动计入其他综合收益的金融资产的，应当继续以公允价值计量该金融资产。

按照上述要求对金融资产重分类进行处理的，企业应当根据该金融资产在重分类日的公允价值确定其实际利率。同时，企业应当自重分类日起对该金融资产适用关于金融资产减值的相关规定，并将重分类日视为初始确认日。

（三）金融资产会计核算的常用科目

在金融工具会计准则对金融资产分类发生重大变化之后，其核算所使用的会计科目也随之发生了变化。尽管企业的会计处理可以在不违反会计准则中确认、计量和报告规定的前提下，根据实际情况自行增设、分拆、合并或简化会计科目，但是，一些特征明显的业务必须按照新的准则指南设置以下主要科目：

（1）设置"交易性金融资产"科目，该科目核算企业分类为以公允价值计量且其变动计入当期损益的金融资产。该科目可按交易性金融资产的类别和品种，分别"成本""公允价值变动"等进行明细核算。

（2）设置"1102 指定为以公允价值计量且其变动计入当期损益的金融资产"科目，该科目核算企业持有的直接指定为以公允价值计量且其变动计入当期损益的金融资产。请注意，在资产负债表日编制报表时，需将该科目余额与"交易性金融资产"科目余额合并记入资产负债表的"交易性金融资产"项目之中，不单独列示。

（3）取消原"1501 持有至到期投资"，新设置"1501 债权投资"科目，该科目核算企业以摊余成本计量的债权投资的账面余额。该科目可按债权投资的类别和品种，分别"面值""利息调整""应计利息"等进行明细核算。

（4）设置"1503 其他债权投资"科目，该科目核算企业分类为以公允价值计量且其变动计入其他综合收益的债权投资金融资产的价值。该科目可按金融资产类别和品种，分别"成本""利息调整""应计利息""公允价值变动"等进行明细核算。

（5）设置"1504 其他权益工具投资"科目，该科目核算企业指定为以公允价值计量且其变动计入其他综合收益的非交易性权益工具投资。该科目可按其他权益工具投资的类别和品种，分别"成本""公允价值变动"等进行明细核算。

（6）将"1502 持有至到期投资减值准备"科目改为"1502 债权投资减值准备"。该科目核算企业以摊余成本计量的债权投资以预期信用损失为基础计提的损失准备。

二、以摊余成本计量的金融资产的核算

什么是以摊余成本计量的金融资产呢？根据 CAS22 号准则的规定，当一项金融资产同时符合下列条件的，应当分类为以摊余成本计量的金融资产：一是企业管理该金融资产的业务模式是以收取合同现金流量为目标；二是该金融资产的合同条款规定，在特定日期产生的现金流量，仅为对本金和以未偿付本金金额为基础的利息的支付。

摊余成本是金融资产价值计量的一种口径。金融资产（或金融负债，系同一事物的彼此对应角度，下同）的摊余成本，是指该金融资产或金融负债的初始确认金额经下列调整后的结果：（1）扣除已偿还的本金；（2）加上或减去采用实际利率法将该初始确认金额与到期日金额之间的差额进行摊销形成的累计摊销额；（3）扣除已发生的减值损失（仅适用于金融资产）。

（一）摊余成本法体系下的实际利率法要点

实际利率法，是指按照金融资产或金融负债（含一组金融资产或金融负债）的实际利率计算其摊余成本及各期利息收入或利息费用的方法。实际利率，是指将金融资产或金融负债在预期存续期间或适用的更短期间内的未来现金流量，折现为该金融资产或金融负债当前账面价值所使用的利率。在确定实际利率时，应当在考虑金融资产或金融负债所有合同条款（包括提前还款权、看涨期权、类似期权等）的基础上预计未来现金流量，但不应当考虑未来信用损失。

金融资产或金融负债合同各方之间支付或收取的、属于实际利率组成部分的各项收费、交易费用及溢价或折价等，应当在确定实际利率时予以考虑。金融资产或金融负债的未来现金流量或存续期间无法可靠预计时，应当采用该金融资产或金融负债在整个合同内的合同现金流量。

因此，实际利率法在设定计算公式时，需要注意：

第一，以摊余成本计量的金融资产之摊余成本 = 期初摊余成本 + 到期收益率计算的利息收益 − 票面利率计算的票面利息 − 已发生的减值准备 = 期初

摊余成本＋前期摊余成本×实际利率－面值×票面利率－已发生的减值准备

第二，溢价摊销额＝票面利率计算的票面利息－到期收益率计算的利息收益

第三，折价摊销额＝到期收益率计算的利息收益－票面利率计算的票面利息

第四，债券的溢价是投资者为了以后获得高于市场利率的利息而在购买时必须预先付出的代价，有溢价的债券实际利率低于票面利率；债券的折价则是投资人为了以后弥补低于市场利率的利息而在购买时必须预先获得的补偿，有折价的债券实际利率高于票面利率。

此外，原来所说的债券的溢折价在新准则中全部放入"债权投资——利息调整"科目内，这是一项显著的进步。新准则中存在溢价以正数、借方发生额和余额的形式在此科目内核算，存在折价以负数、贷方发生额和余额的形式在此科目内核算。其实质是调整债券的票面利率与实际利率的差额。

（二）以摊余成本计量的金融资产的确认与计量

CAS22号准则对以摊余成本计量的金融资产具体规定了相应的确认标准与核算科目，现分别举例说明。

1. 以摊余成本计量的金融资产的初始计量

以摊余成本计量的金融资产应当按取得时的公允价值和相关交易费用之和作为初始确认金额。支付的价款中包含的已到付息期但尚未领取的债券利息，应单独确认为应收项目。

租赁公司或财务公司取得的以摊余成本计量的金融资产，应按该投资的面值，借记"债权投资——成本"科目，按支付的价款中包含的已到付息期但尚未领取的利息，借记"应收利息"科目，按实际支付的金额，贷记"银行存款"等科目，按其差额借记或贷记"债权投资——利息调整"科目。

【例2-1】2×12年1月3日，甲财务公司购买了乙公司2×11年1月1日发行的债券800张，该债券剩余年限5年，划分为以摊余成本计量的金融资产，该债券的面值每张为100元，票面利率为12%，按年付息，付息日为每年的1月10日。成交价为每张114元，其中12元为已到付息期但尚未收取的利息。交易费用为2 400元。

取得该债权投资时应作如下会计分录：

借：债权投资——成本　　　　　　　　　　　　80 000

		应收利息		9 600	
		债权投资——利息调整		4 000	
	贷：银行存款			93 600	

2×12年1月10日收到债券利息时，应作如下会计分录：

借：银行存款　　　　　　　　　　　　　　　9 600
　　贷：应收利息　　　　　　　　　　　　　　　9 600

2. 以摊余成本计量的金融资产的后续计量

通常，以摊余成本计量的金融资产，其后续计量在实际利率法框架下将计算各个会计期间的摊余成本，并将利息收入、利息费用分摊计入各个会计期间。

根据CAS22号准则的规定，资产负债表日，以摊余成本计量的金融资产为分期付息、一次还本的债券投资的，应按面值和票面利率计算确定的应收未收的利息，借记"应收利息"科目，按其摊余成本和实际利率计算确定的利息收入的金额，贷记"投资收益"科目，按其差额，借记或贷记"债权投资——利息调整"科目。

以摊余成本计量的金融资产为到期一次还本付息的债券的，应于资产负债表日按面值和票面利率计算确定的应收未收的利息，借记"债权投资——应计利息"科目，按其摊余成本和实际利率计算确定的利息收入的金额，贷记"投资收益"科目，按其差额，借记或贷记"债权投资——利息调整"科目。

以摊余成本计量的金融资产按合同支付利息时，借记"银行存款"等科目，贷记"应收利息"科目或"债权投资——应计利息"科目。

【例2-2】承【例2-1】，在初始确认时，计算实际利率如下：$9\,600(1+r)^{-1}+9\,600(1+r)^{-2}+9\,600(1+r)^{-3}+9\,600(1+r)^{-4}+89\,600(1+r)^{-5}=84\,000$

采用内插法，计算出实际利率为10.66%。

各年的摊余成本、利息收益以及应收利息的计算如表2-1所示。

表2-1　　各年的摊余成本、利息收益以及应收利息计算表　　　单位：元

计息日期	各年期初的摊余成本 (1)	利息收益 (2)=(1)×10.66%	应收利息 (3)=面值×12%	各年期末的摊余成本 (4)=(1)+(2)-(3)
2×12年12月31日	84 000	8 954	9 600	83 354
2×13年12月31日	83 354	8 886	9 600	82 640

续表

计息日期	各年期初的摊余成本 (1)	利息收益 (2)=(1)× 10.66%	应收利息 (3)=面值× 12%	各年期末的摊余成本 (4)=(1)+ (2)-(3)
2×14年12月31日	82 640	8 809	9 600	81 849
2×15年12月31日	81 849	8 725	9 600	80 974
2×16年12月31日	80 974	8 626*	9 600	80 000

注：*按照上述公式计算的金额应为8 632元（80974×10.66%），差额6元（8 632-8 626），这是由于计算时小数点保留位数造成的，在最后一年调整。

根据表2-1的计算结果，各年的会计分录如下：

2×12年12月31日：

借：应收利息　　　　　　　　　　　　　　　　　9 600
　　贷：投资收益　　　　　　　　　　　　　　　　8 954
　　　　债权投资——利息调整　　　　　　　　　　　646

2×13年1月10日收到利息时，作如下会计分录：

借：银行存款　　　　　　　　　　　　　　　　　9 600
　　贷：应收利息　　　　　　　　　　　　　　　　9 600

2×13年12月31日：

借：应收利息　　　　　　　　　　　　　　　　　9 600
　　贷：投资收益　　　　　　　　　　　　　　　　8 886
　　　　债权投资——利息调整　　　　　　　　　　　714

2×14年1月10日收到利息时，作如下会计分录：

借：银行存款　　　　　　　　　　　　　　　　　9 600
　　贷：应收利息　　　　　　　　　　　　　　　　9 600

2×14年12月31日：

借：应收利息　　　　　　　　　　　　　　　　　9 600
　　贷：投资收益　　　　　　　　　　　　　　　　8 809
　　　　债权投资——利息调整　　　　　　　　　　　791

2×15年1月10日收到利息时，作如下会计分录：

借：银行存款　　　　　　　　　　　　　　　　　9 600
　　贷：应收利息　　　　　　　　　　　　　　　　9 600

2×16年12月31日：

借:应收利息	9 600	
贷:投资收益		8 725
债权投资——利息调整		875

2×16年1月10日收到利息时,作如下会计分录:

借:银行存款	9 600	
贷:应收利息		9 600

2×16年12月31日:

借:应收利息	9 600	
贷:投资收益		8 626
债权投资——利息调整		974

2×17年1月10日收到利息时,作如下会计分录:

借:银行存款	9 600	
贷:应收利息		9 600

三、以公允价值计量且其变动计入其他综合收益的金融资产的核算

(一)以公允价值计量且其变动计入其他综合收益的金融资产之基本特征

根据CAS22号准则规定,金融资产同时符合下列条件的,分类为以公允价值计量且其变动计入其他综合收益的金融资产:一是业务模式既以收取合同现金流量为目标,又以出售该金融资产为目标;二是约定在特定日期产生的现金流量,仅为对本金和以未偿付本金金额为基础的利息的支付。

在目前比较活跃的金融市场上,就股票、债券、基金等大类投资而言,简单分析如下:

股票投资方面,只有非交易性权益才可以被特殊指定为以公允价值计量且其变动计入其他综合收益的金融资产,基于其限制和信息披露要求高,且持续期间浮盈和卖出收益均无法体现在损益中,将成为减少使用的分类,划入以公允价值计量且其变动计入当期损益的金融资产的股票显著增加。

基金投资方面,只有保本基金、封闭式基金可能被分类为以公允价值计量且其变动计入其他综合收益的金融资产。

进一步地,比如,公司持有金融资产的目的是为了满足每日流动性需要,在实际操作时,因应市场变化,导致频繁的金融资产出售且相关金额较大。此外,由于很少能够准确地预测每日流动性需求,预期此类业务操作会持续

下去。公司业务模式的目标是满足每日流动性需求,其通过既收取合同现金流量又出售金融资产来实现这些目标。这表明收取合同现金流量及出售金融资产这两者对于实现业务模式的目标而言,都是不可或缺的。基于此,如果该金融资产的合同条款还规定,在特定日期产生的现金流量,仅为对本金和以未偿付本金金额为基础的利息的支付,那么该金融资产满足分类为以公允价值计量且其变动计入其他综合收益类的条件。

(二) 以公允价值计量且其变动计入其他综合收益的金融资产的核算实例

【例 2-3】 2×13 年 1 月 1 日,恒丰财务公司支付价款 1 000 万元(含交易费用)从上海证券交易所购入瑞华公司同日发行的 5 年期公司债券 12 500 份,债券票面价值总额为 1 250 万元,票面年利率为 4.72%,于年末支付本年度债券利息(即每年利息为 59 万元),本金在债券到期时一次性偿还。合同约定,该债券的发行方在遇到特定情况时可以将债券赎回,且不需要为提前赎回支付额外款项。恒丰财务公司在购买该债券时,预计发行方不会提前赎回。恒丰财务公司根据其管理该债券的业务模式和该债券的合同现金流量特征,将该债券分类为以公允价值计量且其变动计入其他综合收益的金融资产。

其他资料如下:

(1) 2×13 年 12 月 31 日,瑞华公司债券的公允价值为 1 200 万元(不含利息)。

(2) 2×14 年 12 月 31 日,瑞华公司债券的公允价值为 1 300 万元(不含利息)。

(3) 2×15 年 12 月 31 日,瑞华公司债券的公允价值为 1 250 万元(不含利息)。

(4) 2×16 年 12 月 31 日,瑞华公司债券的公允价值为 1 200 万元(不含利息)。

(5) 2×17 年 1 月 20 日,通过上海证券交易所出售了瑞华公司债券 12 500 份,取得价款 1 260 万元。

假定不考虑所得税、减值等因素,计算该债券的实际利率 r:

$$59 \times (1+r)^{-1} + 59 \times (1+r)^{-2} + 59 \times (1+r)^{-3} + 59 \times (1+r)^{-4} + (59+1\,250) \times (1+r)^{-5} = 1\,000 \text{(万元)}$$

采用插值法,计算得出 $r = 10\%$。

根据表2-2中数据,恒丰财务公司的有关账务处理如下:

表2-2   单位:万元

日期	现金流入(A)	实际利息收入(B=期初D×10%)	已收回的本金(C=A-B)	摊余成本余额(D=期初D-C)	公允价值(E)	公允价值变动额F=E-D-期初G	公允价值变动累计金额G=期初G+F
2×13年1月1日				1 000	1 000	0	0
2×13年12月31日	59	100	-41	1 041	1 200	159	159
2×14年12月31日	59	104	-45	1 086	1 300	55	214
2×15年12月31日	59	109	-50	1 136	1 250	-100	114
2×16年12月31日	59	113	-54	1 190	1 200	-104	10

(1) 2×13年1月1日,购入瑞华公司债券。

借:其他债权投资——成本　　　　　　　　　　　12 500 000
　　贷:银行存款　　　　　　　　　　　　　　　10 000 000
　　　　其他债权投资——利息调整　　　　　　　 2 500 000

(2) 2×13年12月31日,确认瑞华公司债券实际利息收入、收到债券利息、公允价值变动。

借:应收利息　　　　　　　　　　　　　　　　　　590 000
　　其他债权投资——利息调整　　　　　　　　　　410 000
　　贷:投资收益　　　　　　　　　　　　　　　 1 000 000

借:银行存款　　　　　　　　　　　　　　　　　　590 000
　　贷:应收利息　　　　　　　　　　　　　　　　 590 000

借:其他债权投资——公允价值变动　　　　　　　1 590 000
　　贷:其他综合收益——其他债权投资公允价值变动　1 590 000

(3) 2×14年12月31日,确认瑞华公司债券实际利息收入、公允价值变动,收到债券利息。

借:应收利息　　　　　　　　　　　　　　　　　　590 000
　　其他债权投资——利息调整　　　　　　　　　　450 000
　　贷:投资收益　　　　　　　　　　　　　　　 1 040 000

借:银行存款　　　　　　　　　　　　　　　　　　590 000
　　贷:应收利息　　　　　　　　　　　　　　　　 590 000

借:其他债权投资——公允价值变动　　　　　　　　550 000

贷：其他综合收益——其他债权投资公允价值变动　　550 000

（4）2×15年12月31日，确认瑞华公司债券实际利息收入、公允价值变动，收到债券利息。

　　借：应收利息　　590 000
　　　　其他债权投资——利息调整　　500 000
　　　　贷：投资收益　　1 090 000
　　借：银行存款　　590 000
　　　　贷：应收利息　　590 000
　　借：其他综合收益——其他债权投资公允价值变动　　1 000 000
　　　　贷：其他债权投资——公允价值变动　　1 000 000

（5）2×16年12月31日，确认瑞华公司债券实际利息收入、公允价值变动，收到债券利息。

　　借：应收利息　　590 000
　　　　其他债权投资——利息调整　　540 000
　　　　贷：投资收益　　1 130 000
　　借：银行存款　　590 000
　　　　贷：应收利息　　590 000
　　借：其他综合收益——其他债权投资公允价值变动　　1 040 000
　　　　贷：其他债权投资——公允价值变动　　1 040 000

（6）2×17年1月20日，确认出售瑞华公司债券实现的损益。

　　借：银行存款　　12 600 000
　　　　其他综合收益——其他债权投资公允价值变动　　100 000
　　　　其他债权投资——利息调整　　600 000
　　　　贷：其他债权投资——成本　　12 500 000
　　　　　　投资收益　　800 000

四、以公允价值计量且其变动计入当期损益的金融资产的核算

根据CAS22号准则规定，对于分类为以摊余成本计量的金融资产和分类为以公允价值计量且其变动计入其他综合收益的金融资产之外的金融资产，企业将其分类为以公允价值计量且其变动计入当期损益的金融资产。也就是说，金融资产除了依照准则应该归入以摊余成本计量的金融资产、以公允价

值计量且其变动计入其他综合收益的金融资产之外，统统划入此类，即此类成为"剩余"类别了。

（一）以公允价值计量且其变动计入当期损益的金融资产的范围确定

上述概念性框架是清晰明确的，但实际工作中需要进一步分析判断。在实际金融资产归类方面，比较有代表性的是，下列投资产品通常应当分类为以公允价值计量且其变动计入当期损益的金融资产：

（1）股票。股票的合同现金流量源自收取被投资企业未来股利分配以及其清算时获得剩余收益的权利。由于股利及获得剩余收益的权利均不符合 CAS22 号准则关于本金和利息的定义，因此股票的合同现金流量不符合本金加利息的合同现金流量特征。在不考虑准则第十九条特殊指定的情况下，企业持有的股票应当分类为以公允价值计量且其变动计入当期损益的金融资产。

（2）基金。常见的基金如股票型基金、债券型基金、货币基金或混合基金，通常投资于动态管理的资产组合，投资者从该类投资中所取得的现金流量既包括投资期间基础资产产生的合同现金流量，也包括处置基础资产的现金流量。因此，基金的合同现金流量一般情况下不符合本金加利息的合同现金流量特征。企业持有的基金应当分类为以公允价值计量且其变动计入当期损益的金融资产。

（3）可转换债券。可转换债券除按一般债权类投资的特性到期收回本金、获取约定利息或收益外，还嵌入了一项转股权。可转债等不能通过 SPPI 测试的含权债券将划入以公允价值计量且其变动计入当期损益的金融资产。比如，期货公司从市场上购入某公司发行的可转换债券，约定其可以在特定日期之后以固定价格转换为发行方的股权。期货公司对该可转换债券整体进行分析，判断该可转换债券的合同现金流量不是本金及未付本金利息的付款额，因为利率体现的并不只是货币的时间和信用风险债务工具（包括混合合同）的对价，相关回报还与发行方的权益的价值相关联。因此，企业应当将该可转换债券分类为以公允价值计量且其变动计入当期损益的金融资产。

（二）以公允价值计量且其变动计入当期损益的金融资产的核算

为了总括地核算和监督企业以公允价值计量且其变动计入当期损益的金融资产的增减变动和结存情况，企业应设置"交易性金融资产"账户。同时，对于直接指定为以公允价值计量且其变动计入当期损益的金融资产，应当专门设置"1102 指定为以公允价值计量且其变动计入当期损益的金融资产"这样一个科目进行核算。不过，在编制会计报表时，则将这两个科目合并记入"交易性金融资产"这一个报表项目。

现举例说明此类交易性金融资产核算如下：

【例 2-4】 20×7 年 1 月 1 日，ABC 财务公司从二级市场支付价款 1 020 000 元（含已到付息期但尚未领取的利息 20 000 元）购入某公司发行的债券，另发生交易费用 20 000 元。该债券面值 1 000 000 元，剩余期限为 2 年，票面年利率为 4%，每半年付息一次，ABC 财务公司将其划分为交易性金融资产。

ABC 财务公司的其他资料如下：

（1）20×7 年 1 月 5 日，收到该债券 20×6 年下半年利息 20 000 元；

（2）20×7 年 6 月 30 日，该债券的公允价值为 1 150 000 元（不含利息）；

（3）20×7 年 7 月 5 日，收到该债券半年利息；

（4）20×7 年 12 月 31 日，该债券的公允价值为 1 100 000 元（不含利息）；

（5）20×8 年 1 月 5 日，收到该债券 20×7 年下半年利息；

（6）20×8 年 3 月 31 日，ABC 财务公司将该债券出售，取得价款 1 180 000 元（含 1 季度利息 10 000 元）。

假定不考虑其他因素，则 ABC 财务公司的账务处理如下：

（1）20×7 年 1 月 1 日，购入债券：

借：交易性金融资产——成本　　　　　　　　　1 000 000
　　应收利息　　　　　　　　　　　　　　　　　　20 000
　　投资收益　　　　　　　　　　　　　　　　　　20 000
　　贷：银行存款　　　　　　　　　　　　　　　1 040 000

（2）20×7 年 1 月 5 日，收到该债券 20×6 年下半年利息：

借：银行存款　　　　　　　　　　　　　　　　　20 000
　　贷：应收利息　　　　　　　　　　　　　　　　20 000

（3）20×7 年 6 月 30 日，确认该债券公允价值变动和投资收益：

借：交易性金融资产——公允价值变动　　　　　　150 000
　　贷：公允价值变动损益　　　　　　　　　　　150 000

借：应收利息　　　　　　　　　　　　　　　　　20 000
　　贷：投资收益　　　　　　　　　　　　　　　　20 000

（4）20×7 年 7 月 5 日，收到该债券半年利息：

借：银行存款　　　　　　　　　　　　　　　　20 000
　　贷：应收利息　　　　　　　　　　　　　　　　　20 000

（5）20×7 年 12 月 31 日，确认该债券公允价值变动和投资收益：

借：公允价值变动损益　　　　　　　　　　　　50 000
　　贷：交易性金融资产——公允价值变动　　　　　　50 000
借：应收利息　　　　　　　　　　　　　　　　20 000
　　贷：投资收益　　　　　　　　　　　　　　　　　20 000

（6）20×8 年 1 月 5 日，收到该债券 20×7 年下半年利息：

借：银行存款　　　　　　　　　　　　　　　　20 000
　　贷：应收利息　　　　　　　　　　　　　　　　　20 000

（7）20×8 年 3 月 31 日，将该债券予以出售：

借：应收利息　　　　　　　　　　　　　　　　10 000
　　贷：投资收益　　　　　　　　　　　　　　　　　10 000
借：银行存款　　　　　　　　　　　　　　 1 170 000
　　公允价值变动损益　　　　　　　　　　　　100 000
　　贷：交易性金融资产——成本　　　　　　　 1 000 000
　　　　　　　　　　　——公允价值变动　　　　100 000
　　　　投资收益　　　　　　　　　　　　　　　170 000
借：银行存款　　　　　　　　　　　　　　　　10 000
　　贷：应收利息　　　　　　　　　　　　　　　　　10 000

第二节　长期股权投资核算

一、长期股权投资的概念和类型

企业的长期股权投资是指通过投资取得被投资单位的股权，作为被投资单位的股东，投资者按所持股份比例享有权利并承担责任。长期股权投资的期限一般较长，不准备随时出售。长期股权投资可以通过在证券市场上以货币资金购买其他单位的股票的方式获得，也可以直接以资产（包括货币资金、无形资产和其他实物资产）投资于其他单位获得。

按照《企业会计准则第 2 号——长期股权投资》（以下简称 CAS2 号准则）的规定，企业的长期股权投资分为以下四种类型：

（一）企业持有的能够对被投资单位实施控制的权益性投资，即对子公司的投资

能够对被投资单位实施控制的投资是指投资企业有权确定被投资企业的财务和经营政策，并能据以从该被投资企业的经营活动中获取利益。这里的控制包括：

（1）投资企业直接拥有被投资企业 50% 以上（不含 50%）的表决权资本。

（2）投资企业虽然直接拥有被投资企业 50% 或 50% 以下的表决权资本，但具有实质控制权的。

投资企业对被投资企业是否具有实质性控制权，可以通过以下一项或若干项情况判断：（1）通过与其他投资者的协议，投资企业拥有被投资企业 50% 以上表决权资本的控制权；（2）根据章程或协议，投资企业有权控制被投资企业的财务和经营政策；（3）投资企业有权任免被投资企业董事会等类似权力机构的多数成员；（4）投资企业在董事会或类似权力机构会议上有半数以上投票权。

（二）企业持有的能够与其他合营方一同对被投资单位实施共同控制的权益性投资，即对合营企业投资

共同控制，是指按照合同约定对某项经济活动所共有的控制，仅在与该项经济活动相关的重要财务和经营决策需要分享控制权的投资方一致同意时存在。投资企业与其他方对被投资单位实施共同控制的，被投资单位为其合营企业。

（三）企业持有的能够对被投资单位施加重大影响的权益性投资，即对联营企业投资

重大影响，是指对一个企业的财务和经营政策有参与决策的权力，但并不能够控制或者与其他方一起共同控制这些政策的制定。投资企业能够对被投资单位施加重大影响的，被投资单位为其联营企业。

当投资企业直接拥有被投资企业 20% 或以上至 50% 表决权资本时，一般认为对被投资企业有重大影响。此外，尽管投资企业直接拥有被投资企业

20%以下的表决权资本,但符合准则规定情况之一的,实质上对被投资企业的财务和经营政策的决策有重大影响,也应确认为对被投资企业有重大影响的投资:如在被投资企业的董事会或类似权力机构中派有代表、参与被投资企业的政策的制定过程、向被投资企业派出管理人员、依赖投资企业的技术资料,以及其他能足以证明投资企业对被投资企业有重大影响的情形。

(四)企业对被投资单位不具有控制、共同控制或重大影响、在活跃市场中没有报价、公允价值不能可靠计量的权益性投资

对被投资企业无控制、无共同控制且无重大影响的投资是指上述三种类型以外的投资。具体表现为:

(1)投资企业直接拥有被投资企业20%以下的表决权资本,且不存在对被投资企业实施其他重大影响的途径。

(2)投资企业直接拥有被投资企业20%或以上的表决权资本,但实质上对被投资企业不具有控制、共同控制和重大影响。

对长期股权投资的类型我们总结如图2-2所示。

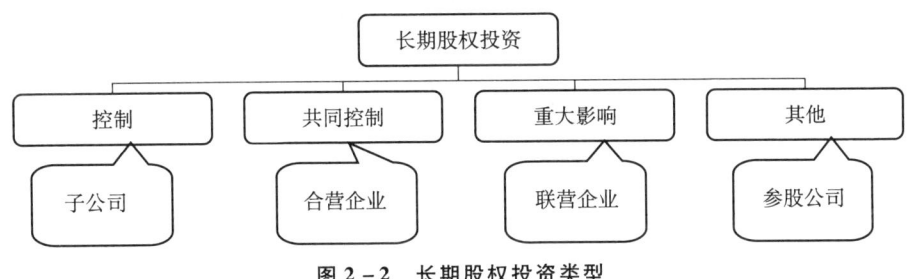

图2-2 长期股权投资类型

二、企业合并取得的长期股权投资的确认与初始计量

在企业合并形成的长期股权投资中,还可进一步分为同一控制下的企业合并和非同一控制下的企业合并。

1. 同一控制下的企业合并取得的长期股权投资

(1)初始成本的确认。

同一控制下的企业合并是指参与合并的企业在合并前后均受同一方或相同的多方最终控制且该控制并非暂时性的。

同一方,是指对参与合并企业在合并前后均实施最终控制的投资者,如企业集团的母公司等。相同的多方,通常是指根据投资者之间的协议约定,在对被投资单位的生产经营决策行使表决权时发表一致意见的两个或两个以上的投资者。控制并非暂时性，是指参与合并各方在合并前后较长的时间内受同一方或相同的多方最终控制，控制时间通常在 1 年以上（含 1 年）。

根据 CAS2 号准则的规定，同一控制下的企业合并，合并方以支付现金、转让非现金资产或承担债务方式作为合并对价的，应当在合并日按照取得被合并方所有者权益账面价值的份额作为长期股权投资的初始投资成本。长期股权投资初始投资成本与支付的现金、转让的非现金资产以及所承担债务账面价值之间的差额，应当调整资本公积；资本公积不足冲减的，调整留存收益。

（2）账务处理。

为了总括地核算和监督长期股权投资的增减变动和结存情况，公司应设置"长期股权投资"科目。它属于资产类科目，用来核算企业投出的期限在 1 年以上（不含 1 年）的各种股权性质的投资，包括购入的股票和其他股权投资等。其借方登记长期股权投资的增加数；贷方登记长期股权投资的减少数；期末借方余额反映企业持有的长期股权投资的价值。本科目应按被投资单位进行明细核算。长期股权投资核算采用权益法的，应当分别"成本""损益调整""其他权益变动"进行明细核算。

同一控制下企业合并形成的长期股权投资，应在合并日按取得被合并方所有者权益账面价值的份额，借记"长期股权投资（成本）"科目，按享有被投资单位已宣告但尚未收取的现金股利或利润，借记"应收股利"科目，按支付的合并对价的账面价值，贷记有关资产或借记有关负债科目，按其差额借记或贷记"资本公积——资本溢价或股本溢价"科目。资本公积（资本溢价或股本溢价）不足冲减的，应依次借记"盈余公积""利润分配——未分配利润"科目。

现举例说明同一控制下企业合并取得的长期股权投资的核算。

【例 2 - 5】乙财务公司和丙公司同为甲金融集团的子公司，20×4 年 1 月 2 日，乙公司和丙公司达成合并协议，乙公司以银行存款 5 000 万元作为对价，取得同一集团内丙公司 60% 的股权。合并日丙公司的账面所有者权益总额为 8 000 万元。假定乙公司合并时"资本公积——股本溢价"科目的余额为 500 万元。

根据以上资料，乙公司应作如下会计分录：

借：长期股权投资——丙公司（成本）　　　　48 000 000
　　资本公积——股本溢价　　　　　　　　　 2 000 000
　　贷：银行存款　　　　　　　　　　　　　　50 000 000

【例 2-6】承【例 2-5】，如果乙公司以每股面值为 1 元的普通股 1 000 万股作为合并对价，则在取得长期股权投资时乙公司应作如下会计分录：

借：长期股权投资——丙公司（成本）　　　　48 000 000
　　贷：股本　　　　　　　　　　　　　　　　10 000 000
　　　　资本公积——股本溢价　　　　　　　　38 000 000

2. 非同一控制下的企业合并形成的长期股权投资

（1）初始投资成本的确定。

非同一控制下的企业合并是指参与合并的各方在合并前后不属于同一方或相同的多方最终控制的情况下进行的合并。非同一控制下的合并一般以市价为基础，交易作价相对公平合理。因此，非同一控制下企业合并取得的长期股权投资以公允价值为基础计价。

根据 CAS2 号准则的规定，非同一控制下的企业合并，购买方在购买日应当按照《企业会计准则第 20 号——企业合并》确定的合并成本作为长期股权投资的初始投资成本。即购买方应当区别下列情况确定合并成本：一次交换交易实现的企业合并，合并成本为购买方在购买日为取得对被购买方的控制权而付出的资产、发生或承担的负债以及发行的权益性证券的公允价值；通过多次交换交易分步实现的企业合并，合并成本为每一单项交易成本之和；购买方为进行企业合并发生的各项直接相关费用也应当计入企业合并成本；在合并合同或协议中对可能影响合并成本的未来事项作出约定的，购买日如果估计未来事项很可能发生并且对合并成本的影响金额能够可靠计量的，购买方应当将其计入合并成本。

购买方在购买日对作为企业合并对价付出的资产、发生或承担的负债应当按照公允价值计量，公允价值与其账面价值的差额，计入当期损益。

（2）账务处理。

非同一控制下企业合并形成的长期股权投资，应在购买日按企业合并成本（不含应向被投资单位收取的现金股利或利润），借记"长期股权投资——成本"科目，按享有被投资单位已宣告但尚未发放的现金股利或利润，借记"应收股利"科目，按支付合并对价的账面价值，贷记有关资产或借记有关负债科目，按发生的直接相关费用，贷记"银行存款"等科目，按其差额，贷记"营业外收入"或借记"营业外支出"等科目。非同一控制下涉及以库存商品等作为合并对价的，应按库存商品的公允价值，贷记"主营业务收入"科目，并同时结转相关的成本。涉及增值税的还应进行相应的处理。

【例2-7】201×年8月1日，甲财务公司与乙公司达成合并协议，约定甲公司以一项专利权向乙公司投资，占乙公司股份总额的60%。该专利权的账面原价为1 000万元，已累计摊销200万元，已计提无形资产减值准备50万元，公允价值为900万元，转让该专利权的增值税税率为6%。假定甲公司和乙公司在此之前不存在任何投资关系。根据以上资料，甲公司应作如下会计分录：

借：长期股权投资——乙公司（成本）　　　　9 000 000
　　累计摊销——专利权　　　　　　　　　　2 000 000
　　资产减值准备——无形资产减值准备　　　　500 000
　贷：无形资产——专利权　　　　　　　　　10 000 000
　　　应交税费——应交增值税　　　　　　　　540 000
　　　资产处置收益　　　　　　　　　　　　　960 000

三、其他方式取得的长期股权投资的确认和初始计量

除企业合并形成的长期股权投资以外，企业其他方式取得的长期股权投资，应当按照下列规定确定其初始投资成本：

（1）以支付现金取得的长期股权投资，应当按照实际支付的购买价款作为初始投资成本。初始投资成本包括与取得长期股权投资直接相关的费用、税金及其他必要支出。但所支付价款中包含的被投资单位已宣告但尚未发放的现金股利或利润应作为应收项目核算，不构成取得长期股权投资的成本。

【例2-8】甲财务公司于201×年2月10日，自公开市场中买入乙公司20%的股份，实际支付价款8 000万元。另外，在购买过程中支付手续费等相关费用200万元。甲公司取得该部分股权后，能够对乙公司的生产经营决策施加重大影响。

甲公司应当按照实际支付的购买价款作为取得长期股权投资的成本，其账务处理为：

借：长期股权投资　　　　　　　　　　　　　82 000 000

　　　　贷：银行存款　　　　　　　　　　　　　　　　82 000 000

（2）以发行权益性证券取得的长期股权投资，应当按照发行权益性证券的公允价值作为初始投资成本。为发行权益性证券支付给有关证券承销机构等的手续费、佣金等与权益性证券发行直接相关的费用，不构成取得长期股权投资的成本。该部分费用按照金融工具列报准则的规定，应自权益性证券的溢价发行收入中扣除。权益性证券的溢价收入不足冲减的，应冲减盈余公积和未分配利润。

【例2-9】201×年3月，A租赁公司通过增发9 000万股本公司普通股（每股面值1元）取得B公司20%的股权，按照增发前后的平均股价计算，该9 000万股股份的公允价值为15 600万元。为增发该部分股份，A公司向证券承销机构等支付了600万元的佣金和手续费。假定A公司取得该部分股权后，能够对B公司的生产经营决策施加重大影响。

A公司应当以所发行股份的公允价值作为取得长期股权投资的成本，账务处理为：

　　借：长期股权投资　　　　　　　　　　　　　156 000 000
　　　　贷：股本　　　　　　　　　　　　　　　　90 000 000
　　　　　　资本公积——股本溢价　　　　　　　　66 000 000

发行权益性证券过程中支付的佣金和手续费，应冲减权益性证券的溢价发行收入，账务处理为：

　　借：资本公积——股本溢价　　　　　　　　　　6 000 000
　　　　贷：银行存款　　　　　　　　　　　　　　6 000 000

（3）投资者投入的长期股权投资，应当按照投资合同或协议约定的价值作为初始投资成本，但合同或协议约定价值不公允的除外。

投资者投入的长期股权投资，是指投资者以其持有的对第三方的投资作为出资投入企业，接受投资的企业原则上应当按照投资各方在投资合同或协议中约定的价值作为取得投资的初始投资成本。

【例2-10】A财务公司设立时其主要出资方之一甲公司以其持有的对B公司的长期股权投资作为出资投入A公司。投资各方在投资合同中约定，作为出资的该项长期股权投资作价6 000万元。该作价是按照B公司股票的市价经考虑相关调整因素后确定的。A公司注册资本为24 000万元。甲公司出资占A公司注册资本的20%。取得该项投资后，甲公司根据其持股比例，能够派人参与 A 公司的财务和生产经营决策。

A 公司应进行的账务处理为：

借：长期股权投资　　　　　　　　　　　　　60 000 000
　　贷：实收资本　　　　　　　　　　　　　48 000 000
　　　　资本公积——资本溢价　　　　　　　12 000 000

（4）通过非货币性资产交换取得的长期股权投资，其初始投资成本应当按照非货币性资产交换准则确定。

（5）通过债务重组取得的长期股权投资，其初始投资成本应当按照债务重组准则确定。

四、长期股权投资的后续计量

长期股权投资在持有期间，根据投资企业对被投资单位的影响程度及是否存在活跃市场、公允价值能否可靠取得等进行划分，应当分别采用成本法及权益法进行核算。

（一）长期股权投资核算的成本法

1. 成本法的含义

成本法是指长期股权投资按投资成本计价核算的方法。在成本法下，长期股权投资以取得股权时的初始投资成本计价，其后，除了投资企业追加投资，收到被投资单位分派的属于投资前累积盈余的分配额，或收回投资外，长期股权投资的账面价值一般应当保持不变。即长期股权投资的价值一经入账，无论被投资单位的生产经营情况如何，是实现利润还是发生亏损，净资产是增加还是减少，投资企业均不改变其长期股权投资的账面价值，仍以初始投资成本反映企业的长期股权投资。

2. 成本法的适用范围和核算方法

根据 CAS2 号准则的规定，公司持有的长期股权投资，在下列情况下应采用成本法核算：（1）投资企业能够对被投资单位实施控制的长期股权投资；（2）投资企业对被投资单位不具有共同控制或重大影响，并且在活跃市场中没有报价、公允价值不能可靠计量的长期股权投资。

采用成本法核算的长期股权投资应当按照初始投资成本计价。追加或收回投资应当调整长期股权投资的成本。被投资单位宣告分派的现金股利或利润，应当确认为当期投资收益。

【例2-11】A财务公司202×年4月1日购入B公司股份40 000股,每股价格7元,另支付相关税费2 500元,A公司购入B公司股份占B公司有表决权资本的60%,能够对B公司形成控制,款项已用银行存款支付。B公司于202×年5月8日宣告分派现金股利,每股0.25元。A公司应作如下会计处理:

(1) 计算初始投资成本:

40 000×7=280 000(元)

(2) 购入时应编制如下会计分录:

借:长期股权投资——B公司(成本)　　　　　　280 000
　　管理费用　　　　　　　　　　　　　　　　　　2 500
　　贷:银行存款　　　　　　　　　　　　　　　　　　282 500

(3) B公司宣告分派现金股利时,A公司应作如下会计分录:

借:应收股利　　　　　　　　　(40 000×0.25)10 000
　　贷:投资收益　　　　　　　　　　　　　　　　　　10 000

(二) 长期股权投资核算的权益法

1. 权益法的含义

长期股权投资的权益法是指投资最初以初始投资成本计价,以后根据投资企业享有被投资单位所有者权益份额的变动对投资的账面价值进行调整的方法。在权益法下,长期股权投资的账面价值反映的不是企业的初始投资成本,而是企业占被投资企业所有者权益的份额。

2. 权益法的适用范围

根据CAS2号准则的规定,投资企业对被投资单位具有共同控制或重大影响的长期股权投资,应当采用权益法核算。

现将成本法与权益法的适用范围作一个简单的比较,见图2-3。

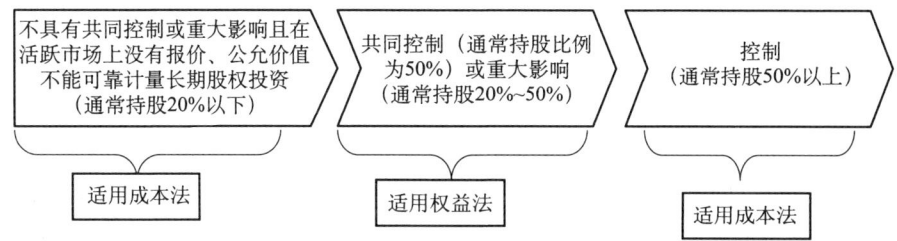

图2-3　成本法与权益法的适用范围

需要说明的是，全面理解和执行 CAS2 号准则、CAS22 号准则的要求，则对不纳入合并财务报表的子公司（非上市公司或公允价值难以取得的公司），即存量或增量的参股性投资，通过"其他权益工具投资"科目进行核算。

3. 权益法的核算方法

企业的长期股权投资采用权益法核算的，应当分别下列情况进行处理：

（1）初始投资成本的调整。长期股权投资的初始投资成本大于投资时应享有被投资单位可辨认净资产公允价值份额的，不调整已确认的初始投资成本；长期股权投资的初始投资成本小于投资时应享有被投资单位可辨认净资产公允价值份额的，应按其差额，借记"长期股权投资"科目（成本），贷记"营业外收入"科目。

（2）投资收益的确认。资产负债表日，企业应按根据被投资单位实现的净利润或经调整的净利润计算应享有的份额，借记"长期股权投资（损益调整）"科目，贷记"投资收益"科目。被投资单位发生亏损的应作相反的会计分录。但以"长期股权投资（损益调整）"科目的账面价值减记至零为限；还应承担的投资损失，应将其他实质上构成对被投资单位净投资的"长期应收款"等的账面价值减记至零为限。除按以上步骤已确认的损失外，按照投资合同或协议约定将承担的损失，确认为预计负债。发生亏损的被投资单位以后实现净利润的，应按与上述相反的顺序进行处理。

需注意的是，投资企业在确认应享有被投资单位净损益的份额时，应当以取得投资时被投资单位各项可辨认资产等的公允价值为基础，对被投资单位的净利润进行调整后确认。

被投资单位采用的会计政策及会计期间与投资企业不一致的，应当按照投资企业的会计政策及会计期间对被投资单位的财务报表进行调整，并据以确认投资损益。

（3）取得现金股利或利润。被投资单位以后宣告发放现金股利或利润时，企业计算应分得的部分，借记"应收股利"科目，贷记"长期股权投资（损益调整）"科目。收到被投资单位发放的股票股利，不进行账务处理，但应在备查簿中登记。

（4）被投资单位除净损益外所有者权益的其他变动。在持股比例不变的情况下，被投资单位除净损益以外所有者权益的其他变动，企业按持股比例计算应享有的份额，借记"长期股权投资——其他权益变动"科目，贷记

"资本公积——其他资本公积"科目。

【例2-12】201×年1月1日,甲财务公司以银行存款600万元向乙公司投资,占乙公司有表决权股份的30%,采用权益法进行核算。投资当日,乙公司可辨认净资产的账面价值为1 400万元,公允价值为1 800万元,该差异是由于无形资产的公允价值和账面价值的差额造成的,该无形资产的预计摊销年限为10年,预计净残值为零。假设乙公司所得税税率为40%。在本例中,甲公司的投资成本600万元大于在乙公司可辨认净资产公允价值中占有的份额540万元,则甲公司应作如下会计分录:

借:长期股权投资——乙公司(成本)　　　　　6 000 000
　　贷:银行存款　　　　　　　　　　　　　　　　6 000 000

【例2-13】承【例2-12】,假设201×年乙公司实现净利润500万元,次年3月3日宣告发放现金股利,共100万元,发放日为次年4月10日。

因为被投资单位当期利润表中的利润是扣除按无形资产的账面价值计算的摊销费用计算的,如果按无形资产的公允价值计算摊销费用,则应多摊销40万元。考虑所得税的影响,那么,以可辨认资产的公允价值为基础,201×年被投资单位的净利润应减少24万元[40×(1-40%)],即为476万元(500-24)。甲公司按照持股比例计算应确认的当期投资收益为142.8万元(476×30%),应作如下会计分录:

借:长期股权投资——乙公司(损益调整)　　　1 428 000
　　贷:投资收益　　　　　　　　　　　　　　　　1 428 000

次年3月3日乙公司宣告分配现金股利时,甲公司应作如下会计分录:

借:应收股利　　　　　　　　　　　　　　　　　300 000
　　贷:长期股权投资——乙公司(损益调整)　　　　300 000

收到现金股利时作如下会计分录:

借:银行存款　　　　　　　　　　　　　　　　　300 000
　　贷:应收股利　　　　　　　　　　　　　　　　300 000

【例2-14】承【例2-13】,假设乙公司201×年发生亏损100万元。以可辨认资产的公允价值为基础,甲公司201×年的亏损应增加24万元[40×(1-40%)],即为124万元(100+24)。甲公司按照持股比例计算应确认的当期投资损失为37.2万元(124×30%),应作如下会计分录:

借:投资收益　　　　　　　　　　　　　　　　　372 000

  贷：长期股权投资——乙公司（损益调整）   372 000

  【例 2-15】 C 公司于 2×12 年 1 月 2 日购入 D 公司发行的普通股股票 100 000 股，准备长期持有，C 公司购入的股票占 D 公司有表决权资本的 40%，采用权益法核算，该股票售价为每股 16.2 元，其中 0.2 元为已宣告但尚为发放的现金股利，另支付相关税费 20 000 元，以银行存款支付全部价款 1 640 000 元，1 月 10 日收到实际支付价款中包含的现金股利。C 公司可辨认净资产的账面价值与公允价值相等，均为 500 万元。D 公司 2×12 年实现利润 800 000 元，次年 3 月 15 日 D 公司宣告分派 2×12 年的现金股利 300 000 元，并定于 4 月 20 日发放现金股利。D 公司 2×13 年发生亏损 100 000 元。C 公司的账务处理如下：

  2×12 年 1 月 2 日购入股票时，应作会计分录如下：

  借：长期股权投资——D 公司（投资成本）   1 620 000
    应收股利——D 公司   20 000
    贷：银行存款   1 640 000

  由于 C 公司长期股权投资的初始投资成本 1 620 000 元小于投资时应享有被投资单位可辨认净资产公允价值份额 2 000 000 元（5 000 000×40%），应按其差额 80 000 元调整长期股权投资的成本。

  借：长期股权投资——乙公司（成本）   80 000
    贷：营业外收入   80 000

  2×12 年 1 月 10 日收到现金股利时，应作会计分录如下：

  借：银行存款   20 000
    贷：应收股利——D 公司   20 000

  2×12 年 12 月 31 日，C 公司按持股比例计算应享有的权益的增加额为 320 000 元（800 000×40%），应作会计分录如下：

  借：长期股权投资——D 公司（损益调整）   320 000
    贷：投资收益   320 000

  次年 3 月 15 日 D 公司宣告分派 201× 年的现金股利时，C 公司按持股比例计算其应收股利为 120 000 元（300 000×40%）。C 公司应作会计分录如下：

  借：应收股利——D 公司   120 000
    贷：长期股权投资——D 公司（损益调整）   120 000

4月20日收到D公司发放的现金股利时,应作会计分录如下:

借:银行存款　　　　　　　　　　　　　　　120 000
　　贷:应收股利——D公司　　　　　　　　　　　120 000

2×13年12月31日,C公司按持股比例计算出应分担的亏损额为40 000元(100 000×40%)。应作会计分录如下:

借:投资收益　　　　　　　　　　　　　　　40 000
　　贷:长期股权投资——D公司(损益调整)　　　　40 000

五、长期股权投资的处置

处置长期股权投资,其账面价值与实际取得价款的差额,应当计入当期损益。采用权益法核算的长期股权投资,因被投资单位除净损益以外所有者权益的其他变动而计入所有者权益的,处置该项投资时应当将原计入所有者权益的部分按相应比例转入当期损益。具体的账务处理如下:

出售长期股权投资时,应按实际收到的金额,借记"银行存款"等科目,原已计提减值准备的,借记"长期股权投资减值准备"科目,按其账面余额,贷记"长期股权投资"各明细科目,按尚未领取的现金股利或利润,贷记"应收股利"科目,按其差额,贷记或借记"投资收益"科目。

出售采用权益法核算的长期股权投资时,还应按处置长期股权投资的投资成本比例结转原记入"资本公积——其他资本公积"科目的金额,借记或贷记"资本公积——其他资本公积"科目,贷记或借记"投资收益"科目。

【例2-16】 假设丙财务公司将持有的对乙公司的长期股权投资予以出售,出售前按权益法核算,"长期股权投资"各明细科目均为贷方余额,分别为:成本250 000元,损益调整50 000元,其他权益变动20 000元,计提的长期股权投资减值准备为15 000元。出售实际得到的价款为380 000元,已存入银行。根据以上资料编制如下会计分录:

借:银行存款　　　　　　　　　　　　　　　380 000
　　长期股权投资减值准备　　　　　　　　　　15 000
　　贷:长期股权投资——成本　　　　　　　　　250 000
　　　　　　　　——损益调整　　　　　　　　　50 000
　　　　　　　　——其他权益变动　　　　　　　20 000
　　　　投资收益　　　　　　　　　　　　　　75 000

同时,将原记入"资本公积——其他资本公积"的部分转为出售当期的投资收益:

借:资本公积——其他资本公积　　　　　　　　　20 000
　　贷:投资收益　　　　　　　　　　　　　　　　　　20 000

六、长期股权投资减值的确认与计量

长期股权投资的减值,是指长期股权投资未来可收回金额低于账面价值所发生的损失。企业应对长期股权投资的账面价值定期地逐项进行检查,至少每年年末检查一次。如果由于市价持续下跌或被投资单位经营状况变化等原因导致可收回金额低于投资的账面价值,应当计提减值准备。

企业持有的长期股权投资,有的在活跃市场中有报价,有的在活跃市场中没有报价。对持有的长期投资是否计提减值准备,可以根据下列迹象判断:

1. 在活跃市场中有报价的长期股权投资

在活跃市场中有报价的长期股权投资是否应计提减值准备,可以根据下列迹象判断:

(1) 市价持续 2 年低于账面价值。

(2) 该项投资暂停交易 1 年或 1 年以上。

(3) 被投资单位当年发生严重亏损。

(4) 被投资单位持续两年发生亏损。

(5) 被投资单位进行清理整顿、清算或出现其他不能持续经营的迹象。

2. 在活跃市场中没有报价的长期股权投资

如果企业持有的长期股权投资在活跃的市场中没有报价,是否应当计提减值准备,可以根据下列迹象判断:

(1) 影响被投资单位经营的政治或法律环境的变化,如税收、贸易等法规的颁布或修订,可能导致被投资单位出现巨额亏损。

(2) 被投资单位所供应的商品或提供的劳务因产品过时或消费者偏好改变而使市场的需求发生变化,从而导致被投资单位财务状况发生严重恶化。

(3) 被投资单位所在行业的生产技术等发生重大变化,被投资单位已失去竞争能力,从而导致财务状况发生严重恶化,如进行清理整顿、清算等。

(4) 有证据表明该项投资实质上已经不能再给企业带来经济利益的其他情形。

在核算长期股权投资的减值时，应将长期股权投资分为两类：一类是按成本法核算的、在活跃市场中没有报价、公允价值不能可靠计量的长期股权投资，其减值应当按照金融工具确认和计量准则处理。由于公允价值不能可靠计量，所以期末应将这类长期股权投资的账面价值，与按照类似金融资产当时市场收益率对未来现金流量折现确定的现值之间的差额，确认为减值损失，计入当期损益。对于除此以外的其他长期股权投资，其减值应当按照资产减值准则处理，期末，将长期股权投资的账面价值与可收回金额之间的差额，确认为减值损失，计入当期损益。这里的"可收回金额"是指长期股权投资的公允价值减去处置费用与预期从该资产的持有和投资到期处置中形成的预计未来现金流量的现值两者中的较高者。

为了核算长期股权投资减值准备的计提情况，应设置"长期股权投资减值准备"科目。本科目属于资产类科目，是"长期股权投资"的备抵调整科目。其贷方登记长期股权投资减值准备的计提；借方登记处置长期股权投资时转出的长期股权投资减值准备；期末余额在贷方，反映企业已计提但尚未转销的长期股权投资减值准备。该科目按被投资单位进行明细核算。

计提长期股权投资的减值时，借记"资产减值损失"科目，贷记"长期股权投资减值准备"科目。根据资产减值准则和金融工具确认和计量准则的规定，长期股权投资确认减值损失后，原确认的减值损失不得转回。

【例 2 - 17】201×年12月31日，甲财务公司持有的乙上市公司的普通股股票的账面价值为850 000元，该投资采用权益法进行核算。由于乙公司连年经营不善，资金周转发生困难，使得其股票市价下跌，甲公司持有的乙公司普通股的可收回金额为570 000元，短期内难以恢复，201×年12月31日甲公司应作如下会计分录：

借：资产减值损失　　　　　　　　　　　　　　　　280 000
　　贷：长期股权投资减值准备——乙公司　　　　　　280 000

第三节　套期保值业务核算

一、套期保值的概述

套期保值（以下简称"套期"），是指企业为规避外汇风险、利率风险、商品价格风险、股票价格风险、信用风险等，指定一项或一项以上套期工具，使套期工具的公允价值或现金流量变动，预期抵销被套期项目全部或部分公允价值或现金流量变动。例如，某公司收到国外进口商支付的货款 1 000 万美元，需要将货款结汇成人民币用于国内支出，同时该公司需要采购国外生产设备，并将于 6 个月后支付 1 000 万美元货款。为规避美元贬值风险，该公司可与银行办理一笔即期对 6 个月远期的人民币与美元互换业务：即期卖出 1 000 万美元，取得人民币；签订 6 个月远期合同，按照约定汇率以人民币买入 1 000 万美元。

套期分为公允价值套期、现金流量套期和境外经营净投资套期。

公允价值套期，是指对已确认资产或负债、尚未确认的确定承诺，或该资产或负债、尚未确认的确定承诺中可辨认部分的公允价值变动风险进行的套期。该类价值变动源于某类特定风险，且将影响企业的损益。

现金流量套期，是指对现金流量变动风险进行的套期。该类现金流量变动源于与已确认资产或负债、很可能发生的预期交易有关的某类特定风险，且将影响企业的损益。

境外经营净投资套期，是指对境外经营净投资外汇风险进行的套期。境外经营净投资，是指企业在境外经营净资产中的权益份额。

被套期项目，是指使企业面临公允价值或现金流量变动风险，且被指定为被套期对象的下列项目：

（1）单项已确认资产、负债、确定承诺、很可能发生的预期交易，或境外经营净投资；

（2）一组具有类似风险特征的已确认资产、负债、确定承诺、很可能发生的预期交易，或境外经营净投资；

（3）分担同一被套期利率风险的金融资产或金融负债组合的一部分（仅适用于利率风险公允价值组合套期）。

确定承诺，是指在未来某特定日期或期间，以约定价格交换特定数量资源、具有法律约束力的协议。预期交易，是指尚未承诺但预期会发生的交易。

对于满足条件的套期，企业可运用套期会计方法进行处理。所谓套期会计方法，是指在相同会计期间将套期工具和被套期项目公允价值变动的抵销结果计入当期损益的方法。

套期有效性，是指套期工具的公允价值或现金流量变动能够抵销被套期风险引起的被套期项目公允价值或现金流量变动的程度。如果在套期开始及以后期间，该套期预期会高度有效地抵销套期指定期间被套期风险引起的公允价值或现金流量变动；该套期的实际抵销结果在一定范围内，则该套期保值是高度有效的。

二、套期保值的确认与计量

套期会计方法是指在相同会计期间将套期工具和被套期项目公允价值变动的抵销结果计入当期损益的方法。

（一）套期会计处理方法的确认条件

公允价值套期、现金流量套期或境外经营净投资套期同时满足下列条件的，才能运用套期会计方法进行处理：

（1）在套期开始时，企业对套期关系（即套期工具和被套期项目之间的关系）有正式指定，并准备了关于套期关系、风险管理目标和套期策略的正式书面文件。该文件至少载明了套期工具、被套期项目、被套期风险的性质以及套期有效性评价方法等内容。

套期必须与具体可辨认并被指定的风险有关，且最终影响企业的损益。

（2）该套期预期高度有效，且符合企业最初为该套期关系所确定的风险管理策略。

（3）对预期交易的现金流量套期，预期交易应当很可能发生，且必须使企业面临最终将影响损益的现金流量变动风险。

（4）套期有效性能够可靠地计量。

（5）企业应当持续地对套期有效性进行评价，并确保该套期在套期关系被指定的会计期间内高度有效。

（二）套期保值的会计处理

1. 公允价值套期满足运用套期会计方法条件的，应当按照下列规定处理

（1）套期工具为衍生工具的，套期工具公允价值变动形成的利得或损失应当计入当期损益；套期工具为非衍生工具的，套期工具账面价值因汇率变动形成的利得或损失应当计入当期损益。

（2）被套期项目因被套期风险形成的利得或损失应当计入当期损益，同时调整被套期项目的账面价值。被套期项目为按成本与可变现净值孰低进行后续计量的存货、按摊余成本进行后续计量的金融资产的，也应当按此规定

处理。

2. 现金流量套期满足运用套期会计方法条件的，应当按照下列规定处理：

（1）套期工具利得或损失中属于有效套期的部分，应当直接确认为所有者权益，并单列项目反映。该有效套期部分的金额，按照套期工具自套期开始的累计利得或损失与被套期项目自套期开始的预计未来现金流量现值的累计变动额的绝对额较低者确定。

（2）套期工具利得或损失中属于无效套期的部分（即扣除直接确认为所有者权益后的其他利得或损失），应当计入当期损益。

（3）在风险管理策略的正式书面文件中，载明了在评价套期有效性时将排除套期工具的某部分利得或损失或相关现金流量影响的，被排除的该部分利得或损失的处理适用CAS22号准则。

对确定承诺的外汇风险进行的套期，企业可以作为现金流量套期或公允价值套期处理。

【例2-18】 长江财务公司20×5年4月1日向银行取得8 000万美元的3年期贷款，其年贷款利率为LIBOR+0.05%，规定每年付息一次，本金到期一次偿还，当日的LIBOR为4.5%。为了控制利率变动带来的现金流量风险，该公司与国内一家金融机构签订了一项名义本金为8 000万美元，期限3年的利率互换协议，并规定在每年支付LIBOR+0.05%浮动利息的同时，支付4.6%的利息，以此将浮动利率应付利息锁定为固定利率利息。相关资料如下：20×6年4月1日LIBOR为4.7%，根据借款合同，应付利息380万美元；根据利率互换协议，应收利息为380万美元［8 000×（4.7%+0.05%）］，应付利息368万美元（8 000×4.6%）。

20×5年4月1日：

借：银行存款　　　　　　　　　　　　　　　　　80 000 000
　　贷：长期借款——本金　　　　　　　　　　　　80 000 000

签订利率互换协议时进行初始确认：

借：衍生金融工具——利率互换　　　　　　　　　11 040 000
　　贷：应付账款　　　　　　　　　　　　　　　　11 040 000

借：套期工具——利率互换　　　　　　　　　　　11 040 000
　　贷：衍生金融工具——利率互换　　　　　　　　11 040 000

20×6年4月1日LIBOR为4.7%，确认套期工具产生的利得：

借：套期工具　　　　　　　　　　　　　　　　　120 000
　　贷：资本公积——其他资本公积　　　　　　　　　　120 000

3. 对境外经营净投资的套期，应当按照类似于现金流量套期会计的规定处理

（1）套期工具形成的利得或损失中属于有效套期的部分，应当直接确认为所有者权益，并单列项目反映。

处置境外经营时，上述在所有者权益中单列项目反映的套期工具利得或损失应当转出，计入当期损益。

（2）套期工具形成的利得或损失中属于无效套期的部分，应当计入当期损益。

【例2-19】某境内金融控股企业集团在英国收购了一家公司。为对20×5年12月31日的预期年终净资产额1.8亿英镑进行套期保值，在11月1日与中国银行按60天期的远期汇率GBP1/RMB14.8，签订了一项卖出1.8亿英镑的远期合同。当日即期汇率为GBP1/RMB14.6。12月31日的即期汇率为GBP1/RMB14.4。英国子公司20×5年12月31日资产负债表的实际净投资额为1.95亿英镑。

11月1日对远期合同进行初始确认：

借：其他应收款　　　　　　　　　　　　　　　2 664 000 000
　　贷：衍生金融工具　　　　　　　　　　　　　　2 664 000 000

指定套期关系时：

借：衍生金融工具　　　　　　　　　　　　　　2 628 000 000
　　贷：套期工具　　　　　　　　　　　　　　　　2 628 000 000

12月31日确认套期工具公允价值变动的收益：

借：套期工具　　　　　　　　　　　　　　　　　36 000 000
　　贷：资本公积——其他资本公积　　　　　　　　　36 000 000

第四节　衍生金融工具核算

随着商业交易的推陈出新，在传统金融工具的基础上，衍生出更多的金融工具来实现人们对商业交易中的权利期待和风险锁定，这也注定了会计需

要进一步阐释衍生金融的基本内涵、确认标准等会计处理。

一、衍生金融工具概述

(一) 基本特征与类别

衍生工具,是指属于CAS22号准则规范之范围并同时具备下列三个特征的金融工具或其他合同:特征之一是其价值随特定利率、金融工具价格、商品价格、汇率、价格指数、费率指数、信用等级、信用指数或其他变量的变动而变动(变量为非金融变量,如特定城市气温指数)的,该变量不应与合同的任何一方存在特定关系;特征之二是不要求初始净投资或者与对市场因素变化预期有类似反应的其他合同相比,要求较少的初始净投资;特征之三是在未来某一特定日期结算或在未来多个日期结算。衍生工具包括远期合同、期货合同、互换和期权,以及具有远期合同、期货合同、互换和期权中一种或一种以上特征的工具。

衍生工具通常是独立存在的,但也可能被嵌入非衍生金融工具或其他合同(主合同)中,这种衍生工具称为嵌入衍生工具。

(二) 嵌入衍生工具的分析

嵌入衍生工具与主合同构成混合合同(如企业持有的可转换公司债券),并对混合合同的现金流量产生影响的方式,应当与单独存在的衍生工具类似,且该混合合同的全部或部分现金流量随特定利率、汇率、金融工具价格、商品价格、价格指数、费率指数、信用等级、信用指数或其他变量变动而变动。主合同通常包括租赁合同、保险合同、服务合同、特许权合同、债务工具合同、合营合同等。在混合合同中,嵌入衍生工具通常以具体合同条款体现,如常见的按CPI指数调整租金的长期租房合同,首年租金合同约定,次年开始按上年CPI指数上涨,其主合同是租赁合同,而嵌入衍生工具体现为一般物价指数调整条款;再比如,可转换公司债券中嵌入的股份转换选择权条款、与权益工具挂钩的本金或利息支付条款、与商品或其他非金融项目挂钩的本金或利息支付条款、看涨期权条款、看跌期权条款、提前还款权条款、信用违约支付条款,等等,都体现着嵌入衍生工具的合同条款。

嵌入衍生工具的核算有两种模式,从混合合同中分拆或不分拆。通常,主合同涉及标的资产的,不分拆出嵌入衍生工具,而作为一个整体处理。主合同并非涉及资产时,应合理地判断其与主合同的关系,看其经济特征和风险是否与主合同的经济特征和风险紧密相关，并结合其他条件决定是否分拆。二者之间在经济特征和风险方面是不是拥有紧密相关度，应当重点关注嵌入衍生工具与主合同的风险敞口是否相似，以及嵌入衍生工具是否可能会对混合合同的现金流量产生重大改变。除准则特殊规定外，一般情况下，如果二者风险敞口不同或者嵌入衍生工具可能对混合合同的现金流量产生重大改变，则其经济特征和风险很可能不紧密相关。

二、衍生金融工具的确认与计量

（一）嵌入衍生工具的分拆条件

混合合同包含的主合同不属于 CAS22 号准则规范的资产，且同时符合下列条件的，应当从混合合同中分拆嵌入衍生工具，将其作为单独存在的衍生工具处理：（1）嵌入衍生工具的经济特征和风险与主合同的经济特征和风险不紧密相关；（2）与嵌入衍生工具具有相同条款的单独工具符合衍生工具的定义；（3）该混合合同不是以公允价值计量且其变动计入当期损益进行会计处理（即嵌在以公允价值计量且其变动计入当期损益的金融负债中的衍生工具不予分拆）。

比如甲公司发行了一项可回售可转换优先股。该优先股条款约定，当甲公司5年内未能成功上市，则投资者有权在第5年末将该优先股按照约定的收益率回售给甲公司。此外，投资者可以随时将该优先股转换成甲公司的普通股，初始转股价格固定，但当甲公司后续发行新股的价格低于初始转股价格时，投资者有权要求将初始转股价格下调，且下调后不再转回。此例中，股份转换权属于嵌入衍生工具，与主债务合同不紧密相关。如果混合合同整体没有指定为以公允价值计量且其变动计入当期损益的金融负债，则应将其分拆为单独的衍生工具核算。

当企业在成为混合合同的一方时，即应评价嵌入衍生工具是否应分拆出来作为单独的衍生工具处理。随后，除非混合合同条款的变化将对原混合合同现金流量产生重大影响，否则企业不应对是否分拆重新进行评估。混合合同条款的变化导致原混合合同现金流量发生重大改变的，应重新评估嵌入衍生工具是否应分拆。企业在确定现金流量调整是否重大时，应当分析判断与嵌入衍生工具、主合同或两者相关的预计未来现金流量发生改变的程度，以及相对于合同以前预计现金流量是否有重大的改变。但是，在同一控制和非同一控制下的企业合并以及合营企业成立中，企业在并购日或成立日可能需要重新评估购入的合同中嵌入衍生工具是否需要分拆。

嵌入衍生工具从混合合同中分拆的，企业应当按照适用的会计准则规定，对混合合同的主合同进行会计处理。根据准则规定，单独存在的衍生工具，通常应采用公允价值进行初始计量和后续计量。

（二）将混合合同指定为以公允价值计量且其变动计入当期损益的金融工具的条件

当企业成为混合合同的一方，而主合同不属于CAS22号准则规范的资产且包含一项或多项嵌入衍生工具，准则要求企业识别所有此类嵌入衍生工具，评估其是否需要与主合同分拆，对于需与主合同分拆的嵌入衍生工具，应以公允价值进行初始确认和后续计量。与整项金融工具均以公允价值计量且其变动计入当期损益相比，上述要求可能更为复杂或导致可靠性更差。为此，拟将整项混合合同指定为以公允价值计量且其变动计入当期损益的金融工具。但下列情况除外：（1）嵌入衍生工具不会对混合合同的现金流量产生重大改变；（2）在初次确定类似的混合合同是否需要分拆时，几乎不需分析就能明确其包含的嵌入衍生工具不应分拆。如嵌入贷款的提前还款权，允许持有人以接近摊余成本的金额提前偿还贷款，该提前还款权不需要分拆。

此外，企业无法根据嵌入衍生工具的条款和条件对嵌入衍生工具的公允价值进行可靠计量的，该嵌入衍生工具的公允价值应当根据混合合同公允价值和主合同公允价值之间的差额确定。使用了上述方法后，该嵌入衍生工具在取得日或后续资产负债表日的公允价值仍然无法单独计量的，企业应当将该混合合同整体指定为以公允价值计量且其变动计入当期损益的金融工具。

（三）嵌入衍生工具的会计处理（以可转换公司债券为例）

1. 初始确认

上市公司发行具有债权和股权双重属性、利率比一般债券利率低、发行人赎回性和投资人回售性等特征的可转换公司债时，在进行初始确认时，要将其包含的负债和权益成分进行分拆——负债成分确认为"应付债券——可转换公司债券"，权益成分确认为"资本公积——其他资本公积"。在分拆时，应该对负债成分的未来现金流量进行折现确定为负债成分的初始确认金额，再按发行价格总额扣除负债成分初始确认金额后的价值作为权益成分初始确认金额。可转公司债券的发行费用应该在负债成分和权益成分之间按照各自相对公允价值进行分摊。

【例 2-20】某财务公司于 20×0 年 1 月 1 日，发行面值为 40 000 万元的可转换公司债券，发行价格为 41 000 万元。该债券期限为 4 年，票面年利率为 4%，利息按年支付；债券持有者可在债券发行 1 年后转换股份，转换条件为每 100 元面值的债券转换 40 股该公司普通股。该公司发行该债券时，二级市场上与之类似但没有转股权的债券的市场利率为 6%。债券已发行完毕，发行费用为 15 万元，扣除发行费用后的款项均已收入银行。

相应的分析与计算过程如下：

负债成分应确认的金额 = 40 000 × 4% × P/A（i = 6%，n = 4）+ 40 000 × P/F（i = 6%，n = 4）= 37 228.16（万元）

权益成分应确认的金额 = 41 000 − 37 228.16 = 3 771.84（万元）

负债应分配的发行费用 = 15/（37 228.16 + 3 771.84）× 37 228.16 = 13.62（万元）

权益应分配的发行费用 = 15 − 13.62 = 1.38（万元）

因此，其会计处理如下：

借：银行存款　　　　　　　　　　　　　　　　　　409 850 000
　　应付债券——可转换公司债券（利息调整）　　　 27 854 600
　贷：应付债券——可转换公司债券（面值）　　　　400 000 000
　　　资本公积——其他资本公积　　　　　　　　　 37 704 600

2. 转股前的持续确认

在转股前，可转换公司债券负债成分应按照一般公司债券进行相同的会计处理，即根据债券摊余成本乘以实际利率确定利息费用记入"财务费用"或相关资产账户，根据债券面值乘以票面利率确定实际应支付的利息记入"应付债券——可转换公司债券（应计利息）"或者"应付利息"科目，二者之间的差额作为利息调整进行摊销，记入"应付债券——可转换公司债券（利息调整）"科目。

同【例 2-20】20×0 年 12 月 31 日应对负债成分计提一年的债券利息。

会计处理如下：

应付利息 = 40 000 × 4% = 1 600（万元）

财务费用 =（40 000 − 2 785.46）× 6% = 2 232.87（万元）

利息调整 = 2 232.87 − 1 600 = 632.87（万元）

借：财务费用　　　　　　　　　　　　　　　　　　22 328 700
　　贷：应付利息　　　　　　　　　　　　　　　　　16 000 000
　　　　应付债券——可转换公司债券（利息调整）　　6 328 700

3. 转股处理

投资人到期行使债券的转换权，债权发行方应按合同约定的条件计算转换的股份数，确定股本的金额，记入"股本"科目，同时结转债券账面价值，二者之间的差额记入"资本公积——股本溢价"科目；此外，还要把可转换公司债券初始核算分拆确认的"资本公积——其他资本公积"金额一同转入"资本公积——股本溢价"科目。

【例 2-21】承【例 2-20】，20×1 年 6 月 30 日，债券持有者将面值为 40 000 万元的可转换公司债券申请转换股份，并于当日办妥相关手续。假定转换部分债券未支付的应付利息不再支付。相关手续已于当日办妥。

则 20×1 年 6 月 30 日转换股份时会计处理如下：

（1）计提 20×1 年 1 月 1 日至 20×1 年 6 月 30 日的利息：

应付利息 = 40 000 × 4% × 6/12 = 800（万元）

财务费用 = (40 000 - 2 785.46 + 632.87) × 6% × 6/12 = 1 135.42（万元）

利息调整 = 1 135.42 - 800 = 335.42（万元）

借：财务费用　　　　　　　　　　　　　　　　　　11 354 200
　　贷：应付利息　　　　　　　　　　　　　　　　　8 000 000
　　　　应付债券——可转换公司债券（利息调整）　　3 354 200

（2）编制转股分录如下：

借：应付债券——可转换公司债券（面值）　　　　　400 000 000
　　应付利息　　　　　　　　　　　　　　　　　　　8 000 000
　　贷：应付债券——可转换公司债券（利息调整）　　18 171 700
　　　　股本　　　　　　　　　　　　　　　　　　160 000 000
　　　　资本公积——股本溢价　　　　　　　　　　229 828 300
借：资本公积——其他资本公积　　　　　　　　　　37 704 600
　　贷：资本公积——股本溢价　　　　　　　　　　　37 704 600

4. 赎回业务

如果企业发行附有赎回选择权的可转换公司债券，其在赎回日可能支付的利息补偿金，应当在债券发行日至债券约定赎回届满日期间计提应付利息，计提的应付利息,分别计入相关资产成本或财务费用。根据这一规定,对于附有回售或回购条件的可转换公司债券,应作如下的账务处理:(1)在债券发行日至债券约定赎回或回售日期间按包含利息补偿金的利率进行利息的计提,计提的利息记入"财务费用"或"在建工程"等科目。(2)在发行企业回购或可转换债券持有人回售时,发行企业再作如下会计处理:一是计提尚未计提的利息,并将未摊销的利息调整一次性摊销完毕。二是按约定价格赎回时,结转"应付债券"的账面价值,并按支付的款项贷记"银行存款"科目。

【例 2-22】承【例 2-21】,合同中补充规定利息补偿金为 3%,20×1 年 6 月 30 日,债券持有者将面值为 40 000 万元的可转换公司债券申请转换股份,并于当日办妥相关手续。假定转换部分债券未支付的应付利息不再支付。则相关账务处理如下:

20×0 年 12 月 31 日应按包括利息补偿金的利率计提一年的债券利息。

借:财务费用　　　　　　　　　　　　　　　23 328 700
　　贷:应付利息　　　　　　　　　　　　　　16 000 000
　　　　应付债券——可转换公司债券(利息调整)　6 328 700
　　　　　　　　——可转换公司债券(利息补偿金)　1 000 000

20×1 年 6 月 30 日转换股份时的账务处理如下:

(1) 计提 20×1 年 1 月 1 日至 6 月 30 日利息:

借:财务费用　　　　　　　　　　　　　　　11 854 200
　　贷:应付利息　　　　　　　　　　　　　　 8 000 000
　　　　应付债券——可转换公司债券(利息调整)　3 354 200
　　　　　　　　——可转换公司债券(利息补偿金)　 500 000

(2) 编制转股分录:

借:应付债券——可转换公司债券(面值)　　　400 000 000
　　应付利息　　　　　　　　　　　　　　　　 8 000 000
　　贷:应付债券——可转换公司债券(利息调整)　18 171 700
　　　　　　　　——可转换公司债券(利息补偿金)　 500 000
　　　　股本　　　　　　　　　　　　　　　　160 000 000
　　　　资本公积——股本溢价　　　　　　　　229 328 300
借:资本公积——其他资本公积　　　　　　　　 37 704 600

贷：资本公积——股本溢价　　　　　　　　　　37 704 600

第五节　金融资产转移核算

金融资产是可以在不同经济主体之间转移的，这种转移的实现就是以金融资产所有权上所嵌套的几乎所有风险和报酬风险和报酬为标志的。终止确认、继续确认，既有相应的判断标杆，也有不同的财务处理要求。

一、金融资产转移概述

金融资产（含单项或一组类似金融资产）转移，是指公司将其拥有的金融资产让与或交付给该金融资产发行方以外的另一方（转入方）。比如，公司将持有的未到期商业票据向中央银行贴现，就属于金融资产转移。租赁公司或财务公司金融资产转移，通常包括下列两种情形：

一是将收取金融资产现金流量的权利转移给另一方，比如前述的将未到期票据向中央银行贴现。

二是将金融资产转移给另一方，但保留收取金融资产现金流量的权利并承担将收取的现金流量支付给最终收款方的义务，同时还应满足以下条件：其一，从该金融资产收到对等的现金流量时，才有义务将其支付给最终收款方。公司发生短期垫付款，但有权全额收回该垫付款并按照市场上同期银行贷款利率计收利息的，视同满足本条件。其二，根据合同约定，不能出售该金融资产或作为担保物，但可以将其作为对最终收款方支付现金流量的保证。其三，有义务将收取的现金流量及时支付给最终收款方。公司无权将该现金流量进行再投资，但按照合同约定在相邻两次支付间隔期内将所收到的现金流量进行现金或现金等价物投资的除外。公司按照合同约定进行再投资的，应当将投资受益按照合同约定支付给最终收款方。

二、金融资产转移的常见类型

实务中，金融资产转移的类型包括但不限于以下方面：一是应收账款保理，通常是指企业将因销售商品、提供劳务等形成的应收账款转移给公司，由公司为其提供贸易融资等相关服务，其实质是应收账款质押取得借款和应收账款出售。二是应收票据贴现，指企业以未到期应收票据，通过背书手续向公司融通资金，公司按照贴现率自票据价值中扣除贴现日至到期日的贴现息后，将余额兑付给企业的筹资行为。三是应收票据背书转让。公司将持有的应收票据背书转让以取得所需物资，与该应收票据所有权有关的风险和报酬通常已经发生转移，贴现企业应当终止确认应收票据。四是金融资产证券化。按照被证券化的金融资产（即基础资产）的不同，金融资产证券化可以分为住房抵押贷款证券化（MBS）和资产支持证券化（ABS）两大类，其中，前者的基础资产是住房抵押贷款，后者的基础资产是除住房抵押贷款以外的其他金融资产。

三、金融资产转移的确认和计量

（一）金融资产整体转移和部分转移的区别

金融资产转移涉及的会计处理，核心是金融资产转移是否符合终止确认条件。其中，终止确认是指将金融资产或金融负债从公司的账户和资产负债表内予以转销。

鉴于金融资产转移交易的复杂性，公司有要在分析判断金融资产转移是否符合金融资产终止条件前，着重关注两个方面：一是金融资产转移的转出方能否对转入方实施控制。如果能够实施控制，则表明转入方是转出方的子公司，从而应纳入转出方合并财务报表。从合并财务报表的视角看，这种情况下的金融资产转移属于内部交易，不存在终止确认问题。因此，在判断金融资产转移是否符合终止确认条件时，应首先判断转入方是否是转出方的子公司。二是金融资产是整体转移还是部分转移。如为整体转移，则应将金融资产终止确认的判断条件运用于整体金融资产；如为部分转移，则只需将金融资产终止确认判断条件运用于发生转移的部分金融资产。

金融资产部分转移，包括下列三种情形：一是将金融资产所产生现金流量中特定、可辨认部分转移，如公司将一组类似贷款的应收利息转移等；二是将金融资产所产生全部现金流量的一定比例转移，如公司将一组类似贷款的本金和应收利息合计的一定比例转移等；三是将金融资产所产生现金流量中特定、可辨认部分的一定比例转移，如公司将一组类似贷款的应收利息的一定比例转移等。

（二）符合终止确认条件的情形

1. 符合终止确认条件的判断

公司收取金融资产现金流量的合同权利终止的，应当终止确认该金融资产。此外，公司已将金融资产所有权上几乎所有的风险和报酬转移给转入方的，也应当终止确认该金融资产。

金融资产转移是否符合终止确认条件，有时比较容易判断。比如，下列情况就表明已将金融资产所有权上几乎所有风险和报酬转移给了转入方，因而应当终止确认相关金融资产：（1）公司以不附追索权方式出售金融资产；（2）公司将金融资产出售，同时与买入方签订协议，在约定期限结束时按当日该金融资产的公允价值回购；（3）公司将金融资产出售，同时与买入方签订看跌期权合约（即买入方有权将该金融资产返售给公司），但从合约条款判断，该看跌期权是一项重大价外期权（即期权合约的条款设计使得金融资产的买方极小可能会到期行权）。

对于其他一些复杂的金融资产转移，其是否符合终止确认条件，应当比较转移前后该金融资产未来现金流量净现值及时间分布的波动使其面临的风险来判断。公司面临的风险因金融资产转移发生实质性改变的，表明该公司已将金融资产所有权上几乎所有的风险和报酬转移给了转入方，从而应终止确认该金融资产。

公司需要通过计算判断是否已将金融资产所有权上几乎所有的风险和报酬转移给了转入方的，在计算金融资产未来现金流量净现值时，应当考虑所有合理、可能的现金流量波动，并采用适当的现行市场利率作为折现率。

2. 符合终止确认条件时的计量

符合终止确认条件的，需要分成整体转移和部分转移两种前提来处理：

（1）整体转移满足终止条件时，相关金融资产转移损益应按如下公式计算：

因转移收到的对价＋原直接计入所有者权益的公允价值变动累计利得（如为累计损失应为减项）－所转移金融资产的账面价值＝金融资产整体转移损益

理解以上公式时，应注意下面两点：

第一，因金融资产转移获得了新金融资产或承担了新金融负债的，应当在转移日按照公允价值确认该金融资产或金融负债（包括看涨期权、看跌期权、担保负债、远期合同、互换等），并将该金融资产扣除金融负债后的净额作为上述对价的组成部分。公司与金融资产转入方签订服务合同提供相关服务的（包括收取该金融资产的现金流量，并将所收取的现金流量交付给指定的资金保管机构等），应当就该服务合同确认一项服务资产或服务负债。服务负债应当按照公允价值进行初始计量，并作为上述对价的组成部分。也就是说，因转移收到的对价＝因转移交易收到的价款＋新获得金融资产的公允价值＋因转移获得服务资产的公允价值－新承担金融负债的公允价值－因转移承担的服务负债的公允价值。

第二，原直接计入所有者权益的公允价值变动累计利得或损失，是指所转移金融资产转移前公允价值变动直接计入所有者权益的累计额。

（2）部分转移满足终止确认条件的，应当将所转移金融资产整体的账面价值，在终止确认部分和未终止确认部分（在此种情况下，所保留的服务资产应当视同未终止确认金融资产的一部分）之间，按照各自的相对公允价值进行分摊，并将中止确认部分的对价，与原直接计入所有者权益的公允价值变动的累计额中对应终止确认部分的金额之和，扣除终止确认部分的账面价值后的差额，确认为金融资产转移的损益。

原直接计入所有者权益的公允价值变动的累计额中对应终止确认部分的金额，按照金融资产终止确认部分和未终止确认部分的相对公允价值，对该累计额进行分摊后确定。

在金融资产部分转移满足终止确认条件的情况下，公司在将所转移金融资产整体的账面价值按相对公允价值在终止确认部分和未终止确认部分之间进行分摊，未终止确认部分的公允价值按照下列原则确定：

第一，公司出售过与未终止确认部分类似的金融资产，或发生过与未终止确认部分有关的其他的市场交易的，应当按照最近实际交易价格确定。

第二，未终止确认部分在活跃市场上没有报价，且最近市场上也没有与其有关的实际交易价格的，应当按照所转移金融资产整体的公允价值扣除终止确认部分的对价后的余额确定。该金融资产整体的公允价值确实难以合理确定的，按照金融资产整体的账面价值扣除终止确认部分的对价后的余额确定。

（三）不符合终止确认条件的情形

1. 不符合终止确认条件的判断

金融资产转移后，公司（转出方）仍保留了该金融资产所有权上几乎所有的风险和报酬的，则不应当终止确认该金融资产。

对于相对简单的金融资产转移其是否符合终止确认条件，比较容易判断。比如，下列情况就表明公司保留了金融资产所有权上几乎所有风险和报酬，不应当终止确认相关金融资产：（1）公司采用附追索权方式出售金融资产；（2）公司将金融资产出售，同时与买入方签订协议，在约定期限结束时按固定价格将该金融资产回购，如采用买断式回购、质押式回购交易卖出债券等；（3）公司将金融资产出售，同时与买入方签订看跌期权合约（即买入方有权将该金融资产返售给公司），但从合约条款判断，该看跌期权是一项重大价内期权（即期权合约的条款设计，使金融资产的买方很可能会到期行权）；（4）公司银行将信贷资产整体转移，同时保证对金融资产买方可能发生的信用损失进行全额补偿。

而对于相对复杂的金融资产转移，应当像判断是否符合终止确认条件那样，通过分析计算来判断。如果分析计算表明，公司面临的风险没有因金融资产转移发生实质性改变，则表明该公司仍保留了金融资产所有权上几乎所有的风险和报酬，从而不应当终止确认该金融资产。

2. 不符合终止确认时的计量

公司仍保留与所转移金融资产所有权上几乎所有的风险和报酬的，应当继续确认所转移金融资产整体，并将收到的对价确认为一项金融负债。

该金融资产与确认的相关金融负债不得相互抵销。在随后的会计期间公司应当继续确认该金融资产产生的收入和该金融负债产生的费用。所转移的金融资产以摊余成本计量的，确认的相关负债不得指定为以公允价值计量且其变动计入当期损益的金融负债。

（四）继续涉入的情形

1. 继续涉入的判断

公司既没有转移也没有保留金融资产所有权上几乎所有的风险和报酬的，应当分别下列情况处理：（1）放弃了对该金融资产控制的，应当终止确认该金融资产；（2）未放弃对该金融资产控制的，应当按照其继续涉入所转移金融资产的程度确认有关金融资产，并相应确认有关金融负债。继续涉入所转移金融资产的程度，是指该金融资产价值变动使公司面临的风险水平。

比如，在采用保留次级权益或提供信用担保等进行信用增级的金融资产转移中，转出方只保留了所转移金融资产所有权上的部分（非几乎所有）风险和报酬且能控制所转移金融资产的，应当按照其继续涉入所转移金融资产的程度确认相关资产和负债。

判断是否已放弃对所转移金融资产的控制,应当重点关注转入方出售该金融资产的实际能力。如果转入方能够单独将转入的金融资产整体出售给与其不存在关联方关系的第三方,且没有额外条件对此项出售加以限制,说明转入方有出售该金融资产的实际能力,同时表明公司(转出方)已放弃对该金融资产的控制,从而应终止确认所转移的金融资产。

转入方是否能够将转入的金融资产整体出售给与其不存在关联方关系的第三方,应当关注该金融资产是否存在活跃市场。如果不存在活跃市场,即使合同约定转入方有权处置金融资产,也不表明转入方有"实际能力"。

转入方是否能够单独出售所转入的金融资产且没有额外条件对此销售加以限制(是否可以自由地处置所转入金融资产),主要关注是否存在与出售密切相关的约束性条款。比如,转入方出售转入的金融资产时附有一项看涨期权,且该看涨期权又是重大价内期权,以至于可以认定转入方将来很可能会行权。在这种情况下,不表明转入方有出售所转入金融资产的实际能力。

2. 继续涉入的计量

公司既没有转移也没有保留金融资产所有权上几乎所有的风险和报酬,且未放弃对该金融资产控制的,应当按照其继续涉入所转移金融资产的程度,在充分反映保留的权利和承担的义务的基础上,确认有关金融资产,并相应确认有关负债。

通过对所转移金融资产提供财务担保方式继续涉入的,应当在转移日按照金融资产的账面价值和财务担保金额两者之中的较低者,确认继续涉入形成的资产,同时按照财务担保金额和财务担保合同的公允价值(提供担保的取费)之和确认继续涉入形成的负债。财务担保金额,是指公司所收到的对价中,将被要求偿还的最高金额。

在后续期间,财务担保合同的初始确认金额应当在该财务担保合同期间内按照时间比例摊销,确认为各期收入。因担保形成的资产账面价值,应当在资产负债表日进行减值测试。

公司应当对因继续涉入所转移金融资产形成的有关资产确认相关收入,对继续涉入形成的有关负债确认相关费用。继续涉入所形成的相关资产和负债不应当相互抵销。

公司仅继续涉入所转移金融资产一部分的,应当将该部分金融资产视作一个整体,并在此基础上运用上述继续涉入会计处理原则,并通过专设"1518 继续涉入资产"和"2504 继续涉入负债"两个科目进行核算。

四、金融资产转移的会计处理

前已述及,金融资产转移分为整体转移和部分转移。当转移了部分,且该被转移部分满足终止确认条件的,应当将原整体账面价值,在终止确认与继续确认之间,按照转移日各自的相对公允价值进行分摊,并将两项金额的差额计入当期损益。

【例 2-23】兴华公司与乙银行签订一笔贷款转让协议,兴华公司将该笔贷款 90% 的收益权转让给乙银行,该笔贷款公允价值为 110 万元,账面价值为 100 万元,该转让对价为 99 万元。假定不存在其他服务资产或负债,所转让部分贷款(即贷款未来现金流量的 90%)的相关债权债务关系由乙银行继承,当借款人不能偿还该笔贷款时,乙银行也不能向兴华公司追索。不考虑减值准备、税费等其他因素,则兴华公司应作如下账务处理:

(1) 判断是否适用金融资产的一部分以及是否应终止确认。

由于兴华公司将贷款产生现金流量完全成比例的部分 90% 转移给乙银行,并且转移后该部分的风险和报酬不再由兴华公司承担,因此,符合部分转移的情形,也符合将所转移部分终止确认的条件。

(2) 计算终止确认部分和继续确认部分各自的公允价值。

由于兴华公司将该笔贷款 90% 的收益权转让给乙银行,根据例子所述情况,兴华公司应确认该出售的 90% 贷款公允价值为 99 万元(110 × 90%),保留的 10% 贷款收益权公允价值为 11 万元。

(3) 将贷款整体的账面价值在终止确认部分和继续确认部分之间进行分摊。

由于所转移贷款整体的账面价值为 100 万元,终止确认部分和继续确认部分各自公允价值为 99 万元和 11 万元,应将贷款整体账面价值进行如下分摊,见表 2-3。

表 2-3 单位:万元

项目	各自公允价值	占整体公允价值的百分比	分摊的账面价值
终止确认部分	99	90%	90
继续确认部分	11	10%	10
合计	110	100%	100

经上述分摊后,终止确认的贷款部分应分摊的账面价值为 90 万元,即贷款应转出 90 万元。

(4) 此项转移应确认的损益。

兴华公司应确认的转移收益 = 99 - 90 = 9(万元)

(5) 兴华公司应作如下账务处理:

借:存放中央银行款项　　　　　　　　　　　990 000
　　贷:贷款　　　　　　　　　　　　　　　　　　　900 000
　　　　贷款处置损益　　　　　　　　　　　　　　　 90 000

第六节　固定资产核算

一、固定资产的概念与特征

固定资产是指企业为开发经营活动而持有的使用寿命超过一个会计年度的有形资产。固定资产具有以下主要特征:(1)使用期限超过一年或长于一年的一个经营周期,且在使用过程中保持其原有的实物形态。(2)固定资产的使用寿命是有限的(土地除外)。(3)企业拥有固定资产的目的是供生产经营活动使用而不是为了出售。(4)企业拥有固定资产可以给企业带来可衡量的未来经济利益,否则,这项资产就不应列入固定资产,比如报废的固定资产应予转销。

作为固定资产,需要同时满足下列条件才能予以确认:首先,需要符合固定资产的定义;然后还需要符合固定资产以下确认条件:

1. 与该固定资产有关的经济利益很可能流入企业

资产最重要的特征是预期会给企业带来经济利益。企业在确认固定资产时,需要判断与该项固定资产有关的经济利益是否很可能流入企业。如果与该项固定资产有关的经济利益很可能流入企业,并同时满足固定资产确认的其他条件,那么,企业应将其确认为固定资产;否则,不应将其确认为固定资产。

2. 该固定资产的成本能够可靠地计量

成本能够可靠地计量是资产确认的一项基本条件。企业在确定固定资产成本时必须取得确凿证据，但是，有时需要根据所获得的最新资料，对固定资产的成本进行合理的估计。比如，企业对于已达到预定可使用状态但尚未办理竣工决算的固定资产，需要根据工程预算、工程造价或者工程实际发生的成本等资料，按估计价值确定其成本，办理竣工决算后，再按照实际成本调整原来的暂估价值。

在实际工作中，不论是租赁公司还是财务公司，为了便于管理，企业应当根据相关会计准则，结合本单位的实际情况制定固定资产目录，包括每类或每项固定资产的使用寿命、预计净残值、折旧方法等并编制成册，经公司股东大会或董事会、经理办公会议或类似机构批准，按照法律、行政法规等的规定报送有关各方备案，同时备案置于企业所在地，以供投资者等有关各方查阅。企业已经确定并对外报送或备案置于企业所在地的有关固定资产目录、分类方法、预计净残值、折旧年限、折旧方法等，一经确定不得随意变更，如需变更，仍然应当按照上述程序，并按会计政策、会计估计变更和差错更正准则处理，并在会计报表附注中予以说明。

二、固定资产的分类

按固定资产的经济用途和使用情况综合分类，固定资产分为七大类：

（1）经营用固定资产。

（2）非经营用固定资产。

（3）租出固定资产，指在经营性租赁方式下出租给外单位使用的固定资产。

（4）不需用固定资产。

（5）未使用固定资产。

（6）土地。在我国，土地所有权归国家所有，不参与市场商品流通。这里作为固定资产的土地是指过去已经估价单独入账的土地使用权。因征地而支付的补偿费，应计入与土地有关的房屋、建筑物的价值内，不单独作为土地价值入账。企业单独取得的土地使用权不能作为固定资产管理，而列为无形资产，并在法定使用年限内摊销。

（7）融资租入固定资产，指企业以融资租赁方式租入的固定资产，在租赁期内，应视同自有固定资产进行管理。

三、固定资产的初始计量

固定资产的初始计量，就是指确定固定资产的取得成本。固定资产应当按照成本进行初始计量。固定资产取得时的成本，应根据具体情况分别确定：

对于购置的不需要经过建造过程即可使用的固定资产，外购固定资产的成本，包括购买价款、相关税费、使固定资产达到预定可使用状态前所发生的可归属于该项资产的运输费、装卸费、安装费和专业人员服务费等。以一笔款项购入多项没有单独标价的固定资产，应当按照各项固定资产公允价值比例对总成本进行分配，分别确定各项固定资产的成本。购买固定资产的价款超过正常信用条件延期支付，实质上具有融资性质的，固定资产的成本以购买价款的现值为基础确定。实际支付的价款与购买价款的现值之间的差额，除按照借款费用准则规定应予资本化的以外，应当在信用期间内计入当期损益。

对于自行建造的固定资产，由建造该项资产达到预定可使用状态前所发生的必要支出构成。其中，对于建造过程中符合资本化原则的借款费用应计入固定资产成本。

对于投资者投入的固定资产，应当按照投资合同或协议约定的价值确定，但合同或协议约定价值不公允的除外。

对于融资租入的固定资产，按租赁开始日租赁资产的原始账面价值与最低租赁付款额的现值两者中的较低者作为入账价值。

在原有固定资产基础上进行改建、扩建的，按原固定资产的账面价值，加上由于改建、扩建而使该项资产达到预定可使用状态前发生的支出，减去改建、扩建过程中发生的变价收入作为入账价值。

通过债务重组、非货币性资产交换的方式取得的固定资产，其成本应当分别按照非货币性资产交换准则、债务重组准则等的规定确定。但是，该项固定资产的后续计量和披露应当执行固定资产准则的规定。

接受捐赠的固定资产，捐赠方提供了有关凭据（如发票、报关单、有关协议）的，按凭据上表明的金额加上应支付的相关税费，确认为实际成本。如果捐赠方没有提供有关凭据的，按以下顺序确定其实际成本：（1）同类或类似固定资产存在活跃市场的，按同类或类似固定资产的市场价格估计的金额，加上应支付的相关税费，作为实际成本；（2）同类或类似固定资产不存在活跃市场的，按该接受捐赠的固定资产的预计未来现金流量现值，作为实际成本。

盘盈的固定资产，以同类或类似固定资产的市场价格减去按该项资产的新旧程度估计的价值损耗后的余额作为入账价值。

经批准无偿调入的固定资产，按调出单位固定资产的账面净值加上发生的运输费、安装费等相关费用作为入账价值。固定资产的入账价值中，还应当包括企业为取得固定资产而交纳的契税、耕地占用税、车辆购置税等相关税费。

特别需要强调的是，财务公司和租赁公司的固定资产通常没有弃置费用的发生，其固定资产的报废清理费，应在实际发生时作为固定资产清理费用处理，而不属于弃置费用。如果万一在某些情况下企业拥有了特定行业的特定固定资产，则应当按照现值计算确定应计入固定资产原价的金额和相应的预计负债。

四、固定资产增加的核算

企业增加的固定资产按来源方式主要分为购置的固定资产、自行建造的固定资产、投资者投入的固定资产、租入的固定资产、接受捐赠的固定资产等。由于来源方式不同，其账务处理也不尽相同。为了反映固定资产的增减变动情况，应设置"固定资产"科目，该科目为资产类科目，用来核算企业持有固定资产的原始价值，总括反映企业固定资产的增减变动和结存情况，其借方发生额反映由于各种原因增加的固定资产的原始价值，贷方发生额反映由于各种原因减少的固定资产的原始价值，余额在借方，表示现有固定资产原始价值的总额。为了获得固定资产的详细资料，企业应设置"固定资产卡片"和"固定资产登记簿"，按其类别、使用部门等进行明细核算。

企业进行的固定资产基本建设工程，包括新建、改建和扩建工程以及购入需要安装的固定资产，应通过"在建工程"科目核算。该科目的借方反映其工程发生的实际支出，贷方反映经验收交付使用固定资产的实际成本，余额表示未完工程支出的或尚未交付使用的已完工程的实际成本。企业与固定资产有关的后续支出，固定资产发生的日常修理费、大修理费用、更新改造支出、房屋的装修费用等，满足固定资产准则规定的固定资产确认条件的，也在本科目核算；没有满足固定资产确认条件的，应在"业务及管理费"科目核算，不在本科目核算。该科目应设置"建筑工程""安装工程""在安装设备""待摊支出"以及单项工程进行明细分类核算。在建工程发生减值的，应在本科目设置"减值准备"明细科目进行核算。

为了核算企业为工程准备的各种物资的实际成本，包括为工程准备的材料，尚未交付安装的需要安装设备的实际成本，以及预付大型设备款和基本建设期间根据项目概算购入的生产准备工具及器具等的实际成本，应设置"工程物资"科目，该科目应设置"专用材料""专用设备""工器具"等明细科目，对其具体内容进行详细反映。

（一）购置固定资产的核算

1. 购入不需要安装的固定资产

购入不需要安装的固定资产，按实际支付的全部价款加上包装费、运杂费等支出（不含增值税价格），借记"固定资产"科目，贷记"银行存款"等科目。对于相应的增值税额，纳入"应交税费——应交增值税（进项税额）"科目进行核算。此类核算将完全纳入新的金融业增值税制度下进行。包括外购不需要安装、外购需要安装、自建工程等固定资产增加活动。

2. 购入需要安装的固定资产

购入需要安装的固定资产，按实际支付的价款（包括买价、支付的税金、包装费、运输费等）借记"在建工程"科目，贷记"银行存款"科目；发生的安装费用、专业人员服务费等，借记"在建工程"科目，贷记"银行存款"等科目；安装完毕经过验收达到可使用状态时，按其实际成本，借记"固定资产"科目，贷记"在建工程"科目。

（二）自行建造固定资产的核算

自行建造固定资产，是企业为了新建、改建、扩建固定资产或对固定资产进行技术改造、设备更新而由企业自行建造的固定资产。自行建造的固定资产按实施方式的不同可以分为自营工程和出包工程两种。

1. 自营工程的核算

企业自营的基建工程，在领用工程用材料物资时，应按实际成本，借记"在建工程——建筑工程或安装工程——××工程"科目，贷记"工程物资"科目；基建工程领用本企业原材料的，应按原材料的实际成本，借记"在建工程——建筑工程或安装工程——××工程"科目，按原材料的实际成本或计划成本，贷记"原材料"科目。采用计划成本进行材料日常核算的企业，还应分摊材料成本差异。

2. 出包工程的核算

企业采用出包方式进行的自建固定资产工程，其工程的具体支出在承包单位核算，这种方式下，"在建工程"科目实际成为企业与承包单位的结算科目，企业将与承包单位结算的工程价款作为工程成本，通过"在建工程"科目核算。企业发包的基建工程，应于按合同规定向承包企业预付工程款、备料款时，按实际支付的价款，借记"在建工程——建筑工程或安装工程——××工程"科目，贷记"银行存款"科目；以拨付给承包企业的材料抵作预付备料款的，应按工程物资的实际成本，借记"在建工程——建筑工程或安装工程——××工程"科目，贷记"工程物资"科目；将需要安装设备交付承包企业进行安装时，应按设备的成本，借记"在建工程——在安装设备"科目，贷记"工程物资"科目；与承包企业办理工程价款结算时，补付的工程款，借记"在建工程——建筑工程或安装工程——××工程"科目，贷记"银行存款""应付账款"等科目。

（三）股东投入固定资产的核算

企业对投资者投资转入的机器设备等固定资产，一方面反映本企业固定资产的增加；另一方面要反映投资者投资额的增加。投资者投入固定资产的成本，应当按照投资合同或协议约定的价值定价，但合同或协议约定价值不公允的除外。

（四）融资租入固定资产的核算

融资租入的固定资产应单设"融资租入固定资产"明细科目核算。企业应在租赁开始日，按租赁资产的原账面价值与最低租赁付款额的现值两者中的较低者，借记"在建工程"或"固定资产"科目，按最低租赁付款额，贷记"长期应付款——应付融资租赁款"科目，按其差额，借记"未确认融资费用"科目。租赁期满，如合同规定将设备所有权转归承租企业，应进行转账，将固定资产从"融资租入固定资产"明细科目转入有关明细科目。

如果融资租赁资产占企业资产总额的比例等于或小于30%，在租赁开始日，企业也可按最低租赁付款额作为固定资产的入账价值。企业应按最低租赁付款额，借记"固定资产"或"在建工程"科目，贷记"长期应付款——应付融资租赁款"科目。

（五）接受捐赠固定资产的核算

接受捐赠的固定资产，按会计规定确定的入账价值，借记"固定资产"科目，按税法规定确定的入账价值与适用的所得税税率的乘积，贷记"递延所得税负债"科目，按二者的差额，贷记"资本公积"科目。

（六）固定资产盘盈的核算

企业应当定期对固定资产盘点清查，在编制年度决算报表前至少要进行一次全面清查。通过固定资产盘点清查，一方面，可以掌握固定资产的实有数及其分布情况，检查账实是否相符，从而加强对固定资产的管理，保证企业财产的安全完整；另一方面，可以了解固定资产的使用和维护修理情况，检查固定资产有无使用不当或长期闲置等情况，以便充分挖掘企业固定资产的潜力。

在固定资产的盘点清查过程中，如发现有盘盈的固定资产，应及时查明原因，编制"固定资产盘盈报告表"，以便进行账务处理。

对盘盈的固定资产，经查确属企业所有的，应根据盘盈凭证填制"固定资产交接单"，经有关人员签字后，送交企业会计部门，为盘盈固定资产开立固定资产卡片，并按重置价值和估计已提折旧登记入账。

盘盈的固定资产作为前期差错处理，在按管理权限报经批准处理前，应通过"以前年度损益调整"科目核算。

五、固定资产折旧的核算

（一）折旧的概念

固定资产折旧，是指在固定资产使用寿命内，按照确定的方法对应计折旧额进行系统分摊。应计折旧额，是指应当计提折旧的固定资产的原价扣除其预计净残值后的金额。已计提减值准备的固定资产，还应当扣除已计提的固定资产减值准备累计金额。预计净残值，是指假定固定资产预计使用寿命已满并处于使用寿命终了时的预期状态，企业从该项资产处置中获得的扣除预计处置费用后的金额。

（二）影响固定资产折旧的因素

影响固定资产折旧的因素主要有以下几个方面：

（1）固定资产原价，指固定资产的成本。

（2）预计净残值，指假定固定资产预计使用寿命已满并处于使用寿命终了时的预期状态，企业从该项资产处置中获得的扣除预计处置费用后的金额。

（3）固定资产减值准备，指固定资产已计提的固定资产减值准备累计金额。固定资产计提减值准备后，应当在剩余使用寿命内根据调整后的固定资产账面价值（固定资产账面余额扣减累计折旧和累计减值准备后的金额）和预计净残值重新计算确定折旧率和折旧额。

（4）固定资产的使用寿命，指企业使用固定资产的预计期间，或者该固定资产所能生产产品或提供劳务的数量。

（三）计提折旧的固定资产范围

企业应当对所有的固定资产计提折旧，但是，已提足折旧仍继续使用的固定资产和单独计价入账的土地除外。在确定计提折旧的范围时还应注意以下几点：

（1）固定资产应当按月计提折旧，并根据用途计入相关资产的成本或者当期损益。当月增加的固定资产，当月不计提折旧，从下月起计提折旧；当月减少的固定资产，当月仍计提折旧，从下月起不计提折旧。

（2）固定资产提足折旧后，不论能否继续使用，均不再计提折旧，提前报废的固定资产也不再补提折旧。所谓提足折旧是指已经提足该项固定资产的应计折旧额。

（3）已达到预定可使用状态但尚未办理竣工决算的固定资产，应当按照估计价值确定其成本，并计提折旧；待办理竣工决算后再按实际成本调整原来的暂估价值，但不需要调整原已计提的折旧额。

（四）固定资产折旧的方法

我国固定资产准则规定，企业应当根据与固定资产有关的经济利益的预期实现方式，合理选择固定资产折旧方法。可选用的折旧方法包括年限平均法、双倍余额递减和年数总和法等。固定资产的折旧方法一经确定，不得随意变更。

1. 平均年限法

平均年限法也称直线法，是将一项固定资产的应计成本在其预计年限内平均分摊的方法。计算公式如下：

固定资产年折旧额 =（固定资产原始价值 − 预计净残值）÷ 固定资产预计折旧年限

固定资产月折旧额 = 固定资产年折旧额 ÷ 12

在实际工作中，每月计提的折旧额是根据固定资产的原始价值乘以固定资产折旧率来计算的。固定资产折旧率是指固定资产在一定时期内的折旧额占其原始价值的比重，计算公式如下：

固定资产年折旧率 =（固定资产年折旧额÷固定资产原始价值）×100%

固定资产月折旧率 = 固定资产年折旧率÷12

2. 双倍余额递减法

双倍余额递减法，又称加倍递减余额法，这种方法的折旧率是按净残值为零时直线折旧率的 2 倍计算的，当每期计提折旧时，使用该折旧率乘以固定资产的折余价值（净值）。折旧率和折旧额的计算公式为：

年折旧率 =（固定资产原始价值 − 0）÷（折旧年限×固定资产原始价值）×2×100% = $\dfrac{2}{折旧年限}$×100%

月年旧率 = 年折旧率÷12

月折旧额 = 固定资产账面净值×月折旧率

由于双倍余额递减法不考虑固定资产的净残值，因此，在应用这种方法时，必须注意这样一个问题，即不能使固定资产的账面折余价值降低到它的预计净残值以下。因此，当按双倍余额递减法计算的折旧金额，小于这时用固定资产的折余价值扣除预计净残值后在剩余使用年限内平均摊销算得的折旧金额时，就要将固定资产折余价值（净值）扣除预计净残值后的净额在剩余使用年限内平均摊销。在实际工作中，在最后两年平均摊销。

【例 2 − 24】甲租赁公司某项设备原价为 120 万元，预计使用寿命为 5 年，预计净残值率为 4%；假设甲公司没有对该机器设备计提减值准备。

甲公司按双倍余额递减法计算折旧，每年折旧额计算如下：

年折旧率 = 2/5×100% = 40%

第一年应提的折旧额 = 120×40% = 48（万元）

第二年应提的折旧额 =（120 − 48）×40% = 28.8（万元）

第三年应提的折旧额 =（120 − 48 − 28.8）×40% = 17.28（万元）

从第四年起改按年限平均法（直线法）计提折旧：

第四、第五年应提的折旧 =（120 − 48 − 28.8 − 17.28 − 120×4%）/2 = 10.56（万元）

3. 年数总和法

年数总和法又称折旧年限积数法或级数递减法，它是用一个递减的分数乘以某项固定资产的原始价值减去预计净残值后的净额计算折旧的一种方法。这一递减分数的分子代表尚可使用的年数（包括当年），分母代表预计折旧年数的逐年数字之总和。折旧的计算公式为：

年折旧率 =（折旧年限 - 已使用年数）÷ [折旧年限 ×（折旧年限 + 1）÷ 2] × 100%

月折旧率 = 年折旧率 ÷ 12

月折旧额 =（固定资产原值 - 预计净残值）× 月折旧率

（五）固定资产折旧的总分类核算

为了核算固定资产的折旧，应设置"累计折旧"科目，该科目为"固定资产"科目备抵科目，贷方反映计提的固定资产折旧额和增加固定资产时相应增加的折旧额；借方反映因出售、报废清理、盘亏等原因减少固定资产时所转销的已提折旧额，余额表示企业现有固定资产的累计折旧额。

公司每月计提的折旧额，应按固定资产使用部门和用途分别处理，其中，管理部门使用的固定资产所提取的折旧额，应记入"业务及管理费"科目；经营部门的固定资产所提取的折旧额，应记入"销售费用"科目。

六、固定资产的后续支出

固定资产在使用中还会发生各种支出，这些支出有的是为了扩建、更新改造，有的是为了维护、改进固定资产的功能等。一般来说，为了维护固定资产的正常使用而发生的修理、保养费用，这种后续支出与当期的收入相关，应作为收益性支出，计入当期损益；为了提高固定资产的性能、质量或延长其使用寿命而发生的后续支出，应作为资本性支出，计入固定资产价值。在会计准则中，一般称为资本化的后续支出和费用化的后续支出。在会计实务中，一般有技术改造工程和维护修理后续支出。

（一）技术改造工程

企业的固定资产技术改造工程是指对固定资产的技术改良、装饰、装修等工程。固定资产更新改造支出一般数额较大，受益期较长，而且通常会使固定资产的性能、质量等都有较大的改进。

企业为固定资产发生的支出符合下列条件之一者，应确认为固定资产技术改造支出：（1）使固定资产的使用年限延长；（2）使固定资产的生产能力提高；（3）使产品质量提高；（4）使生产成本降低；（5）使产品品种、性能、规格等发生良好的变化；（6）使企业经营管理环境或条件改善。在会计实务中，技术改造后的固定资产成本，应按原有固定资产的账面价值减去技术改造过程中发生的变价收入，加上技术改造过程中发生的支出，作为技术改造后的固定资产原价。因改良而延长了使用年限的固定资产，应对其原使用年限和折旧率进行调整。

企业进行的技术改造工程所发生的实际成本通过设置"在建工程——技术改造工程"核算。该科目借方反映需要更新改造的固定资产净值以及发生的各项支出，贷方反映工程完工后交付使用的固定资产成本，期末余额表示企业尚未完工的更新改造工程中发生的各项实际支出。该科目按单项工程进行明细核算。

企业交付需进行技术改造的固定资产时，应按其净值借记"在建工程——技术改造工程""累计折旧"等科目，贷记"固定资产"科目；企业进行技术改造工程所领用的工程物资、发生的工程人员的工资、出包工程所支付的工程价款、应由工程负担的借款费用、税金以及其他有关费用，借记"在建工程——技术改造工程"科目，贷记"工程物资""应付职工薪酬""银行存款""长期借款"等科目；工程完工交付使用时，借记"固定资产"等科目，贷记"在建工程——技术改造工程"科目。

（二）维护和修理

企业的固定资产，由于长期使用、自然侵蚀和意外事故等原因会发生故障或部分损坏，从而影响它的有效使用期限和使用效率。为了保证固定资产的正常生产能力，发挥它应有的工作效能，企业必须加强对固定资产的维护和修理。发生的这些支出只是确保固定资产的正常工作状况，它并不导致固定资产性能的改变或固定资产未来经济效益的增加。因此，应在发生时一次性直接计入当期费用，不再通过预提或待摊方式进行核算。

七、固定资产减少的核算

企业固定资产除了随着经营规模的扩大而不断增加外，也会由于多种原因出现减少现象。减少的原因主要有：投资转出固定资产；捐赠转出固定资产；企业以非现金抵偿债务方式转出固定资产；无偿调出固定资产；盘亏固定资产；出售、报废、毁损固定资产，非货币性资产交换、债务重组减少的固定资产等。

除盘亏以外，固定资产减少的核算，均应通过设置"固定资产清理"科目核算。该科目核算企业因出售、报废和毁损等原因转入清理的固定资产净值及其在清理过程中所发生的清理费用和收入。本科目借方反映转入清理的固定资产的净值以及发生的清理费用，贷方反映出售固定资产的价款、残料价值和变价收入以及由公司或过失人赔偿的损失。

固定资产满足下列条件之一的，应当予以终止确认：
（1）该固定资产处于处置状态。
（2）该固定资产预期通过使用或处置不能产生经济利益。
企业持有待售的固定资产，应当对其预计净残值进行调整。
企业出售、转让、报废固定资产或发生固定资产毁损，应当将处置收入扣除账面价值和相关税费后的金额计入当期损益。固定资产的账面价值是固定资产成本扣减累计折旧和累计减值准备后的金额。固定资产盘亏造成的损失，应当计入当期损益。

（一）出售、报废、毁损转入清理的固定资产

固定资产经过长时间的使用后，会由于某些原因发生报废或毁损，如使用期满丧失生产能力、遭受意外或责任事故以及由于技术进步必须由先进设备代替等。对报废的固定资产，要经技术部门鉴定，并填制"固定资产报废单"，报经有关部门批准后进行清理。

固定资产出售、报废、毁损的账务处理一般要经过以下步骤：
（1）转入清理时，注销出售、报废、毁损固定资产的原值和已提折旧额，按固定资产净值借记"固定资产清理"科目，按已提折旧，借记"累计折旧"科目，按已提减值准备，借记"固定资产减值准备"科目，按固定资产原价，贷记"固定资产"科目。
（2）支付清理费用。按发生的清理费用和应交税费，借记"固定资产清理"科目，贷记"银行存款""应交税费"等科目。
（3）结转残料价值和变价收入。按收回的残料价值和变价收入，借记"银行存款""原材料"等科目，贷记"固定资产清理"科目。
（4）应由公司或过失人赔偿的损失，借记"其他应收款"或"银行存款"等科目，贷记"固定资产清理"科目。

（5）结转清理后的净收益或净损失，应区别情况进行处理：对固定资产清理后的净损益，属于筹建期间的，冲减长期待摊费用，借记或贷记"固定资产清理"科目，贷记或借记"长期待摊费用"科目。属于生产经营期间的净损益，计入损益。属于自然灾害等非正常原因造成的损失，借记"营业外支出——非常损失"科目，贷记"固定资产清理"科目；属于生产经营期间正常的报废处理损失，借记"营业外支出——非流动资产处置损失"科目，贷记"固定资产清理"科目，如为净收益，借记"固定资产清理"科目，贷记"营业外收入——非流动资产处置利得"科目。

企业将多余、闲置不用的固定资产出售给其他单位，业务发生时，首先应注销被出售固定资产的原值和已提折旧额，按固定资产净值借记"固定资产清理"科目，按已提折旧额借记"累计折旧"科目，按已提的减值准备，借记"固定资产减值准备"科目，按固定资产原值，贷记"固定资产"科目；出售固定资产所获得的实际收入，借记"银行存款"等科目，贷记"固定资产清理"科目，有关税费借记"固定资产清理"科目，贷记"应交税费"科目；如果为收益，借记"固定资产清理"科目，贷记"资产处置损益"科目；如果为净损失，应借记"资产处置损益"科目，贷记"固定资产清理"科目。

【例2-25】乙集团财务有限责任公司有一台设备，因使用期满经批准报废。该设备原价为186 400元，累计已计提折旧177 080元、减值准备2 300元。在清理过程中，以银行存款支付清理费用4 000元，收到残料变价收入5 400元，增值税税额为702元。有关账务处理如下：

（1）固定资产转入清理：

借：固定资产清理　　　　　　　　　　　　　　7 020
　　累计折旧　　　　　　　　　　　　　　　177 080
　　固定资产减值准备　　　　　　　　　　　　2 300
　　贷：固定资产　　　　　　　　　　　　　186 400

（2）发生清理费用和相关税费：

借：固定资产清理　　　　　　　　　　　　　　4 000
　　贷：银行存款　　　　　　　　　　　　　　4 000

（3）收到残料变价收入：

借：银行存款　　　　　　　　　　　　　　　　6 102

　　　　贷：固定资产清理　　　　　　　　　　　　　　　　5 400
　　　　　　应交税费——应交增值税（销项税额）　　　　702
　　（4）结转固定资产净损益：
　　借：营业外支出——非流动资产处置损失　　　　　　5 620
　　　　贷：固定资产清理　　　　　　　　　　　　　　　　5 620

（二）投资转出的固定资产

　　投资转出固定资产，如果不具有商业实质的，且不涉及补价的情况下，按转出固定资产的账面价值加上应支付的相关税费，借记"长期股权投资"等科目，按投出固定资产已提折旧，借记"累计折旧"科目，按该项固定资产已计提的减值准备，借记"固定资产减值准备"科目，按投出固定资产的账面原价，贷记"固定资产"科目，按应支付的相关税费，贷记"银行存款""应交税费"等科目。

（三）捐赠转出的固定资产

　　捐赠转出的固定资产，按固定资产净值，借记"固定资产清理"科目，按该项固定资产已提折旧，借记"累计折旧"科目，按该项固定资产已计提的减值准备，借记"固定资产减值准备"科目，按固定资产账面原值，贷记"固定资产"科目；按捐赠转出的固定资产应支付的相关税费，借记"固定资产清理"科目，贷记"银行存款""应交税费"等科目；按"固定资产清理"科目的余额，借记"营业外支出——捐赠支出"科目，贷记"固定资产清理"科目。

（四）盘亏的固定资产

　　按规定，企业应当定期对固定资产盘点清查，在编制决算报表前至少要进行一次全面清查。在固定资产的盘点清查过程中，如发现有盘亏的固定资产，应及时查明原因，编制"固定资产盘亏报告表"，以便进行账务处理。

　　由于固定资产清查盘点的结果不同，其账务处理也不同。对盘亏的固定资产，企业应及时办理固定资产注销手续；在按规定的程序批准以前，应将固定资产卡片从原来的归档中抽出，另行保管。同时按盘亏固定资产的账面价值，借记"待处理财产损溢"科目，按已提折旧额借记"累计折旧"科目，按该项固定资产已计提的减值准备，借记"固定资产减值准备"科目，按账面原值贷记"固定资产"科目。在按规定程序批准后，应按盘亏固定资产的原值扣除累计折旧、过失人及公司赔偿后的差额借记"营业外支出"科目，同时按过失人及公司应赔偿的金额借记"其他应收款"等科目，按盘亏固定资产的净值贷记"待处理财产损溢"科目。

八、固定资产的减值

资产减值是指资产的可收回金额低于其账面价值，这里的资产包括单项资产和资产组。

可收回金额是根据资产的公允价值减去处置费用后的净额与资产预计未来现金流量的现值两者之间的较高者确定。当资产的可收回金额低于其账面价值时，应当将资产的账面价值减记至可收回金额，减记的金额确认为资产减值损失，计入当期损益，同时计提相应的资产减值准备。即借记"资产减值损失"科目，贷记"固定资产减值准备"科目。

企业应当在资产负债表日判断资产是否存在可能发生减值的迹象。如不存在减值迹象，不应估计资产的可回收金额，也不必确认减值损失。资产只有在存在减值迹象的情况下，才要求估计其可收回金额。当存在以下迹象时，表明资产可能发生了减值：

（1）资产的市价当期大幅度下跌，其跌幅明显高于因时间的推移或者正常使用而预计的下跌。

（2）企业经营所处的经济、技术或者法律等环境以及资产所处的市场在当期或者将在近期发生重大变化，从而对企业产生不利影响。

（3）市场利率或者其他市场投资报酬率在当期已经提高，从而影响企业计算资产预计未来现金流量现值的折现率，导致资产可收回金额大幅度下跌。

（4）有证据表明资产已经陈旧过时或者其实体已经损坏。

（5）资产已经或者将被闲置、终止使用或者计划提前处置。

（6）企业内部报告的证据表明资产的经济绩效已经低于或者将低于预期，如资产所创造的净现金流量或者实现的营业利润（或者亏损）远远低于（或者高于）预计金额等。

（7）其他表明资产可能已经发生减值的迹象。

根据固定资产准则的规定，资产减值损失一经确认，在以后会计期间不得转回。

第七节　无形资产核算

一、无形资产概述

（一）无形资产的概念和特征

所谓符合无形资产的定义，就是指根据无形资产准则关于"无形资产是指企业拥有或者控制的没有实物形态的可辨认非货币性资产"的定义，商业银行能够"拥有"或"控制"，"无实物形态"但是"可辨认"，这些特征是判断是否符合无形资产定义的重要表现；所谓与该无形资产有关的经济利益很可能流入企业，就是指根据通常法规或市场惯例，与该无形资产相关的经济利益所对应的款项收回可能性大于不收回可能性，即使用或转让该无形资产换取的款项收回可能性高于50%；所谓该无形资产的成本能够可靠地计量，就是指与该无形资产相关的成本是能够计量的，既包括已经发生的成本是可以可靠计量的，也包括将要发生的成本是能够合理预计的。总之，无形资产的范畴是根据会计谨慎性原则来界定的。

（二）无形资产的主要类别

无形资产按其具体形式划分，主要有以下几类：（1）专利权；（2）商标权；（3）专有技术；（4）知识产权；（5）土地使用权；（6）专营权。

二、无形资产的确认

（一）无形资产的确认条件

无形资产的确认是指将符合无形资产确认条件的项目，作为企业的无形资产加以记录并将其列入企业资产负债表的过程。根据无形资产准则规定，无形资产在满足以下两个条件时，企业才能加以确认：一是与该无形资产有关的经济利益很可能流入企业；二是该无形资产的成本能够可靠地计量。因此，在如何把握无形资产的确认问题时，我们需要首先分析其是否符合无形资产的定义，其次掌握其是否符合经济效益流入和成本可靠计量两项条件：

1. 与该资产有关的经济利益很可能流入企业

作为无形资产确认的项目，必须具备产生的经济利益很可能流入企业这一条件。在通常情况下，无形资产产生的未来经济利益可能包括在销售商品、提供劳务的收入中，或者企业使用该项无形资产而减少或节约的成本中，或体现在获得的其他利益中。实务中，要确定无形资产创造的经济利益是否很可能流入企业，需要实施职业判断。在实施这种判断时，需要对无形资产在预计使用寿命内可能存在的各种经济因素作出合理估计，并且应当有明确的证据支持。同时更为重要的是关注一些外界因素的影响，比如是否存在相关的新技术、新产品冲击与无形资产相关的技术或据其生产的产品的市场等。在实施判断时，企业的管理当局应对无形资产的预计使用寿命内存在的各种因素作出最稳健的估计。

2. 该无形资产的成本能够可靠地计量

成本能够可靠地计量是资产确认的一项基本条件。对于无形资产来说，这个条件相对更为重要。比如，企业内部产生的品牌、报刊名等，因其成本无法可靠计量，不作为无形资产确认。又比如，一些高新科技企业的科技人才，假定其与企业签订了服务合同，且合同规定其在一定期限内不能为其他企业提供服务，在这种情况下，虽然这些科技人才的知识在规定的期限内预期能够为企业创造经济利益，但由于这些技术人才的知识难以辨认，且形成这些知识所发生的支出难以计量，因而不能作为企业的无形资产加以确认。

(二) 研发类无形资产的确认

1. 研究阶段与开发阶段的功能

随着国家建设创新型社会的政策进一步配套与落实，企业作为自主创新的重要主体，已经出现了全局性创新的浪潮。为了会计确认、计量与报告系统能够科学合理、实事求是地推进创新活动，进一步确认和支持企业的研发活动，无形资产准则将企业内部研究开发活动，区分为研究阶段和开发阶段两个阶段，同时，各个阶段的项目支出也采取了有所区别的会计处理原则。

(1) 研究阶段的基本特征。研究是指为获取并理解新的科学或技术知识而进行的独创性的有计划调查。例如，以获取新知识为目的的活动，研究成果或者其他知识的应用、评价或者最终选择等。研究阶段的特点在于探索性，它为进一步的开发活动进行资料及相关方面的准备，从已经进行的研究活动看，将来是否会转入开发、开发后是否会形成无形资产等具有较大的不确定性。所以，在会计处理上，需要将研究阶段的支出在发生时计入当期损益。

企业实际出现的研究活动，常常表现为：意于获取知识而进行的调查分析活动；研究成果或其他知识的应用研究、评价和最终选择；材料、设备、产品、工序、系统或服务替代品的研究；新的或经改进的材料、设备、产品、工序、系统或服务的可能替代品的配制、设计、评价和最终选择等。

（2）开发阶段的基本特征。开发是指在进行商业性生产或使用前，将研究成果或其他知识应用于某项计划或设计，以生产出新的或具有实质性改进的材料、装置、产品等。例如，正式面向市场销售的批量生产前或者使用前的样品和模型的设计、建造、测试等，对新技术工具、模具的设计等。开发阶段相对研究阶段而言，应当是在完成研究阶段基础上的后续性工作，在很大程度上形成一项新产品或新技术的基本条件已经具备。所以，开发阶段的支出在同时满足相关条件时，可以予以资本化。

现实中，开发活动常常表现为：生产前或使用前的原型和模型的设计、建造和测试；含新技术的工具、夹具、模具和冲模的设计；不具有商业性生产经济规模的试生产设施的设计、建造和运营；新的或经改造的材料、设备、产品、工序、系统或服务所选定的替代品的设计、建造和测试等。

2. 研究与开发费用的区别处理

从以上分析可以看出，尽管研究阶段和开发阶段是研发活动所不可分割的组成部分，但是二者在财务运行的风险程度、投资回报的关联程度方面存在着明显的差异。因此，无形资产准则采取了区别对待的处理办法：

（1）对于企业内部研究开发项目在起始进程中的研究阶段的支出，应当于发生时计入当期损益。

（2）对于企业内部研究开发项目开发阶段的支出，同时满足下列条件的，才能确认为无形资产：一是完成该无形资产以使其能够使用或出售在技术上具有可行性；二是具有完成该无形资产并使用或出售的意图；三是无形资产产生经济利益的方式；四是有足够的技术、财务资源和其他资源支持，以完成该无形资产的开发，并有能力使用或出售该无形资产；五是归属于该无形资产开发阶段的支出能够可靠地计量。

在实际工作中，需要根据这些规定来判断企业的开发阶段支出是否应该纳入形成无形资产的相应成本进行核算，结合企业研发活动来具体处理；而对于不符合上述资本化条件的开发支出，则应当计入当期损益（业务及管理费）。

（3）如果无法区分研究阶段支出和开发阶段支出，应当将其所发生的研发支出全部费用化，计入当期损益（业务及管理费）。

三、无形资产的计量

（一）无形资产的初始计量

企业的无形资产应当按照成本计量模式进行初始计量。即通常情况下，当某项具备无形资产特性的资产项目，其所产生的经济利益很可能流入企业，并且其资产成本能够可靠地计量时，就被确认为无形资产。这种确认，应该遵循历史成本原则，按照取得无形资产时所发生的实际成本入账。

1. 外部购置无形资产的入账

外购无形资产的成本，包括购买价款、相关税费以及直接归属于使该项资产达到预定用途所发生的其他支出。购买无形资产的价款超过正常信用条件延期支付，实质上具有融资性质的，无形资产的成本以购买价款的现值为基础确定。实际支付的价款与购买价款的现值之间的差额，除按照借款费用准则应予资本化的以外，应当在信用期间内计入当期损益。

2. 自行开发无形资产的入账

通过自行研究和开发形成的无形资产，在开发阶段符合前述相关条件的情况下，可构成无形资产价值，其初始成本包括自行开发阶段发生的符合规定条件的支出总额。但是对于以前期间已经费用化的支出不再划转调整，对于不符合规定条件的支出也不作为无形资产开发成本。

3. 股东投入无形资产的入账

投资者投入无形资产的成本，应当按照投资合同或协议约定的价值确定，但是合同或协议约定价值不公允的除外。比如，A 公司为甲、乙两个股东共同投资设立的股份有限公司。经营一年后，甲、乙股东之外的另一个投资者丙要求加入 A 公司。经协商，甲、乙同意丙以一项非专利技术投入，三方确认该非专利技术的价值是 100 万元。在这个例子中，A 公司在接受丙投入的非专利技术时，应按 100 万元入账。也就是说，即使投资者投入的此项无形资产在投资者账上没有记录，只要其价值是公允的约定，那么就应该按照其约定进行相应的初始确认。

4. 接受捐赠无形资产的入账

接受捐赠的无形资产的入账价值，应分别以下情况确定：当捐赠方提供了有关凭据的，按凭据上标明的金额加上应支付的相关税费确定。当捐赠方没有提供有关凭据的，按如下顺序确定：一是同类或类似无形资产存在活跃市场的，应按参照同类或类似无形资产的市场价格估计的金额，加上应支付的相关税费确定；二是同类或类似无形资产不存在活跃市场的，按该受赠无形资产的预计未来现金流量现值确定。

（二）无形资产的后续计量

无形资产后续计量主要是围绕无形资产摊销和无形资产减值而产生的相关问题。

1. 无形资产摊销

无形资产是企业的一种长期资产，通常存在着一定的有效期限，随着使用期限的终结，其所具有价值的权利或特权总会终结或消失。

无形资产摊销主要涉及无形资产成本、摊销开始月份、摊销方法、摊销年限、残值等因素。无形资产成本即为入账价值，无形资产的成本应自取得当月起在预计使用寿命内分期摊销。也就是说，无形资产摊销的开始月份为取得当月，摊销年限为无形资产的预计使用寿命。

（1）使用寿命。企业应当于取得无形资产时分析判断其使用寿命。企业会计准则将无形资产划分为有限寿命和寿命不确定的两类：

无形资产的使用寿命为有限的，应当估计该使用寿命的年限或者构成使用寿命的产量等类似计量单位数量；无法预见无形资产为企业带来经济利益期限的，应当视为使用寿命不确定的无形资产。使用寿命有限的无形资产，其应摊销金额应当在使用寿命内系统合理摊销。

企业摊销无形资产，应当自无形资产可供使用时起，至不再作为无形资产确认时止。

企业持有的无形资产，通常来源于合同性权利或是其他法定权利，而且合同规定或法律规定有明确的使用年限。来源于合同性权利或其他法定权利的无形资产，其使用寿命不应超过合同性权利或其他法定权利的期限；如果合同性权利或其他法定权利能够在到期时因续约等延续，且有证据表明企业续约不需要付出大额成本，续约期应当计入使用寿命。

合同或法律没有规定使用寿命的，企业应当综合各方面情况，聘请相关专家进行论证，或与同行业的情况进行比较，以及参考历史经验等，确定无形资产为企业带来未来经济利益的期限。

经过上述努力仍无法合理确定无形资产为企业带来经济利益期限的，才能将其作为使用寿命不确定的无形资产。

企业确定无形资产的使用寿命，应当考虑以下因素：该资产通常的产品寿命周期、可获得的类似资产使用寿命的信息；技术、工艺等方面的现实情况及对未来发展的估计；以该资产生产的产品或服务的市场需求情况；现在或潜在的竞争者预期采取的行动；为维持该资产产生未来经济利益的能力预期的维护支出，以及企业预计支付有关支出的能力；对该资产的控制期限，使用的法律或类似限制，如特许使用期间、租赁期间等；与企业持有的其他资产使用寿命的关联性等。

无形资产摊销年限一经确定，不能随意变更。在执行过程中，因为客观经济环境改变确实需要变更摊销年限的，应将变更作为会计估计变更处理；否则，应视作滥用会计估计变更，按重大会计差错处理。

（2）摊销方法。无形资产摊销方法，应当反映与该项无形资产有关的经济利益的预期实现方式。无法可靠确定预期实现方式的，应当采用直线法摊销。

而对于使用寿命不确定的无形资产，不应摊销。

此外，无形资产的摊销金额一般应当计入当期损益。

（3）残值处理。使用寿命有限的无形资产的残值应当为零。但是如果出现以下情况，则应当考虑无形资产残值不为零的情况：一是有第三方承诺在无形资产使用寿命结束时购买该无形资产；二是可以根据活跃市场得到预计残值信息，并且该市场在无形资产使用寿命结束时很可能存在。

（4）摊销的复核。企业至少应当于每年年度终了，对使用寿命有限的无形资产的使用寿命及摊销方法进行复核。无形资产的使用寿命及摊销方法与以前估计不同的，应当改变摊销期限和摊销方法。

2. 无形资产减值

与固定资产一样，无形资产也存在减值的问题。因此，企业应对无形资产的账面价值进行定期检查。根据资产减值准则的相关规定，企业至少应于每年年末对无形资产的账面价值进行检查。如果无形资产可收回金额低于其账面价值，说明企业的无形资产发生了减值，应计提无形资产的减值准备。

（1）检查账面价值。企业应在资产负债表日对无形资产的账面价值进行检查，至少于每年年末检查一次。在检查时，如果发现以下情况，则应对无形资产的可收回金额进行估计，并将该无形资产的账面价值超过可收回金额的部分确认为减值准备：

① 该无形资产已被其他新技术等所替代，使其为企业创造经济利益的能力受到重大不利影响；

② 该无形资产的市价在当期大幅下跌，并在剩余摊销年限内可能不会回升；

③ 其他足以表明该无形资产的账面价值已超过可收回金额的情形。

（2）确定可收回金额。无形资产的可收回金额指以下两项金额中的较大者：无形资产的公允价值，即该无形资产的销售价格减去因出售该无形资产所发生的律师费和其他相关税费后的余额；预期从无形资产的持续使用和使用年限结束时的处置中产生的预计未来现金流量的现值。

（3）计提减值准备。如果由于技术进步或其他经济原因等导致无形资产可收回金额低于其账面价值，企业就应将可收回金额低于无形资产账面价值的差额作为无形资产价值的减值准备，并将其差额计入当期资产减值损失。此外，对于已经计提减值准备的无形资产，在摊销中还要扣除减值准备累计金额，以此在剩余使用寿命中分摊。

必须强调指出，对于已确认减值的无形资产，在其后的会计期间，不论是否存在相应的证据表明其减值又得以恢复，一律不得将前期已经计提的减值准备予以冲回。

（三）无形资产的处置和报废

无形资产的处置包括了出售、出租、转销等项目。

1. 无形资产出售

企业外购或自创的无形资产，在持有自用一段时间后，可能将无形资产出售，即企业放弃其所有权。企业出售无形资产时，应将所得价款与该无形资产的账面价值之间的差额计入当期损益，通过"资产处置损益"科目进行核算。由于出售无形资产所得不符合收入准则中关于收入的定义，因此，出售无形资产所得应以其相关净额核算和反映。

2. 无形资产出租

无形资产出租是指企业将所拥有的无形资产的使用权让渡给他人，并收取租金。根据收入准则的规定，这类交易属于企业让渡资产使用权，因而相关所得应作为收入核算。为确保收入与费用相配比，在确认租金收入的同时，还应确认相关费用。无形资产的出租收入应在符合以下条件时予以确认：与出租交易相关的经济利益能够流入企业；租金收入的金额能够可靠地计量。对无形资产租金收入应按合同或协议规定计算确定。

3. 无形资产转销

对于无形资产转销，无形资产准则规定，如果无形资产预期不能为企业带来经济利益，从而不再符合无形资产的定义，则应将其转销。企业在判断无形资产是否预期不能为企业带来经济利益时，应根据以下迹象加以判断：一是该无形资产是否已被其他新技术等所替代，且已不能为企业带来经济利益；二是该无形资产是否不再受法律的保护，且不能给企业带来经济利益。

四、无形资产的会计处理

为了适应企业对其所拥有或控制的无形资产管理与核算的要求，企业需要设置相应的会计科目。通常，企业可以设置"无形资产"科目和配套的"累计摊销""无形资产减值准备"科目，对于从事新技术、新产品、新工艺的研究与开发活动的企业，需要设置"研发支出"科目。

1. "无形资产"科目

"无形资产"科目核算公司持有的无形资产，包括专利权、非专利技术、商标权、著作权、土地使用权等。企业应当按照无形资产项目进行明细核算。采用成本模式计量的已出租的土地使用权和持有并准备增值后转让的土地使用权，在"投资性房地产"科目核算，不在本科目核算。

无形资产的主要账务处理包括：

对于外购的无形资产，按应计入无形资产成本的金额，借记本科目，贷记"银行存款"等科目。购入无形资产超过正常信用条件延期支付价款，实质上具有融资性质的，应按所购无形资产购买价款的现值，借记本科目，按应支付的金额，贷记"长期应付款"科目，按其差额，借记"未确认融资费用"科目；对于自行开发的无形资产，借记本科目，贷记"研发支出"科目；对于企业合并中取得的无形资产，应按其在购买日的公允价值，借记本科目，贷记有关科目；对于其他方式取得的无形资产，按不同方式下确定应计入无形资产成本的金额，借记本科目，贷记有关科目。

当无形资产预期不能为企业带来经济利益的，应按已计提的累计摊销，借记"累计摊销"科目，已计提减值准备的，借记"无形资产减值准备"科目，按其账面余额，贷记本科目，按其差额，借记"营业外支出"科目。

当处置无形资产时，应按实际收到的金额，借记"银行存款"等科目，按已计提的累计摊销，借记"累计摊销"科目，已计提减值准备的，借记"无形资产减值准备"科目，按应支付的相关税费，贷记"应交税费"等科目，按其账面余额，贷记本科目，按其差额，贷记或借记"资产处置损益"科目。

"无形资产"科目的期末借方余额，反映企业无形资产的成本。

2. "累计摊销"科目

"累计摊销"科目核算企业对使用寿命有限的无形资产计提的累计摊销。采用成本模式计量的作为投资性房地产的土地使用权计提的累计摊销，可以单独设置"累计摊销"科目，比照本科目进行核算。本科目应按无形资产项目进行明细核算。企业按月计提无形资产摊销，借记"业务及管理费""其他业务成本"等科目，贷记本科目。

"累计摊销"科目期末贷方余额，反映企业无形资产累计摊销额。

3. "无形资产减值准备"科目

"无形资产减值准备"科目核算企业无形资产发生减值时计提的减值准备。采用成本模式计量的作为投资性房地产的土地使用权计提的减值准备，可以单独设置"投资性房地产减值准备"科目，比照本科目进行核算。本科目应按无形资产项目进行明细核算。资产负债表日，企业根据资产减值准则确定无形资产发生减值的，按应减记的金额，借记"资产减值损失"科目，贷记本科目。处置无形资产时，应同时结转已计提的无形资产减值准备。

"无形资产减值准备"科目期末贷方余额，反映企业已计提但尚未转销的无形资产减值准备。

4. "研发支出"科目

"研发支出"科目核算企业进行研究与开发无形资产过程中发生的各项支出。本科目应当按照研究开发项目，分别"费用化支出"与"资本化支出"进行明细核算。

研发支出的主要账务处理：

对于企业自行开发无形资产发生的研发支出，不满足无形资产准则规定的资本化条件的，借记本科目（费用化支出），满足无形资产准则规定的资本化条件的，借记本科目（资本化支出），贷记"银行存款""应付职工薪酬"等科目。

对于企业以其他方式取得的正在进行中的研究开发项目，应按确定的金额，借记本科目（资本化支出），贷记"银行存款"等科目。以后发生的研发支出，应当比照上述规定进行处理。

当研究开发项目达到预定用途形成无形资产的,应按本科目(资本化支出)的余额,借记"无形资产"科目,贷记本科目(资本化支出)。期末,企业应将本科目归集的费用化支出金额转入"业务及管理费"科目,借记"业务及管理费"科目,贷记本科目(费用化支出)。

"研发支出"科目期末借方余额,反映企业正在进行中的研究开发项目中满足资本化条件的支出。

【例2-26】志远公司20×4年1月1日向东方宏源公司购入一项专利权,买价为300 000元,支付的注册登记费等费用为10 000元,该专利权的法定使用年限还剩4年。若志远公司用了2年后于20×6年1月1日将该专利权的所有权转让给丙公司,取得转让收入为180 000元,应交增值税10 800元。则志远公司应编制如下会计分录:

(1) 20×4年1月1日取得专利权时:

借:无形资产——专利权　　　　　　　　　　　310 000
　　贷:银行存款　　　　　　　　　　　　　　310 000

(2) 20×4年末摊销时:

借:业务及管理费——无形资产摊销　　　　　　77 500
　　贷:累计摊销　　　　　　　　　　　　　　77 500

(3) 20×5年末摊销同20×4年。

(4) 20×6年1月1日转让取得转让收入时:

借:银行存款　　　　　　　　　　　　　　　　180 000
　　累计摊销　　　　　　　　　　　　　　　　77 500
　　资产处置损益　　　　　　　　　　　　　　63 300
　　贷:无形资产　　　　　　　　　　　　　　310 000
　　　　应交税费——应交增值税(销项税额)　 10 800

第八节　投资性房地产核算

一、投资性房地产的内容

根据投资性房地产准则的规定,投资性房地产,是指为赚取租金或资本增值,或两者兼有而持有的房地产,投资性房地产应当能够单独计量和出售。投资性房地产主要包括:已出租的建筑物、已出租的土地使用权、持有并准备增值后转让的土地使用权。

投资性房地产主要有以下特征:

1. 投资性房地产是一种经营性活动

投资性房地产的主要形式是出租建筑物、出租土地使用权,这实质上属于一种让渡资产使用权行为。房地产租金就是让渡资产使用权取得的使用费收入,是企业为完成其经营目标所从事的经营性活动以及与之相关的其他活动形成的经济利益总流入。投资性房地产的另一种形式是持有并准备增值后转让的土地使用权,尽管其增值收益通常与市场供求、经济发展等因素相关,但目的是为了增值后转让以赚取增值收益,也是企业为完成其经营目标所从事的经营性活动以及与之相关的其他活动形成的经济利益总流入。根据税法的规定,企业房地产出租、国有土地使用权增值后转让均属于一种经营活动,其取得的房地产租金收入或国有土地使用权转让收益应当缴纳增值税等。按照国家有关规定认定的闲置土地,不属于持有并准备增值后转让的土地使用权。在我国实务中,持有并准备增值后转让的土地使用权这种情况较少。

2. 投资性房地产在用途、状态、目的等方面区别于作为生产经营场所的房地产和用于销售的房地产

企业持有的房地产除了用作自身管理、生产经营活动场所和对外销售之外出现了将房地产用于赚取租金或增值收益的活动,甚至是个别企业的主营业务。这就需要将投资性房地产单独作为一项资产核算和反映,与自用的厂房、办公楼等房地产和作为存货(已建完工商品房)的房地产加以区别,从而更加清晰地反映企业所持有房地产的构成情况和盈利能力。企业在首次执行投资性房地产准则时,应当根据投资性房地产的定义对资产进行重新分类,凡是符合投资性房地产定义和确认条件的建筑物和土地使用权,应当归为投资性房地产。

3. 投资性房地产有两种后续计量模式

企业通常应当采用成本模式对投资性房地产进行后续计量,只有在满足特定条件的情况下,即有确凿证据表明其所有投资性房地产的公允价值能够持续可靠取得的,也可以采用公允价值模式进行后续计量。也就是说,投资性房地产准则适当引入公允价值模式,在满足特定条件的情况下,可以对投

资性房地产采用公允价值模式进行后续计量。但是，同一企业只能采用一种模式对所有投资性房地产进行后续计量，不得同时采用两种计量模式。

二、投资性房地产的确认条件

根据投资性房地产准则的规定，投资性房地产同时满足下列条件的，才能予以确认：（1）与该投资性房地产有关的经济利益很可能流入企业；（2）该投资性房地产的成本能够可靠地计量。

这两个条件是成为企业资产具备的基本特征，只有既符合投资性房地产的定义又同时具备这两个条件的，才能确认为投资性房地产。

三、投资性房地产初始成本的计量

投资性房地产应当按照成本进行初始计量。投资性房地产的取得方式不同，其初始成本的计量也各不相同。

（1）企业外购的投资性房地产应当以购买价款、相关税费和可直接归属于该资产的其他支出入账；

（2）自行建造投资性房地产的成本，由建造该项资产达到预定可使用状态前所发生的必要支出构成；

（3）以其他方式取得的投资性房地产的成本，按照相关会计准则的规定确定。

四、投资性房地产的后续计量

（一）设置会计科目

为了核算投资性房地产的价值，包括采用成本模式计量的投资性房地产和采用公允价值模式计量的投资性房地产，应设置"投资性房地产"科目。该科目属于资产类科目。当采用成本模式计量时，该科目借方登记取得的投资性房地产的成本；贷方登记处置时转出的投资性房地产的成本。当采用公允价值计量模式时，该科目借方登记取得的投资性房地产的成本和拥有投资性房地产期间公允价值变动收益；贷方登记拥有投资性房地产期间公允价值变动损失以及处置时转出的投资性房地产的价值。该科目的期末余额在借方，反映企业拥有的投资性房地产的价值。当投资性房地产采用成本模式计量时，企业应当按照投资性房地产类别和项目进行明细核算；投资性房地产采用公允价值模式计量的，企业应当按照投资性房地产类别和项目并分别"成本"和"公允价值变动"进行明细核算。

（二）采用成本模式核算投资性房地产

企业通常应当采用成本模式对投资性房地产进行后续计量，也可采用公允价值模式对投资性房地产进行后续计量。但是，企业应当采用一种模式对投资性房地产进行后续计量，不得同时采用两种计量模式。企业对投资性房地产的计量模式一经确定，不得随意变更。成本模式转为公允价值模式的，应当作为会计政策变更，按照会计政策、会计估计变更和差错更正准则处理。已采用公允价值模式计量的投资性房地产，不得从公允价值模式转为成本模式。

在成本模式下，应当按照固定资产准则和无形资产准则的规定，对已出租的建筑物和土地使用权进行计量，计提折旧或摊销；如果存在减值迹象的，应当按照资产减值准则的规定进行处理。具体来说，当取得投资性房地产时，按取得时的成本借记"投资性房地产"科目，贷记"银行存款"等科目；投资性房地产中建筑物的折旧政策与固定资产一致，在计提折旧时，借记"其他业务成本"等科目，贷记"累计折旧"科目；对于投资性房地产中的土地使用权，其摊销政策与无形资产一致，在摊销时，借记"其他业务成本"等科目，贷记"累计摊销"科目；在计提投资性房地产的减值准备时，借记"资产减值损失——计提的投资性房地产减值准备"科目，贷记"投资性房地产减值准备"科目。

现举例说明投资性房地产采用成本模式的核算方法。

【例 2-27】 甲财务公司的一栋办公楼出租给乙企业使用，已确认为投资性房地产，采用成本模式进行后续计量。假设这栋办公楼的成本为 1 800 万元，按照直线法计提折旧，使用寿命为 20 年，预计净残值为零。按照经营租赁合同，乙企业每月支付甲公司租金 8 万元。当年 12 月，这栋办公楼发生减值迹象，经减值测试，其可收回金额为 1 200 万元，此时办公楼的账面价值为 1 500 万元，以前未计提减值准备。

甲财务公司的账务处理如下：

（1）计提折旧：

每月计提的折旧：1 800÷20÷12=7.5（万元）

借：其他业务成本   75 000

　　　　贷：累计折旧　　　　　　　　　　　　　75 000
（2）确认租金：
借：银行存款（或其他应收款）　　　　　　　80 000
　　　　贷：其他业务收入　　　　　　　　　　　　80 000
（3）计提减值准备：
借：资产减值损失　　　　　　　　　　　　3 000 000
　　　　贷：投资性房地产减值准备　　　　　　　3 000 000

（三）采用公允价值模式核算投资性房地产

根据投资性房地产准则的规定，当存在确凿证据表明投资性房地产的公允价值能够持续可靠取得时，可以采用公允价值计量模式。

采用公允价值模式计量的投资性房地产，应当同时满足下列条件：

（1）投资性房地产所在地有活跃的房地产交易市场。

（2）企业能够从活跃的房地产交易市场上取得同类或类似房地产的市场价格及其他相关信息，从而对投资性房地产的公允价值作出科学合理的估计。

用公允价值模式计量的，不对投资性房地产计提折旧或进行摊销，应当以资产负债表日投资性房地产的公允价值为基础调整其账面价值，公允价值与原账面价值之间的差额计入当期损益。

采用公允价值模式计量的投资性房地产的主要账务处理如下：

（1）企业外购、自行建造等取得的投资性房地产，应按投资性房地产准则确定的成本，借记"投资性房地产——成本"科目，贷记"银行存款""在建工程"等科目。

（2）将自用土地使用权或建筑物转换为采用公允价值模式计量的投资性房地产，按该项土地使用权或建筑物在转换日的账面价值，借记"投资性房地产——成本"科目，按已计提的累计摊销或累计折旧，借记"累计摊销""累计折旧"科目，已计提减值准备的，借记"无形资产减值准备""固定资产减值准备"科目，按其账面余额，贷记"无形资产""固定资产"科目。同时，按该项土地使用权或建筑物在转换日的公允价值与其账面价值的差额，借记"投资性房地产——公允价值变动"科目，贷记"资本公积——其他资本公积"科目，或借记"公允价值变动损益"科目，贷记"投资性房地产——公允价值变动"科目。

（3）投资性房地产进行改良或装修时，应按该项投资性房地产的账面余额,借记"在建工程"科目,按该项投资性房地产的成本,贷记"投资性房地产——成本"科目,按该项投资性房地产的公允价值变动,贷记或借记"投资性房地产——公允价值变动"科目。

(4) 资产负债表日,投资性房地产的公允价值高于其账面余额的差额,借记"投资性房地产——公允价值变动"科目,贷记"公允价值变动损益"科目;公允价值低于其账面余额的差额,作相反的会计分录。

(5) 将采用公允价值模式计量的投资性房地产转为自用时,应按该项投资性房地产在转换日的公允价值,借记"固定资产""无形资产"科目,按该项投资性房地产的成本,贷记"投资性房地产——成本"科目,按该项投资性房地产的公允价值变动,贷记或借记"投资性房地产——公允价值变动"科目,按其差额,贷记或借记"公允价值变动损益"科目。

(6) 处置投资性房地产时,应按实际收到的金额,借记"银行存款"等科目,按该项投资性房地产的成本,贷记"投资性房地产——成本"科目,按该项投资性房地产的公允价值变动,贷记或借记"投资性房地产——公允价值变动"科目,按其差额,贷记或借记"投资收益"科目。同时,按该项投资性房地产的公允价值变动,借记或贷记"公允价值变动损益""资本公积——其他资本公积"科目,贷记或借记"投资收益"科目。

【例 2-28】20×5 年 1 月 2 日,某租赁公司将一自用建筑物转为投资性房地产,并打算采用公允价值的计量模式。该建筑物的原值为 2 200 000 元,累计折旧为 600 000 元,已计提减值准备 50 000 元,在转换日公允价值为 2 500 000 元。

根据以上资料编制会计分录如下:
(1) 根据转换日该建筑物的账面价值作会计分录如下:

借:投资性房地产——成本　　　　　　　　　1 550 000
　　累计折旧　　　　　　　　　　　　　　　　600 000
　　固定资产减值准备　　　　　　　　　　　　 50 000
　　贷:固定资产　　　　　　　　　　　　　　　　　　2 200 000

(2) 同时,按该项房产在转换日的公允价值与其账面价值的差额,作会计分录如下:

借:投资性房地产——公允价值变动　　　　　　950 000
　　贷:资本公积——其他资本公积　　　　　　　　　950 000

【例 2 - 29】 承上例,假定在 20×5 年 12 月 31 日该建筑物的公允价值为 2 800 000 元,根据公允价值的变动作会计分录如下:

借:投资性房地产——公允价值变动　　　　　　　　300 000
　　贷:公允价值变动损益　　　　　　　　　　　　　　　300 000

【例 2 - 30】 仍承上例,假设 20×6 年 2 月公司将该建筑物出售,实得款项为 3 000 000 元。根据以上资料编制会计分录如下:

借:银行存款　　　　　　　　　　　　　　　　　　3 000 000
　　贷:投资性房地产——成本　　　　　　　　　　　　1 550 000
　　　　投资性房地产——公允价值变动　　　　　　　　1 250 000
　　　　投资收益　　　　　　　　　　　　　　　　　　　200 000

同时,将该项投资性房地产的公允价值变动转为投资收益。

借:公允价值变动损益　　　　　　　　　　　　　　　300 000
　　资本公积——其他资本公积　　　　　　　　　　　　950 000
　　贷:投资收益　　　　　　　　　　　　　　　　　1 250 000

第三章
负债要素核算

本章精要

　　首先是流动负债的确认与计量。掌握流动负债一般根据其不确定性程度大小的分类。在金额可确定的流动负债中，对短期借款、拆入资金、交易性金融负债、卖出回购金融资产款等，需要分别认知其常见内容、基本特征、处理要求。对金额视经营情况而定的流动负债，需要掌握和一般企业此类负债的相同与差别之处，如应付股利、应交税费、应交城市维护建设税、应交房产税、土地使用税、车船税和印花税、应交个人所得税等。在职工薪酬中，要特别关注其全新的经济内涵与外延，尤其需要关注相较于传统管理制度的根本性变化，还必须关注非货币性福利、辞退福利和股份支付的账务处理。

　　其次是非流动负债的确认与计量。掌握非流动负债的定义及特点，主要包括长期借款、应付债券、长期应付款等。非流动负债是金融企业筹集与融通资金的一种重要方式。重点掌握应付债券的核算，包括面值发行、溢价发行或折价发行的具体账务处理。对其他非流动负债，如长期借款、预计负债、递延所得税负债也要一一进行透彻的解读。

第一节　流动负债核算

一、流动负债的分类和计价

（一）流动负债的分类

流动负债一般根据其不确定性程度的大小划分为以下两类：

1. 应付金额肯定的流动负债

这类流动负债一般在确认一项义务的同时,根据合同、契约或法律的规定具有确切的金额、债权人和付款日,到期必须偿还。如企业由于购入商品按照合同确定的交易额开出承兑商业汇票,这一负债具有确定的金额、偿还日期和确定的债权人(卖方),如短期借款、应付账款、应付票据、预收账款等,这类流动负债可以较为精确地计量。

2. 应付金额视经营情况而定的流动负债

这类流动负债需待企业在一定的经营期末,视该经营期的经营情况才能确定负债金额,在该经营期末结束前,负债金额不能用货币计量。如应交所得税、应付投资者的利润等,必须到一定的会计期间终了计算出经营损益后才能确定应交多少所得税以及应分配给投资者的利润。

(二) 流动负债的计价

为了保证会计信息的质量,应对负债进行正确计价。由于负债是企业现在承担但将来偿付的经济义务,从理论上说,应当考虑货币的时间价值,在其发生时按照未来应偿付金额的现值计价入账。但是,由于流动负债涉及的期间一般较短(通常少于1年),其到期价值与现值往往差别不大。

二、金融业务相关的金额可确定性流动负债

(一) 短期借款

1. 短期借款的定义

短期借款是企业向银行或其他金融机构等借入的期限在1年以下(含1年)的各种借款。短期借款一般是企业为维持正常的生产经营的资金需要而借入的或者为抵偿某项债务而借入的。短期借款的利息,应作为财务费用计入当期损益。

2. 短期借款的账务处理

为了核算和监督企业向银行或其他金融机构借入的期限在1年以内(含1年)的各种借款,企业应设置"短期借款"科目。"短期借款"科目属于负债类科目,其贷方登记企业取得的各种短期借款,借方登记企业归还的各种短期借款,期末余额一般在贷方,表示企业尚未偿还的各种短期借款的本金。企业的短期借款应当按照不同的债权人分别设置明细账,并且按照借款种类进行明细核算。

企业在借入各种短期借款时,借记"银行存款"科目,贷记"短期借款"科目。

发生的短期借款利息,作为一项筹资费用,应计入财务费用,在会计核算上分别以下情况进行处理:

(1) 如果企业的短期借款利息按月支付,或者利息是在借款到期归还本金时一并支付,且数额不大,可以在实际支付或收到银行的计息通知时,直接计入当期损益,借记"财务费用"科目,贷记"银行存款"科目。

(2) 如果短期借款的利息是按季度或半年度支付的,或者利息是在借款到期时连同本金一并归还,并且数额较大的,应按月计提计入当期损益。计提时,借记"财务费用"科目,贷记"应付利息"科目;实际支付时,按已经计提的利息金额,借记"应付利息"科目,按实际支付的利息金额与已经计提的利息金额的差额(即尚未计提的部分),借记"财务费用"科目,按实际支付的利息金额,贷记"银行存款"科目。

短期借款到期,企业应及时归还。归还借款本金时,借记"短期借款"科目,贷记"银行存款"科目。

【例3-1】欧亚租赁公司因临时需要,于20×5年4月1日向其开户银行借入款项1 000 000元,年利率6%,期限3个月,利息到期一次支付,企业按月计提利息费用。该公司应编制如下会计分录:

(1) 4月1日借入款项时:

借:银行存款　　　　　　　　　　　　1 000 000
　　贷:短期借款　　　　　　　　　　　　　　1 000 000

(2) 4—6月末分别计提当月利息费用时:

借:财务费用　　　　　　　　　　　　5 000
　　贷:应付利息　　　　　　　　　　　　　　5 000

(3) 7月1日还本付息时:

借:应付利息　　　　　　　　　　　　15 000
　　短期借款　　　　　　　　　　　　1 000 000
　　贷:银行存款　　　　　　　　　　　　　　1 015 000

(二) 拆入资金

1. 拆入资金的定义和特征

拆入资金是指企业从境内外金融机构拆入的款项。其重要特征是必须是从其他金融机构拆入的资金。

2. 拆入资金的账务处理

企业应设置"拆入资金"科目核算本企业从境内、境外金融机构拆入的款项。本科目可按拆入资金的金融机构进行明细核算。

企业应按实际收到的金额，借记"存放中央银行款项""银行存款"等科目，贷记本科目；归还拆入资金作相反的会计分录。

资产负债表日，应按计算确定的拆入资金的利息费用，借记"利息支出"科目，贷记"应付利息"科目。

"拆入资金"科目期末贷方余额，反映企业尚未归还的拆入资金余额。

（三）交易性金融负债

1. 交易性金融负债的定义和特征

交易性金融负债，主要是指企业为了近期出售或回购的金融负债。

金融工具确认和计量准则范围的衍生工具，不作为有效套期工具的，也可划分为交易性金融负债。

满足以下条件之一的金融负债，应当划分为交易性金融负债：

（1）承担该金融负债的主要目的是近期内出售或回购。

（2）属于进行集中管理的可辨认金融工具组合的一部分，且有客观证据表明企业近期采用短期获利方式对该组合进行管理。在这种情况下，即使组合中有某个组成项目持有的期限稍长也不受影响。

（3）属于衍生工具。但是，被指定为有效套期工具的衍生工具、属于财务担保合同的衍生工具与在活跃市场中没有报价且其公允价值不能可靠计量的权益工具投资挂钩并须通过交付该权益工具结算的衍生工具除外。其中，财务担保合同是指保证人和债权人约定，当债务人不履行债务时，保证人按照约定履行债务或者承担责任的合同。

2. 交易性金融负债的账务处理

企业应设置"交易性金融负债"科目核算企业承担的交易性金融负债的公允价值。企业持有的直接指定为以公允价值计量且其变动计入当期损益的金融负债，也在本科目核算。

"交易性金融负债"科目可按交易性金融负债类别，分别"本金""公允价值变动"等进行明细核算。

（1）企业承担的交易性金融负债，应按实际收到的金额，借记"银行存款""存放中央银行款项""结算备付金"等科目，按发生的交易费用，借记"投资收益"科目，按交易性金融负债的公允价值，贷记本科目（本金）。

（2）资产负债表日，按交易性金融负债票面利率计算的利息，借记"投资收益"科目，贷记"应付利息"科目。

资产负债表日，交易性金融负债的公允价值高于其账面余额的差额，借记"公允价值变动损益"科目，贷记本科目（公允价值变动）；公允价值低于其账面余额的差额作相反的会计分录。

（3）处置交易性金融负债，应按该金融负债的账面余额，借记本科目，按实际支付的金额，贷记"银行存款""存放中央银行款项""结算备付金"等科目，按其差额，贷记或借记"投资收益"科目。同时，按该金融负债的公允价值变动，借记或贷记"公允价值变动损益"科目，贷记或借记"投资收益"科目。

"交易性金融负债"科目期末贷方余额，反映企业承担的交易性金融负债的公允价值。

（四）卖出回购金融资产款

1. 卖出回购金融资产款的定义和内容

卖出回购金融资产是指企业按照回购协议先卖出再按固定价格买入的票据、证券、贷款等金融资产所融入的资金。

2. 卖出回购金融资产款的账务处理

企业应设置"卖出回购金融资产款"科目进行核算，按卖出回购金融资产的类别和融资方进行明细核算。

卖出回购金融资产款的主要账务处理如下：

（1）企业根据回购协议卖出票据、证券、贷款等金融资产，应按实际收到的金额，借记"银行存款""存放中央银行款项""结算备付金"等科目，贷记本科目。

（2）资产负债表日，按照计算确定的卖出回购金融资产的利息费用，借记"利息支出"科目，贷记"应付利息"科目。

（3）回购日，按其账面余额，借记本科目、"应付利息"科目，按实际支付的金额，贷记"银行存款""存放中央银行款项""结算备付金"等科目，按其差额，借记"利息支出"科目。

"卖出回购金融资产款"科目期末贷方余额，反映企业尚未到期的卖出回购金融资产款。

（五）应付账款

应付账款指因购买商品或接受劳务供应等而发生的债务。这是买卖双方在购销活动中由于取得物资与支付货款在时间上不一致而产生的负债。

应付账款入账时间的确定，应以与所购买物资所有权有关的风险和报酬已经转移或劳务已经接受为标志。应付账款一般按应付金额入账，而不按到期应付金额的现值入账。如果购入的资产在形成一笔应付账款时是带有现金折扣的，应付账款入账金额的确定按发票上记载的应付金额的总值（即不扣除折扣）记账。在这种方法下，应按发票上记载的全部应付金额，借记有关科目，贷记"应付账款"科目；获得的现金折扣冲减财务费用。

（六）预收账款

预收账款是买卖双方协议商定，由购货方预先支付一部分货款给供应方而发生的一项负债。预收账款的核算应视企业的具体情况而定。如果预收账款比较多的，可以设置"预收账款"科目；预收账款不多的，也可以不设置"预收账款"科目，直接记入"应收账款"科目的贷方。单独设置"预收账款"科目核算的，其"预收账款"科目的贷方反映预收的货款和补付的货款；借方反映应收的货款和退回多收的货款；期末贷方余额，反映尚未结清的预收款项，借方余额反映应收的款项。

三、税务相关的金额视经营情况而定的流动负债

企业在一定时期内取得的营业收入、实现的利润以及从事其他应税项目，都要按照规定向国家交纳各种税费。这些应交的税费在尚未交纳之前暂时停留在企业，形成企业的一项负债。这些应交的税费包括企业按照税法等规定计算应交纳的各种税费，包括增值税、消费税、所得税、资源税、土地增值税、城市维护建设税、房产税、土地使用税、车船税、教育费附加、矿产资源补偿费，以及代扣代交的个人所得税等。这些税费大多数要视企业的经营状况才能确定。如应交的企业所得税，其金额必须要到企业会计期间终了，计算出企业利润总额（或亏损总额）之后才能确定；增值税等，其应交数也需待会计期间终了，计算出这一会计期间的营业收入总额后才能确定。

为了总括地核算和监督企业应交税费的计算和交纳情况，应设置"应交税费"科目进行核算，该科目的贷方登记企业应交纳的各种税费，借方登记

企业已交纳的各种税费，期末贷方余额表示企业尚未交纳的税费，期末借方余额表示企业多交的税费。该科目按各种税费分别设置明细科目进行核算。但企业交纳的印花税、耕地占用税，因不存在与税务部门发生结算或清算的问题，因此不需要通过"应交税费"科目核算。下面介绍几种主要税的会计处理。

（一）应交增值税

对于租赁公司和财务预算公司而言，增值税是一个全新的话题。这是因为金融业自从 2016 年 5 月 1 日才征增值税。增值税是从营业税演变而来的，需要全面分析、系统比较其之间的差异才能准确无误地认知增值税的相关原理与规定。包括租赁公司、财务公司在内的金融业，曾经是与增值税长期无缘。就全球范围来看，金融业采用增值税税制的也寥寥无几。作为全球第一个针对金融业全面落实征收增值税的大型经济体，我们务必科学认知金融业业务联系种类众多且核算复杂等特征，有效化解这一块"最难啃的骨头"，唯有如此，从过去征收营业税改为征收增值税的"营改增"政策将会真正从制度设计上解决营业税制下"道道征收，全额征税"的重复征税问题，实现增值税税制下的"环环征收、层层抵扣"，不仅最大限度地契合了有新增价值就有增值税的价外增值税计税原理，也在中国经济新常态下实施一次深度的结构性减税，有利于促进经济发展方式加快转变和经济结构战略性调整，其影响将是重大而深远的。

因此，读者应该从营业税的传统思维中转变过来，尽快适应增值税的相关环境、体系框架与工作要求，并结合租赁公司与财务公司的运转特点，具体分析营改增的基本变化、科目设置和账务处理。

1. 营改增的基本改变点

营改增是基于营业税缺陷而进行的，因此，分析二者差异将有助于科学地理解增值税。

（1）税制设计的基础差异。营业税的计税相对于增值税要简单很多，即营业额与相应税率相乘就可以得知税额。但也正是因为简单而导致了诸多缺陷，比如：简单以营业额作为纳税基础，会产生重复计税，加重了税务负担；且由于不能进行抵扣，企业缺乏索取发票动力，不利于下游正规、专业化发展，等等。改收增值税无疑能很好地解决上述问题，因为增值税"环环征收、层层抵扣"，这种税制能够打通产业流上下之间的抵扣链条，从而使整个产业链条的每一个环节仅就本环节所产生增值额征税而不会重复征税，真正实现全面的增值税理念。这不但有利于减少重复征税，还有利于完善和延长第二、第三产业增值税抵扣链条，促进市场的专业化分工与协作，进而推动整个经济的发展。

总之，营业税与增值税都属于流转税，但具体的内涵有很大不同。营业税是对在中国境内提供应税劳务、转让无形资产或销售不动产的单位和个人，就其所取得营业额征收的一种税。增值税则是以商品（含应税劳务）在流转过程中产生的增值额作为计税依据而征收的一种流转税。简单理解，营业税是对营业额征收的一种流转税，而增值税则只对流转过程中增值的部分进行征税，有增值则征税，没有增值不征税。

（2）税制设计的计税区别。在税额计算上，营业税不能进行抵扣，按规定的营业额全额计算。其一般公式为：营业税纳税额＝应纳税营业额×税率。

而增值税是可以对进项税额给予抵扣的。其一般公式为：增值税应纳税额＝当期销项税额－准予抵扣的当期进项税额。

由于计税特点不同，二者的税率也往往不同。以财务公司为例，营业税税率为5%，但改为增值税后，财务公司作为金融行业在其直接提供金融服务、金融商品转让等业务活动中，其增值税税率为6%。

（3）税制设计的基本规定。金融租赁公司、财务公司等金融企业在其贷款服务、直接收费金融服务和金融产品转让等活动中的增值税征收办法，应该遵循有关增值税的基本规定：

从计税方法的基本规定看，包括一般计税方法和简易计税方法：一般纳税人发生应税行为适用一般计税方法计税。一般纳税人发生财政部和国家税务总局规定的特定应税行为，可以选择适用简易计税方法计税，但一经选择，36个月内不得变更。小规模纳税人发生应税行为适用简易计税方法计税。

除了上述一般计税方法的应纳税额计算公式外，在简易计税方法下，直接按照销售额和增值税征收率计算，不得抵扣进项税额。应纳税额计算公式：应纳税额＝销售额×征收率。不过请注意，简易计税方法的销售额不包括其应纳税额，纳税人采用销售额和应纳税额合并定价方法的，应该首先按照下列公式计算还原成销售额：销售额＝含税销售额÷（1＋征收率）。

（4）常用销项税率与进项税率。需要强调的是，对于租赁等金融公司来说，其业务发展近年来受到了更加严格的金融行业监管、税收政策执行落地的关注,引导其自身产品在创新设计等方面适时调整,以求综合效益最优化。在销项税率方面,金融租赁公司、财务公司适用的基本税率为6%。不过,还要进一步结合具体情况进行解释:对于贷款服务,金融机构(包括租赁公司、财务公司等)不得抵扣其进项税额、不得开具增值税专用发票,对方纳税人接受贷款服务的也不得抵扣贷款相关的顾问费、手续费、咨询费等费用的进项税额。对于金融商品转让,按照卖出价扣除买入价后的余额为销售额。转让金融商品出现的正负差,按盈亏相抵后的余额为销售额。若相抵后出现负差,可结转下一纳税期与下期转让金融商品销售额相抵,但年末时仍出现负差的,不得转入下一个会计年度。金融商品的买入价,可以选择按照加权平均法或者移动加权平均法进行核算,选择后36个月内不得变更。金融商品转让,不得开具增值税专用发票。对于售后回租业务,列入贷款业务,其相应税率也采用金融业统一税率6%。当然,由原来17%(承租人可抵扣)改变为税率6%(承租人不可抵扣),这一变化不仅是税率的降低,更重要的是增值税征税制度设计的变化,对于承租人为医院、学校、市政平台等非增值税纳税人将减轻租赁公司税负,而对承租人为制造业等企业则将不可抵扣进项税而丧失节税优势,这类售后回租业务会受到影响。这也会促使部分通道类售后回租业务转向直租、经营性租赁这类租赁服务。融资性售后回租、押汇、罚息、票据贴现、转贷等业务取得的利息及利息性质的收入,按照贷款服务缴纳增值税。贷款服务的进项税额不得从销项税额中抵扣。将售后回租业务划入贷款服务,将直租、经营性租赁划入租赁服务,并在经营性租赁中包含了不动产。对于融资租赁行业不同业务类型分四种税率征收:直观来看,融资租赁售后回租归入贷款服务,税率为6%,承租人不可获得抵扣,销售额计算在扣减两息基础上再扣减本金。有形动产直租、有形动产经营性租赁税率为13%,不动产直租、不动产经营性租赁税率为9%,承租人均可获得抵扣,其中,经营性租赁全额计算销售额,直租将扣减借款利息、债券利息差额计算销售额。出口租赁服务免税范围扩大至全部"有形动产"标的物并有望退税。其中,不动产租赁服务的政策规定完善了融资租赁业务税收抵扣的链条,有利于融资租赁开拓不动产业务市场。

在进项税率方面,金融租赁公司、财务公司适用的可抵扣进项税率,除了租赁公司的上述特殊规定外,根据具体情况还会有所不同:其一,购入动产取得增值税专用发票后,进项抵扣税率13%;购入不动产取得增值税专用发票后，进项抵扣税率 9%；其二，采购办公用品、低值易耗品、电子耗材等，取得增值税专用发票后，其进项税额可以抵扣，进项抵扣税率 9%；其三，购买银行专项服务的手续费、中介代理手续费，进项抵扣税率 6%；其四，购置固定资产，进项抵扣税率 13%；其五，支付职场租赁费、装修费，进项抵扣税率 9%；其六，日常办公费、维修费、咨询费、会议费、培训费、差旅费、车辆保险费等，其进项抵扣税率有 13%、9%、6% 三档。

2. 相关会计科目的设置

公司应在"应交税费"总账科目下设置"应交增值税"明细科目，并区分设置"销项税额""进项税额""已交税金""出口退税""进项税额转出"等专栏。

"销项税额"专栏，核算公司销售应税产品或提供应税劳务所应收取的增值税额。公司销售应税产品或提供应税劳务应收取的销项税额，用蓝字登记；销售退回应冲销的销项税额，用红字登记。当公司发生销售业务时，按照规定收取的增值税额，记入"销项税额"之下的相关栏目。

"进项税额"专栏，核算公司购进应税产品或接受应税劳务所支付的增值税额。当公司在国内采购货物或接受应税劳务，按照专用发票上注明的增值税额，记入"进项税额"之下。

"已交税金"专栏，记录企业已缴纳的增值税额。企业已缴纳的增值税额用蓝字登记；退回多缴的增值税额用红字登记。

"出口退税"专栏，记录企业出口适用零税率的货物，向海关办理报关出口手续后，凭出口报关单等有关凭证，向税务机关申报办理出口退税而收到的退回的税款。出口货物退回的增值税额，用蓝字登记；进口货物办理退税后发生退货或者退关而补缴已退的税款，用红字登记。

"进项税额转出"专栏，记录企业的购进货物、在产品、产成品等发生非正常损失以及其他原因而不应从销项税额中抵扣，按规定转出的进项税额。

3. 日常业务账务处理举例

（1）销项税额的核算。

【例 3-2】ABC 集团财务有限责任公司销售贷款产品（集团内成员企业）一批（相应的增值税税率为 6%），根据当日生成的贷款明细表及相应发票，该批贷款在原营业税体制下总额为 30 000 元，现按规定实行价税分离，并单独收取增值税额和不含税价格。其相应的会计处理如下：

首先，计算增值税和不含税价值：

不含税价格 = 30 000 / (1 + 6%) = 28 301.89（元）

增值税税额 = 28 301.89 × 6% = 1 698.11（元）

其次，进行相应的账务处理：

借：银行存款　　　　　　　　　　　　　　　　　30 000
　　贷：应交税费——应交增值税（销项税额）　　　1 698.11
　　　　利息收入　　　　　　　　　　　　　　　28 301.89

【例 3 - 3】ABC 集团财务有限责任公司发生多种金融商品（列入债权投资、交易性金融资产等的债券投资、基金产品等）转让，根据持仓清单，及相关收到现金而非持有期间的收益明细列表，此批金融商品买进与卖出的差价为 1 000 000 元。

首先，计算该项金融资产转让业务增值税：

增值税税额 = 转让差价 × 6% = 1 000 000 × 6% = 60 000（元）

相应地，作为该增值税的附加税，城市维护建设税为 7%、教育费附加为 3%、地方教育附加为 2%。

其次，进行相应的账务处理：

借：税金及附加——增值税　　　　　　　　　　　60 000
　　　　　　　——城市维护建设税　　　　　　　4 200
　　　　　　　——教育费附加　　　　　　　　　1 800
　　　　　　　——地方教育附加　　　　　　　　1 200
　　贷：应交税费——应交增值税（销项税额）　　　60 000
　　　　　　　　——城市维护建设税　　　　　　4 200
　　　　　　　　——教育费附加　　　　　　　　1 800
　　　　　　　　——地方教育附加　　　　　　　1 200

（2）进项税额的核算。

【例 3 - 4】202× 年，ABC 集团财务有限责任公司向上海百货文化公司购进公司日常使用办公用品一批，增值税税率为 13%，价税合计 5 000 元，并取得增值税专用发票。

首先，不含税价格 = 5 000 / (1 + 13%) = 4 424.78（元）

　　　　进项增值税 = 5 000 - 4 424.78 = 575.22（元）

其分录如下：

借：业务及管理费	4 424.78	
应交税费——应交增值税（进项税额）	575.22	
贷：银行存款		5 000.00

【例3-5】202×年6月5日，ABC集团财务有限责任公司向杭州市淘宝网络销售公司采购一批商品准备用于业务联络活动，该批商品价税合计113 000元，并取得增值税专用发票；6月11日，将前述商品的一半发放给员工，作为端午节集体福利之用。

6月5日购进时，会计分录如下：

借：业务及管理费	100 000	
应交税费——应交增值税（进项税额）	13 000	
贷：银行存款		113 000

6月11日发放员工时，会计分录如下：

借：业务及管理费——职工福利费	50 000	
应交税费——应交增值税（进项税额转出）	6 500	
贷：业务及管理费		56 500

如果单位实行员工福利费按月定额计提并转入工会实行单独核算，则应该向工会会计收费。

【例3-6】ABC集团财务有限责任公司支付税控系统技术维护费，价税合计11 300元，并取得增值税专用发票。技术维护费可以在增值税应纳税额中抵扣，即全额作为进项转出。

公司支付税控系统技术维护费时：

借：应交税费——应交增值税（减免税款）	11 300	
贷：银行存款		11 300

【例3-7】ABC集团财务有限责任公司购置办公大楼，支付工程款，取得专票价税合计10 900 000元，当期进项税全部抵扣。

借：固定资产	10 000 000	
应交税费——应交增值税（进项税额）	900 000	
贷：银行存款		10 900 000

（3）进项转出的核算。

【例3-8】ABC集团财务有限责任公司7月结算免征增值税，金融商品转让收入占比50%，7月无法划分用途的税额400 000元，转出进项税额

200 000 元。

　　借：业务及管理费　　　　　　　　　　　　　　200 000
　　　　贷：应交税费——应交增值税——进项转出（一般）　200 000

（4）代扣代缴的核算。

【例3-9】华光租赁股份公司7月代理制业务员代理人佣金税前收入30 900元，代扣代缴征收率3%。

　　借：手续费及佣金支出　　　　　　　　　　　　30 900
　　　　贷：应交税费——代扣代缴增值税——代理人　　　900
　　　　　　　　——城市维护建设税——代理人　　　　　63
　　　　　　　　——教育费附加——代理人　　　　　　　27
　　　　　　　　——地方教育附加——代理人　　　　　　18
　　　　　　　　——个人所得税　　　　　　　　　　　　10
　　　　　　　　——水利建设基金　　　　　　　　　　 2.1
　　　　　　应付手续费及佣金支出——佣金支出——实发　29 879.90

【例3-10】华光租赁股份公司7月月独立董事劳务费6 180元，代扣代缴征收率3%。

　　借：业务及管理费　　　　　　　　　　　　　　　6 180
　　　　贷：应交税费——代扣代缴增值税——其他　　　180.00
　　　　　　　　——城市维护建设税——其他　　　　　12.60
　　　　　　　　——教育费附加——其他　　　　　　　5.40
　　　　　　　　——地方教育附加——其他　　　　　　3.60
　　　　　　　　——个人所得税　　　　　　　　　　 10.00
　　　　　　　　——水利建设基金　　　　　　　　　　0.42
　　　　　　银行存款　　　　　　　　　　　　　　5 967.98

（5）缴纳税款的核算。

【例3-11】7月，华光租赁股份有限公司销项税5 000元，进项税3 000元，进项转出2 000元，减免税款100元，金融商品转让销项税500元，结转税款4 400元。

　　借：应交税费——应交增值税——转出税费（一般）　3 900
　　　　　　　　　　　　　　——转出税费（金融商品转让）
　　　　　　　　　　　　　　　　　　　　　　　　　　500

贷：应交税费——未交增值税（一般） 3 900
　　　　　　　　（金融商品转让） 500

【例 3-12】 7 月，ABC 保险公司未交增值税金额为 780 000 元，计提附加税。

借：税金及附加——城市维护建设税 54 600
　　　　　　——教育费附加 23 400
　　　　　　——地方教育附加 15 600
贷：应交税费——城市维护建设税 54 600
　　　　　　——教育费附加 23 400
　　　　　　——地方教育附加 15 600

【例 3-13】 华光租赁股份有限公司申报 7 月增值税，假如实际缴纳的金融商品转让增值税为 830 000 元。其会计分录如下：

借：应交税费——未交增值税（一般） 780 000
　　　　　　　　（金融商品转让） 50 000
　　贷：银行存款 830 000

（二）应交所得税

企业所得税是国家对企业的生产、经营所得和其他所得，依照有关所得税暂行条例及其细则的规定征收的一种税，这也是国家以社会管理者的身份参与企业经营成果分配的一种形式。当期应计入损益的所得税，作为一项费用，在净收益前扣除。为了核算企业应交纳的所得税，公司应在"应交税费"科目下设置"应交所得税"明细科目。

（三）应交城市维护建设税

为了核算企业应交纳的城市维护建设税，企业应在"应交税费"科目下设置"应交城市维护建设税"明细科目。企业按规定计算出应交纳的城市维护建设税，借记"税金及附加"等科目，贷记"应交税费——应交城市维护建设税"科目。交纳城市维护建设税时，借记"应交税费——应交城市维护建设税"科目，贷记"银行存款"科目。

（四）应交房产税、土地使用税、车船税和印花税

房产税是国家对在城市、县城、建制镇和工矿区征收的由产权所有人缴纳的一种税。房产税依照房产原值一次减除 10%~30% 后的余额计算交纳。没有房产原值作为依据的，由房产所在地税务机关参考同类房产核定。土使用税是国家为了合理利用城镇土地，调节土地级差收入，提高土地使用效益，加强土地管理而开征的一种税。土地使用税以纳税人实际占用的土地面积为计税依据，依照规定税额计算征收。车船税由拥有并且使用车船的单位和个人交纳。车船税按照适用税额计算交纳。

为了核算企业应交纳的房产税、土地使用税、车船税，企业应在"应交税费"科目下分别设置"应交房产税""应交土地使用税""应交车船税"明细科目。企业按规定计算出应交的房产税、土地使用税、车船税，借记"业务及管理费"科目，贷记"应交税费——应交房产税、应交土地使用税、应交车船税"科目。实际上缴时，借记"应交税费——应交房产税、应交土地使用税、应交车船税"科目，贷记"银行存款"科目。

印花税是对经济活动和经济交往中书立、使用、领受具有法律效力的凭证的单位和个人征收的一种税。企业交纳的印花税，是由纳税人根据规定自行计算应纳税额以购买并一次贴足印花税票的方法交纳的税款。即一般情况下，企业需要预先购买印花税票，待发生应税行为时，再根据凭证的性质和规定的比例税率或者按件计算应纳税额，将已购买的印花税票粘贴在应纳税凭证上，并在每枚税票的骑缝处盖戳注销或者划销，办理完税手续。企业交纳的印花税不需要通过"应交税费"科目核算，而是于购买印花税票时，直接借记"业务及管理费"科目，贷记"银行存款"科目。

（五）应交个人所得税

个人所得税是对个人（自然人）取得的各项应税所得征收的一种税。个人所得税按照规定的税率计算交纳。为了核算企业应代扣代交的个人所得税，企业应在"应交税费"科目下设置"应交个人所得税"明细科目。企业按规定计算应代扣代交的职工个人所得税，借记"应付职工薪酬"科目，贷记"应交税费——应交个人所得税"科目。实际交纳个人所得税时，借记"应交税费——应交个人所得税"科目，贷记"银行存款"科目。

四、职工薪酬

（一）职工薪酬的内容

职工薪酬，是指企业为获得职工提供的服务而给予各种形式的报酬以及其他相关支出，包括职工在职期间和离职后提供给职工的全部货币性薪酬和非货币性福利。企业提供给职工配偶、子女或其他被赡养人的福利等，也属于职工薪酬。其中，职工是指与企业订立劳动合同的所有人员，含全职、兼职和临时职工；也包括虽未与企业订立正式劳动合同但由企业正式任命的人员，如董事会成员、监事会成员和内部审计委员会成员等。在企业的计划和控制下，虽未与企业订立正式劳动合同或未由其正式任命，但为企业提供与职工类似服务的人员，如劳务用工合同人员，也视同企业职工。具体来说，职工薪酬主要包括以下内容：

（1）职工工资、奖金、津贴和补贴；

（2）职工福利费；

（3）社会保险费；

（4）住房公积金；

（5）工会经费和职工教育经费；

（6）非货币性福利；

（7）辞退福利；

（8）股份支付。

（二）职工薪酬的主要账务处理

为了核算和监督职工薪酬发生和支付情况，企业应设置"应付职工薪酬"科目，并按照"工资""职工福利""社会保险费""住房公积金""工会经费""职工教育经费""解除职工劳动关系补偿""股份支付"等应付职工薪酬项目进行明细核算。

企业按照有关规定向职工支付工资、奖金、津贴等，借记"应付职工薪酬"科目，贷记"银行存款""库存现金"等科目；企业从应付职工薪酬中扣还的各种款项（代垫的家属药费、个人所得税等），借记"应付职工薪酬"科目，贷记"其他应收款""应交税费——应交个人所得税"等科目；企业向职工支付职工福利费，借记"应付职工薪酬"科目，贷记"银行存款""库存现金"等科目；企业支付工会经费和职工教育经费用于工会运作和职工培训，借记"应付职工薪酬"科目，贷记"银行存款"等科目；企业按照国家有关规定缴纳社会保险费和住房公积金，借记"应付职工薪酬"科目，贷记"银行存款"科目；企业因解除与职工的劳动关系向职工给予的补偿，借记"应付职工薪酬"科目，贷记"银行存款""库存现金"等科目；企业支付租赁住房等资产供职工无偿使用所发生的租金，借记"应付职工薪酬"科目，贷记"银行存款"等科目；在行权日，企业以现金与职工结算股份支付，借记"应付职工薪酬"科目,贷记"银行存款""库存现金"等科目。

对发生的职工薪酬企业应当根据职工提供服务的受益对象分别以下情况进行处理：管理部门人员的职工薪酬，借记"业务及管理费"科目，贷记"应付职工薪酬"科目；销售人员的职工薪酬，借记"销售费用"科目，贷记"应付职工薪酬"科目；应由在建工程、研发支出负担的职工薪酬，借记"在建工程""研发支出"科目，贷记"应付职工薪酬"科目；因解除与职工的劳动关系给予的补偿，借记"业务及管理费"科目，贷记"应付职工薪酬"科目；无偿向职工提供住房等资产使用的，按应计提的折旧额，借记"业务及管理费"等科目，贷记"应付职工薪酬"科目，同时，借记"应付职工薪酬"科目，贷记"累计折旧"科目；在等待期内每个资产负债表日，根据股份支付准则确定的金额，借记"业务及管理费"等科目，贷记"应付职工薪酬"科目；在可行权日之后，根据股份支付准则确定的金额，借记或贷记"公允价值变动损益"科目，贷记或借记"应付职工薪酬"科目。

五、应付利息

应付利息，是指企业按照合同约定应支付的利息，包括吸收存款、分期付息到期还本的长期借款、企业债券等应支付的利息。

资产负债表日，应按摊余成本和实际利率计算确定的利息费用，借记"利息支出""在建工程""财务费用""研发支出"等科目，按合同利率计算确定的应付未付利息，贷记"应付利息"科目，按借贷双方之间的差额，借记或贷记"长期借款——利息调整"等科目。

合同利率与实际利率差异较小的，也可以采用合同利率计算确定利息费用。实际支付利息时，借记"应付利息"科目，贷记"银行存款"等科目。

本科目期末贷方余额，反映企业应付未付的利息。

六、应付股利

应付股利是企业经股东大会或类似机构审议批准分配的现金股利或利润。为了核算应付给投资者的现金股利，企业应当设置"应付股利"科目。该科目的借方登记企业实际支付的现金股利或利润，贷方登记企业应支付的现金股利或利润，期末余额在贷方，反映企业尚未支付的现金股利或利润。企业按规定计算出应付投资者的现金股利或利润，借记"利润分配"科目，贷记

"应付股利"科目。在实际支付现金股利或利润时，借记"应付股利"科目，贷记"库存现金"等科目。

第二节　非流动负债核算

一、非流动负债的分类

（一）非流动负债的定义及特点

非流动负债是指流动负债以外的负债，主要包括长期借款、应付债券、长期应付款等。非流动负债是企业筹集（融通）资金的一种重要方式。

非流动负债除具有负债的共同特征外，与流动负债相比，一般还具有债务金额大，偿还期限长，可以分期偿还等特点。站在投资者（或股东）的立场上，与增加投入资本（或股本）相比，举借非流动负债有以下几个优点：（1）举借非流动负债不影响企业原有的资本（或股权）结构，有利于保持原有投资者（或股东）控制企业的权力。作为股份公司，一般也不会影响股票价格。增发股票将会稀释每股收益额，从而导致股票价格的下跌。（2）举借非流动负债可以增加投资者（或股东）所得的盈余。长期债权人在企业的经营决策中通常没有表决权，不论企业经营状况如何，他们都将按固定的利率获取利息，不参与剩余利益的分配。因此，如果企业经营所获得的投资利润率高于非流动负债的固定利率，剩余利益将全部归投资者（或股东）所有。（3）举借非流动负债能达到节税功效。在交纳所得税时，非流动负债的利息支出可以作为正常的经营费用从利润总额中扣减。但股利则只能从税后利润中支付，不能作为纳税扣减项目。

当然，举借非流动负债也有其不利的一面，主要表现在：（1）非流动负债的利息费用是企业必须定期支付的固定费用，如果举债经营的投资报酬低于非流动负债的资金成本率（即利率），将会带来减少投资者（或股东）利益的风险。同时，如果企业经营不善，市场情况恶化，这笔固定的利息费用就会成为企业财务上的负担。而利润（或股利）的支付可以根据企业经营得好坏，效益好则分配，效益不好则可以少分配甚至不分配。（2）非流动负债一般都有明确的到期日，企业必须为债务的偿还做好财务安排，安排现金流出。在长期债务契约中，往往还包含限制企业财务决策的条款（如规定负债与产权的比率）。所有这些，都影响企业的财务灵活性。而采用增加资本或增发股票的方式筹措长期资本，没有到期日，不需要到期偿还（除非企业进行清算）资本（或股本）。（3）债权人对企业财产享有优先求偿权，如果企业因资金周转困难而无法定期支付利息或按期偿还本金，债权人的求偿权可能迫使企业破产清算。因此，举债经营通常还给企业带来较大的财务风险。它要求企业在逼近债务的偿还期时应具有较大的财务弹性。

企业必须充分考虑到举债经营的优点与不足，权衡利弊，进行合理的财务决策。一方面，要保证举债经营的投资利润率高于非流动负债的利率；另一方面，举债的程度应与企业的资本结构和偿债能力相适应。

（二）非流动负债的分类

我国公司的非流动负债主要包括向银行或其他金融机构借入的长期借款、发行的公司债券即应付债券等。这些非流动负债按归还方式可分为一次性归还的非流动负债和分期归还的非流动负债；按使用的结果分为形成固定资产的非流动负债和形成流动资产的非流动负债。

二、应付债券

（一）应付债券的定义和内容

应付债券是指企业为筹集长期使用资金而实际发行的一种书面凭证。这里的应付债券是指发行期限在1年以上（不含1年）的应付长期债券，从而构成了企业的一项非流动负债。

发行企业债券不仅是企业的一项重要筹资举措，对资本市场也会产生一定的影响。因此，企业需要发行债券时，应先由董事会等作出决定，将发行债券的具体事宜提请股东大会等类似机构批准，再报请政府有关部门核准，方可印制和发行企业债券。企业债券的发行必须以债券契约为依据。债券契约是明确企业债券发行与持有人相互关系的书面文件，其中规定了对企业债券发行的各种限制条款，主要有：核准发行的金额、利率、到期日、利息支付方式、收回债券的条件等。单个的债券购买者，将会得到书面的债券凭证，在其中除载明发行企业的名称与住所、发行日期与编号、发行企业的印记和法定代表人的签章、审批机关批准发行的文号、日期等，还包括债券面值、债券利率、付息日、到期日等内容。

（二）应付债券的分类

应付债券可按不同的标准进行分类，主要有以下几种分类：

按发行方式可分为记名公司债券和无记名公司债券。记名公司债券是指公司发行债券时，债券票面上注明债券持有者姓名，债券持有者须凭债券和本人印鉴方能领取本息。无记名公司债券是指公司发行债券时，债券票面上不记载债券持有者姓名，债券持有人凭债券所附息票按期领取利息，所以也称为息票债券，到期则凭债券领回本金。

按有无担保可分为有抵押公司债券、保证债券和信用公司债券。有抵押公司债券是指举债公司需以不动产或动产作抵押以保证企业按期还本付息的债券。保证债券是指未提供任何财产作担保，而由第三者提供保证的债券。信用公司债券是指没有特定的担保品和保证人，全凭发行公司的信用的债券。

按还本方式可分为一次还本债券、分期还本债券和提前还本债券。一次还本债券是指同一日期发行的债券全部在同一到期日偿还本金的债券。分期还本债券是指同一日期发行的债券本金在不同到期日分期偿还的债券。提前还本债券是指举债公司按契约规定，可在债券到期日前通知债券持有者提前还本的债券。

按可否转换可分为可转换债券和不可转换债券。可转换债券是指债券持有者有权按约定的时间和转换比例向债务人转换其发行的其他证券（通常为普通股股票）的债券。不可转换债券是指没有上述转换权利的债券。

（三）公司债券发行价格的确定

由于货币是有时间价值的，现在的1元钱与一年后的1元钱并不等值，时间越长，货币时间价值越大。公司债券的偿还期通常较长，因而货币时间价值的作用也比较明显。债券的面值实际上就是在债券到期日收回的本金与定期支付的各期利息按债券票面利率贴现的现值之和。债券的发行价格是在债券到期日收回的本金与定期支付的各期利息按实际利率贴现的现值之和。票面利率是指企业发行债券上记载的利率，通常是以年利率表示的，一般固定不变，也称为名义利率。实际利率是指债券发行企业实际负担的利率（也是债券持有人实际获得的利率）。实际利率是债券发行当时的市场利率，也就是金融市场上风险和期限与所发行的债券类似的借贷资本的利率。企业债券的发行价格受同期银行存款利率（相当于市场利率）的影响较大。经常会出现市场利率大于或小于票面利率，或者说是实际利率大于或小于名义利率的情况。在这种情况下,债券发行企业就要按高于或低于市场利率的票面利率支付债券利息,即按高于或低于债券面值的价格出售。当债券的票面利率高于同期银行存款利率时,可按超过债券票面价值的价格发行,称为溢价发行。溢价发行表明企业以后期多付利息而事先得到的补偿。如果债券的票面利率低于同期银行存款利率的,可按低于债券票面价值的价格发行,称为折价发行。折价发行表明企业以后各期少付利息而预先给投资者的补偿。如果债券的票面利率与同期银行存款利率一致,可按票面价值发行,称为面值发行。企业在发行债券时,应将待发行债券的票面金额、债券票面利率、还本期限与方式、发行总额、发行日期和编号、委托代售部门、转换股份等情况在备查簿中进行登记。债券发行价格的计算公式如下:

$$
\begin{aligned}
债券发行价格 &= 到期偿还本金按市场利率计算的现值 + 各期票面利息按市场利率计算的现值 \\
&= 债券面值 \times 现值系数 + 债券面值 \times 票面利率 \times 年金现值系数 \\
&= F \times (1+i)^{-n} + A \times [1-(1+i)^{-n}]/i
\end{aligned}
$$

公式中,F 表示债券面值;A 表示按债券票面利率计算的各期发行的利息;i 表示市场利率;n 表示期数。

【例 3 - 14】正大集团财务有限责任公司 201× 年 1 月 1 日发行面值 100 000 元、期限 5 年、到期还本的公司债券,票面利率为 8%,每年付息一次。

假定债券发行时市场利率为 8%,则上述债券发行时的价格计算如下:

(1) 债券面值按市场利率 8% 折算的现值。

五年后一次还本的 100 000 元票面金额的现值,应按 8% 计算 5 年复利的现值,即:

$100\,000 \times (1+8\%)^{-5} = 100\,000 \times 0.680\,58 = 68\,058$(元)

(2) 债券利息按市场利率 8% 折算的现值。

每年付息一次,每年付息额为 8 000 元(100 000 × 8%),共 5 期,按市场利率 8% 折算的年金现值,即:

$8\,000 \times [1-(1+8\%)^{-5}]/8\% = 8\,000 \times 3.992\,75 = 31\,942$(元)

(3) 债券发行价格 = 68 058 + 31 942 = 100 000(元)。

(四) 公司债券发行的会计处理

为了核算和监督企业债券的发行和本金的偿还情况,公司应设置"应付债券"科目,该科目属于负债类,其贷方登记企业发行债券时收到的款项和应支付的债券利息以及摊销的债券折价,借方登记实际支付的债券本息以及摊销的债券溢价,贷方期末余额反映尚未偿还的债券本息。该科目应按发行的债券种类分设二级科目,并且应进一步设置"面值""利息调整""应计利息"等明细科目。

无论是按面值发行,还是溢价发行或折价发行,均按债券面值记入"应付债券"科目的"面值"明细科目,实际收到的款项与面值的差额,记入"利息调整"明细科目。企业发行债券时,按实际收到的款项,借记"银行存款""库存现金"等科目,按债券票面价值,贷记"应付债券——面值"科目,按实际收到的款项与票面价值之间的差额,贷记或借记"应付债券——利息调整"科目。

【例 3-15】承【例 3-14】,假设债券发行时市场利率为 8%,等于票面利率,则公司债券的发行价格即其面值。应编制如下会计分录:

借:银行存款　　　　　　　　　　　　　　　100 000
　　贷:应付债券——面值　　　　　　　　　　　　　100 000

(五) 公司债券应计利息及利息调整摊销的会计处理

利息调整的摊销,有直线法和实际利率法两种。直线法是将债券的利息调整平均摊销于各期的一种摊销方法。实际利率法是以实际利率乘以各期期初应付债券的现值计算各期利息费用,并将该利息费用与按票面利率支付利息的差额,作为该期应摊销的利息调整。企业会计准则规定,企业在债券发行后,应按实际利率法计算各期摊销额,编制"利息调整",并进行会计处理。

在公司债券按面值发行的情况下,不涉及利息调整的摊销,企业按期计算债券应计利息时,应按应计利息,借记"在建工程"或"财务费用"科目,贷记"应付债券——应计利息"或"应付利息"科目。企业在实际支付利息时,应按实际支付金额,借记"应付债券——应计利息"或"应付利息"科目,贷记"银行存款"科目。

【例 3-16】承【例 3-14】,假设债券发行时市场利率为 8%,等于票面利率,每年付息一次。应编制如下会计分录:

借:在建工程/财务费用　　　　　　　　　　　8 000
　　贷:应付利息　　　　　　　　　　　　　　　　8 000

付息时:

借：应付利息　　　　　　　　　　　　　　　　　　　8 000
　　贷：银行存款　　　　　　　　　　　　　　　　　　　　8 000

在公司债券按溢价发行的情况下，企业按期计算债券应计利息时，按应摊销的利息调整额借记"应付债券——利息调整"科目，按应计利息与利息调整摊销额的差额，借记"在建工程"或"财务费用"科目，按应计利息，贷记"应付债券——应计利息"或"应付利息"科目。企业在实际支付利息时，也应按实际支付金额，借记"应付债券——应计利息"或"应付利息"科目，贷记"银行存款"科目。

在公司债券按折价发行的情况下，企业按期计算债券应计利息时，按应计利息与利息调整摊销额之和，借记"在建工程"或"财务费用"科目，按应摊销的利息调整额，贷记"应付债券——利息调整"科目，按应计利息，贷记"应付债券——应计利息"或"应付利息"科目。企业在实际支付利息时，应按实际支付金额，借记"应付债券——应计利息"或"应付利息"科目，贷记"银行存款"科目。

（六）公司债券偿还的会计处理

公司发行的债券应根据债券发行时订立合同条款偿还本金及利息。债券本金的偿还，可能是到期日，也可能在到期日之前或之后，其偿还的方式有债券到期时一次偿还、提前偿还、举借新债偿还旧债和分期偿还等。在我国实务中，大多数为债券到期时一次偿还。如果债券到期时一次偿还，债券到期时，无论债券当初发行是按照债券面值、债券折价或债券溢价，由于债券折价或溢价在每期期末通过"应付债券——利息调整"科目逐次摊销，到最后一期支付利息时，都已降至零。因此，在到期日，应付债券的摊余成本必然等于它的面值，举债公司即可按债券面值还本。

【例 3-17】接上述各例，正大财务公司于五年后债券到期时用银行存款一次性偿还本金，应编制如下会计分录：

借：应付债券——债券面值　　　　　　　　　　　　100 000
　　贷：银行存款　　　　　　　　　　　　　　　　　　　100 000

三、其他非流动负债

（一）长期借款

长期借款是指企业从银行或其他金融机构借入的期限在 1 年以上（不含 1

年）的各项借款。与短期借款相比，长期借款除借款期限较长外，其不同点还体现在对借款利息费用的处理上。"长期借款"科目不仅核算借款的本金，还包括应计利息；而"短期借款"科目只核算借款的本金，不包括利息费用。

为了核算企业向银行或其他金融机构借入的期限在1年以上（不含1年）的各项长期借款，企业应当设置"长期借款"科目。该科目的借方登记企业归还的各项借款，贷方登记企业借入的各项借款。期末贷方余额，反映企业尚未偿还的长期借款本息。该科目应按贷款的单位和贷款种类设置明细科目，进行明细核算。

企业借入各种长期借款时，按实际收到的款项，借记"银行存款"科目，按借款本金，贷记"长期借款——本金"科目，若借贷双方存在差额，借记"长期借款——利息调整"科目。

在资产负债表日，企业应按长期借款的摊余成本和实际利率计算确定的利息费用，借记"在建工程""财务费用""研发支出"等科目，按合同利率计算确定的应付未付利息，贷记"应付利息"科目，按其差额，贷记"长期借款——利息调整"科目。

企业归还长期借款，按归还的借款本金，借记"长期借款——本金"科目，按转销的利息调整金额，贷记"长期借款——利息调整"科目，按实际归还的款项，贷记"银行存款"科目，按借贷双方之间的差额，借记"在建工程""财务费用"等科目。

（二）预计负债

预计负债指企业确认的对外提供担保、未决诉讼、重组义务、亏损性合同等负债。企业应设置"预计负债"科目，该科目可按形成预计负债的交易或事项进行明细核算。

企业由对外提供担保、未决诉讼、重组义务产生的预计负债，应按确定的金额，借记"营业外支出"等科目，贷记"预计负债"科目。

实际清偿或冲减的预计负债，借记"预计负债"科目，贷记"银行存款"等科目。

根据确凿证据需要对已确认的预计负债进行调整的，调整增加的预计负债，借记有关科目，贷记"预计负债"科目；调整减少的预计负债作相反的会计分录。

"预计负债"科目期末贷方余额，反映企业已确认尚未支付的预计负债。

（三）递延所得税负债

递延所得税负债指企业确认的应纳税暂时性差异产生的所得税负债。企业应设置"递延所得税负债"科目，该科目可按应纳税暂时性差异的项目进行明细核算。

资产负债表日，企业确认的递延所得税负债，借记"所得税费用——递延所得税费用"科目，贷记"递延所得税负债"科目。资产负债表日递延所得税负债的应有余额大于其账面余额的，应按其差额确认，借记"所得税费用——递延所得税费用"科目，贷记"递延所得税负债"科目；资产负债表日递延所得税负债的应有余额小于其账面余额的作相反的会计分录。

与直接计入所有者权益的交易或事项相关的递延所得税负债，借记"资本公积——其他资本公积"科目，贷记"递延所得税负债"科目。

企业合并中取得资产、负债的入账价值与其计税基础不同形成应纳税暂时性差异的，应于购买日确认递延所得税负债，同时调整商誉，借记"商誉"等科目，贷记"递延所得税负债"科目。

"递延所得税负债"科目期末贷方余额，反映企业已确认的递延所得税负债。

第四章
损益要素核算

> **本章精要**

　　趋利避害是人的本能，止损增效是企业的追求。本章中，首先是租赁公司与财务公司收入的确认与计量。需要认知收入的定义与特征。在新准则的国际视角下，收入是指各类金融企业在日常金融服务活动中形成的、会导致所有者权益增加的、与所有者投入资本无关的经济利益的总流入。要关注收入确认的标杆，并对租赁公司与财务公司的主要收入、公允价值变动损益和投资收益的账务处理，分别结合企业具体情况进行掌握，还要对其他业务收入、营业外收入的账务处理进行认知。

　　其次，要在新准则理念下，对金融企业成本和费用进行科学、深刻的认识与分析。

　　最后，全面认知金融企业利润。明确金融企业利润是企业在一定会计期间的经营成果。利润包括收入减去费用后的净额、直接计入当期利润的利得和损失等。新准则下企业的利润通常由营业利润、利润总额、净利润三部分组成。这一节极具综合性、政策性、系统性，需要全面落实、系统地掌握运用。

第一节　经营收入核算

一、收入的定义与特征

（一）收入的定义

收入是指企业在日常活动中形成的、会导致所有者权益增加的、与所有者投入资本无关的经济利益的总流入。其中"日常活动"是指企业为完成其经营目标所从事的经常性活动以及与之相关的活动（包括销售商品收入、提供劳务收入和让渡资产使用权收入）。比如，财务公司提供贷款、租赁公司出租资产等，均属于企业为完成其经营目标所从事的经常性活动，由此产生的经济利益的总流入构成收入。

企业处置固定资产、无形资产等活动，不是企业为完成其经营目标所从事的经常性活动，也不属于经常性活动相关的活动，由此产生的经济利益的总流入不构成收入，应当确认为营业外收入。

企业为第三方代收的款项，如增值税，不是企业的经济利益，并不导致企业所有者权益增加，因而不属于收入准则所指的收入范围。

（二）收入的特征

（1）收入从企业的日常活动中产生，而不是从偶发的交易或事项中产生。

（2）收入可能表现为企业资产的增加；也可能表现为企业负债的减少；或者二者兼而有之。

（3）收入能导致企业所有者权益的增加。

（4）收入只包括本企业经济利益的流入，不包括为第三方或客户代收的款项。

二、收入的确认

企业对外提供服务或者提供特殊的金融产品（如资金等）而取得的收入，必须同时符合以下两个条件才能确认：

条件之一，收入的金额能够可靠计量。

收入能否可靠地计量，是确认收入的基本前提，收入不能可靠计量，则无法确认收入。租赁公司或财务公司在销售特殊的金融商品或金融服务时，售价（如利率、租金）通常已经确定。但销售过程中由于某种不确定因素，也可能出现售价变动的情况，则新的售价在未确定前不应确认收入。

条件之二，相关的经济利益很可能流入企业。

经济利益是指直接或间接流入企业的现金或现金等价物。例如，在企业借出资金的交易中，经济利益的流入就是企业在收回本金的同时能按时收回利息，如果企业估计本息收回的可能性不大，就不能将其确认为利息收入。

三、收入的会计处理

(一) 利息收入的账务处理

财务公司主要的收入来源于利息收入。企业在发放贷款时,应采用实际利率法按资金占用时期计提利息确认为收入。

实际利率法,是指按照贷款的实际利率计算其摊余成本及各期利息收入的方法。利息收入的计算公式如下:

利息收入 = 摊余成本 × 实际利率

其中,贷款的摊余成本是指该贷款的初始确认金额经下列调整后的结果:

(1) 扣除已偿还的本金。

(2) 加上或者减去采用实际利率法将该初始确认金额与到期日金额之间的差额进行摊销形成的累计摊销额。

(3) 扣除已发生的减值损失。

贷款的初始确认金额,应当按照公允价值计量,相关的交易费用应当计入初始确认金额。

实际利率,是指将贷款在预期存续期间或适用的更短时间内的未来现金流量折现为该贷款当前账面价值所使用的利率。

企业应设置"利息收入"科目核算企业确认的利息收入,包括与其他金融机构(中央银行、同业等)之间发生资金往来业务、买入返售金融资产等实现的利息收入等。本科目可按业务类别进行明细核算。资产负债表日,企业应按合同利率计算确定的应收未收利息,借记"应收利息"等科目,按摊余成本和实际利率计算确定的利息收入,贷记本科目,按其差额,借记或贷记"贷款——利息调整"等科目。

实际利率与合同利率差异较小的,也可以采用合同利率计算确定利息收入。

【例 4-1】 2×12 年 12 月 31 日,某财务公司发放给丁公司 3 年期、一次还本付息贷款,合同本金 2 000 万元,年复利率 5%,一次性按本金 2.75% 扣除手续费。

交易成本 = 2 000 × 2.75% = 55 (万元)

贷款的初始确认金额 = 2 000 - 55 = 1 945 (万元)

设实际利率为 i,则:

$1\,945 = 2\,000 \times (1+5\%) / (1+i)^3$

解得：i = 5.75%

发放贷款的会计分录如下：

借：贷款——本金　　　　　　　　　　　　　　　　20 000 000
　　贷：吸收存款——丁公司　　　　　　　　　　　　19 450 000
　　　　贷款——利息调整　　　　　　　　　　　　　　 550 000

【例4-2】承【例4-1】，2×13年以后年度的计息还贷的会计处理：

2×13年12月31日：

借：贷款——应付利息（2 000×5%）　　　　　　　 1 000 000
　　　　——利息调整　　　　　　　　　　　　　　　　 160 000
　　贷：利息收入（1945×6%）　　　　　　　　　　 1 160 000

2×14年12月31日：

借：贷款——应付利息［（2 000+100）×5%］　　　 1 050 000
　　　　——利息调整　　　　　　　　　　　　　　　　 180 000
　　贷：利息收入［（1 945+116）×6%］　　　　　　1 230 000

2×15年12月31日：

借：贷款——应付利息［（2 000+100+105）×5%］
　　　　　　　　　　　　　　　　　　　　　　　　　 1 100 000
　　　　——利息调整　　　　　　　　　　　　　　　　 210 000
　　贷：利息收入［（1 945+116+123）×6%］　　　　1 310 000

还本付息时：

借：吸收存款　　　　　　　　　　　　　　　　　　23 150 000
　　贷：贷款——本金　　　　　　　　　　　　　　　20 000 000
　　　　　　——利息调整　　　　　　　　　　　　　 3 150 000

（二）租赁收入的账务处理

租赁公司主要的收入来源于租赁收入。公司应设置"租赁收入"科目确认企业取得的租赁收入。本科目可按租赁资产类别进行明细核算。

企业确认的租赁收入，借记"未实现融资收益""应收账款"等科目，贷记"租赁收入"科目。取得或有租金，借记"银行存款"等科目，贷记"租赁收入"科目。

期末，应将本科目余额转入"本年利润"科目，结转后"租赁收入"科目无余额。

(三) 手续费及佣金收入的账务处理

企业应设置"手续费及佣金收入"科目核算企业确认的手续费及佣金收入,包括办理结算业务、咨询业务、担保业务、代保管等代理业务以及办理受托贷款及投资业务等取得的手续费及佣金,如结算手续费收入、佣金收入、业务代办手续费收入、基金托管收入、咨询服务收入、担保收入、受托贷款手续费收入、代保管收入,代理买卖证券、代理承销证券、代理兑付证券、代理保管证券等代理业务以及其他相关服务实现的手续费及佣金收入等。企业可按手续费及佣金收入类别进行明细核算。

企业确认的手续费及佣金收入,按应收的金额,借记"应收手续费及佣金""代理承销证券款"等科目,贷记本科目。

实际收到手续费及佣金,借记"存放中央银行款项""银行存款""结算备付金""吸收存款"等科目,贷记"应收手续费及佣金"等科目。

(四) 汇兑损益的账务处理

企业应设置"汇兑损益"科目核算企业发生的外币交易因汇率变动而产生的汇兑损益。

采用统账制核算的,各外币货币性项目的外币期(月)末余额,应当按照期(月)末汇率折算为记账本位币金额。按照期(月)末汇率折算的记账本位币金额与原账面记账本位币金额之间的差额,如为汇兑收益,借记有关科目,贷记"汇兑损益"科目;如为汇兑损失作相反的会计分录。

采用分账制核算的,期(月)末将所有以外币表示的"货币兑换"科目余额按期(月)末汇率折算为记账本位币金额,折算后的记账本位币金额与"货币兑换——记账本位币"科目余额进行比较,为贷方差额的,借记"货币兑换——记账本位币"科目,贷记"汇兑损益"科目;为借方差额的作相反的会计分录。

(五) 公允价值变动损益的账务处理

企业应设置"公允价值变动损益"科目核算企业交易性金融资产、交易性金融负债,以及采用公允价值模式计量的投资性房地产、衍生工具、套期保值业务等公允价值变动形成的应计入当期损益的利得或损失。

指定为以公允价值计量且其变动计入当期损益的金融资产或金融负债公允价值变动形成的应计入当期损益的利得或损失,也在"公允价值变动损益"科目核算。

企业开展套期保值业务的，有效套期关系中套期工具或被套期项目的公允价值变动，也可以单独设置"套期损益"科目核算。

"公允价值变动损益"科目可按交易性金融资产、交易性金融负债、投资性房地产等进行明细核算。

公允价值变动损益的主要账务处理如下：

（1）资产负债表日，企业应按交易性金融资产的公允价值高于其账面余额的差额，借记"交易性金融资产——公允价值变动"科目，贷记"公允价值变动损益"科目；公允价值低于其账面余额的差额作相反的会计分录。

（2）资产负债表日，交易性金融负债的公允价值高于其账面余额的差额，借记"公允价值变动损益"科目，贷记"交易性金融负债"等科目；公允价值低于其账面余额的差额作相反的会计分录。

（3）采用公允价值模式计量的投资性房地产、衍生工具、套期工具、被套期项目等形成的公允价值变动，按照"投资性房地产""衍生工具""套期工具""被套期项目"等科目的相关规定进行处理。

【例4-3】某财务公司一项交易性金融资产的取得成本为2 000万元，资产负债表日的公允价值为1 800万元；一项交易性金融负债的取得成本为1 000万元，资产负债表日的公允价值为1 100万元。

资产负债表日，会计分录如下：

借：公允价值变动损益　　　　　　　　　　3 000 000
　　贷：交易性金融资产　　　　　　　　　　2 000 000
　　　　交易性金融负债　　　　　　　　　　1 000 000

（六）投资收益的账务处理

企业应设置"投资收益"科目核算企业确认的投资收益或投资损失。本科目可按投资项目进行明细核算。

投资收益的主要账务处理：

（1）长期股权投资采用成本法核算的，企业应按被投资单位宣告发放的现金股利或利润中属于本企业的部分，借记"应收股利"科目，贷记本科目；属于被投资单位在取得本企业投资前实现净利润的分配额，应作为投资成本的收回，借记"应收股利"等科目，贷记"长期股权投资"科目。

长期股权投资采用权益法核算的，应按根据被投资单位实现的净利润或经调整的净利润计算应享有的份额，借记"长期股权投资——损益调整"科目,贷记本科目。被投资单位发生净亏损的,比照"长期股权投资"科目的相关规定进行处理。

处置长期股权投资时,应按实际收到的金额,借记"银行存款"等科目,按其账面余额,贷记"长期股权投资"科目,按尚未领取的现金股利或利润,贷记"应收股利"科目,按其差额,贷记或借记本科目。已计提减值准备的,还应同时结转减值准备。

处置采用权益法核算的长期股权投资,除上述规定外,还应结转原计入资本公积的相关金额,借记或贷记"资本公积——其他资本公积"科目,贷记或借记本科目。

(2)企业持有以公允价值计量且其变动计入当期损益的金融资产、以摊余成本计量的金融资产等,在持有期间取得的投资收益,以及处置交易性金融资产、交易性金融负债、指定为以公允价值计量且其变动计入当期损益的金融资产或金融负债、摊余成本计量的金融资产等实现的损益,按实际收到的款项借记"银行存款"等科目,按照账面余额贷记"交易性金融资产""债权投资"等科目,按照两者之间的差额借记或贷记本科目。

(七)其他业务收入的账务处理

企业应设置"其他业务收入"科目核算企业确认的除主营业务活动以外的其他经营活动实现的收入,包括出租固定资产、出租无形资产或债务重组等实现的收入。企业经营受托管理业务收取的管理费收入,也通过本科目核算。

企业确认的其他业务收入,借记"银行存款""其他应收款"等科目,贷记本科目等。

(八)营业外收入的账务处理

企业应设置"营业外收入"科目核算企业发生的各项营业外收入,主要包括非流动资产处置利得、非货币性资产交换利得、债务重组利得、政府补助、盘盈利得、捐赠利得等。本科目可按营业外收入项目进行明细核算。

企业确认处置非流动资产利得、非货币性资产交换利得、债务重组利得,按实际收到的款项借记"银行存款"等科目,按照账面余额贷记"固定资产清理""无形资产"等科目,按照两者之间的差额借记或贷记本科目。

确认的政府补助利得,借记"银行存款""递延收益"等科目,贷记本科目。

第二节 经营支出核算

一、费用的管制

企业在生产经营过程中为了取得一定的收入，必然要发生各种各样的支出，这些支出哪些应形成本期的费用，即如何确认本期费用？费用只有在经济利益很可能流出从而导致企业资产减少或者负债增加，且经济利益的流出额能够可靠计量时才能予以确认。

1. 费用确认内容

（1）企业为销售金融产品、提供服务等发生的可归属于产品、劳务成本等的费用，应当在确认金融产品收入、服务收入同时，将已销售金融产品、已提供服务的成本等计入当期损益。

（2）企业发生的支出不产生经济利益的，或者即使能够产生经济利益但不符合或者不再符合资产确认条件的，应当在发生时确认为费用，计入当期损益。

（3）企业发生的交易或者事项导致其承担了一项负债而又不确认为一项资产的，应当在发生时确认为费用，计入当期损益；符合费用定义和费用确认条件的项目，应当列入利润表。

2. 费用确认标准

确认费用应考虑两个问题：一是费用与收入的关系；二是费用的归属期。具体而言，确认费用的标准有以下几种：

（1）按其与营业收入的直接联系确认费用。如果资产的减少与负债的增加与取得本期的营业收入有直接联系，就应确认为本期的营业费用；凡不是以取得营业收入为目的的各项耗费都不作为费用，如罚没款支出等。

（2）采用一定分配方式确认费用。如果资产的减少或负债的增加与取得营业收入没有直接联系，但能够为若干个会计期间带来效益，则应采用一定的分配方式，分别确认为各期的营业费用。例如，管理部门使用的固定资产的成本，需要采用一定的折旧方法，分别确认为各期的折旧费用。

（3）在支出发生时立即确认为费用。如果资产的减少或负债的增加与取得营业收入没有直接联系，且只能为一个会计期间带来效益或受益期间难以合理估计，则应确认为当期的营业费用。例如，管理人员的工资，其支出的效益仅及于一个会计期间，应直接确认为当期营业费用；又如，广告费支出，虽然可能在较长时期内受益，但很难合理估计其受益期间，因而也可以直接确认为当期的营业费用。对于一些虽然受益期限较长但数额较小的支出，按照重要性原则，也可以直接确认为当期的营业费用，如管理部门领用的办公用具等。

二、成本费用的确认与计量

（一）利息支出

企业应设置"利息支出"科目核算企业发生的利息支出，包括吸收的各种存款、与其他金融机构（中央银行、同业等）之间发生资金往来业务、卖出回购金融资产等产生的利息支出。本科目可按利息支出项目进行明细核算。

资产负债表日，企业应按摊余成本和实际利率计算确定的利息费用金额，借记本科目，按合同利率计算确定的应付未付利息，贷记"应付利息"科目，按其差额，借记或贷记"吸收存款——利息调整"等科目。

实际利率与合同利率差异较小的，也可以采用合同利率计算确定利息费用。

（二）手续费及佣金支出

企业应设置"手续费及佣金支出"科目核算企业发生的与其经营活动相关的各项手续费、佣金等支出。本科目可按支出类别进行明细核算。

企业发生的与其经营活动相关的手续费、佣金等支出，借记本科目，贷记"银行存款""存放中央银行款项""存放同业""库存现金""应付手续费及佣金"等科目。

（三）税金及附加

企业应设置"税金及附加"科目核算企业经营活动发生的消费税、城市维护建设税、资源税和教育费附加等相关税费。

房产税、车船税、土地使用税、印花税在"业务及管理费"科目核算，但与投资性房地产相关的房产税、土地使用税在本科目核算。

企业按规定计算确定的与经营活动相关的税费，借记本科目，贷记"应交税费"科目。

(四) 其他业务成本

企业应设置"其他业务成本"科目核算企业确认的除主营业务活动以外的其他经营活动所发生的支出。本科目可按其他业务成本的种类进行明细核算。

除主营业务活动以外的其他经营活动发生的相关税费,在"其他业务成本"科目核算。

采用成本模式计量投资性房地产的,其投资性房地产计提的折旧额或摊销额,也通过本科目核算。

企业发生的其他业务成本,借记本科目,贷记"累计折旧""累计摊销""应付职工薪酬""银行存款"等科目。

(五) 业务及管理费

企业应设置"业务及管理费"科目,核算企业在业务经营和管理过程中所发生的各项费用,包括折旧费、业务宣传费、业务招待费、电子设备运转费、钞币运送费、安全防范费、邮电费、劳动保护费、外事费、印刷费、低值易耗品摊销、职工工资及福利费、差旅费、水电费、职工教育经费、工会经费、会议费、诉讼费、公证费、咨询费、无形资产摊销、长期待摊费用摊销、取暖降温费、聘请中介机构费、技术转让费、绿化费、董事会费、财产保险费、劳动保险费、待业保险费、住房公积金、物业管理费、研究费用等。

【例4-4】乙租赁股份有限公司11月份业务及管理费发生的有关经济业务及编制的会计分录如下:

(1) 以现金支付业务招待费650元;以银行存款支付水电费1 200元。

借:业务及管理费　　　　　　　　　　　　　　1 850
　　贷:库存现金　　　　　　　　　　　　　　　　　650
　　　　银行存款　　　　　　　　　　　　　　　　1 200

(2) 本月计提管理部门的固定资产折旧费为8 000元。

借:业务及管理费　　　　　　　　　　　　　　8 000
　　贷:累计折旧　　　　　　　　　　　　　　　　8 000

(3) 根据本月工资分配计算,行政管理人员的工资为16 000元,提取职工福利费2 240元。

借:业务及管理费　　　　　　　　　　　　　　18 240
　　贷:应付职工薪酬——工资　　　　　　　　　16 000

　　　　——职工福利　　　　　　　　　　　　　　　　2 240
（4）本月按规定计算确定应交车船税2 000元。
　　借：业务及管理费　　　　　　　　　　　　　　2 000
　　　　贷：应交税费　　　　　　　　　　　　　　　2 000

（六）资产减值损失

企业应设置"资产减值损失"科目核算企业计提各项资产减值准备所形成的损失。本科目可按资产减值损失的项目进行明细核算。

企业的应收款项、存货、长期股权投资、债权投资、固定资产、无形资产、贷款等资产发生减值的，按应减记的金额，借记本科目，贷记"坏账准备""存货跌价准备""长期股权投资减值准备""债权投资减值准备""固定资产减值准备""无形资产减值准备""贷款损失准备"等科目。

在建工程、工程物资、商誉、抵债资产、损余物资、采用成本模式计量的投资性房地产等资产发生减值的，应当设置相应的减值准备科目，比照上述规定进行处理。

企业计提坏账准备、存货跌价准备、债权投资减值准备、贷款损失准备等，相关资产的价值又得以恢复的，应在原已计提的减值准备金额内，按恢复增加的金额，借记"坏账准备""存货跌价准备""债权投资减值准备""贷款损失准备"等科目，贷记本科目。

（七）信用减值损失

公司应设置"信用减值损失"科目核算企业按照金融工具会计准则要求计提的各项金融工具减值准备所形成的预期信用损失。

新准则对金融工具减值的规定通常称为"预期信用损失法"。该方法与过去规定的、根据实际已发生减值损失确认减值准备的方法有着根本性不同。在预期信用损失法下，减值准备的计提不以减值的实际发生为前提，而是以未来可能的违约事件造成的损失的期望值来计量当前（资产负债表日）应当确认的减值准备。所谓预期信用损失，是指以发生违约的风险为权重的金融工具信用损失的加权平均值。其违约风险，可以理解为发生违约的概率，而信用损失，则是指企业根据合同应收的现金流量与预期能收到的现金流量之间的差额（以下称现金流缺口）的现值。根据现值的定义，即使企业能够全额收回合同约定的金额，但如果收款时间晚于合同规定的时间，也会产生信用损失。该科目属于损益类科目，当针对不同金融工具计提其预期信用损失时，借记"信用减值损失"科目，当已经计提的金融工具信用减值准备转回时，贷记"信用减值损失"科目。

（八）营业外支出

企业应设置"营业外支出"科目核算企业发生的各项营业外支出，包括非流动资产处置损失、非货币性资产交换损失、债务重组损失、公益性捐赠支出、非常损失、盘亏损失等。本科目可按支出项目进行明细核算。

企业确认处置非流动资产损失、非货币性资产交换损失、债务重组损失，比照"固定资产清理""无形资产""应付账款"等科目的相关规定进行处理。

盘亏、毁损的资产发生的净损失，按管理权限报经批准后，借记本科目，贷记"待处理财产损溢"科目。

第三节 经营利润核算

一、利润的组成

利润是企业在一定会计期间的经营成果。利润包括收入减去费用后的净额、直接计入当期利润的利得和损失等。利润金额取决于收入和费用、直接计入当期利润的利得和损失金额的计量。直接计入当期利润的利得和损失，是指应当计入当期损益、会导致所有者权益发生增减变动的、与所有者投入资本或者向所有者分配利润无关的利得或者损失。

根据我国2006年2月份财政部颁布的《企业会计准则》之规定，企业的利润通常由营业利润、利润总额、净利润三个层次组成。

（一）营业利润

根据准则应用指南的相关规定，营业利润是租赁公司或财务公司在一定会计期间内从事经营活动取得的利润，等于营业收入与营业成本的差额，公式如下：

营业利润 = 营业收入 - 营业成本

其中，营业收入和营业成本又分别是由多个相关项目计算而来的：

营业收入 = 利息净收入 + 手续费及佣金净收入 ± 投资收益 ± 公允价值变

动收益＋汇兑收益＋其他业务收入

营业成本＝税金及附加＋业务及管理费＋资产减值损失＋其他业务成本

在营业收入的具体构成项目方面，需要关注的是：

（1）利息净收入。租赁公司或财务公司的利息净收入是利息收入减去利息支出之后的差额。

（2）手续费及佣金净收入。租赁公司或财务公司的手续费及佣金净收入是手续费及佣金收入减去手续费及佣金净支出之后的差额。

（3）投资收益。投资收益是指租赁公司或财务公司对外投资所取得的收益，减去投资发生的损失。

（4）公允价值变动收益。公允价值变动损益是指交易性金融资产、交易性金融负债，以及采用公允价值模式计量的投资性房地产、衍生工具、套期保值业务等公允价值变动形成的应计入当期损益的利得或损失。

（5）汇兑收益。汇兑收益是租赁公司或财务公司发生的外币交易因汇率变动而产生的汇兑收益，如为汇兑损失则需扣除。

（6）其他业务收入。其他业务收入是租赁公司或财务公司确认的除主营业务活动以外的其他经营活动实现的收入，包括出租固定资产、出租无形资产、出租包装物和商品、销售材料、用材料进行非货币性交换（非货币性资产交换具有商业实质且公允价值能够可靠计量）或债务重组等实现的收入。

同时，在营业成本的具体构成项目方面，需要关注：

（1）税金及附加。税金及附加是指租赁公司或财务公司经营活动发生的消费税、城市维护建设税、资源税和教育费附加以及与投资性房地产相关的房产税、土地使用税等。

（2）业务及管理费。业务及管理费是指租赁公司或财务公司为组织和管理租赁公司或财务公司经营所发生的费用。具体包括：租赁公司或财务公司在筹建期间内发生的开办费、董事会和行政管理部门在租赁公司或财务公司的经营管理中发生的或者应由租赁公司或财务公司统一负担的公司经费（包括行政管理部门职工薪酬、物料消耗、低值易耗品摊销、办公费和差旅费等）、工会经费、董事会费（包括董事会成员津贴、会议费和差旅费等）、聘请中介机构费、咨询费（含顾问费）、诉讼费、业务招待费、房产税、车船税、土地使用税、印花税等。

（3）资产减值损失。资产减值损失是指计提各项资产减值准备所形成的损失，包括贷款、长期股权投资、债权投资、固定资产、无形资产等资产发生的减值损失。租赁公司或财务公司的在建工程、工程物资、商誉、抵债资产、损余物资，以及采用成本模式计量的投资性房地产等资产发生的减值，也属于资产减值损失。

（4）其他业务成本。其他业务成本是租赁公司或财务公司确认的除主营业务活动以外的其他经营活动所发生的支出，包括销售材料的成本、出租固定资产的折旧额、出租无形资产的摊销额、出租包装物的成本或摊销额等。

（二）利润总额

利润总额是指企业在缴纳所得税费用之前实现的利润。它包括：营业利润、营业外收入、营业外支出。其计算公式如下：

利润总额 = 营业利润 + 营业外收入 − 营业外支出

1. 营业外收入

营业外收入是指与企业的经营活动没有直接关系的各项收入，包括非流动资产处置利得、非货币性资产交换利得、债务重组利得、政府补助、盘盈利得、捐赠利得等。

2. 营业外支出

营业外支出是指与企业的经营活动没有直接关系的各项支出，包括非流动资产处置损失、非货币性资产交换损失、债务重组损失、公益性捐赠支出、非常损失、盘亏损失等。

（三）净利润

净利润是指企业在一定的会计期间内实现的利润总额扣除所得税费用后的余额。其计算公式如下：

净利润 = 利润总额 − 所得税费用

其中，所得税费用是指公司应计入当期损益的所得税费用。

二、利润形成的会计处理

（一）主要会计科目

企业在进行利润核算时，需要设置"利息收入""手续费及佣金收入""其他业务收入""利息支出""其他业务成本""税金及附加""业务及管理费""信用减值损失""公允价值变动损益""投资收益""营业外收入""营业外支出""资产减值损失""所得税费用""本年利润"等科目。

"利息收入""其他业务收入"科目贷方登记本期发生的收入数额，借方登记本期转入"本年利润"科目的数额，结转后科目应无余额。

"利息支出""其他业务成本""税金及附加"科目借方分别登记本期发生的成本、税金及附加数额，贷方登记本期转入"本年利润"科目的数额，结转后科目应无余额。

"业务及管理费"科目的借方登记本期发生的费用数额，贷方登记本期转入"本年利润"科目的数额，结转后本科目应无余额。

"营业外收入"科目贷方登记本期所发生的营业外收入，借方登记企业本期转入"本年利润"科目的营业外收入数额，结转后本科目应无余额。

"营业外支出"科目的借方登记本期发生的各项营业外支出，贷方登记企业本期转入"本年利润"科目的营业外支出数额，结转后本科目应无余额。

"公允价值变动损益"科目借方登记公允价值低于账面余额的差额，贷方登记公允价值高于账面余额的差额，期末将本科目余额转入"本年利润"科目，结转后本科目应无余额。

"所得税费用"科目借方登记发生的按规定从当期损益中扣除的所得税，贷方登记期末转入"本年利润"科目的数额。

"本年利润"科目的贷方登记"主营业务收入""其他业务收入""营业外收入""投资收益""公允价值变动损益"等科目的期末结转数额，借方登记"主营业务成本""其他业务成本""税金及附加""资产减值损失""销售费用""业务及管理费""财务费用""营业外支出""所得税费用"等科目的期末结转数额，结转后"本年利润"科目如为贷方余额即为本期净利润数，如为借方余额则为本期亏损数。

年度终了，应将本年实现的净利润转入利润分配科目，借记"本年利润"，贷记"利润分配——未分配利润"科目；如为亏损，作相反的会计分录。结转后，"本年利润"科目应无余额。

（二）利润形成的账务处理

本期发生经济业务进行账务处理后，进行利润的核算。利润的形成有两种方法可以采用，即账结法和表结法。

账结法，是指在每月月末将所有损益类科目的余额转入"本年利润"科目，结转后，各损益类科目月末均没有余额，"本年利润"科目反映年度内累计实现的净利润（或发生的净亏损）。采用账结法，账面上能够直接反映各月末累计实现的净利润（或发生的净亏损），但每月末结转本年利润的工作量较大。

表结法，是指各月月末不结转本年利润，而是通过编制利润表的过程计算出当月的净利润（或净亏损），在年末才将所有损益类科目的余额转入"本年利润"科目。采用表结法，各损益类科目的月末余额表示累计的收入或费用，"本年利润"科目在1—11月各月末不作任何记录，到12月末才结转本年利润。因此，各月末的累积净利润（或净亏损）不能在账面上直接得到反映，需要在编制利润表的过程中确定。采用表结法，由于平时不必结转本年利润，能够简化核算。

因此，采用账结法计算利润，每月都要使用"本年利润"科目；采用表结法计算利润，"本年利润"科目平时没有记录，只有年末才有记录。总之，无论企业采用哪种方法，年度终了时都必须将"本年利润"科目结平，转入"利润分配——未分配利润"科目，结转后，"本年利润"科目应无余额。

【例4-5】某租赁公司20×5年12月份结账前各损益类科目的余额如表4-1所示。

表4-1　　　　　　　　损益类科目余额表

20×5年12月31日　　　　　　　　　　　　　　金额：元

科目名称	借方余额	贷方余额
租赁收入		1 800 000
利息支出	1 300 000	
其他业务收入		92 000
其他业务成本	50 000	
税金及附加	280 000	
业务及管理费	510 000	
信用减值损失	10 000	
资产减值损失	100 000	
公允价值变动损益		300 000
投资收益		720 000
营业外收入		40 000
营业外支出	30 000	
所得税费用	220 000	

根据表4-1的资料，采用账结法的会计处理如下：

借：租赁收入　　　　　　　　　　　　　　　　1 800 000

	其他业务收入	92 000
借：公允价值变动损益		300 000
	投资收益	720 000
	营业外收入	40 000
	贷：本年利润	2 952 000
借：本年利润		2 500 000
	贷：利息支出	1 300 000
	他业务成本	50 000
	税金及附加	280 000
	业务及管理费	510 000
	信用减值损失	10 000
	资产减值损失	100 000
	营业外支出	30 000
	所得税费用	220 000

月末，各损益类科目的余额为零。该企业 20×5 年 12 月份实现的净利润为 452 000 元，即"本年利润"科目的贷方发生额 2 952 000 元减去"本年利润"科目的借方发生额 2 500 000 元的余额。

第四节 所得税会计核算

一、所得税会计的含义

所得税会计是针对会计与税收规定之间的差异，在所得税会计核算中的具体体现。我国所得税会计准则要求所得税的核算采用资产负债表债务法。

资产负债表债务法是从资产负债表出发，通过比较资产负债表上列示的资产、负债按照会计准则规定确定的账面价值与按照税法规定确定的计税基础，对于两者之间的差额分别应纳税暂时性差异与可抵扣暂时性差异，确认相关的递延所得税负债与递延所得税资产。

二、所得税会计的核算程序

采用资产负债表债务法核算所得税的情况下，企业一般应于每一资产负债表日进行所得税的核算。发生特殊交易或事项时，如企业合并，在确认因交易或事项产生的资产、负债时即应确认相关的所得税影响。公司进行所得税核算一般应遵循以下程序：

（1）确定账面价值，即确定资产负债表中除递延所得税资产和递延所得税负债以外的其他资产和负债项目的账面价值。

（2）按照会计准则中对于资产和负债计税基础的确定方法，以适用的税收法规为基础，确定资产负债表中有关资产、负债项目的计税基础。应予说明的是，资产、负债的计税基础，是会计上的定义，但其确定应当遵循税法的规定进行。

（3）比较资产、负债的账面价值与其计税基础。对于两者之间存在差异的，分析其性质，除准则中规定的特殊情况外，分别应纳税暂时性差异与可抵扣暂时性差异，确定资产负债表日递延所得税负债和递延所得税资产的应有金额，并与期初递延所得税资产和递延所得税负债的余额相比，确定当期应予进一步确认的递延所得税资产和递延所得税负债金额或应予转销的金额，作为递延所得税。

（4）就企业当期发生的交易或事项，按照适用的税法规定计算确定当期应纳税所得额，将应纳税所得额与适用的所得税税率计算的结果确认为当期应交所得税。

（5）确定利润表中的所得税费用。利润表中的所得税费用包括当期所得税（当期应交所得税）和递延所得税两个组成部分，企业在计算确定了当期所得税和递延所得税后，两者之和（或之差）就是利润表中的所得税费用。

三、计税基础及暂时性差异

（一）资产的计税基础

资产的计税基础，是指企业收回资产账面价值过程中，计算应纳税所得额时按照税法规定可以自应税经济利益中抵扣的金额，即某一项资产在未来期间计税时可以税前扣除的金额。

资产在初始确认时，其计税基础一般为取得成本。在资产持续持有的过程中，可在未来期间税前扣除的金额是指资产的取得成本减去以前期间按照税法规定已经税前扣除的金额后的余额。如固定资产、无形资产等长期资产在某一资产负债表日的计税基础是指其成本扣除按照税法规定已在以前期间税前扣除的累计折旧额或累计摊销额后的金额。

资产的账面价值大于其计税基础时，产生应纳税暂时性差异，即在确定未来期间收回资产或清偿负债期间的应纳税所得额时，将导致应税金额的暂时性差异。一项资产的账面价值代表的是企业在持续使用或最终出售该项资产时会取得的经济利益的总额，而计税基础代表的是一项资产在未来期间可予税前扣除的总金额。资产的账面价值大于其计税基础，该项资产未来期间产生的经济利益不能全部税前抵扣，两者之间的差额需要交税，产生应纳税暂时性差异。例如，一项无形资产账面价值为300万元，意味着企业从该项无形资产的持续使用及最终处置中可以取得300万元的经济利益流入，计税基础如果为200万元，意味着企业可以从未来流入经济利益中抵扣的金额为200万元，两者之间的差额会造成未来期间应纳税所得额和应交所得税的增加。相应的，在其产生当期，应确认与其相关的递延所得税负债。

资产的账面价值小于其计税基础时，产生可抵扣暂时性差异，即在确定未来期间收回资产或清偿负债期间的应纳税所得额时，将导致产生可抵扣金额的暂时性差异。从经济含义来看，资产在未来期间产生的经济利益少，按照税法规定允许税前扣除的金额多，则企业在未来期间可以减少应纳税所得额并减少应交所得税。例如，一项资产的账面价值为300万元，计税基础为350万元，则企业在未来期间就该项资产可以在其自身取得经济利益的基础上多扣除50万元，从整体上来看，未来期间应税所得会减少，应交所得税也会减少，形成可抵扣暂时性差异，符合有关确认条件时，应确认相关的递延所得税资产。

由于资产项目的不同，计税基础的具体确定也不同，举例说明如下：

1. 固定资产

以各种方式取得的固定资产，初始确认时入账价值基本上是被税法认可的，即取得时其入账价值一般等于计税基础。固定资产在持有期间进行后续计量时，会计与税收处理的差异主要来自折旧方法、折旧年限的不同以及固定资产减值准备的提取。

按照会计准则的规定，企业可以根据情况合理选择折旧方法，如可以按直线法计提折旧，也可以按照双倍余额递减法、年数总和法等计提折旧。税法一般会规定固定资产的折旧方法，除某些按照规定可以加速折旧的情况外，基本上可以税前扣除的是按照直线法计提的折旧。

另外,税法还会规定每一类固定资产的折旧年限,而会计处理时按照准则规定是由企业按照固定资产能够为企业带来经济利益的期限估计确定的。因为折旧年限的不同,也会产生固定资产账面价值与计税基础之间的差异。

持有固定资产的期间内,因计提固定资产减值准备也会产生差异,因为所计提的减值准备不能够税前扣除。

【例 4-6】 甲租赁公司于 20×7 年 1 月 1 日取得的某项固定资产,原价为 500 万元,使用年限为 10 年,会计上采用直线法计提折旧,净残值为 0。假设税法规定该类固定资产采用加速折旧法计提的折旧可予税前扣除,甲公司在计税时采用双倍余额递减法计列折旧,净残值为 0。20×8 年 12 月 31 日,企业估计该项固定资产的可收回金额为 450 万元。

那么,20×8 年 12 月 31 日,该项固定资产的账面价值 = 500 - 50 × 2 + 50 = 450(万元)

其计税基础 = 500 - 500 × 20% - 400 × 20% - 320(万元)

该项固定资产账面价值 450 万元与其计税基础 320 万元之间的 130 万元的差额,意味着将于未来期间计入企业的应纳税所得额,产生应交所得税的增加,属于应纳税暂时性差异,应确认相应的递延所得税负债。

2. 无形资产

除内部研究开发形成的无形资产以外,其他方式取得的无形资产,初始确认时按照会计准则规定确定的入账价值与按照税法规定确定的计税成本之间一般不存在差异。无形资产的差异主要产生于内部研究开发形成的无形资产以及使用寿命不确定的无形资产。

(1) 内部研究开发形成的无形资产,其成本为开发阶段符合资本化条件以后发生的支出,除此之外,研究开发过程中发生的其他支出应予费用化计入损益。税法规定,企业发生的研究开发支出可税前扣除。

内部研究开发形成的无形资产初始确认时,其入账价值为符合资本化条件以后发生的支出总额。因该部分研究开发支出按照税法规定在发生当期已税前扣除,所形成的无形资产在以后期间可税前扣除的金额为零,其计税基础为零。

(2) 无形资产在后续计量时,会计与税收的差异主要产生于是否需要摊销及无形资产减值准备的提取。会计准则规定应根据无形资产的使用寿命情况,区分为使用寿命有限的无形资产与使用寿命不确定的无形资产。对于使用寿命不确定的无形资产，不要求摊销，但持有期间每年应进行减值测试。税法规定，企业取得的无形资产成本，应在一定期限内摊销。对于使用寿命不确定的无形资产，会计处理时不予摊销，但计税时按照税法规定确定的摊销额允许税前扣除，造成该类无形资产账面价值与计税基础的差异。

在对无形资产计提减值准备的情况下，因税法规定计提的无形资产减值准备在转变为实质性损失前不允许税前扣除，即无形资产的计税基础不会随减值准备的提取发生变化，从而造成无形资产的账面价值与计税基础的差异。

3. 以公允价值计量的金融资产

按照金融工具确认和计量准则的规定，以公允价值计量的金融资产，包括纳入"交易性金额资产"指定为"公允价值计量的金融资产"等会计科目以及纳入"其他债权投资""其他权益工具投资"等会计科目核算的金融资产，两者的共同点在于期末均以公允价值计量，区别在于前者对于公允价值相对于账面价值的变动是计入当期损益（利润表），而后者对于公允价值相对于账面价值的变动是计入所有者权益中的其他综合收益（资产负债表），即该两类金融资产于某一会计期末的账面价值为公允价值，如果税法规定按照会计准则确认的公允价值变动在计税时不予考虑，即有关金融资产在处置或出售前计税基础保持其取得成本不变，会造成该类金融资产账面价值与其计税基础之间的差异。

4. 其他资产

因会计准则规定与税收法规规定不同，企业持有的其他资产，可能造成其账面价值与计税基础之间存在差异的，如：

（1）应收股利。会计准则规定按照被投资单位宣告发放的现金股利或利润中应由本企业享有的部分确认应收股利，而税法规定对于有关的应收股利是否纳税要视投资企业与被投资单位适用的所得税税率之间是否存在差别而定。如果投资企业与被投资单位适用的所得税税率相同，自被投资单位收取的现金股利或利润在计税时是免税的，即其计税基础与账面价值相同；投资企业适用的所得税税率高于被投资单位适用所得税税率的，因长期股权投资的账面价值与计税基础不同会产生对未来期间计税的影响。

（2）投资性房地产。对于采用公允价值模式计量的投资性房地产，其期末账面价值为公允价值，而如果税法规定不认可该类资产在持有期间因公允价值变动产生的利得或损失，则其计税基础应以取得时支付的历史成本为基础计算确定，从而会造成账面价值与计税基础之间的差异。

（3）其他计提了资产减值准备的各项资产。有关资产计提了减值准备以后，其账面价值会随之下降，而按照税法规定，资产的减值在转化为实质性损失之前，不允许税前扣除，即其计税基础不会因减值准备的提取而变化，从而造成资产的账面价值与其计税基础之间的差异。

（二）负债的计税基础

负债的计税基础，是指负债的账面价值减去未来期间计算应纳税所得额时按照税法规定可予抵扣的金额。即假定企业按照税法规定进行核算，则在其按照税法规定确定的资产负债表上，有关负债的应有金额。

负债的账面价值大于其计税基础时，产生可抵扣暂时性差异。负债产生的暂时性差异实质上是税法规定就该项负债可以在未来期间税前扣除的金额。一项负债的账面价值大于其计税基础，意味着未来期间按照税法规定构成负债的全部或部分金额可以自未来应税经济利益中扣除，减少未来期间的应税所得和应交所得税。负债的账面价值小于其计税基础时，产生应纳税暂时性差异。一项负债的账面价值为企业预计在未来期间清偿该项负债时的经济利益流出，而其计税基础代表的是账面价值在扣除税法规定未来期间允许税前扣除的金额之后的差额。因负债的账面价值与其计税基础不同产生的暂时性差异实质上是税法规定就该项负债在未来期间可以税前扣除的金额。负债的账面价值小于其计税基础，则意味着就该项负债在未来期间可以税前抵扣的金额为负数，即应在未来期间应纳税所得额的基础上调增，增加应税所得和应交所得税金额，产生应纳税暂时性差异，应确认相关的递延所得税负债。

一般情况下，负债的确认与偿还不会影响企业的损益，也不会影响其应纳税所得额，未来期间计算应纳税所得额时按照税法规定可予抵扣的金额为零，计税基础即为账面价值。例如，企业的短期借款、应付账款等。但是，在某些情况下，负债的确认可能会影响企业的损益，进而影响不同期间的应纳税所得额，使得其计税基础与账面价值之间产生差额，如按照会计规定确认的某些预计负债。

举例说明如下：

（1）企业因未决诉讼等原因确认的预计负债。按照或有事项准则规定，企业应将预计未决诉讼在当期确认为费用，同时确认预计负债。如果税法规定，有关的支出应于发生时税前扣除，因该类事项产生的预计负债在期末的计税基础为其账面价值与未来期间可税前扣除的金额之间的差额,因有关的支出实际发生时可全部税前扣除,其计税基础为零。

因其他事项确认的预计负债,应按照税法规定的计税原则确定其计税基础。

(2) 预收账款。企业在收到客户预付的款项时,因不符合收入确认条件,会计上将其确认为负债。税法中对于收入的确认原则一般与会计规定相同,即会计上未确认收入时,计税时一般亦不计入应纳税所得额,该部分经济利益在未来期间计税时可予税前扣除的金额为零,计税基础等于账面价值。

在某些情况下,如果不符合会计准则规定的收入确认条件,但按照税法规定应计入当期应纳税所得额时,有关预收账款的计税基础为零,即因其产生时已经计算交纳所得税,未来期间可全额税前扣除,计税基础为账面价值减去在未来期间可全额税前扣除的金额,即其计税基础为零。

(3) 应付职工薪酬。会计准则规定,企业为职工提供的各种形式的报酬,在未支付之前确认为负债。税法中对于职工薪酬基本允许税前扣除,但税法中明确规定了税前扣除标准的,按照会计准则规定计入成本费用支出的金额超过规定标准部分,应进行纳税调整。

(4) 其他负债,如企业应交的罚款和滞纳金等,在尚未支付之前按照会计规定确认为费用,同时作为负债反映。税法规定,罚款和滞纳金不能税前扣除,其计税基础为账面价值减去未来期间计税时可予税前扣除的金额零之间的差额,即计税基础等于账面价值,不产生暂时性差异。

四、递延所得税负债及递延所得税资产的确认和计量

(一) 递延所得税负债的确认和计量

应纳税暂时性差异在转回期间将增加转回期间的应税所得和应交所得税,导致企业经济利益的流出,从其发生当期看,构成企业应支付税金的义务,应作为递延所得税负债确认。

确认应纳税暂时性差异产生的递延所得税负债时,交易或事项发生时影响到会计利润或应纳税所得额的,相关的所得税影响应作为利润表中所得税费用的组成部分;与直接计入所有者权益的交易或事项相关的,其所得税影响应增加或减少所有者权益;企业合并产生的,相关的递延所得税影响应调整购买日应确认的商誉或是计入当期损益的金额。

【例 4-7】甲租赁公司于 20×2 年 12 月 19 日购入一台设备,买价和运杂费共计 420 000 元,预计使用年限为 6 年,预计净残值为 0。会计上按直线法计提折旧,因该设备符合税法规定的税收优惠条件,计税时可采用年数总和法计提折旧。假定税法规定的使用年限及净残值均与会计相同,甲公司各会计期间均未对固定资产计提减值准备。

则甲公司每年因固定资产账面价值与计税基础不同应予确认的递延所得税情况如表 4-2 所示。

表 4-2　　固定资产账面价值与计税基础不同应予确认的递延所得税　　单位:元

项目	20×3 年	20×4 年	20×5 年	20×6 年	20×7 年	20×8 年
实际成本	420 000	420 000	420 000	420 000	420 000	420 000
累计会计折旧	70 000	140 000	210 000	280 000	350 000	420 000
账面价值	350 000	280 000	210 000	140 000	70 000	0
累计计税折旧	120 000	220 000	300 000	360 000	400 000	420 000
计税基础	300 000	200 000	120 000	60 000	20 000	0
暂时性差异	50 000	80 000	90 000	80 000	50 000	0
适用税率	25%	25%	25%	25%	25%	25%
递延所得税负债余额	12 500	20 000	22 500	20 000	12 500	0

(1) 20×3 年资产负债表日:

该项固定资产的账面价值 = 420 000 - 70 000 = 350 000 (元)

其计税基础 = 420 000 - 120 000 = 300 000 (元)

因账面价值 350 000 元大于其计税基础 300 000 元,两者之间为应纳税暂时性差异,应确认与其相关的递延所得税负债 12 500 元。

借:所得税费用　　　　　　　　　　　　　　　　　　12 500

　　贷:递延所得税负债　　　　　　　　　　　　　　　　12 500

(2) 20×4 年资产负债表日:

该项固定资产的账面价值 = 420 000 - 70 000 - 70 000 = 280 000 (元)

其计税基础 = 420 000 - 120 000 - 100 000 = 200 000 (元)

因账面价值 280 000 元大于其计税基础 200 000 元,两者之间为应纳税暂时性差异,应确认与其相关的递延所得税负债 20 000 元,但递延所得税负债的期初余额为 12 500 元,当期应进一步确认递延所得税负债 7 500 元。

借:所得税费用　　　　　　　　　　　　　　　　　　7 500

　　贷:递延所得税负债　　　　　　　　　　　　　　　　7 500

（3）20×5年资产负债表日：

该项固定资产的账面价值 = 420 000 - 70 000 - 70 000 - 70 000 = 210 000（元）

其计税基础 = 420 000 - 120 000 - 100 000 - 80 000 = 120 000（元）

因账面价值210 000元大于其计税基础120 000元，两者之间为应纳税暂时性差异，应确认与其相关的递延所得税负债22 500元，但递延所得税负债的期初余额为20 000元，当期应进一步确认递延所得税负债2 500元。

借：所得税费用　　　　　　　　　　　　　　　　　2 500
　　贷：递延所得税负债　　　　　　　　　　　　　　　2 500

（4）20×6年资产负债表日：

该项固定资产的账面价值 = 420 000 - 70 000×4 = 140 000（元）

其计税基础 = 420 000 - 360 000 = 60 000（元）

因其账面价值140 000元大于其计税基础60 000元，两者之间为应纳税暂时性差异，应确认与其相关的递延所得税负债20 000元，但递延所得税负债的期初余额为22 500元，当期应转回原已确认的递延所得税负债2 500元。

借：递延所得税负债　　　　　　　　　　　　　　　2 500
　　贷：所得税费用　　　　　　　　　　　　　　　　2 500

（5）20×7年资产负债表日：

该项固定资产的账面价值 = 420 000 - 70 000×5 = 70 000（元）

其计税基础 = 420 000 - 400 000 = 20 000（元）

因其账面价值70 000元大于计税基础20 000元，两者之间的差异为应纳税暂时性差异，应确认与其相关的递延所得税负债12 500元，但递延所得税负债的期初余额为20 000元，当期应转回递延所得税负债7 500元。

借：递延所得税负债　　　　　　　　　　　　　　　7 500
　　贷：所得税费用　　　　　　　　　　　　　　　　7 500

（6）20×8年资产负债表日：

该项固定资产的账面价值及计税基础均为0，两者之间不存在暂时性差异，则原已确认的与该项资产相关的递延所得税负债12 500元应予全额转回。

借：递延所得税负债　　　　　　　　　　　　　　　12 500
　　贷：所得税费用　　　　　　　　　　　　　　　　12 500

在有些情况下，虽然资产、负债的账面价值与其计税基础不同，产生了应纳税暂时性差异，但出于各方面考虑，准则中规定不确认相应的递延所得税负债。

（二）递延所得税资产的确认和计量

资产、负债的账面价值与其计税基础不同产生可抵扣暂时性差异的，在估计未来期间能够取得足够的应纳税所得额用以利用该可抵扣暂时性差异时，应当以很可能取得用来抵扣可抵扣暂时性差异的应纳税所得额为限，确认相关的递延所得税资产。有关交易或事项发生时，对税前会计利润或是应纳税所得额产生影响的，所确认的递延所得税资产应作为利润表中所得税费用的调整；有关的可抵扣暂时性差异产生于直接计入所有者权益的交易或事项，则确认的递延所得税资产也应计入所有者权益；企业合并时产生的可抵扣暂时性差异的所得税影响，应相应调整合并中确认的商誉或是应计入当期损益的金额。

同递延所得税负债的计量原则相一致，确认递延所得税资产时，应当以预期收回该资产期间的适用所得税税率为基础计算确定。无论相关的可抵扣暂时性差异转回期间如何，递延所得税资产均不要求折现。

企业在确认了递延所得税资产以后，资产负债表日，应当对递延所得税资产的账面价值进行复核。如果未来期间很可能无法取得足够的应纳税所得额用以利用可抵扣暂时性差异带来的利益，应当减记递延所得税资产的账面价值。

减记的递延所得税资产除原确认时记入所有者权益的递延所得税资产，其减记金额亦应记入所有者权益外，其他的情况均应增加所得税费用。

五、当期所得税

当期所得税是指企业按照税法规定计算确定的针对当期发生的交易和事项，应交纳给税务部门的所得税金额，即应交所得税，应以适用的税收法规为基础计算确定。即：

当期所得税 = 当期应交所得税

企业在确定当期所得税时，对于当期发生的交易或事项，会计处理与税收处理不同的，应在会计利润的基础上，按照适用税收法规的要求进行调整，计算出当期应纳税所得额，按照应纳税所得额与适用所得税税率计算确定当期应交所得税。

六、递延所得税

递延所得税是指按照准则规定应予确认的递延所得税资产和递延所得税负债在期末应有的金额相对于原已确认金额之间的差额,即递延所得税资产及递延所得税负债的当期发生额,但不包括计入所有者权益的交易或事项的所得税影响。用公式表示即为:

递延所得税 = 当期递延所得税负债的增加 + 当期递延所得税资产的减少 - 当期递延所得税负债的减少 - 当期递延所得税资产的增加

值得注意的是,如果某项交易或事项按照会计准则规定应计入所有者权益,由该交易或事项产生的递延所得税资产或递延所得税负债及其变化亦应计入所有者权益,不构成利润表中的递延所得税费用(或收益)。

七、所得税费用

利润表中的所得税费用由两个部分组成:当期所得税费用和递延所得税。

所得税费用 = 当期所得税 + 递延所得税

【例4-8】A财务公司20×7年度利润表中利润总额为2 400万元,该公司适用的所得税税率为25%。与计算当期所得税有关的情况如下:

20×7年发生的有关交易和事项中,会计处理与税收处理存在差别的有:

(1) 20×7年1月1日取得的一项固定资产,成本为1 200万元,使用年限为10年,净残值为0,会计处理按双倍余额递减法计提折旧,税收处理按直线法计提折旧。假定税法规定的使用年限及净残值与会计规定相同。

(2) 向关联企业提供现金捐赠400万元。

(3) 当年度发生研究开发支出1 000万元,较上年度增长20%,其中600万元资本化计入无形资产成本。税法规定按该企业的情况,可按实际发生研究开发支出的150%加计扣除。其中,符合资本化条件后发生的支出为600万元,假定所开发无形资产于期末达到预定可使用状态。

(4) 应付违反环保法规定罚款200万元。

(5) 期末对持有的长期股权投资计提了60万元的长期股权投资减值准备。

分析:

1. 20×7年度当期应交所得税

应纳税所得额 = 24 000 000 + 1200 000 + 4 000 000 - 11 000 000 + 2 000 000 + 600 000 = 20 800 000（元）

应交所得税 = 20 800 000 × 25% = 5 200 000（元）

2. 20×7 年度递延所得税

该公司 20×7 年资产负债表相关项目金额及其计税基础如表 4-3 所示。

表 4-3　　　　　　　　20×7 年度递延所得税　　　　　　　　单位：元

项目	账面价值	计税基础	差异 应纳税暂时性差异	差异 可抵扣暂时性差异
长期股权投资	16 000 000	16 600 000		600 000
固定资产：				
固定资产原价	12 000 000	12 000 000		
减：累计折旧	2 400 000	1 200 000		
减：固定资产减值准备	0	0		
固定资产账面价值	9 600 000	10 800 000		1 200 000
无形资产	6 000 000	0	6 000 000	
其他应付款	2 000 000	2 000 000		
总计			6 000 000	1 800 000

递延所得税费用 = 6 000 000 × 25% - 1 800 000 × 25% = 1 050 000（元）

3. 利润表中应确认的所得税费用

所得税费用 = 5 200 000 + 1 050 000 = 6 250 000（元）

借：所得税费用　　　　　　　　　　　　　　6 250 000
　　递延所得税资产　　　　　　　　　　　　　450 000
　　贷：应交税费——应交所得税　　　　　　　5 200 000
　　　　递延所得税负债　　　　　　　　　　　1 500 000

第五章
权益要素核算

本章精要

作为金融企业，其所有者权益是指企业资产扣除负债后由所有者享有的剩余权益。

其一，需要确认权益的基本概念。金融企业所有者权益的来源包括所有者投入的资本、直接计入所有者权益的利得和损失、留存收益等。尤其需要关注利得和损失这两个新概念。

其二，在金融企业资本方面，需要掌握资本核算的基本要求，包括金融企业实收资本的核算，如金融企业接受投资者投入资本、公司发行股票筹集股本和可转换公司债券转为股本、重组债务转为资本的核算，也要从权益视角来掌握以权益结算的股份支付换取服务的核算。在资本增加方面，主要是金融企业接受投资者额外投入实现增资、资本公积转增资本和盈余公积转增资本；同时，也要注意掌握资本减少的核算。

其三，金融企业资本公积。我们需要在掌握资本公积概念的基础上，掌握资本公积的核算，包括企业接受投资者投入资本形成资本公积、可转换债券持有人行使转换权利形成资本公积、将债务转为资本形成资本公积、同一控制下控股合并涉及的资本公积、权益法下长期股权投资涉及的资本公积、以权益结算的股份支付换取服务所涉及的资本公积、自用房地产或存货转换为采用公允价值模式计量的投资性房地产所涉及的资本公积、采用收购股票方式减资所涉及的资本公积核算等。

其四，金融企业盈余公积方面，在掌握金融企业按照规定从净利润中提取的各种累积资金即盈余公积内容的基础上，认知提取盈余公积主要用途，并掌握盈余公积的核算，包括盈余公积弥补亏损、盈余公积转增资本、盈余公积发放股利。

其五，未分配利润。企业当期实现的利润，加上年初未分配利润（或减去年初未弥补亏损）和其他转入后的余额，为可供分配的利润。根据《公司法》等有关法规的规定，企业当年实现的净利润，首先是弥补以前年度尚未弥补的亏损，然后按下列顺序进行分配：提取法定公积金、提取任意公积金、向投资者分配利润或股利。

第一节 权益概述

一、所有者权益的概念及来源

所有者权益是指企业资产扣除负债后由所有者享有的剩余权益。所有者权益又称为股东权益。

所有者权益的来源包括所有者投入的资本、直接计入所有者权益的利得和损失、留存收益等。直接计入所有者权益的利得和损失，是指不应计入当期损益、会导致所有者权益发生增减变动的、与所有者投入资本或者向所有者分配利润无关的利得或者损失。其中，利得是指由企业非日常活动所形成的、会导致所有者权益增加的、与所有者投入资本无关的经济利益的流入。损失是指由企业非日常活动所发生的、会导致所有者权益减少的、与向所有者分配利润无关的经济利益的流出。留存收益包括盈余公积、一般风险准备和未分配利润。所有者权益金额取决于资产和负债的计量，即所有者权益＝资产－负债。所有者权益项目应当列入资产负债表。

二、所有者权益的特征

所有者权益具有以下特征：

（1）所有者权益是企业的"永久性"权益，在企业存续期内，企业没有归还的义务。

（2）所有者权益是企业清偿的物质基础，是企业亏损的承担者。

（3）所有者权益可以依法参与企业税后利润的分配。

（4）所有者权益在数额上等于资产减去负债后的余额，所以没有专门的计量问题。

（5）所有者权益与企业具体的资产项目没有直接的对应关系。投资者只要向企业投资，无论是何种投资形态，一旦进入企业，就成为企业这个特定会计主体的资产，不再是投资人的资产。

第二节　资本核算

一、资本核算的基本要求

所有者投入的资本是企业的所有者向企业投入的可长期使用的不需偿还的资本。除股份有限公司外其余企业通过"实收资本"科目核算所有者投入的资本，股份有限公司则通过"股本"科目进行核算。企业收到所有者出资超过其在注册资本或股本中所占份额的部分，作为资本溢价或股本溢价，在"资本公积"科目核算。"实收资本"或"股本"科目期末贷方余额，反映企业实收资本或股本总额。

所有者可以用现金投资，也可以用现金以外的其他有形资产投资；符合国家规定比例的，还可以用无形资产投资。企业收到所有者投入的现金，应在实际收到或者存入企业开户银行时，按实际收到的金额，借记"库存现金""银行存款"科目，按其在注册资本或股本中所占份额，贷记"实收资本"或"股本"科目，按其差额，贷记"资本公积——资本溢价或股本溢价"科目。以实物资产投资的，应在办理实物产权转移手续时，借记"固定资产""长期股权投资"等科目，按其在注册资本或股本中所占份额，贷记"实收资本"或"股本"科目，按其差额，贷记"资本公积——资本溢价或股本溢价"科目。以无形资产投资的，应按照合同、协议或公司章程规定，在移交有关凭证时，借记"无形资产"科目，按其在注册资本或股本中所占份额，贷记"实收资本"或"股本"科目，按其差额，贷记"资本公积——资本溢价或股本溢价"科目。

二、实收资本的核算

股份有限公司是指全部资本由等额股份构成并通过发行股票筹集资本，

股东以其所持有股份对公司承担有限责任,公司以全部资产对公司债务承担责任的企业法人。与其他企业相比,其显著特点在于将企业的资本划分为等额股份,并通过发行股票的方式来筹集资本。股票的面值与股份总数的乘积即为公司股本,股本等于股份有限公司的注册资本。股份有限公司应设置"股本"科目核算资本。

(一) 接受投资者投入的资本

接受投资者投入的资本,借记"银行存款""固定资产""无形资产""长期股权投资"等科目,贷记"实收资本"或"股本"等科目。

(二) 发行股票筹集股本

当股份有限公司发行股票收到现金等资产时,应按实际收到的金额,借记"库存现金""银行存款"等科目,按股票面值和核定的股份总额的乘积计算的金额,贷记"股本"科目,按其差额,贷记"资本公积——股本溢价"科目。

(三) 境外上市公司和境内发行外资股公司股本

境外上市公司,以及在境内发行外资股的公司,在收到股款时,应按收到股款当日的汇率折合的人民币金额,借记"库存现金""银行存款"等科目,按照确定的人民币股票面值与核定的股份总额的乘积计算的金额,贷记"股本"科目,按照收到股款当日的汇率折合的人民币金额与按人民币计算的股票面值总额的差额,贷记"资本公积——股本溢价"科目。

三、可转换公司债券转为股本的核算

可转换公司债券持有人行使转换权利,将其持有的债券转换为股票,应按可转换公司债券的余额,借记"应付债券——可转换公司债券(面值)""应付债券——可转换公司债券(利息调整)"科目,按其权益成分的金额,借记"资本公积——其他资本公积"科目,按股票面值和转换的股数计算的股票面值总额,贷记"股本"科目,按其差额,贷记"资本公积——股本溢价"科目。如有现金支付不可转换股票,还应贷记"银行存款"等科目。

四、重组债务转为资本的核算

企业将重组债务转为资本的,应按重组债务的账面余额,借记"应付账款"等科目,按债权人因放弃债权而享有本企业股份的面值总额,贷记"实收资本"或"股本"科目,按股份的公允价值总额与相应的实收资本或股本之间的差额，贷记或借记"资本公积——资本溢价或股本溢价"科目，按其差额，贷记"营业外收入——债务重组利得"科目。

五、以权益结算的股份支付换取服务的核算

企业以权益结算的股份支付换取职工或其他方提供服务的，应在行权日，按根据实际行权情况确定的金额，借记"资本公积——其他资本公积"科目，按应计入实收资本或股本的金额，贷记"实收资本"或"股本"科目。

【例 5-1】20×3 年 1 月 1 日，甲财务公司向 500 名管理人员授予股票期权 100 股/人，当日股票的市场价格为 3 元/股，授予的条件是要求职工必须自授予日起在公司工作 3 年。20×3 年 12 月 31 日，与该企业签订该项股票期权协议的 500 名管理人员中有 20 名辞职，估计剩余的 480 名均会继续在本公司中工作至 20×8 年底。20×8 年 12 月 31 日，剩余的 480 名管理人员按股票期权协议取得股票。

授予日进行备查处理，不作账务处理。结算前的每个资产负债表日和结算日对承担负债的公允价值重新计量，将其变动计入损益。

20×3 年 12 月 31 日、20×4 年 12 月 31 日，会计分录均为：

借：业务及管理费　　　　　　　　　　　　　　　　48 000
　　贷：资本公积——其他资本公积　　　　　　　　　　48 000

20×5 年 12 月 31 日会计分录为：

借：业务及管理费　　　　　　　　　　　　　　　　48 000
　　贷：资本公积——其他资本公积　　　　　　　　　　48 000
借：资本公积——其他资本公积　　　　　　　　　　144 000
　　贷：股本　　　　　　　　　　　　　　　　　　　48 000
　　　　资本公积——股本溢价　　　　　　　　　　　96 000

六、资本增加的核算

我国有关法律规定，企业资本不得随意变动，但符合增资条件并经有关部门批准的，可以增加资本。

（一）公司接受投资者额外投入实现增资

在企业按规定接受投资者额外投入实现增资时，企业应当按照实际收到的款项或其他资产，借记"银行存款""其他应收款""固定资产""无形资产""长期股权投资"等科目，按增加的实收资本或股本，贷记"实收资本"或

"股本"科目，按其差额，贷记"资本公积——资本溢价或股本溢价"科目。

（二）资本公积转增资本

经股东大会或类似机构决议，用资本公积转增资本，借记"资本公积——资本溢价或股本溢价"科目，贷记"实收资本"或"股本"科目。

【例 5-2】 某国有独资财务公司决定用资本公积 17 500 元转增资本。

借：资本公积——资本溢价　　　　　　　　　17 500
　　贷：实收资本　　　　　　　　　　　　　　　　17 500

（三）盈余公积转增资本

经股东大会或类似机构决议，用盈余公积转增资本，借记"盈余公积"科目，贷记"实收资本"或"股本"科目。

【例 5-3】 甲租赁公司经股东大会决议通过，决定用法定盈余公积 160 000 元转增股本。

借：盈余公积——法定盈余公积　　　　　　　160 000
　　贷：股本　　　　　　　　　　　　　　　　　　160 000

（四）采用发放股票股利方式增资

股份有限公司股东大会批准的利润分配方案中分配的股票股利，应在办理增资手续后，按照实际发放的股票股利数，借记"利润分配"科目，贷记"股本"科目。

七、资本减少的核算

我国有关法律规定，企业资本不得随意变动，但企业按法定程序报经批准后可以减少注册资本。公司按法定程序报经批准减少注册资本的，借记"实收资本"或"股本"科目，贷记"库存现金""银行存款"等科目。其核算举例参见本章第三节。

第三节　公司资本公积

一、资本公积概述

资本公积通常是指企业收到投资者出资额超出其在注册资本或股本中所占份额的部分，以及直接计入所有者权益的利得和损失。资本公积从形成来源上看，它不是由企业实现的利润转化而来的，这是它与留存收益的根本区别，因为后者是由企业实现的利润转化而来的。我国公司法规定，资本公积主要用来转增资本。

企业通过设置"资本公积"科目核算资本溢价或股本溢价以及直接计入所有者权益的利得和损失，并应当分别"资本溢价或股本溢价""其他资本公积"进行明细核算。

二、资本公积的核算

(一) 企业接受投资者投入资本形成资本公积的核算

企业接受投资者投入的资本形成的资本公积，借记"银行存款""其他应收款""固定资产""无形资产""长期股权投资"等科目，贷记"实收资本"或"股本"科目，二者的差额，贷记"资本公积——资本溢价或股本溢价"科目。

(二) 权益法下长期股权投资涉及的资本公积核算

长期股权投资采用权益法核算的，在持股比例不变的情况下，被投资单位除净损益以外所有者权益的其他变动，企业按持股比例计算应享有的份额，借记或贷记"长期股权投资——其他权益变动"科目，贷记或借记"资本公积——其他资本公积"科目。处置采用权益法核算的长期股权投资，还应结转原计入资本公积的相关金额，借记或贷记"资本公积——其他资本公积"科目，贷记或借记"投资收益"科目。

【例 5-4】甲财务公司 20×4 年 3 月 1 日通过发行普通股股票 8 000 000 股与乙公司股东进行交换取得乙公司有表决权股份的 20%，该比率保持不变，从而导致对乙公司财务和经营决策具有重大影响，甲公司准备长期持有该股份。20×4 年 6 月 30 日，乙公司除净损益以外所有者权益增加 15 000 000 元。20×4 年 12 月 31 日，甲企业处置该长期股权投资，取得价款 23 000 000 元，此时该项长期股权投资的账面价值为 20 000 000 元，其中，成本为 15 000 000 元，损益调整为 4 000 000 元，其他权益变动 3 000 000 元，长期股权投资减值准备 2 000 000 元。

20×4 年 6 月 30 日，会计分录为：

借：长期股权投资——其他权益变动　　　　　3 000 000
　　贷：资本公积——其他资本公积　　　　　　　　　　3 000 000

20×4年12月31日，会计分录为：

借：银行存款	23 000 000
长期股权投资减值准备	2 000 000
贷：长期股权投资——成本	15 000 000
——损益调整	4 000 000
——其他权益变动	3 000 000
投资收益	3 000 000
借：资本公积——其他资本公积	3 000 000
贷：投资收益	3 000 000

（三）以权益结算的股份支付换取服务所涉及的资本公积核算

以权益结算的股份支付换取职工或其他方提供服务的，应按照确定的金额，借记"业务及管理费"等科目，贷记"资本公积——其他资本公积"科目。在行权日，应按实际行权的权益工具数量计算确定的金额，借记"资本公积——其他资本公积"科目，按计入实收资本或股本的金额，贷记"实收资本"或"股本"科目，按其差额，贷记"资本公积——资本溢价或股本溢价"科目。

【例5-5】甲租赁公司由于20×8年企业效益大幅度上升，20×8年3月10日股东大会通过，经相关主管部门批准，准备以增发的股票奖励企业生产员工，每人奖励普通股股票1 000股，共计470 000股。该公司股票目前市场价格为5元/股。20×8年5月10日，办理相关过户手续，将股票支付给职工，此时该企业股票的市场价格为5.5元/股。

20×8年3月10日，会计分录为：

借：业务及管理费	2 350 000
贷：资本公积——其他资本公积	2 350 000

20×8年5月10日，会计分录为：

借：业务及管理费	235 000
资本公积——其他资本公积	2 350 000
贷：股本	470 000
资本公积——股本溢价	2 115 000

（四）可转换债券持有人行使转换权利形成资本公积的核算

可转换债券持有人行使转换权利形成的资本公积，应按可转换公司债券的余额，借记"应付债券——可转换公司债券（面值）""应付债券——可转换公司债券（利息调整）"科目，按其权益成分的金额，借记"资本公积——其他资本公积"科目，按股票面值和转换的股数计算的股票面值总额，贷记"股本"科目，按其差额，贷记"资本公积——股本溢价"科目。

【例 5-6】为筹集长期资金，甲财务公司发行可转换公司债券，可转换公司债券的面值为 500 000 元，权益成分的公允价值为 350 000 元。可转换债券持有人行使转换权利日，"应付债券——可转换公司债券（利息调整）"科目余额为 5 000 元，甲公司股票的面值为 33.2 元，可转换公司债券转换成 25 000 股股票。

    借：应付债券——可转换公司债券（面值）   500 000
            ——可转换公司债券（利息调整）   5 000
       资本公积——其他资本公积   350 000
      贷：股本   830 000
          资本公积——股本溢价   25 000

（五）将债务转为资本形成资本公积的核算

将债务转为资本形成的资本公积，应按重组债务的账面余额，借记"应付账款"等科目，按债权人因放弃债权而享有本企业股份的面值总额，贷记"实收资本"或"股本"科目，按股份的公允价值总额与相应的实收资本或股本之间的差额，贷记或借记"资本公积——资本溢价或股本溢价"科目，按其差额，贷记"营业外收入——债务重组利得"科目。

【例 5-7】甲公司欠乙公司款 1 000 000 元，与乙公司达成协议，通过向乙公司转让 50 000 股偿还该笔债务，面值为 1 元，股价为 15.5 元。

    借：应付账款   1 000 000
      贷：股本   50 000
          资本公积——股本溢价   725 000
          营业外收入——债务重组利得   225 000

（六）采用收购股票方式减资所涉及的资本公积核算

股份有限公司采用收购本公司股票方式减资的，应按股票面值和注销股数计算的股票面值总额，借记"股本"科目，按所注销的库存股的账面余额，贷记"库存股"科目，按其差额，借记"资本公积——股本溢价"科目，股本溢价不足冲减的，应借记"盈余公积""利润分配——未分配利润"科目；

购回股票支付的价款低于面值总额的，应按股票面值总额，借记"股本"科目，按所注销的库存股的账面余额贷记"库存股"科目，按其差额，贷记"资本公积——股本溢价"科目。

第四节 公司盈余公积与一般风险准备

一、盈余公积概述

盈余公积是指企业按照规定从净利润中提取的各种累积资金。

（一）盈余公积的内容

盈余公积按照企业性质，分别包括以下内容：

（1）法定盈余公积，是指企业按照规定的比例从净利润中提取的盈余公积。公司制企业的法定盈余公积按照税后利润的10%提取；非公司制企业也可按照超过10%的比例提取。法定盈余公积累计额已达注册资本的50%时可以不再提取。

（2）任意盈余公积，是指企业经股东大会或类似机构批准按照规定的比例从净利润中提取的盈余公积。任意盈余公积主要是公司制企业按照股东大会或类似机构的决议提取。

法定盈余公积和任意盈余公积的区别就在于其各自计提的依据不同。前者以国家的法律或行政规章为依据提取；后者则由企业自行决定提取。

（二）盈余公积的主要用途

企业提取盈余公积主要可以用于以下几个方面：

（1）用于弥补亏损。企业发生亏损时，应由企业自行弥补。弥补亏损的渠道主要有三条：一是用以后年度税前利润弥补。按照相关制度规定，企业发生亏损时，可以用以后五年内实现的税前利润弥补，即税前利润弥补亏损的期间为五年。二是用以后年度税后利润弥补。企业发生的亏损经过五年期间未弥补足额的，尚未弥补的亏损应用所得税后的利润弥补。三是以盈余公积弥补亏损。企业以提取的盈余公积弥补亏损时，应当经股东大会或类似机构批准。

（2）转增资本。企业将盈余公积转增资本时，必须经股东大会或类似机构决议批准。在实际将盈余公积转增资本时,要按照股东原有持股比例结转。盈余公积转增资本时,转增后留存的盈余公积的数额不得少于转增前注册资本的25%。

(3) 发放现金股利或利润。企业无利润时原则上不分配股利,但在特殊情况下,如当企业累积的盈余公积比较多而未分配利润又比较少时,为了维护企业形象,给投资者以合理的回报,对于符合规定条件的企业,也可以用盈余公积分配现金股利或股票股利。

盈余公积的提取实际上是企业当期实现的净利润向投资者分配利润的一种限制。提取盈余公积本身就属于利润分配的一部分,提取盈余公积相对应的资金,一经提取形成盈余公积后,在一般情况下不得用于向投资者分配利润或股利。盈余公积的用途,并不是指其实际占用形态,提取盈余公积也并不是单独将这部分资金从企业资金周转过程中抽出。企业提取的盈余公积,无论是用于弥补亏损,还是用于转增资本,只不过是企业所有者权益内部结构的转换。如企业以盈余公积弥补亏损时,实际是减少盈余公积的留存数额,以此抵补未弥补亏损的数额,并不引起企业所有者权益总额的变动;企业以盈余公积转增资本时,也只是减少盈余公积结存的数额,但同时增加企业实收资本或股本的数额,也并不引起所有者权益总额的变动。至于企业盈余公积的留存数,实际只表示企业所有者权益的组成部分,表明企业生产经营资金的一个来源而已,其形成的资金可能表现为一定的货币资金,也可能表现为一定的实物资产,如存货和固定资产等,随同企业的其他来源所形成的资金进行循环周转。

二、盈余公积的核算

企业在对盈余公积进行核算时,应设置"盈余公积"科目,并分别"法定盈余公积""任意盈余公积"进行明细核算。外商投资企业还应分别"储备基金""企业发展基金"进行明细核算。中外合作经营在合作期间归还投资者的投资,应在本科目设置"利润归还投资"明细科目进行核算。"盈余公积"科目期末有贷方余额,反映企业的盈余公积。

(一) 盈余公积的计提

企业按规定提取盈余公积的,应借记"利润分配——提取法定盈余公积、提取任意盈余公积"科目,贷记"盈余公积——法定盈余公积、任意盈余公积"科目。

【例 5-8】 甲财务公司 20×5 年度实现税后利润 1 000 000 元，公司董事会决定提取 10% 的税后利润作为法定盈余公积，8% 的税后利润作为任意盈余公积。

借：利润分配——提取法定盈余公积　　　　　　　　100 000
　　　　　　——提取任意盈余公积　　　　　　　　　 80 000
　贷：盈余公积——法定盈余公积　　　　　　　　　　100 000
　　　　　　——任意盈余公积　　　　　　　　　　　 80 000

（二）盈余公积弥补亏损

经股东大会或类似机构决议，用盈余公积弥补亏损，借记"盈余公积——法定盈余公积、任意盈余公积"或"盈余公积——储备基金、企业发展基金"科目，贷记"利润分配——盈余公积补亏"科目。

【例 5-9】 甲租赁公司经营出现亏损，经股东大会决议，用法定盈余公积 200 000 元弥补本年亏损。

借：盈余公积——法定盈余公积　　　　　　　　　　200 000
　贷：利润分配——盈余公积补亏　　　　　　　　　　200 000

（三）盈余公积转增资本

经股东大会或类似机构决议，用盈余公积转增资本，借记"盈余公积——法定盈余公积、任意盈余公积"或"盈余公积——储备基金、企业发展基金"科目，贷记"实收资本"或"股本"科目。

（四）盈余公积发放股利

经股东大会决议，用盈余公积派送新股，按派送新股计算的金额，借记"盈余公积——法定盈余公积、任意盈余公积"等科目，按股票面值和派送新股总数计算的股票面值总额，贷记"股本"科目。

三、一般风险准备

按照规定，从事金融租赁业务的租赁企业和财务公司，应按本年净利的 1% 提取一般风险准备，用于弥补亏损，不得用于分红和转增资本。

提取时，借记"利润分配——提取一般风险准备"科目，贷记"一般风险准备"科目。用一般风险准备弥补亏损，借记"一般风险准备"科目，贷记"利润分配——一般风险准备补亏"科目。

第五节 未分配利润的核算

一、净利润的分配顺序

企业当期实现的利润，加上年初未分配利润（或减出年初未弥补亏损）和其他转入后的余额，为可供分配的利润。根据《公司法》等有关法规的规定，企业当年实现的净利润，首先是弥补以前年度尚未弥补的亏损，然后按下列顺序进行分配：

第一步，提取法定公积金。法定公积金按照税后利润10%的比例提取。公司法定公积金累计额为公司注册资本的50%以上时，可以不再提取法定公积金。

公司的法定公积金不足以弥补上一年度公司亏损的，在提取法定公积金之前，应当先用当年利润弥补亏损。

第二步，提取任意公积金。公司在提取法定公积金后，经股东大会或类似机构决议，可以提取任意公积金。

第三步，向投资者分配利润或股利。公司弥补亏损和提取公积金后的剩余利润，有限责任公司按照股东的出资比例向股东分配利润；股份有限公司按照股东持有股份比例分配利润。

应注意的是，外商投资企业实现的净利润在首先弥补以前年度尚未弥补的亏损后，应当按照法律、行政法规的规定按净利润的一定比例提取储备基金、企业发展基金、职工奖励及福利基金等。中外合作经营企业按规定在合作期间以利润归还投资者的投资，也应从净利润中扣除，随后的净额才是可供投资者分配的利润。

可供分配的利润经过上述分配后，为未分配利润。因此，未分配利润是企业实现的净利润经过弥补亏损、提取盈余公积和向投资者分配利润后留存企业的、历年结存的利润。从数量上说，未分配利润是期初未分配利润，加上本期实现的税后利润，减出提取的各项盈余公积和分配利润或股利后的余额。从科目性质上看，未分配利润是企业所有者权益的组成部分，它有两层含义：一是留待以后年度处理的利润；二是未指定用途的利润。因此，相对于所有者权益的其他部分来说，企业对于未分配利润的使用、分配具有较大的自主权。企业未分配利润应当在资产负债表的所有者权益项目中单独反映。

二、利润分配的核算

为进行利润分配核算，企业应设置"利润分配"科目，该科目核算企业利润的分配（或亏损的弥补）和历年分配（或弥补）后的余额，本科目年末余额反映企业的未分配利润（或未弥补亏损）。"利润分配"科目应分别"提取法定盈余公积""提取任意盈余公积""应付现金股利或利润""转作股本的股利""盈余公积补亏""未分配利润"等进行明细核算。

企业按规定提取盈余公积的，借记"利润分配——提取法定盈余公积、提取任意盈余公积"科目，贷记"盈余公积——法定盈余公积、任意盈余公积"科目。

公司按规定提取的一般风险准备，借记"利润分配——提取一般风险准备"科目，贷记"一般风险准备"科目。

经股东大会或类似机构决议，分配给股东或投资者的现金股利或利润，借记"利润分配——应付现金股利或利润"科目，贷记"应付股利"科目。

经股东大会或类似机构决议，分配给股东的股票股利，应在办理增资手续后，借记"利润分配——转作股本的利润"科目，贷记"股本"科目。

用盈余公积弥补亏损，借记"盈余公积——法定盈余公积、任意盈余公积"科目，贷记"利润分配——盈余公积补亏"科目。

公司用一般风险准备弥补亏损，借记"一般风险准备"科目，贷记"利润分配——一般风险准备补亏"科目。

年度终了，企业应将本年度实现的净利润自"本年利润"科目转入"利润分配"科目，借记"本年利润"科目，贷记"利润分配——未分配利润"科目，为净亏损的作相反的会计分录；同时，将"利润分配"科目所属其他明细科目的余额转入"利润分配——未分配利润"明细科目。结转后，"利润分配"科目除"未分配利润"明细科目外，其他明细科目应无余额。

【例5-10】甲财务公司20×5年度实现净利润3 000 000元，经股东大会决议，采取以下分配方案：按净利润的10%提取法定盈余公积，11%提取任意盈余公积，分配现金股利600 000元，分配股票股利500 000元；另外，本年使用盈余公积弥补了年初80 000元的亏损，分配的股票股利形成了股本400 000元。

(1) 按照规定分配当年实现的净利润：

借：利润分配——提取法定盈余公积　　　　　　　　　300 000
　　　　　　——提取任意盈余公积　　　　　　　　　330 000
　　　　　　——应付现金股利　　　　　　　　　　　600 000
　　　　　　——转作股本的利润　　　　　　　　　　500 000
　　贷：盈余公积——法定盈余公积　　　　　　　　　300 000
　　　　　　　　——任意盈余公积　　　　　　　　　330 000
　　　　应付股利　　　　　　　　　　　　　　　　　600 000
　　　　股本　　　　　　　　　　　　　　　　　　　400 000
　　　　资本公积——股本溢价　　　　　　　　　　　100 000

(2) 使用盈余公积弥补亏损：

借：盈余公积——法定盈余公积　　　　　　　　　　　80 000
　　贷：利润分配——盈余公积补亏　　　　　　　　　80 000

(3) 结转本年实现利润：

借：本年利润　　　　　　　　　　　　　　　　　3 000 000
　　贷：利润分配——未分配利润　　　　　　　　3 000 000

(4) 结转利润分配的各明细科目：

借：利润分配——未分配利润　　　　　　　　　　1 730 000
　　贷：利润分配——提取法定盈余公积　　　　　　300 000
　　　　　　　　——提取任意盈余公积　　　　　　330 000
　　　　　　　　——应付现金股利　　　　　　　　600 000
　　　　　　　　——转作股本的利润　　　　　　　500 000

(5) 结转盈余公积弥补亏损：

借：利润分配——盈余公积补亏　　　　　　　　　　　80 000
　　贷：利润分配——未分配利润　　　　　　　　　　80 000

从表5-1可以看出，甲公司在利润分配之后，未分配利润为1 270 000元。

表5-1　　　　　　　　　利润分配——未分配利润　　　　　　　　　单位：元

项目	借方	贷方
期初余额	80 000	
本期发生额	1 730 000	3 080 000
期末余额		1 270 000

第二篇 租赁公司专业篇

 开篇有益

本篇是租赁公司会计业务的专门篇章。人所共知,租赁市场是一个可以实现"四两拨千斤"境界的家园,而租赁公司自身的规范发展与科学核算也是支撑和引领整个行业持续稳定发展的重要基础。

本篇从第六章到第十章共五章。第六章阐述租赁公司会计核算背景,主要是在理解租赁行业发展总体特征、租赁概念、租赁基本功能的基础上,掌握政府对租赁行业的行政管制态势及其变化轨迹,便于理解租赁的管控规律;第七章是租赁会计准则演绎解读,分析探索既有准则的主要缺陷、准则改革的变化节点以及新准则下租赁常用会计科目;第八章是租赁公司租赁业务核算,主要阐述融资租赁的判断标准,之后分别阐述租赁公司融资业务(出租人)会计核算、经营租赁(出租人和承租人)会计核算;第九章是一般公司租赁业务核算,主要阐述融资租赁(承租人)会计核算、特殊租赁业务核算;第十章是在前面基础上,进一步探讨租赁公司的管理及其控制。

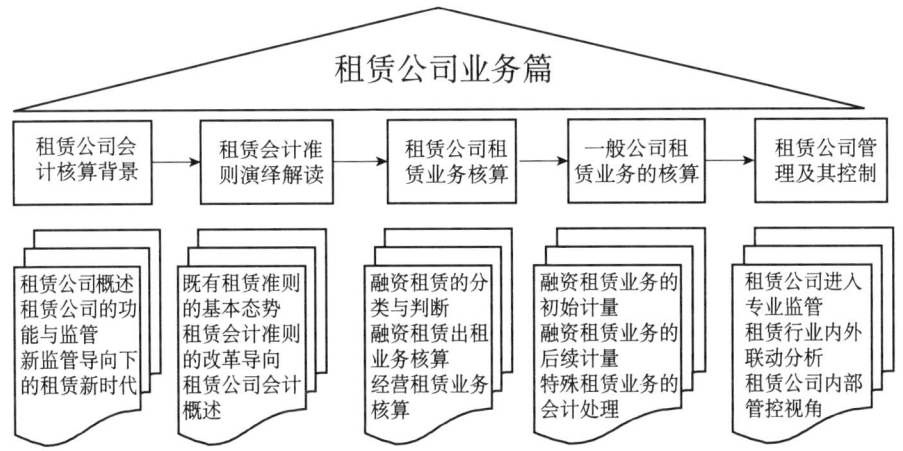

第六章
租赁公司会计核算背景

本章精要

租赁业,起源于实物租赁,发展于金融租赁。所以,学习租赁公司会计,需要对租赁公司的运作特征、行业管制态势进行初步的理解与掌握。本章是租赁行业会计话题的入门篇章,主要围绕两个主题展开:

首先是对租赁概念及租赁公司使命的分析与研讨。认知租赁公司会计,先从租赁业务开始,包括租赁的概念及特征、租赁业务的种类,掌握不同的分类标准,按租赁的性质进行分类、按是否享有纳税优惠进行分类、按出租人资产来源不同进行分类、按融资货币不同进行分类,等等。关于租赁的功能,理当从多个维度来具体解析,包括对承租人、出租人、设备提供商、商业银行等的衍生效应。

其次是理解租赁行业的政府监管之路。租赁公司原本包括两类,一类是经过国家商务部审查批准,并核发相关许可证的租赁公司;另一类是指经过中国银行监督管理委员会审查批准,并核发相关许可证的金融机构。从财务活动特征看,前者是通常所说的经营租赁企业,而后者则是金融租赁企业,即融资租赁公司。不过,如今的租赁业已经进入了"两租合一"时代,统一归并在专业金融监管渠道。

第一节 租赁公司概述

一、租赁的概念及特征

（一）租赁的概念

租赁，是一个传统经典与现代时尚相融会的经济交易，从字义上来解释，"租"系指把物品借给他人而收取报酬，"赁"系指租用他人物品而支付费用。因此，"租赁"就是指标的物的所有者和使用者之间的一种有偿借贷关系。一个被普遍接受的租赁定义是，"在一定期间内，出租人将资产使用权让与承租人以获取对价的协议"。如果合同一方让渡了在一定期间内控制已识别资产使用的权利以换取对价，则该合同为租赁或者包含租赁。一项合同要被分类为租赁，必须同时满足三个构成要件：存在一定期间、存在已识别资产、资产供应方向客户转移对已识别资产使用权的控制。

（二）租赁的特征

租赁业务与一般商品交易或资金服务相比，具有下列特征：其一，租赁是资产的所有权与使用权相分离的交易。无论是经营租赁还是融资租赁，在租赁期间，出租人始终拥有租赁资产的所有权，承租人只获得相关资产的使用权。在这种格局下，必然导致该资产的所有权与使用权相分离。其二，分期支付租金。租赁活动中，出租人将租赁资产使用权让与承租人后，在整个使用期，主要通过定期收取租金方式来完成租赁资产的价值补偿。其三，租赁的实现形式灵活多样。承租人可以根据实际需要灵活地选择租赁形式，比如，从租赁费用高低角度考虑，可以选择经营租赁或融资租赁；从租期长短考虑，可以选择短期租赁和长期租赁。当然，在租赁资产的处理方式上，承租人可以在租赁期满时，选择延期续租、退还给出租人，也可以选择购买该资产。

基于《中华人民共和国合同法》对租赁合同的法律规定，以及相关监管法规的分工运行特征，在融资租赁领域，租赁公司尤其是金融租赁公司，总是处于出租人角色（即担当提供资金供给者身份），一般企业常常处于承租人角色；在经营租赁领域，则各类公司都可能充当出租人或承租人。因此，对照《企业会计准则第 21 号——租赁》的实际应用而言，第八章是融资租赁（出租人）、经营租赁（出租人＋承租人）核算；第九章是融资租赁（承租人）核算。

二、租赁业务的分类

为了更加深入地理解租赁，现进行进一步的多角度分类阐述，以丰富和充实对租赁内涵与外延的认知。

（一）按租赁的性质进行分类

按租赁活动中，与租赁资产所有权有关的风险和报酬是否转移为标杆，可以将租赁划分为融资租赁和经营租赁。

（1）融资租赁，是指实质上已转移了与租赁资产所有权有关的全部风险和报酬的租赁。所谓"风险"，是指由于资产闲置或技术陈旧而发生的损失，以及由于经营情况变化致使有关收益发生的变动。所谓"报酬"，是指在资产有效使用年限内直接使用它而获得的收益、资产本身的增值，以及处置所实现的收益。一项租赁只有实质上转移了与租赁资产所有权有关的全部风险和报酬，才能被认定为融资租赁。

（2）经营租赁，是指融资租赁以外的租赁，即承租方为生产经营中的短期需要或季节性需要向出租人短期租赁某类资产的租赁。采用经营租赁形式，承租人主要是为了获得资产的短期内使用权，而不想取得资产的所有权，通常在租赁期满后，将租赁资产退还给出租人。

（二）按出租人资产来源不同分类

按出租人资产来源不同，可将租赁划分为直接租赁、转租赁和售后租回。

（1）直接租赁，是指由出租人在资金市场上筹资并自行向设备制造商支付货款后取得该项设备，然后直接出租给承租人的租赁方式。采用直接租赁方式时，租赁双方应签订租赁合同，并根据承租人订货要求，出租人与制造商签订资产的买卖合同。

（2）转租赁，是指由出租人从另外一家租赁公司或直接从制造商那里租入资产后，再转租给承租人的租赁形式。这种租赁方式通常签订二次合同，一是租赁公司之间签订的租赁合同；二是租赁公司与承租人之间签订的转租赁合同。

（3）售后租回，是指承租人先将自己取得的资产卖给租赁公司，然后再以租赁形式将资产租回使用的租赁形式。采用这种租赁方式通常是承租人资金比较紧张，而租赁资产又是企业正在使用的资产，其出售只是一种形式，通过分期支付租金的形式继续使用原来的资产。这也是一种企业经常采用的融资方式。

对于租赁的分类，除上述基本分类标准之外，还可有不同标准下的分类。例如，按是否享有纳税优惠，可将租赁划分为节税租赁和非节税租赁。节税租赁是指一项能够真正享受税收优惠待遇的租赁，出租人和承租人都能从国家提供的税收优惠中得到好处。也就是说，出租人可以获得加速折旧及投资减税等税收优惠政策；承租人支付的租金可以作为当期费用处理，减少了应纳税所得额，从而享受纳税优惠政策。还可以按服务地区不同，将租赁分为境内租赁与跨境租赁；按融资计算租金的货币种类不同，将租赁分为人民币本币租赁和外币租赁，等等。

第二节 租赁公司的功能与监管

我们知道，资金是企业的血液，企业资金周转问题"通则不痛"。作为租赁公司，在面向企业尤其是中小企业或特定企业（如航空公司、公交公司等）的现实需求方面，能够提供实质以融资为主导的专业服务。那么，融资租赁主要有哪些功能呢？我们结合探讨其业务活动来仔细体会租赁公司的多维度功能。

一、租赁公司的业务活动

租赁公司在对外开展租赁活动中，具体业务形式主要包括以下七类，每一类业务都各有其运行特点：

第一类，直接融资租赁。租赁公司根据承租企业的选择，向设备制造商购买设备，并将其出租给承租企业使用。租赁期满，设备归承租企业所有。此类业务适用于固定资产、大型设备购置，以及企业技术改造和设备升级等。

第二类，售后回租。承租企业将其拥有的设备出售给租赁公司，再以融资租赁方式从租赁公司租入该设备。租赁公司在法律上享有设备的所有权，但实质上设备的风险和报酬由承租企业承担。此类业务适用于流动资金不足的企业、具有新投资项目而自有资金不足的企业、持有快速升值资产的企业等。

第三类，杠杆租赁。杠杆租赁是指由某一家租赁公司牵头作为主干公司，为一个超大型的租赁项目融资的租赁方式。通常可以成立一家项目公司，通过投入租赁物购置款项的部分金额，即以此作为财务杠杆，为租赁项目取得全部资金。此类业务适用于飞机、轮船、通信设备和大型成套设备的融资租赁。

第四类，厂商租赁。厂商租赁是设备制造厂商与租赁公司结成战略合作伙伴，以融资租赁方式为购买其产品的客户进行融资，并进行后续设备资产管理的一种业务模式。此类业务适用于设备制造厂商。

第五类，转租赁。转租赁是以同一物件为标的物的融资租赁业务。在转租赁业务中，租赁公司从其他出租人处租入租赁物件再转租给承租人，租赁物的所有权归第一出租方。

第六类，委托租赁。租赁公司接受委托人的资金或租赁标的物，根据委托人的书面委托，向委托人指定的承租人办理融资租赁业务的一种租赁方式。租赁期内租赁物的所有权归委托人。此模式可实现与投资机构、优势企业进行租赁投资合作。

第七类，联合租赁。租赁公司与其他金融机构共同作为联合出租人，以融资租赁的形式将设备出租给承租企业。合作伙伴一般为租赁公司、财务公司或其他具有租赁资格的机构。

在上述租赁业务活动过程中，始终体现着融资与融物相结合的独到功能。下面再进一步分析租赁活动对激活相关各方运转方面的特殊功能。

二、租赁公司的多维功能

站在租赁公司（出租人）、一般公司（承租人）等租赁市场主体来看，各种内生功能能够引导我们更好地理解租赁公司的多维度市场功能。

（一）租赁对承租人的有效功能

租赁业务的蓬勃发展，对承租人而言，拥有如下功能：一是开辟了企业新的融资渠道，对广大中小企业而言具有特殊意义。承租人可以借助租赁保留贷款额度和紧缺的现金资源，增强企业营运资金的灵活运用能力。二是可以按固定利率进行全额融资。租赁不要求承租人立即支付现金，有助于缓解处于发展期的新企业资金紧张问题；此外，租金固定，有助于防止资金成本的增加，避免通货膨胀风险；租金固定便于计算投资报酬率，有助于承租人快速完成投资决策。三是具有独到的融资灵活性。租赁协议限制条款较少，租赁方式灵活。四是有助于加速机器设备更新。对于设备淘汰更新快的企业而言，租赁为机器设备快速升级创造了便利条件。在多数情况下，承租人把残值风险转移给了出租人，减少了设备因过时而陈旧的风险。五是租赁资格审核程序简便，申请批准速度快，有助于承租人把握商机。六是租赁直接带来急需的设备，也不用增加资本去购置设备，有利于保持股权分布的稳定性。

（二）租赁对出租人的业务拓展功能

租赁作为租赁公司赖以生存的主导业务活动与生命支柱，当然具有得天独厚的功能。主要包括：一是获取利息收入。租赁公司通过对外租赁活动而获取收入，自然具有内在驱动力和吸引力。二是纳税利益。租赁公司也是租赁活动的投资人，杠杆型租赁就是一种纳税导向型租赁。例如，波音公司把一架飞机卖给某机构投资者，尽管该投资者不需要这架飞机，但它可以把这架飞机租给一家外国航空公司，这样，该投资者则可以从中获得纳税利益。在这一交易中，波音公司销售了它的产品，投资者（出租人）获得了纳税利益，航空公司（承租人）则以一种较优惠的方式获得了飞机。三是高残值。在租赁期满租赁财产返还给出租人的情况下，如果其实际价值远高于最初签订契约时的预计残值时，会给出租人带来大额利润。

（三）租赁对机器销售商的积极意义

租赁活动总是以物与资金的耦合为前提的。因此，租赁活动的拓展直接关系到"物"的提供商之利益。具体分析如下：一是租赁公司负责解决承租人获取机器设备所需资金问题，有利于机器销售商促销产品；二是租赁公司一次付现，能够加速机器销售商的资金周转；三是可以降低机器销售商的销售风险。

（四）租赁对银行的有利之处

租赁活动还与商业银行直接息息相关，商业银行也可以因租赁业务的拓展而取得相关利益。具体表现如下：一是银行借助于租赁公司转受信给中小企业，有利于降低经营风险；二是银行把整笔资金批发给租赁公司可以降低作业成本。

综上所述，融资租赁不仅为企业开辟了灵活机动的融资渠道，而且为开拓新型业务开辟了市场，同时还提高了金融市场效率，进而有利于整个国民经济的繁荣。这便是租赁公司作为市场主体角色存在并得以发展的天然功能与内含价值。

三、租赁公司的政府监管基础

租赁活动存在的土壤是旺盛的市场需求，而租赁公司是需要政府履行监管职能的。

（一）租赁公司的分类监管时代

我国融资租赁业根据监管主体的不同，分为两类三种机构：一类是原银监会审批设立的金融租赁公司，属于非银行金融机构；另一类是融资租赁公司，属于商务部实施行业管理的工商企业，可再细分为外资融资租赁公司和内资试点融资租赁公司。十多年来，金融租赁公司由中国银监会前置审批和监管，并出台了《金融租赁公司管理办法》，实施严格的行业进入审批和运行监管；而融资租赁公司由国家商务部进行前置审批和监管，通过《融资租赁企业监督管理办法》进行必要的政府监管。

融资租赁行业监管分割的格局，有一定的历史原因，包括市场发育成熟的渐进性与监管体制发育成熟的滞后性。随着融资租赁业分部门监管基本框架的形成，原银监会和商务部各自针对所监管的融资租赁公司，出台和修订管理办法及制度，最终形成了后来的监管分割格局。

（二）租赁公司的行业发展态势

自20世纪80年代从国外引进融资租赁商业模式后，从融资租赁合同余额即业务量来看，融资租赁行业发展迅速，近年来增长率达30%~40%。据《2017年中国融资租赁业发展报告》，全国融资租赁企业（不含单一项目公司、分公司、SPV公司和收购海外的公司）总数约为9 090家，较上年增加了1 954家，同比增长27.4%。另据原银监会的数据，2017年底已成立的金融租赁公司达66家（不含3家金融租赁专业子公司）。

由发展势头可知，融资租赁在我国有广阔的市场前景。然而，观察融资租赁渗透率这一重要指标，我国租赁行业发展与世界发达国家还存在巨大差距。行业的整体发展并没有与我国经济增长相适应；与国际同行比，我国租赁业还处于起步阶段；而与我国庞大的固定资产投资相比，租赁业还有较大的提升空间。

从市场需求方面看，国内中小企业面临融资难、经营范围窄等问题，而融资租赁业的兴起能有效解决这个难题，并且企业这种需求巨大，必然能促进融资租赁业的发展。当然，随着融资租赁行业规模的急剧膨胀，积弊也开始显现：目前融资租赁行业约有七成是空壳企业，融资难、人才匮乏、监管制度不健全等问题日益凸显。尤其售后回租业务的急剧扩张，这种本身就颇具争议的融资租赁业务模式也在为融资租赁行业埋下莫大的风险隐患。

第三节 新监管导向下的租赁新时代

时光的年轮指向 2018 年，为进一步强化金融监管，具有金融活动属性的租赁行业也随即迎来了政府强监管时代。

一、新监管格局下的租赁行业变化

2018 年 5 月，租赁行业开始纳入新整编设立的中国银保监会统一监管，由商务部和银监会分别监管内外资融资租赁公司和金融租赁公司的时代已结束，三种类型租赁公司将接受统一监管。自 2018 年 10 月份以来，全国地方金融监管局开始密集挂牌，省一级地方金融监管机构相继问世，对于租赁公司而言，这也进入了在中国银保监会和地方金融监管机构分别监管的时代。规模与市场巨大的金融租赁公司接受中国银保监会的监管，而数量较多的中小租赁公司则由地方金融监管局实施监管。

在监管转型的新时期，传统的租赁业务拐点也已出现，回归租赁本源、寻求创新发展，成为整个行业的发展诉求。面对新环境和新规则，如何进一步正确认识监管的重要性和必要性，成为业内租赁公司需共同思考的关键性问题。

二、统一监管是行业发展必然结果

目前，我国融资租赁公司数量大约在 1 万家左右，整个租赁市场体量也迈上了 6 万亿元的台阶。在过去 10 年间，行业发展规模如此迅速，总体上说，租赁业整体发展情况是健康、良好的，应对其持肯定的态度。尤其在服务实体经济和扶持中小企业发展等问题上，融资租赁行业对于国家经济的贡献有目共睹。但同时也要注意到，在快速发展的过程中也积累了一些风险问题。有业内人士坦言，一方面，行业内存在一些"三无"公司，即无资金、无人才、无业务的空壳公司，不利于整个行业良性发展；另一方面，业内也存在着同质化竞争、低质量资产和类信贷业务等共性化问题。目前，行业面临着两大关键性问题，一是监管政策的变化；二是市场大环境的变化。从国家层面来看，加强金融监管、促进金融行业发展脱虚向实、服务实体经济、防范金融风险是当前金融行业发展的关键词。面对这一行业发展现状和宏观金融监管的升级，融资租赁行业已走到转型调整的阶段，也需要重新审视原有的监管模式。监管的转型是行业发展的需要，也是其发展的必然结果。

三、借力监管夯实自身发展实力

统一监管后，将有利于规范企业行为、防范经营风险，形成规范有序的行业环境，整个租赁行业的整体形象也会逐步改善。租赁公司需要团结自身，细化行业，建立起符合行业净化的规则，将那些打着租赁名义却不做业务的"三无公司"清理出行业，让行业走到一个更规范、更干净的发展轨道上来。

需要看到的是，整体监管格局的调整会起到正本清源的作用，但同时也给租赁公司整体的经营管理能力带来了挑战。尤其是对于管理不规范或需要迅速转型的企业，可以通过监管来实现凤凰涅槃和浴火重生。因此，应对新的监管规则，租赁公司需要进一步强化内功，回归本源，调整发展思路，不断提升专业化发展能力。

四、分类适度管理成业内诉求

随着统一监管政策的重磅落地和地方金融监管局纷纷挂牌，租赁行业监管细则陆续出台。其中，实行对融资租赁行业分类适度监管和功能统一下的差异化监管，成为重要特征。新的监管制度应该紧密围绕保持行业总体稳定、保持适度化管理和特色化管理，进而把租赁公司做强、做大、做专。

总体上应按照市场化和可持续发展的原则，创造一个公平竞争的市场化环境。具体到操作层面，以下几个方面需要和政府监管部门沟通以及业内的共同努力；统一融资租赁的定义、属性和营业范围；依法建设融资租赁相关法律法规；确定融资租赁交易结构及税法监管等。就监管规范方面来看，可以规范企业的经营资格、股东资格，建立企业内部控制体系，对信息披露的要求进行明确，建立租赁资产五级分类及损失拨备制度等。

第七章
租赁会计准则解读

本章精要

在中国现行会计准则力求与国际准则实现接轨或者说趋同的环境下，对于租赁领域的会计核算自然也实施了思路主核算模式的趋同。本章将偏重于理论体系与科学性的认知和探索，主要针对既有租赁准则内存在问题及其改进而提供一个学习、讨论的延伸性学习材料。

第一节，主要探讨租赁准则的基本态势。从中国租赁准则与国际准则的进程互动来分析中国租赁准则和国际租赁准则的进步步伐与历史节拍，便于更好地理解其改革的进化要求。

第二节，主要探讨租赁准则的改革导向，包括改革的目的、实质性改革的着力之处、改革情形下承租企业与出租企业会计核算常用的租赁会计专业术语。

第三节，主要探讨租赁准则改革后的会计落地重点。

在《企业会计准则第21号——租赁》（2006版）发布实施后，租赁行业逐步暴露出一些问题，该准则自身科学性的欠缺也渐渐显露出来，其中最大的问题在于根据与资产所有权有关的全部风险和报酬是否转移而将租赁分为融资租赁和经营租赁。相应地，对于融资租赁，承租人应当在资产负债表中确认租入资产和相关负债，而对于经营租赁，承租人在资产负债表中不确认其取得的资产使用权和租金支付义务。这样的准则与制度框架，势必会导致经营租赁并不被纳入承租人资产负债表，表外资产与表外负债同时存在，导致其财务报表无法全面反映因租赁交易取得的权利和承担的义务。融资租赁与经营租赁会计处理的差异以及明线划分标准的存在，就是一种"操作空间"。这将为实务中构建交易以符合特定租赁的定义创造了动力和机会，从而导致经济实质相同的交易会计处理迥异，降低了财务报表的可比性。而国际会计准则理事会发布了《国际财务报告准则第 16 号——租赁》亦已经对此修改，并从自 2019 年 1 月 1 日起实施。新国际准则取消了承租人关于融资租赁与经营租赁的分类，要求承租人对所有租赁（选择简化处理的短期租赁和低价值资产租赁除外）确认使用权资产和租赁负债，并分别确认折旧和利息费用，同时也改进了出租人的信息披露。

第一节　既有租赁准则的基本态势

分析租赁准则，不能脱离其特有的制度设计"路径依赖"。租赁作为一种商业模式，是 20 世纪引进于国外的。2001 年财政部发布了《企业会计准则——租赁》指南，这是中国对租赁业务首次进行准则性规范；2006 年我国在原来企业会计准则基础上正式发布了包括 1 项基本准则和 39 项新会计准则在内的《企业会计准则》，其中包含《企业会计准则第 21 号——租赁》，其精神灵魂主要来自国际会计准则的相应条款。

一、租赁会计准则的既有条款

曾几何时，国际会计准则理事会（IASB）和美国财务会计准则委员会（FASB）都致力于制定高质量的会计准则，首当其冲的就是租赁会计准则。其实，学者和专业人士对准则的探索之路一刻也没有停止过。2006 年 7 月，IASB 连同 FASB 开始了对租赁准则的修订。2009 年 3 月 19 日，IASB 和 FASB 联合发布了代表初步修订意见的《租赁（讨论稿）》（DP/2009/1）。由于这一租赁准则按照"风险和报酬"标准将租赁分为经营租赁和融资租赁，直接导致了在经营租赁框架下所滋生的表外融资问题日益严重，并饱受诟病。尤其是 2008 年美国金融危机后，企业构造合约将租赁确认为经营租赁并利用经营租赁进行表外融资成为一个引起多方面关注的热点问题，这种经营租赁与融资租赁的"两分法"态势，决定了既有租赁会计准则的改革势在必行。此后，于 2010 年 8 月发布《租赁会计准则改革征求意见稿》，并于 2013 年 5 月再次发布《租赁会计准则改革征求意见稿》，两次向全球征集意见，然而并没有得到普遍认可，争议仍然存在。IASB 经过多年大量的研究，终于在 2016 年 1 月

13 日发布最终版的租赁准则,并明确表态新版租赁准则将于 2019 年 1 月 1 日开始施行。

总之,在中国 2006 年实施《企业会计准则》之前,IAS17、FAS13 已经实施多年并持续完善着;中国 2006 版《企业会计准则》关于租赁准则(CAS21)实现了与国际准则的实质趋同,并将按照会计准则持续趋同路线图(见图 7-1)的规划进行相应修订。经过市场的检验之后,国际租赁会计准则已经进行了持续修订与完善,即将从"两租分开(融资租赁与经营租赁)"改变为"两租合一"。毫无疑问,国际会计准则这一参照系发生了改变,预示着我国租赁会计准则也将进行完善,以保持新的趋同。

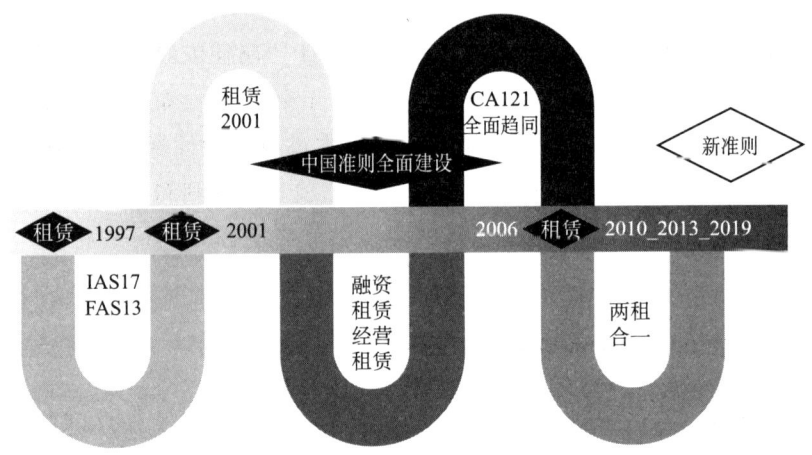

图 7-1　国际租赁准则与中国租赁准则建设进程概况图

二、既有会计准则的改革动因

既有租赁准则的缺陷,在于根据与资产所有权有关的全部风险和报酬是否转移而将租赁分为融资租赁和经营租赁,从而导致经营租赁未纳入承租人的资产负债表,为现实中构建交易以符合特定租赁的定义创造了动力和机会。现具体对租赁准则修订的驱动因素进行分析。

(一) 从会计信息披露看,质量受到影响

会计信息质量是准则设计的第一导向,必须首先考虑,而租赁会计准则所生成的会计信息质量却受到广泛的诟病,其主要缺陷表现在:

(1) 相关性不足,会计信息缺乏决策有用性。按照既有租赁会计准则,

"经营租赁"的承租人不需要在资产负债表中确认和反映经营租赁中获得的资产使用权利与对应的支付租金义务，这本质上被认定为是一种表外业务。由此而生成的会计信息人为地缩小了负债规模，不利于相应的经营决策。

（2）可靠性降低，财务信息失真。既有租赁准则规定，通常承租人只需在租赁期的各个期间内将租赁费用费用化，并在报表附注中披露少量相关信息即可。这种表外租赁业务对会计主体的影响重大，尤其是当企业持有大量期限较长的经营租赁时，费用化方法无法如实反映企业经营租赁业务的经济实质，影响财务信息使用者对会计主体的盈利能力和财务状况的判断。此外，既有租赁准则要求承租人将租赁分为融资租赁或经营租赁，这相当于给予承租人选择会计处理方法的机会，承租人通过主观判断或设计租赁安排方式，轻易改变租赁的分类，达到表内业务表外化或者表外业务表内化的效果。这就导致财务信息被扭曲、失真，降低可靠性。

（3）可比性不强，导致业务会计杂乱。既有租赁准则使对经济实质类似的租赁交易的会计处理可能会截然不同，减弱了不同企业之间财务信息的可比性。从经济实质来看，在一项租赁合同中，承租人获得租赁物使用权和承担支付租金的义务，出租人承担提供使用权的义务和获得收取租金的权利，这种特性与租赁物的全部风险和报酬是否实质性转移无关。但是，既有准则却按"风险报酬"标准将租赁分为融资租赁与经营租赁两大类，规定了"要么全有，要么全无"的截然不同的会计处理模式。换言之，既有准则区分两类租赁的经济实质其实是一致的，然而，同一会计主体却可以根据自身目的对类似租赁业务采用完全不同的会计分类，相同业务会计处理不一，降低了可比性。此外，不同会计主体对类似的租赁业务的全部风险和报酬实质性是否转移的判断也不尽相同，导致租赁业务的不同分类及后续会计处理，直接影响不同会计主体之间相似租赁交易的可比性。

（二）从风险报酬标准看，基础存在瑕疵

既有会计准则"两租"分类的判断标准是在租赁交易与资产所有权有关的全部风险和报酬是否实质性转移，即通常所说的"风险报酬"标准。在"风险报酬"理论观点下，融资租赁是与租赁资产所有权有关的风险和报酬全部实质性转移的一种租赁，承租人需在其资产负债表中确认相关的资产和负债；除融资租赁外的租赁归类为经营租赁，权利和义务都不被确认，承租人只在附注中进行披露即可。这种"两租"分类的形式使承租人对租赁资产的

所有权"要么全有，要么全无"，没有中间状态。但租赁的本质是在约定的期间内，出租人让渡资产的使用权和收益权（不含占有权和处分权）于承租人以取得租金的协议，这说明"风险报酬"标准非此即彼的思想与租赁的客观事实不符。

此外，"风险报酬"标准与财务会计概念框架中资产和负债的定义不相吻合。该分类标准强调，与租赁资产相关的全部风险和报酬转移，即承租人获得租赁资产的"经济所有权"时，才可在表内对其进行相关的确认和核算。但是通过参与一项租赁交易，承租人获得对资产使用权的控制权，也就是说，承租人在租赁期内实际占有和使用租赁资产，出租人在租赁期内不能再占用租赁资产。该权利符合IASB/FASB对资产的定义"因过去的事项而产生、为主体所控制、预期将为该主体带来未来经济利益的资源"；同时，承租人承担无条件支付租金的义务，这意味着承租人不能终止租约，退还租赁资产，不付租金，该义务符合IASB/FASB对负债的定义"会计主体因过去的事项而产生，其清偿预期将导致能带来经济利益的资源流出该主体的现时义务"。由此可以看出，既有租赁会计准则与会计基本概念相悖，这在理论上是一个很大的缺陷。

（三）从内部管理操纵看，容易构造交易

既有租赁会计准则确认的融资租赁在经济意义上类似于购买，并需在承租人的财务报表中确认；而把除融资租赁外的其他所有租赁归类为经营租赁，不需在承租人报表中报告。这种会计处理方法显然忽视了经营租赁产生的支付义务与融资租赁或其他金融负债类似，将导致大量租赁没有纳入承租人资产负债表，进而使得承租人的资产负债率、权益乘数等财务杠杆比率被低估。

融资租赁和经营租赁的划分过于依赖"界限"标准和主观判断，从而为企业提供了虚构交易以达到某一特定租赁分类的机会。比如，高估租赁资产未担保余值使最低租赁付款额的现值小于初始租赁资产公允价值的90%，如达到"89%"，其与"90%"在经济意义上的区别很小，但两者却导致财务报表的很大区别，前者不需要在财务报表上反映资产和负债，而后者则需要在财务报表上反映。这样，就将实质上为融资租赁的业务划分为经营租赁，从而达到表外融资的目的，这就是典型的操纵手段。可见，准则的导向效应是强烈的。

（四）从会计操作规定看，过于复杂难辨

既有租赁准则对融资租赁的会计处理比较复杂，加大了会计人员及信息使用者理解和掌握租赁会计处理方法的难度。会计信息使用者难以将出租人和承租人的同一笔租赁业务对应起来，不便于理解和深入分析。另外，准则规定计算最低租赁付款额现值时，承租人通常应采用其增量借款利率，除非出租人的租赁内含利率便于获得且低于其增量借款利率，承租人才能使用租赁内含利率；而出租人多采用租赁内含利率。这就很可能导致同一笔租赁业务的资本化价值因为承租人和出租人选择不同利率而产生不一致的结果。

基于上述分析，可以合理地认为既有租赁会计准则并非高质量的，其滋生缺陷的根源在于采用了"风险报酬"标准对租赁进行强制性的分类，且对两类租赁业务按照"要么全有、要么全无"的模式进行会计处理。制定合理的分类标准或依据是一切租赁业务会计处理的前提，但是既有融资租赁与经营租赁的分类标准的"界限"让人费解。FAS13 中规定的租赁资产公允价值的 90% 或租赁资产经济寿命的 75%，都是缺乏充分的理论依据的，只是主观臆断的产物。而 IAS17 规定"租赁期满资产经济寿命的大部分""最低租赁付款额的现值几乎相当于租赁资产的公允价值"等，这些原则性的划分标准，很容易出现模棱两可的分类情况，导致会计人员"随意"分类，利益相关者"不明真相"。这些问题终将造成租赁会计准则要做出彻底性的变化。

第二节 租赁会计准则的改革导向

一、租赁会计准则改革目的

现代经济中的租赁交易多是出于融资目的，但是绝大多数租赁合同并不纳入资产负债表，像铁路、航空等很多公司，其表外融资金额相当可观。如果一家公司为购买资产而以贷款的形式向银行或银行的附属机构进行融资，贷款就会被记录进公司账簿，而进行实质上同为融资只是名称为租赁的业务后，它就在账簿上奇迹般地消失了。正如 IASB 主席胡格沃斯特 2012 年 11 月 6 日在《会计协调和全球经济后果》中所指出的，"如果一个东西看起来像只鸭子，像鸭子一样游泳，叫起来也像只鸭子，那这就应该是一只鸭子；租赁

或其他负债的情况也是如此"。只享有权益不承担责任的现象是不应该持久的，租赁也是这样。现代租赁发挥着日益重要的作用，已成为与信贷融资、股权融资并称的三大金融融资工具。但是，从本章第一节中可以看出其存在种种弊端，租赁会计处理的方法饱受争议，彻底改革既有租赁会计准则势在必行。

总的来说，各利益相关方主要希望 IASB 牵头的租赁准则修订项目可以实现以下几个目的：一是解决表外融资带来的诸多问题。由于没有纳入承租人资产负债表，大量经营租赁变成了表外融资，使得企业财务报告缺乏真实性、可比性和决策有用性，掩盖了财务风险，给外界传递过于乐观的经营业绩。这一方面对信息使用者是不公平的；另一方面，可能会使企业管理层忽视经营租赁伴随的偿债义务和现金流恶化风险。因此，如何改革准则以解决表外融资带来的诸多问题是重中之重。二是杜绝虚构交易现象。既有准则"两租"分类法给企业创造了虚构交易、操纵利润的机会，应杜绝这种有失公平的做法。三是加大信息披露充分性。目前有关经营租赁的披露严重不足，缺乏出租人租赁资产的残值信息，这些披露不充分的情况广受指责，应着力改正。四是增强准则可理解性。以 IAS17/FAS13 为代表的既有租赁会计准则及一系列修正或补充公告及解释规定的租赁会计处理比较复杂，此外，关于租赁的分类、定义和范围、承租人会计处理和出租人会计处理等方面的规定，存在不完全协调一致的情况。这些增加了理解准则的难度，理论学者、实务经理和报表使用者等纷纷提出简化现行租赁准则的普遍诉求，理应关注。

二、改革的实质性变化

由于租赁会计准则直接关系到会计处理，关系到"两租合一"，并将已识别资产使用权（即租赁资产）全面纳入资产负债表中，因此，这一根本立场的改变势必改写了租赁资产的识别与判断、拆分与合并、租赁期等基础概念的确立。

（一）租赁的识别

1. 租赁定义的学理界定

租赁，是指在一定期间内，出租人将资产的使用权让与承租人以获取对价的交易活动。而该资产属于已识别资产，并且租赁合同也必须要满足三要素：一是存在一定期间；二是存在已识别资产；三是资产供应方向客户转移对已识别资产使用权的控制。其中，关于如何界定"已识别资产"，则需要进一步具体辨析。

2. 已识别资产

对于已经识别资产，需要分三个层级递进判断：

第一层级是对资产的指定。已识别资产通常由合同明确指定，也可以在资产可供客户使用时隐性指定。

第二层级是物理可区分。以产能与物理区分的联动关系为标杆，如果资产的部分产能在物理上可区分，则该部分产能属于已识别资产；如果资产的某部分产能与其他部分在物理上不可区分，则该部分不属于已识别资产，除非其实质上代表该资产的全部产能，从而使客户获得因使用该资产所产生的几乎全部经济利益的权利。

第三层级是实质性替换权。即使合同已对资产进行指定，如果资产供应方在整个使用期拥有对该资产的实质性替换权，则该资产不属于已识别资产。资产供应方拥有在整个使用期替换资产的实际能力，且通过行使替换资产的权利将获得经济利益。

3. 客户是否控制已识别资产使用权的判断

为确定合同是否让渡了在一定期间内控制已识别资产使用的权利，企业应当评估合同中的客户是否有权获得在使用期因使用已识别资产所产生的几乎全部经济利益，并有权在该使用期主导已识别资产的使用。需要分两个层级进行判断，一是客户是否有权获得因使用资产所产生的几乎全部经济利益；二是客户是否有权主导资产的使用。

4. 评估流程

综合上述三个方面的递进阐述，在租赁合同开始日，企业应该依照《企业会计准则第 21 号——租赁》，全面评估合同是否为租赁或是否包括租赁，从而确定如何进行会计核算。其相应的分析判断思维如图 7-2 所示。

（二）租赁的分拆与合并

1. 租赁的分拆

租赁合同中同时包含多项单独租赁的，承租人和出租人应当将合同予以分拆，并分别各项单独租赁进行会计处理。合同中同时包含租赁和非租赁部分的，承租人和出租人应当将租赁和非租赁部分进行分拆。分拆时，各租赁部分应当分别按照租赁准则进行会计处理，非租赁部分应当按照其他适用准则处理。

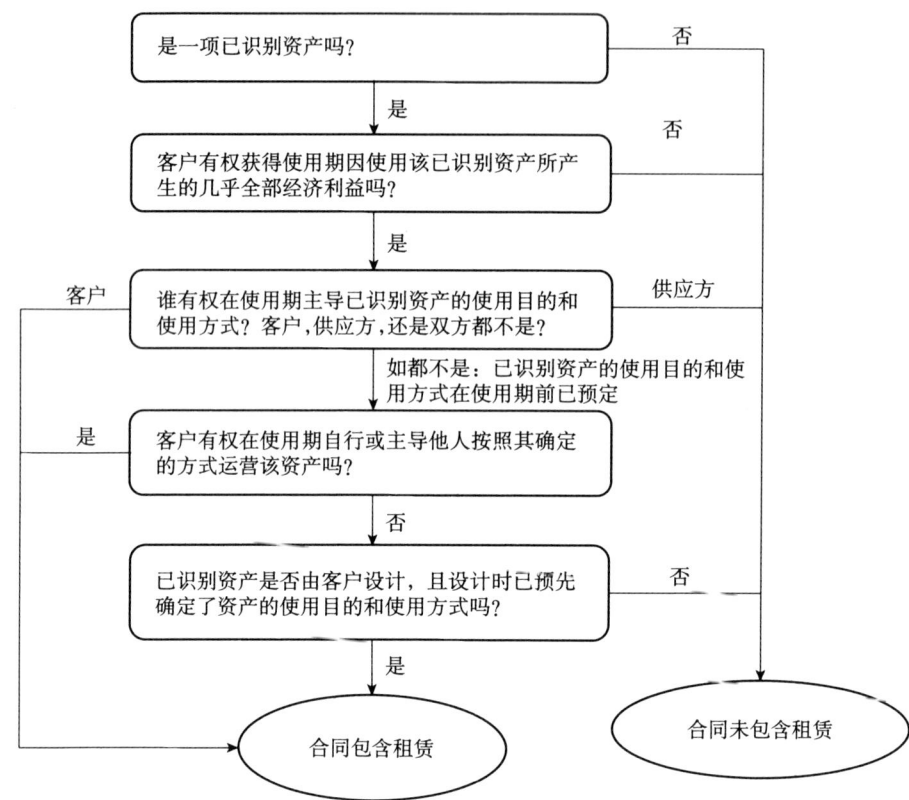

图7-2 租赁会计准则下租赁合同分析判断流程图

同时符合下列条件，使用已识别资产的权利构成合同中的一项单独租赁：其一，承租人可从单独使用该资产或将其与易于获得的其他资源一起使用中获利；其二，该资产与合同中的其他资产不存在高度依赖或高度关联关系。

2. 租赁的合并

企业与同一交易方或其关联方在同一时间或相近时间订立的两份或多份包含租赁的合同，在满足下列条件之一时，应当合并为一份合同进行会计处理：该两份或多份合同基于总体商业目的而订立并构成一揽子交易，若不作为整体考虑则无法理解其总体商业目的；该两份或多份合同中的某份合同的对价金额取决于其他合同的定价或履行情况；该两份或多份合同让渡的资产使用权合起来构成一项单独租赁。

两份或多份合同合并为一份合同进行会计处理的，仍然需要区分该一份合同中的租赁部分和非租赁部分。

（三）租赁期

租赁期是指承租人有权使用租赁资产且不可撤销的期间。承租人有续租选择权，即有权选择续租该资产，且合理确定将行使该选择权的，租赁期还应当包含续租选择权涵盖的期间；承租人有终止租赁选择权，即有权选择终止租赁该资产，但合理确定将不会行使该选择权的，租赁期应当包含终止租赁选择权涵盖的期间。

1. 租赁期开始日

租赁期自租赁期开始日起计算。租赁期开始日，是指出租人提供租赁资产使其可供承租人使用的起始日期。如果承租人在租赁协议约定的起租日或租金起付日之前，已获得对租赁资产使用权的控制，则表明租赁期已经开始。租赁协议中对起租日或租金支付时间的约定，并不影响租赁期开始日的判断。

2. 不可撤销期间

在确定租赁期和评估不可撤销租赁期间时，应根据租赁条款约定确定可强制执行合同的期间。

如果承租人和出租人双方均有权在未经另一方许可情况下终止租赁，且罚款金额不重大，则该租赁不再可强制执行。如果只有承租人有权终止租赁，则在确定租赁期时，应将该项权利视为承租人可行使的终止租赁选择权予以考虑。如果只有出租人有权终止租赁，则不可撤销的租赁期包括终止租赁选择权所涵盖的期间。

3. 续租选择权和终止租赁选择权

在租赁期开始日，企业应当评估承租人是否合理确定将行使续租或购买标的资产的选择权，或将不行使终止租赁选择权。在评估时，企业应当考虑对承租人行使续租选择权或不行使终止租赁选择权带来经济利益的所有相关事实和情况，包括自租赁期开始日至选择权行使日之间的事实和情况的预期变化。

需考虑的因素包括但不限于以下方面：与市价相比，选择权期间的合同条款和条件；在合同期内，承租人进行或预期进行重大租赁资产改良的，在可行使续租选择权、终止租赁选择权或者购买租赁资产选择权时，预期能为承租人带来的重大经济利益；与终止租赁相关的成本；租赁资产对承租人运营的重要程度；与行使选择权相关的条件及满足相关条件的可能性。

购买选择权的评估方式应与续租选择权或终止租赁选择权的评估方式相

同，购买选择权在经济上与将租赁期延长至租赁资产全部剩余经济寿命的续租选择权类似。比如，某电子设备公司签订了一份设备租赁合同，包括 5 年不可撤销期限和 2 年期固定价格续租选择权，续租选择权期间的合同条款和条件与市价接近，没有终止罚款或其他因素表明承租人合理确定将行使续租选择权。因此，在租赁期开始日，确定租赁期为 5 年。而如果合同约定，承租人花费大量资金对该租赁设备系统进行了改良，预计在 4 年结束时租赁资产改良仍将具有重大价值，且该价值仅可通过继续使用租赁资产实现，那么，承租人合理确定将行使续租选择权，因为如果在 5 年结束时放弃该租赁资产改良，将蒙受重大经济损失。因此，在租赁开始时，承租人确定租赁期为 7 年。

4. 对租赁期和购买选择权的重新评估

依据租赁会计准则，发生承租人可控范围内的重大事件或变化，且影响承租人是否合理确定将行使相应选择权的，承租人应当对其是否合理确定将行使续租选择权、购买选择权或不行使终止租赁选择权进行重新评估，并根据重新评估结果修改租赁期。这种重大事件或变化包括但不限于下列情形：一是在租赁期开始日未预计到的重大租赁资产改良，在可行使续租选择权、终止租赁选择权或购买选择权时，预期将为承租人带来重大经济利益；二是在租赁期开始日未预计到的租赁资产的重大改动或定制化调整；三是承租人做出的与行使或不行使选择权直接相关的经营决策。例如，决定续租互补性资产、处置可替代的资产或处置包含相关使用权资产的业务。

如果不可撤销的租赁期间发生变化，企业应当修改租赁期。例如，在下述情况下，不可撤销的租赁期将发生变化：一是承租人实际行使了选择权，但该选择权在之前企业确定租赁期时未涵盖；二是承租人未实际行使选择权，但该选择权在之前企业确定租赁期时已涵盖；三是某些事件的发生，导致根据合同规定承租人有义务行使选择权，但该选择权在之前企业确定租赁期时未涵盖；四是某些事件的发生，导致根据合同规定禁止承租人行使选择权，但该选择权在之前企业确定租赁期时已涵盖。

与此同时，租赁会计准则的修改，势必会改变承租人的预期，一些承租人担心经营租赁失去表外融资的功能而放弃租赁行为，因而租赁市场会有一定萎缩、退出壁垒很高，这都是出租人必将面临的挑战。相应地，出租人需要更好地反映出企业风险管理能力和市场应对能力，从而也可以向投资者传递良好信息，进而促使我国租赁业整体的抗风险能力提高。

第三节 租赁公司会计概述

租赁会计作为反映和监督市场租赁业务活动的信息系统，必然与租赁活动产生互动与历史性的映射关系。我国租赁业的发展相对较晚，作为一般企业约束其租赁业务活动的核算制度，也都或多或少地体现在统一的会计制度中，并随着租赁市场的扩大而逐步发育完美的。

一、租赁核算的制度演进

财政部在1982年专门就租赁费的财务处理制定暂行规定。1985年发布的《中外合资工业企业会计科目和会计报表》中，首次根据国际通行的租赁会计规范，开始对金融租赁资产进行相应的核算。1993年，中国首部《企业会计准则》和《企业财务通则》问世，提出了租入固定资产改造支出应当在租赁期内平均摊回。2001年1月1日，财政部发布了八项会计准则，其中的《企业会计准则——租赁》更是第一次将租赁业务进行了独立完整的制度规范。随着2006年会计准则体系启动，《企业会计准则第21号——租赁》进一步进入企业会计的视野，不论是一般企业的租赁业务，还是租赁公司的正常业务，都进入了新的专业准则的约束时期。2018年底，新的《企业会计准则第21号——租赁》正式发布，显示出租赁公司会计核算的准则依据又进入了一个全新的时代。因此，应分析2006年的租赁准则与2018年之间的演化过程，以便于全面理解其背景，更好地掌握新准则的精神内含。

根据租赁准则、财务报表列报及其应用指南的要求，租赁公司应当执行商业银行财务报表格式和附注规定，如有特别需要，可以结合本企业的实际情况进行必要调整和补充。

二、租赁业务核算的会计科目设置

企业通常应当设置以下科目，正确记录和反映企业发生的租赁业务。

（一）出租人需要设置和使用的相关会计科目

1. "融资租赁资产"科目

租赁公司应设置"融资租赁资产"科目，核算租赁企业作为出租人为开展融资租赁业务取得资产的成本。租赁业务不多的企业，也可通过"固定资产"等科目核算。租赁企业和其他企业对于融资租赁资产在未融资租赁期间的会计处理遵循固定资产准则或其他适用的会计准则。该科目可按租赁资产类别和项目进行明细核算。

出租人购入和以其他方式取得融资租赁资产的，借记本科目，贷记"银行存款"等科目。在租赁期开始日，出租人应当按尚未收到的租赁收款额，借记"应收融资租赁款——租赁收款额"科目，按预计租赁期结束时的未担保余值，借记"应收融资租赁款——未担保余值"科目，按已经收取的租赁款，借记"银行存款"等科目，按融资租赁方式租出资产的账面价值，贷记本科目；融资租赁方式租出资产的公允价值与账面价值的差额，借记或贷记"资产处置损益"科目；按发生的初始直接费用，贷记"银行存款"等科目；差额贷记"应收融资租赁款——未实现融资收益"科目。本科目期末借方余额，反映企业融资租赁资产的成本。

2. "应收融资租赁款"科目

租赁公司应设置"应收融资租赁款"科目，核算出租人融资租赁产生的租赁投资净额。本科目可分别设置"租赁收款额""未实现融资收益""未担保余值"等进行明细核算。租赁业务较多的，出租人还可以在"租赁收款额"明细科目下进一步设置明细科目核算。在租赁期开始日，出租人应当按尚未收到的租赁收款额，借记"应收融资租赁款——租赁收款额"科目，按预计租赁期结束时的未担保余值，借记"应收融资租赁款——未担保余值"科目，按已经收取的租赁款，借记"银行存款"等科目，按融资租赁方式租出资产的账面价值，贷记"融资租赁资产"等科目，按融资租赁方式租出资产的公允价值与其账面价值的差额，借记或贷记"资产处置损益"科目，按发生的初始直接费用，贷记"银行存款"等科目，差额贷记"应收融资租赁款——未实现融资收益"科目。企业认为有必要对发生的初始直接费用进行单独核算的，也可以按照发生的初始直接费用的金额，借记"应收融资租赁款——初始直接费用"科目，贷记"银行存款"等科目；然后借记"应收融资租赁款——未实现融资收益"科目，贷记"应收融资租赁款——初始直接费用"科目。出租人在确认租赁期内各个期间的利息收入时，应当借记"应收融资租赁款——未实现融资收益"科目，贷记"租赁收入——利息收入""其他业务收入"等科目。出租人收到租赁收款额时，应当借记"银行存款"科目，贷记"应收融资租赁款——租赁收款额"科目。"应收融资租赁款"科目的期末借方余额，反映未担保余值和尚未收到的租赁收款额的现值之和。需要注意的是，"应收融资租赁款"余额在"长期应收款"项目中填列，其中，自资产负债表日起一年内（含一年）到期的，在"一年内到期的非流动资产"项目中填列。出租业务较多的出租人，也可在"长期应收款"项目下单独列示为"其中：应收融资租赁款"。

3. "应收融资租赁款减值准备"科目

租赁公司应设置"应收融资租赁款减值准备"科目，核算应收融资租赁款的减值准备。应收融资租赁款的预期信用损失，按应减记的金额，借记"信用减值损失"科目，贷记本科目。转回已计提的减值准备时，作相反的会计分录。本科目期末贷方余额，反映应收融资租赁款的累计减值准备金额。

4. "租赁收入"科目

租赁公司应设置"租赁收入"科目，核算租赁企业作为出租人确认的融资租赁和经营租赁的租赁收入。一般企业根据自身业务特点确定租赁收入的核算科目，如"其他业务收入"科目等。本科目可按租赁资产类别和项目进行明细核算。

出租人在经营租赁下，将租赁收款额采用直线法或其他系统合理的方法在租赁期内进行分摊确认时，应当借记"银行存款""应收账款"等科目，贷记"租赁收入——经营租赁收入"科目。出租人在融资租赁下，在确认租赁期内各个期间的利息收入时，应当借记"应收融资租赁款——未实现融资收益"科目，贷记"租赁收入——利息收入""其他业务收入"等科目。出租人为金融企业的，在融资租赁下，在确认租赁期内各个期间的利息收入时，应当借记"应收融资租赁款——未实现融资收益"科目，贷记"利息收入"等科目。出租人确认未计入租赁收款额的可变租赁付款额时，应当借记"银行存款""应收账款"等科目，贷记"租赁收入——可变租赁付款额"科目。期末，应将本科目余额转入"本年利润"科目，结转后本科目无余额。

对于日常经营活动为租赁的企业，其利息收入和租赁收入可以作为营业收入列报。

（二）承租人需要设置和使用的相关会计科目

1. "使用权资产"科目

承租人应该设置"使用权资产"科目，核算承租人持有的使用权资产的原价。本科目可按租赁资产的类别和项目进行明细核算。在租赁期开始日，承租人应当按成本借记本科目，按尚未支付的租赁付款额的现值贷记"租赁负债"科目；对于租赁期开始日之前支付租赁付款额的（扣除已享受的租赁激励），贷记"预付账款"等科目；按发生的初始直接费用，贷记"银行存款"等科目；按预计将发生的为拆卸及移除租赁资产、复原租赁资产所在场地或将租赁资产恢复至租赁条款约定状态等成本的现值，贷记"预计负债"科目。在租赁期开始日后，承租人按变动后的租赁付款额的现值重新计量租赁负债的，当租赁负债增加时，应当按增加额借记本科目，贷记"租赁负债"科目；除特殊情形外，当租赁负债减少时，应当按减少额借记"租赁负债"科目，贷记本科目；若使用权资产的账面价值已调减至零，应当按仍需进一步调减的租赁负债金额，借记"租赁负债"科目，贷记"制造费用""销售费用""管理费用""研发支出"等科目。租赁变更导致租赁范围缩小或租赁期缩短的，承租人应当按缩小或缩短的相应比例，借记"租赁负债""使用权资产累计折旧""使用权资产减值准备"科目，贷记本科目，差额借记或贷记"资产处置损益"科目。企业转租使用权资产形成融资租赁的，应当借记"应收融资租赁款""使用权资产累计折旧""使用权资产减值准备"科目，贷记本科目，差额借记或贷记"资产处置损益"科目。本科目期末借方余额，反映承租人使用权资产的原价。承租人应当在资产负债表中单独列示"使用权资产"项目。

2. "使用权资产累计折旧"科目

承租人应设置"使用权资产累计折旧"科目，核算使用权资产的累计折旧。本科目可按租赁资产的类别和项目进行明细核算。承租人通常应当自租赁期开始日起按月计提使用权资产的折旧，借记"主营业务成本""制造费用""销售费用""管理费用""研发支出"等科目，贷记本科目。当月计提确有困难的，也可从下月起计提折旧，并在附注中予以披露。因租赁范围缩小、租赁期缩短或转租等原因减记或终止确认使用权资产时，承租人应同时结转相应的使用权资产累计折旧。本科目期末贷方余额，反映使用权资产的累计折旧额。

3. "使用权资产减值准备"科目

承租人应设置"使用权资产减值准备"科目，核算使用权资产的减值准备。本科目可按租赁资产的类别和项目进行明细核算。使用权资产发生减值的，按应减记的金额，借记"资产减值损失"科目，贷记本科目。因租赁范围缩小、租赁期缩短或转租等原因减记或终止确认使用权资产时，承租人应同时结转相应的使用权资产累计减值准备。使用权资产减值准备一旦计提，不得转回。本科目期末贷方余额，反映使用权资产的累计减值准备金额。

4. "租赁负债"科目

承租人应设置"租赁负债"科目，核算承租人尚未支付的租赁付款额的现值。本科目可分别设置"租赁付款额""未确认融资费用"等进行明细核算。在租赁期开始日，承租人应当按尚未支付的租赁付款额，贷记"租赁负债——租赁付款额"科目；按尚未支付的租赁付款额的现值，借记"使用权资产"科目；按尚未支付的租赁付款额与其现值的差额，借记"租赁负债——未确认融资费用"科目。承租人在确认租赁期内各个期间的利息时，应当借记"财务费用——利息费用""在建工程"等科目，贷记"租赁负债——未确认融资费用"科目。承租人支付租赁付款额时，应当借记"租赁负债——租赁付款额"等科目，贷记"银行存款"等科目。在租赁期开始日后，承租人按变动后的租赁付款额的现值重新计量租赁负债的，当租赁负债增加时，应当按租赁付款额现值的增加额，借记"使用权资产"科目，按租赁付款额的增加额，贷记"租赁负债——租赁付款额"科目，按其差额，借记"租赁负债——未确认融资费用"科目；除特殊情形外，当租赁负债减少时，应当按租赁付款额的减少额，借记"租赁负债——租赁付款额"科目，按租赁付款额现值的减少额，贷记"使用权资产"科目，按其差额，贷记"租赁负债——未确认融资费用"科目；若使用权资产的账面价值已调减至零，应当按仍需进一步调减的租赁付款额借记"租赁负债——租赁付款额"科目，按仍需进一步调减的租赁付款额现值贷记"主营业务成本""制造费用""销售费用""管理费用""研发支出"等科目，按其差额，贷记"租赁负债——未确认融资费用"科目。租赁变更导致租赁范围缩小或租赁期缩短的，承租人应当按缩小或缩短的相应比例，借记"租赁负债——租赁付款额""使用权资产累计折旧""使用权资产减值准备"科目，贷记"租赁负债——未确认融资费用""使用权资产"科目，差额借记或贷记"资产处置损益"科目。"租赁负债"科目的期末贷方余额，反映承租人尚未支付的租赁付款额的现值。

第八章
租赁公司租赁业务核算

本章精要

融资租赁是当今租赁业发展的最高境界。通常所指的融资租赁会计核算也主要是金融租赁业务的会计核算。在租赁业务中，相对方总是出租人与承租人。本章分为三节来展开。

第一节是对融资租赁的分类、概念、专业术语、判断标准等的理解与掌握。

第二节是对融资租赁（出租人）的会计核算解读，包括出租人的初始计量和后续计量。利用实际利率法来在整个租赁期间科学分配未实现融资收益，是本节学习的一个重点，需要通过实践操作来全面落实掌握。

第三节是对经营租赁（承租人和出租人）的会计核算解读，包括初始确认、持有期间未确认融资费用的分摊核算过程。

第一节　融资租赁的分类与判断

融资租赁业务，实质上是融商品贸易、金融借贷为一体的综合性金融产品。出租人提供资本金融服务，而不是单纯商品租借服务。承租人通过租入资产使其在不需足够运营资本的情况下便取得资产使用权。租赁资产由承租人确定，出租人根据承租人意愿购入资产并拥有租赁资产的所有权，承租人根据租赁合同支付租金并取得资产的使用权。在租赁期间，承租人应承担租赁资产的保险费、维修费及折旧，租赁资产本身及其产生的损益和风险均由承租人承担。

一、融资租赁业务的相关当事人

租赁资产价值高、租赁期长，租赁程序也较为复杂，在整个租赁活动中，融资租赁业务通常涉及出租人、承租人和供应商三方，其三方关系如图8-1所示。

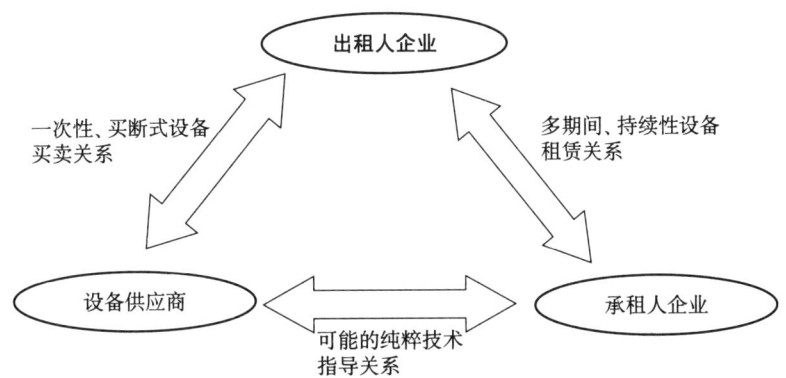

图8-1 融资租赁业务三方关系

作为承租人的一般企业在实施融资租赁时，首先要在对作为出租人的租赁公司资信情况进行深入了解的基础上，选择信誉好的租赁公司，并提出申请，说明租赁资产的名称、数量、性能、规格、交货期、付款方式等。作为出租人，租赁公司收到承租人的申请后，租赁双方将在租赁的程序及需要办理的相关手续、租金的计算方式、租金的支付期和支付方式等方面达成初步协议，在通过租赁项目审查以后，双方签订租赁合同。租赁资产的供货商根据供货合同规定的日期，将租赁的资产直接转交给承租人，承租人根据合同中规定的租金金额、支付日期、支付方式等条款，按期向租赁公司支付租金。在租赁期满时，租赁公司与承租人应根据租赁合同规定的有关条款，对租赁资产采取续租、留购或退还给租赁公司等相应的处理措施。因此，租赁活动中的主要关系包括三种关系：出租人企业（即租赁公司）与承租人之间的多期间、持续性设备租赁关系，出租人企业与设备供应商之间的一次性、买断式设备买卖关系，至于承租人企业与设备供应商之间，则是一种基于设备技术性能、使用维护方面的纯技术指导关系。第一种关系是主导性的，第二种关系是基础性的，第三种关系则是辅助性的。

二、融资租赁的业务分类

租赁公司为核算其发生的租赁业务,应依照租赁会计准则规定,在租赁开始日将租赁分为融资租赁和经营租赁。显然,这既需要精准掌握融资租赁与经营租赁的界限,也需要理解租赁开始日如何确定。现分别阐述:

判断一项租赁属于融资租赁还是经营租赁并不依据其合同形式,而主要取决于交易的实质。如果一项租赁实质上转移了与租赁资产所有权有关的几乎全部风险和报酬,出租人应当将该项租赁分类为融资租赁;否则,就纳入经营租赁范畴。也就是说,出租人的租赁分类是以租赁转移与租赁资产所有权相关的风险和报酬的程度为依据的。风险包括由于生产能力的闲置或技术陈旧可能造成的损失,以及由于经济状况的改变可能造成的回报变动。报酬可以表现为在租赁资产的预期经济寿命期间经营的盈利以及因增值或残值变现可能产生的利得。租赁资产预计使用寿命、预计余值等会计估计变更或发生承租人违约等情况变化的,出租人不对租赁进行重分类。

而租赁开始日呢?通常,租赁开始日是指租赁合同签署日与租赁各方就主要租赁条款作出承诺日中的较早者。

请注意,租赁开始日可能早于租赁期开始日,也可能与租赁期开始日重合。租赁开始日后,除非发生租赁变更,出租人无须对租赁的分类进行重新评估。

还要注意,租赁合同可能包括因租赁开始日与租赁期开始日之间发生的特定变化而需对租赁付款额进行调整的条款与条件(例如,出租人标的资产的成本发生变动,或出租人对该租赁的融资成本发生变动)。在此情况下,出于租赁分类目的,此类变动的影响均视为在租赁开始日已发生。

三、融资租赁的分类标准

根据上述"风险与报酬转移"原则,具体判断时,如果一项租赁存在下列一种或多种情形的,通常分类为融资租赁:

情形一,在租赁期届满时,租赁资产的所有权转移给承租人。即如果租赁协议约定,或根据其他条件,在租赁开始日就可以合理地判断,租赁期届满时出租人会将资产的所有权转移给承租人,那么该项租赁通常分类为融资租赁。

情形二，承租人有购买租赁资产的选择权，所订立的购买价款预计将远低于行使选择权时租赁资产的公允价值，因而在租赁开始日就可以合理确定承租人将行使该选择权。

情形三，资产的所有权虽然不转移，但租赁期占租赁资产使用寿命的大部分。实务中，这里的"大部分"一般指租赁期占租赁开始日租赁资产使用寿命的75%以上（含75%）。当然，此量化标准只是指导性标准，实际运用时，拟根据规定的相关条件综合判断。这条标准强调的是租赁期占租赁资产使用寿命的比例，而非租赁期占该项资产全部可使用年限的比例。这里的可使用年限是指二手资产特有情形。

情形四，在租赁开始日，租赁收款额的现值几乎相当于租赁资产的公允价值。"几乎相当于"通常掌握在90%以上。当然，此量化标准只是指导性标准，实际运用时，必须以准则规定的相关条件进行综合判断。

情形五，租赁资产性质特殊，如果不作较大改造，只有承租人才能使用。租赁资产由出租人根据承租人对资产型号、规格等方面的特殊要求专门购买或建造的，具有专购专用的定制性质。

现实中，如果一项租赁存在下列一项或多项迹象的，也可能分类为融资租赁：迹象一，若承租人撤销租赁，撤销租赁对出租人造成的损失由承租人承担。迹象二，资产余值的公允价值波动所产生的利得或损失归属于承租人。例如，租赁结束时，出租人以相当于资产销售收益的绝大部分金额作为对租金的退还，说明承租人承担了租赁资产余值的几乎所有风险和报酬。迹象三，承租人有能力以远低于市场水平的租金继续租赁至下一期间。

值得注意的是，上述分类标准具有原则导向的特征。出租人判断租赁类型时，上述情形和迹象并非总是决定性的，而是应综合考虑经济激励的有利方面和不利方面。若有其他特征充分表明，租赁实质上没有转移与租赁资产所有权相关的几乎全部风险和报酬，则该租赁应分类为经营租赁。例如，若租赁资产的所有权在租赁期结束时是以相当于届时其公允价值的可变付款额转让至承租人，或者因存在可变租赁付款额导致出租人实质上没有转移几乎全部风险和报酬，就可能出现这种情况。

第二节 融资租赁出租业务核算

一、租赁公司租赁业务的初始计量

租赁公司在租赁期开始日，应当对融资租赁确认应收融资租赁款，并终止确认融资租赁资产。

其中，应收融资租赁款的入账价值，在初始计量时，应当以租赁投资净额为准入账。租赁投资净额为未担保余值和租赁期开始日尚未收到的租赁收款额按照租赁内含利率折现的现值之和。租赁内含利率，是指使出租人的租赁收款额的现值与未担保余值的现值之和（即租赁投资净额）等于租赁资产公允价值与出租人的初始直接费用之和的利率。因此，出租人发生的初始直接费用包括在租赁投资净额中，也即包括在应收融资租赁款的初始入账价值中。

租赁收款额，是指出租人因让渡在租赁期内使用租赁资产的权利而应向承租人收取的款项，通常包括五个部分：一是承租人需支付的固定付款额及实质固定付款额。存在租赁激励的，应当扣除租赁激励相关金额。二是取决于指数或比率的可变租赁付款额。该款项在初始计量时根据租赁期开始日的指数或比率确定。三是购买选择权的行权价格，前提是合理确定承租人将行使该选择权。四是承租人行使终止租赁选择权需支付的款项，前提是租赁期反映出承租人将行使终止租赁选择权。五是承租人、与承租人有关的一方以及有经济能力履行担保义务的独立第三方向出租人提供的担保余值。

现举例阐述租赁公司融资租赁出租业务核算的基本过程如下：

【例8-1】2×20年12月1日，方大金融租赁股份有限公司经过市场调研与考察，与云南A公司签订了一份租赁合同，方大金融租赁向云南A公司出租混凝土机械设备一套（德国产系列）。租赁合同主要条款如下：

（1）租赁资产：德国产混凝土机械设备。

（2）租赁期开始日：2×21年1月1日。

（3）租赁期：2×21年1月1日—2×26年12月31日，共72个月。

（4）固定租金支付：自2×21年1月1日，每年12月支付租金160 000

元。约定的激励措施是：如果云南 A 公司能够在每年年末的最后一天及时付款，则给予减少租金 10 000 元的奖励。

(5) 取决于公开指数或比率的可变租赁付款额：租赁期限内，如遇中国人民银行贷款基准利率调整时，方大金融租赁将对租赁利率作出同方向、同幅度的调整。基准利率调整日之前各期和调整日当期租金不变，从下一期租金开始按调整后的租金金额收取。

(6) 租赁开始日租赁资产的公允价值：该混凝土机械设备在 2×20 年 12 月 31 日的公允价值为 700 000 元，账面价值为 600 000 元。

(7) 初始直接费用：签订租赁合同过程中方大金融发生可归属于租赁项目的手续费、佣金 10 000 元。

(8) 承租人的购买选择权：租赁期届满时，云南 A 公司享有优惠购买该套设备的选择权，购买价为 20 000 元，估计该日租赁资产的公允价值为 80 000 元。

(9) 取决于租赁资产产能与绩效的可变租赁付款额：2×22 年和 2×23 年两年，云南 A 公司每年按该混凝土机械设备所生产的产品——交付客户的工程年销售收入的 5% 向方大金融支付。

(10) 承租人的终止租赁选择权：云南 A 公司享有终止租赁选择权。在租赁期间，如果云南 A 公司终止租赁，需支付的款项为剩余租赁期间的固定租金支付金额。

(11) 担保余值和未担保余值均为 0。

(12) 全新混凝土机械设备的使用寿命为 7 年。

将上述信息与《企业会计准则第 21 号——租赁》的条款进行比对，根据上述合同条款以及相关信息，现针对出租人（方大金融）的会计处理如下：

第一步，综合分析并判断租赁类型。

本例存在优惠购买选择权，优惠购买价 20 000 元远低于行使选择权日租赁资产的公允价值 80 000 元，因此在 2×20 年 12 月 31 日就可合理确定云南 A 公司将会行使这种选择权。另外，在本例中，租赁期 6 年，占租赁开始日租赁资产使用寿命的 86%（占租赁资产使用寿命的大部分）。同时，方大金融综合考虑其他各种情形和迹象，认为该租赁实质上转移了与该项设备所有权有关的几乎全部风险和报酬，因此将这项租赁认定为融资租赁。

第二步，确定租赁收款额。

(1) 承租人的固定付款额为考虑扣除租赁激励后的金额。

（160 000 - 10 000）×6 = 900 000（元）

（2）取决于相关的公开指数或比率的可变租赁付款额。该款项在初始计量时根据租赁期开始日的指数或比率确定，因此本例题在租赁期开始日不做考虑。

（3）承租人购买选择权的行权价格。租赁期届满时，云南 A 公司享有优惠购买该套设备的选择权，购买价为 20 000 元，估计该日租赁资产的公允价值为 80 000 元。优惠购买价 20 000 元远低于行使选择权日租赁资产的公允价值，因此在 2×20 年 12 月 31 日就可合理确定云南 A 公司将会行使这种选择权。

结论：租赁付款额中应包括承租人购买选择权的行权价格 20 000 元。

（4）终止租赁的罚款。虽然云南 A 公司享有终止租赁选择权，但若终止租赁，云南 A 公司需支付的款项为剩余租赁期间的固定租金支付金额。

结论：根据上述条款，可以合理确定云南 A 公司不会行使终止租赁选择权。

（5）由承租人向出租人提供的担保余值。云南 A 公司向方大金融提供的担保余值为 0 元。

综上所述，租赁收款额 = 900 000 + 20 000 = 920 000（元）

第三步，确认租赁投资总额。

租赁投资总额 = 在融资租赁下出租人应收的租赁收款额 + 未担保余值

本例租赁公司租赁投资总额 = 920 000 + 0 = 920 000（元）

第四步：确认租赁投资净额的金额和未实现融资收益。

租赁投资净额 = 租赁资产在租赁期开始日公允价值 + 出租人发生的租赁初始直接费用 = 700 000 + 10 000 = 710 000（元）

未实现融资收益 = 租赁投资总额 - 租赁投资净额 = 920 000 - 710 000 = 210 000（元）

第五步，计算租赁内含利率。

租赁内含利率是使租赁投资总额的现值（即租赁投资净额）等于租赁资产在租赁开始日的公允价值与出租人的初始直接费用之和的利率。

本例中列出公式 $150\,000 \times (P/A, r, 6) + 20\,000 \times (P/F, r, 6) = 710\,000$ 计算得到租赁的内含利率为 7.82%。

第六步，账务处理。

2×21 年 1 月 1 日：

借：应收融资租赁款——租赁收款额　　　　　　　　　920 000
　　贷：银行存款　　　　　　　　　　　　　　　　　　10 000
　　　　融资租赁资产　　　　　　　　　　　　　　　600 000
　　　　资产处置损益　　　　　　　　　　　　　　　100 000
　　　　应收融资租赁款——未实现融资收益　　　　　210 000

在实践中，如果出租人与承租人签订的融资租赁合同必须以收到租赁保证金为生效条件，那么，当出租人收到承租人交来的租赁保证金时，借记"银行存款"科目，贷记"其他应收款——租赁保证金"科目。承租人到期不交租金，以保证金抵作租金时，借记"其他应收款——租赁保证金"科目，贷记"应收融资租赁款"科目。承租人违约，按租赁合同或协议规定没收保证金时，借记"其他应收款——租赁保证金"科目，贷记"营业外收入"等科目。

二、租赁公司租赁业务的后续计量

在融资租赁合同执行的整个租赁期，必然涉及多个会计期间，通常需要按期进行相应的会计核算，这就是后续计量。

（一）租赁期间正常的后续计量

出租人应当按照固定的周期性利率计算并确认租赁期内各个期间的利息收入。该周期性利率，是按照准则规定所采用的折现率，或照章修订后的折现率。

【例8-2】20×6年1月1日，B电子制造公司（增值税一般纳税人）因资金需要将自有的生产线以售后回租的方式出售给A融资租赁公司（增值税一般纳税人），该生产线预计还可使用4年，双方签订售后回租合同，具体内容如下：(1) 租赁期3年，租赁开始日为20×6年1月1日；(2) 租赁物总价为30 000 000元；(3) 从20×6年起每季度收取租金（含税）2 950 000元；(4) 若每期租金足额支付，未有逾期发生，待租赁期满，该生产线归B公司所有。整个租赁期的相关租金结构测算见表8-1。

表8-1　　　　　　　　　　　　　租金结构表　　　　　　　　　　　　单位：元

期数	支付时间	租金收入	本期收回本金	本期确认租息
0	20×6/1/1			
1	20×6/4/1	2 950 000.00	2 157 090.47	792 909.53

续表

期数	支付时间	租金收入	本期收回本金	本期确认租息
2	20×6/7/1	2 950 000.00	2 214 103.06	735 896.94
3	20×6/10/1	2 950 000.00	2 272 622.51	677 377.49
4	20×7/1/1	2 950 000.00	2 332 688.64	617 311.36
5	20×7/4/1	2 950 000.00	2 394 342.34	555 657.66
6	20×7/7/1	2 950 000.00	2 457 625.57	492 374.43
7	20×7/10/1	2 950 000.00	2 522 581.40	427 418.60
8	20×8/1/1	2 950 000.00	2 589 254.02	360 745.98
9	20×8/4/1	2 950 000.00	2 657 688.83	292 311.17
10	20×8/7/1	2 950 000.00	2 727 932.39	222 067.61
11	20×8/10/1	2 950 000.00	2 800 032.51	149 967.49
12	20×9/1/1	2 950 000.00	2 874 038.26	75 961.74

A公司账务处理（所得税不予考虑）如下：

第一步，判断租赁类型。由于合同中约定租赁期满，该生产线归B公司所有，满足认定融资租赁的标准，因此该业务按融资性售后回租业务进行会计核算。

第二步，计算租赁内含利率R。租赁内含利率是指在租赁开始日，使不含税的最低租赁收款额的现值与未担保余值的现值之和等于租赁资产公允价值与出租人的初始直接费用之和的折现率。

计算过程如下：

$[2\,950\,000 - (2\,950\,000 - 2\,157\,090.47)/(1+6\%) \times 6\%]/(1+R) + [2\,950\,000 - (2\,950\,000 - 2\,214\,103.06)/(1+6\%) \times 6\%]/(1+R)^2 + \cdots + [2\,950\,000 - (2\,950\,000 - 2\,874\,038.26/(1+6\%) \times 6\%]/(1+R)^{12} = 30\,000\,000$

经计算，求得 R=10.57%。

具体会计分录如下：

(1) 20×6年1月1日，购入B公司生产线，支付融资租赁款30 000 000元。

借：融资租赁资产——B公司生产线　　　　　30 000 000
　　贷：银行存款——×银行　　　　　　　　　　　　30 000 000
借：应收融资租赁款——应收租赁款
　　　　　　　　　　　　（2 950 000×12）35 400 000
　　贷：融资租赁资产——B公司程控生产线　　　　30 000 000

应收融资租赁款——未实现融资收益　　　　　5 094 339.62
　　长期应付款——融资租赁销项税额　　　　　　305 660.38

同时，依照租赁公司适用的增值税规定，长期应付款——融资租赁销项税额 =（2 950 000 × 12 - 30 000 000）/（1 + 6%）× 6% = 305 660.38（元）。

（2）20×6年4月1日，确认融资租赁收入 792 909.53/（1 + 6%）= 748 027.86（元）。

　　借：应收融资租赁款——未实现融资收益　　　748 027.86
　　　　贷：租赁收入　　　　　　　　　　　　　　　　748 027.86

（3）20×6年4月1日，收到租金，并开具增值税发票。

　　借：银行存款——×银行　　　　　　　　　　2 950 000
　　　　贷：应收融资租赁款——应收租赁款　　　　　2 950 000
　　借：长期应付款——融资租赁销项税额　　　　44 881.67
　　　　贷：应交税费——应交增值税（销项税额）　　44 881.67

应交税费——应交增值税（销项税额）= 792 909.53/（1 + 6%）× 6% = 44 881.67（元）。

（4）20×6年7月1日，确认融资租赁收入 = 735 896.94/（1 + 6%）= 694 242.40（元）

　　借：应收融资租赁款——未实现融资收益　　　694 242.40
　　　　贷：租赁收入　　　　　　　　　　　　　　　　694 242.40

（5）20×6年7月1日，收到租金并开具发票。

　　借：银行存款——×银行　　　　　　　　　　2 950 000
　　　　贷：应收融资租赁款——应收租赁款　　　　　2 950 000
　　借：长期应付款——融资租赁销项税额　　　　41 654.54
　　　　贷：应交税费——应交增值税（销项税额）　　41 654.54

（6）20×6年10月1日，确认融资租赁收入 = 677 377.49/（1 + 6%）= 639 035.37（元）

　　借：应收融资租赁款——未实现融资收益　　　639 035.37
　　　　贷：租赁收入　　　　　　　　　　　　　　　　639 035.37

（7）20×6年10月1日，收到租金并开具发票。

　　借：银行存款——×银行　　　　　　　　　　2 950 000
　　　　贷：应收融资租赁款——应收租赁款　　　　　2 950 000

借：长期应付款——融资租赁销项税额　　　　　　38 324.12
　　　　　贷：应交税费——应交增值税（销项税额）　　　　38 324.12

（8）20×7年1月1日到20×8年10月1日相关分录略。

（9）20×9年1月1日，确认最后一期融资租赁收入＝75961.74／（1＋6%）＝71 662.02（元）。

　　借：应收融资租赁款——未实现融资收益　　　　　　71 662.02
　　　　　贷：租赁收入　　　　　　　　　　　　　　　　71 662.02

20×9年1月1日，收到最后一期租金并开具发票。

　　借：银行存款——×银行　　　　　　　　　　　　2 950 000
　　　　　贷：应收融资租赁款——应收租赁款　　　　　　2 950 000
　　借：长期应付款——融资租赁销项税额　　　　　　4 299.72
　　　　　贷：应交税费——应交增值税（销项税额）　　　　4 299.72

租赁期届满，每期租金足额支付并未发生逾期情况，由于担保余值和未担保余值均不存在，也无名义贷价，因此出租人无须作会计处理，只需在生产线所有权转让后作相应的备查登记。

需要注意的是，纳入出租人租赁投资净额的可变租赁付款额只包含取决于指数或比率的可变租赁付款额。在初始计量时，应当采用租赁期开始日的指数或比率进行初始计量。出租人应定期复核计算租赁投资总额时所使用的未担保余值，若预计未担保余值降低，出租人应修改租赁期内的收益分配，并立即确认预计的减少额。

出租人取得的未纳入租赁投资净额计量的可变租赁付款额，如与资产的未来绩效或使用情况挂钩的可变租赁付款额，应当在实际发生时计入当期损益。租赁期届满时，承租人行使购买权时，租赁公司则应借记"银行存款"科目，贷记"应收融资租赁款——租赁收款额"科目。

（二）租赁期间变更的会计处理

融资租赁发生变更且同时符合下列条件的，出租人应当将该变更作为一项单独租赁进行会计处理：一是该变更通过增加一项或多项租赁资产的使用权而扩大了租赁范围或延长了租赁期限；二是增加的对价与租赁范围扩大部分或租赁期限延长部分的单独价格按该合同情况调整后的金额相当。

【例8-3】承租人就某套机器设备与出租人签订了一项为期5年的租赁，构成融资租赁。在第二年年初，承租人和出租人同意对原租赁进行修改，再增加1套机器设备用于租赁，租赁期也为5年。扩租的设备从第2年第二季度末时可供承租人使用。租赁总对价的增加额与新增的该套机器设备的当前出租市价扣减相关折扣相当。其中，折扣反映了出租人节约的成本，即若将同样设备租赁给新租户出租人会发生的成本，如营销成本等。

综合分析后认为，在此情况下，该变更通过增加一项或多项租赁资产的使用权而扩大了租赁范围，增加的对价与租赁范围扩大部分的单独价格按该合同情况调整后的金额相当，应将该变更作为一项新的租赁。

如果融资租赁的变更未作为一项单独租赁进行会计处理，且满足假如变更在租赁开始日生效，该租赁会被分类为经营租赁条件的，出租人应当自租赁变更生效日开始将其作为一项新租赁进行会计处理，并以租赁变更生效日前的租赁投资净额作为租赁资产的账面价值。

【例8-4】 南方金融租赁公司（出租人）与上海先达工程设施制造公司（承租人）就某套机器设备签订了一项为期5年的租赁，构成融资租赁。合同规定，每年末南方金融收取上海先达租金10 000元，租赁期开始日，出租资产公允价值为37 908元。按照公式10 000×（P/A，r，5）=37 908，计算得出租赁内含利率为10%，租赁收款额为50 000元，未确认融资收益为12 092元。在第二年年初，南方金融、上海先达同意对原租赁进行修改，缩短租赁期限到第三年年末，每年支付租金时点不变，租金总额从50 000元变更到33 000元。假设本例中不涉及未担保余值、担保余值、终止租赁罚款等。

分析：本例中，如果原租赁期限设定为3年，在租赁开始日，租赁类别被分类为经营租赁，那么，在租赁变更生效日，即第二年年初，南方金融将租赁投资净额余额31 699元（37 908+37 908×10%－10 000）作为该套机器设备的入账价值，并从第二年年初开始，作为一项新的经营租赁（2年租赁期，每年末收取租金11 500元）进行会计处理。

第二年年初编制会计分录如下：

借：固定资产　　　　　　　　　　　　　　　　31 699
　　应收融资租赁款——未确认融资收益
　　　　　　　　　　（12 092－37 908×10%）8 301
　贷：应收融资租赁款——租赁收款额（50 000－10 000）40 000

如果融资租赁的变更未作为一项单独租赁进行会计处理，且满足假如变更在租赁开始日生效，该租赁会被分类为融资租赁条件的，出租人应当按照

《企业会计准则第 22 号——金融工具确认和计量》（2017）第四十二条关于修改或重新议定合同的规定进行会计处理。即，修改或重新议定租赁合同，未导致应收融资租赁款终止确认，但导致未来现金流量发生变化的，应当重新计算该应收融资租赁款的账面余额，并将相关利得或损失计入当期损益。重新计算应收融资租赁款账面余额时，应当根据重新议定或修改的租赁合同现金流量按照应收融资租赁款的原折现率或按照《企业会计准则第 24 号——套期会计》（2017）第二十三条的规定重新计算的折现率（如适用）折现的现值确定。对于修改或重新议定租赁合同所产生的所有成本和费用，企业应当调整修改后的应收融资租赁款的账面价值，并在修改后的应收融资租赁款的剩余期限内进行摊销。

【例 8-5】某金融租赁公司（出租人）就某套机器设备与大连某公司（承租人）签订了一项为期 5 年的租赁，构成融资租赁。合同规定，每年年末出租人向承租人收取租金 10 000 元，租赁期开始日租赁资产公允价值为 37 908 元，如【例 8-4】，租赁内含利率为 10%。在第二年年初，双方就租赁设备适用性等原因同意对原租赁进行修改，从第二年开始，每年支付租金额变为 9 500 元，租金总额从 50 000 元变更到 48 000 元。

分析：如果此付款变更在租赁开始日生效，租赁类别仍被分类为融资租赁，那么，在租赁变更生效日——第 2 年年初，按 10% 原租赁内含利率重新计算租赁投资净额为 30 114 元 [9500×（P/A，10%，4）]，与原租赁投资净额账面余额 31 699 元的差额 1 585 元（其中"应收融资租赁款——租赁收款额"减少 2 000 元，"应收融资租赁款——未确认融资收益"减少 415 元）计入当期损益。

第二年年初编制会计分录如下：

借：租赁收入　　　　　　　　　　　　　　　　1 585
　　应收融资租赁款——未确认融资收益　　　　 415
　　贷：应收融资租赁款——租赁收款额　　　　　　　2 000

第三节　经营租赁业务核算

依照租赁会计准则的规定，除符合风险与报酬转移特征（包括但不限于租赁期不低于75%、折现价值量公允价值几乎相当于90%等）的租赁业务作为融资租赁之外，其他所有的租赁业务都作为经营租赁业务处理。在会计上，只有先梳理好经营租赁的几个相关概念，才能真正做好经营租赁业务的会计核算。

一、经营租赁的相关概念

（一）租金处理与出租人对经营租赁提供激励措施

租金是获得租赁标的的对价。在租赁期内各个会计期间，租赁资产依然属于租赁公司所有，遵循成本与其匹配效用相对应的原则，出租人应采用直线法或其他系统合理的方法将经营租赁的租赁收款额确认为租金收入。如果其他系统合理的方法能够更好地反映因使用租赁资产所产生经济利益的消耗模式的，则出租人应采用该方法。

出租人对经营租赁提供激励措施值得关注。比如，出租人提供免租期的，出租人应将租金总额在不扣除免租期的整个租赁期内，按直线法或其他合理的方法进行分配，免租期内应当确认租金收入。出租人承担了承租人某些费用的，出租人应将该费用自租金收入总额中扣除，按扣除后的租金收入余额在租赁期内进行分配。

（二）初始直接费用与可变租赁额

租赁公司发生的与经营租赁有关的初始直接费用应当资本化至租赁标的资产的成本，在租赁期内按照与租金收入相同的确认基础分期计入当期损益。

租赁公司取得的与经营租赁有关的可变租赁付款额，如果是与指数或比率挂钩的，应在租赁期开始日计入租赁收款额；除此之外的，应当在实际发生时计入当期损益。

（三）折旧和减值

对于经营租赁资产中的固定资产，出租人应当采用类似资产的折旧政策计提折旧；对于其他经营租赁资产，应当根据该资产适用的企业会计准则，采用系统合理的方法进行摊销。

租赁公司应当按照《企业会计准则第8号——资产减值》的规定，确定经营租赁资产是否发生减值，并对已识别的减值损失进行会计处理。

此外，经营租赁发生变更的，租赁公司应自变更生效日开始，将其作为一项新的租赁进行会计处理，与变更前租赁有关的预收或应收租赁收款额视为新租赁的收款额。

二、经营租赁租出业务的核算

在经营租赁下，与租赁资产所有权有关的风险和报酬并没有实质上转移给承租人。出租人对经营租赁的会计处理也比较简单，主要问题是解决应收的租金与确认为当期收入之间的关系、经营租赁资产折旧的计提。在经营租赁下，租赁资产的所有权始终归出租人所有，因此出租人仍应按自有资产的处理方法，将租赁资产反映在资产负债表上。如果经营租赁资产属于固定资产，应当采用出租人对类似应折旧资产通常所采用的折旧政策计提折旧；否则，应当采用合理的方法进行摊销。

出租人在经营租赁下收取的租金，应当在租赁期内的各个期间按直线法确认为收入。如果其他方法更合理，也可以采用其他方法。

在某些情况下，出租人可能对经营租赁提供激励措施，如免租期、承担承租人某些费用等。在出租人提供了免租期的情况下，应将租金总额在整个租赁期内，而不是在租赁期扣除免租期后的期间内按直线法或其他合理的方法进行分配，免租期内应确认租赁收入；在出租人承担了承租人的某些费用的情况下，应将该费用从租金总额中扣除，并将租金余额在租赁期内进行分配。

【例 8-6】20×2 年 1 月 1 日，大江金融租赁公司租赁给 A 公司办公设备一台，租期为 3 年。设备价值为 1 000 000 元，预计使用年限为 10 年。租赁合同规定：租赁开始日（20×2 年 1 月 1 日）A 公司向大江租赁公司一次性预付租金 150 000 元，第一年年末支付租金 150 000 元，第二年年末支付租金 200 000 元，第三年年末支付租金 250 000 元。租赁期届满后大江租赁公司收回设备，三年的租金总额为 750 000 元。假定 A 公司和大江租赁公司均在年末确认租金费用和租金收入，并且不存在租金逾期支付的情况。

分析：此项租赁没有满足融资租赁的任何一条标准，应作为经营租赁处理。确认租金收入时，不能依据各期实际收到的租金的金额确定，而应采用直线法确认各期的租金收入。此项租赁租金收入总额为 750 000 元，按直线法计算，每年应确认的租金收入为 250 000 元。

作为出租人企业，大江租赁公司的相关财务处理如下：

20×2 年 1 月 1 日：

借：银行存款	150 000	
贷：应收账款		150 000

20×2 年 12 月 31 日：

借：银行存款	150 000	
应收账款	100 000	
贷：租赁收入		250 000

20×3 年 12 月 31 日：

借：银行存款	200 000	
应收账款	50 000	
贷：租赁收入		250 000

20×4 年 12 月 31 日：

借：银行存款	250 000	
贷：租赁收入		250 000

三、经营租赁租入业务的核算

融资租赁公司有时也会处于经营租赁的承租人角色，例如，向写字楼产权拥有者租入办公写字楼，等等。在租赁公司作为经营租赁活动的承租人身份出现时，需要关注核算科目设置、相关概念梳理、账务处理。

当租赁公司以经营租赁业务的承租人身份出现时，为核算其租入业务，需要设置"业务及管理费——租赁费"科目，本科目用来核算应由金融租赁公司作为经营租赁的承租人所支付的各种费用，在期末应结转记入"本年利润"的借方。同时，可以设置"其他应付款——应付经营租赁款"科目，本科目用来核算每期应付而未付的租赁款，在期末支付租金的情况下使用。

（一）租金的会计处理

在经营租赁下，与租赁资产所有权有关的风险和报酬并没有实质上转移给承租人，承租人不承担租赁资产的主要风险。承租人对经营租赁的会计处理比较简单，承租人不需将所取得的租入资产的使用权资本化，相应地也不必将所承担的付款义务列作负债。其主要问题是解决应支付的租金与计入当期费用的关系。承租人在经营租赁下发生的租金应当在租赁期内的各个期间按直线法确认为费用；如果其他方法更合理，也可以采用其他方法。

在某些情况下，出租人可能对经营租赁提供激励措施，如免租期、承担承租人某些费用等。在出租人提供了免租期的情况下，应将租金总额在整个租赁期内，而不是在租赁期扣除免租期后的期间内按直线法或其他合理的方法进行分摊，免租期内应确认租金费用；在出租人承担了承租人的某些费用的情况下，应将该费用从租金总额中扣除，并将租金余额在租赁期内进行分摊。其会计处理为：确认各期租金费用时，借记"长期待摊费用"等科目，贷记"其他应付款"等科目；实际支付租金时，借记"其他应付款"等科目，贷记"银行存款""库存现金"等科目。

此外，为了保证租赁资产的安全和有效使用，承租人应设置"使用权资产"备查簿作备查登记，以反映和监督租赁资产的使用、归还和结存情况。

（二）初始直接费用的会计处理

对于承租人在经营租赁中发生的初始直接费用，应当计入当期损益。其账务处理为：借记"业务及管理费"等科目，贷记"银行存款"等科目。

（三）或有租金的会计处理

在经营租赁下，承租人对或有租金的处理与融资租赁相同，即在实际发生时计入当期损益。其账务处理为：借记"财务费用"等科目，贷记"银行存款"等科目。

（四）相关信息的披露

承租人对于重大的经营租赁，应当在附注中披露下列信息：一是资产负债表日后连续三个会计年度每年将支付的不可撤销经营租赁的最低租赁付款额；二是以后年度将支付的不可撤销经营租赁的最低租赁付款额总额。

在经营租赁环境下，承租人的会计处理为：

(1) 承租人期初预付租金时

借：其他应付款——应付经营租赁款

　　贷：银行存款

(2) 分期摊销预付的租金时

借：业务及管理费——租赁费

　　贷：其他应付款——应付经营租赁款

(3) 租赁期内按照租赁合同支付租金时

借：其他应付款——应付经营租赁款

　　贷：银行存款

【例 8-7】资料同【例 8-6】。

分析：此项租赁没有满足融资租赁的任何一条标准，应作为经营租赁处理。确认租金费用时，不能依据各期实际支付的租金的金额确定，而应采用直线法分摊确认各期的租金费用。此项租赁租金费用总额为 750 000 元，按直线法计算，每年应分摊的租金费用为 250 000 元。

作为承租人企业，A 公司的相关财务处理如下：

20×2 年 1 月 1 日：

借：长期待摊费用　　　　　　　　　　　　　　150 000
　　贷：银行存款　　　　　　　　　　　　　　　　　150 000

20×2 年 12 月 31 日：

借：业务及管理费　　　　　　　　　　　　　　250 000
　　贷：长期待摊费用　　　　　　　　　　　　　　　100 000
　　　　银行存款　　　　　　　　　　　　　　　　　150 000

20×3 年 12 月 31 日：

借：业务及管理费　　　　　　　　　　　　　　250 000
　　贷：长期待摊费用　　　　　　　　　　　　　　　 50 000
　　　　银行存款　　　　　　　　　　　　　　　　　200 000

20×4 年 12 月 31 日：

借：业务及管理费　　　　　　　　　　　　　　250 000
　　贷：银行存款　　　　　　　　　　　　　　　　　250 000

第九章
一般公司租赁业务的核算

本章精要

租赁业务是随着经济活动和商业交易日益创新多样、丰富多彩而衍生出的商业融资活动。在租赁业务中,交易双方总是租出人(如持牌金融租赁公司)与承租人(多为一般企业或用户)。因此,完整的租赁会计需要分别解读出租人与承租人的会计核算。第八章主要聚焦专业租赁公司的核算,而本章则针对一般企业(承租人)的租赁核算,将在对前述租赁知识要点阐述基础上,分三节来具体阐述一般企业租赁业务的核算。

第一节是融资租赁(承租人)初始计量的会计核算解读,包括租赁负债与使用权资产的初始确认等。

第二节是融资租赁(承租人)后续计量的会计核算解读,包括租赁负债与使用权资产的后续计量等。

第三节主要针对常规性租赁业务之外,某些特殊租赁活动的会计核算。

本章完全适合一般企业发生相关租赁业务的处理参考,也可供专业租赁公司进一步对应掌握其租赁客户会计处理之参考。

在租赁经济活动中,与租赁公司作为出租人相对应,一般企业经常作为承租人而出现。因此,一般公司的租赁业务实际上就是作为承租人的业务,包括初始计量、后续计量,也包括一些特殊租赁业务的会计核算。

第一节 融资租赁业务的初始计量

一个租赁业务理当存在着出租人(金融公司)与承租人(一般企业)两

个相互依存的交易主体。出租人与承租人是矛盾统一体，是合同的签约双方，是租赁物流与租赁费流向的彼此对应者。双方围绕同一交易，几乎所有的概念都是同一内涵与外延。因此，前述所有针对出租人的基础概念、相关节点，也都适用于承租人，这里不再重复陈述。现结合承担租赁负债从而换取使用权资产的两个方面，摘取单独与承租人相关的概念加以阐述，并对承租人业务核算进行阐述。

一、租赁负债的初始计量

租赁负债应当按照租赁期开始日尚未支付的租赁付款额的现值进行初始计量。识别应纳入租赁负债的相关付款项目是计量租赁负债的关键。

（一）租赁付款额

依照租赁会计准则规定，租赁付款额是指承租人向出租人支付的与在租赁期内使用租赁资产的权利相关的款项。其具体包括以下五项内容，现分别阐述：

第一项，固定付款额及实质固定付款额，如存在租赁激励的，应扣除租赁激励相关金额。实质固定付款额是指在形式上可能包含变量但实质上无法避免的付款额。例如：①付款额设定为可变租赁付款额，但该可变条款几乎不可能发生，没有真正的经济实质。比如，付款额仅需在租赁资产经证实能在租赁期间正常运行时支付，或仅需在不可能不发生的事件发生时支付；又如，付款额初始设定为与租赁资产使用情况相关的可变付款额，但其潜在可变性将于租赁期开始日之后的某个时点消除，在可变性消除时，该类付款额成为实质固定付款额。②有多套付款额方案，但其中仅有一套是可行的。在此情况下，承租人应采用该可行的付款额方案作为租赁付款额。③有多套可行的付款额方案，但必须选择其中一套。在此情况下，应采用总折现金额最低的一套作为租赁付款额。即实质体现双方议定的优惠。

第二项，取决于指数或比率的可变租赁付款额。付款额可能与特定指标或情况挂钩：①由于市场比率或指数（基准利率或消费者价格指数）数值变动导致的价格变动。②承租人源自租赁资产的绩效（如销售收入）。③租赁资产使用的特定情况。

需要注意的是，可变租赁付款额中，仅取决于指数或比率的可变租赁付款额纳入租赁负债的初始计量中，其他可变租赁付款额均不纳入租赁负债的初始计量中。

第三项，承租人合理确定将行使该选择权的行权价格。

第四项，行使终止租赁选择权需支付的款项，前提是租赁期反映出承租人将行使终止租赁选择权。

第五项，根据承租人提供的担保余值预计应支付的款项。担保余值，是指与出租人无关的一方向出租人提供担保，保证在租赁结束时租赁资产的价值至少为某指定的金额。如果承租人提供了对余值的担保，则租赁付款额应包含该担保下预计应支付的款项，它反映了承租人预计将支付的金额，而不是承租人担保余值下的最大敞口。

（二）折现率

租赁负债应当按照租赁期开始日尚未支付的租赁付款额的现值进行初始计量。显然，租赁内含利率（作为折现率）是一个相当重要的天平支点。在原理设计上，租赁内含利率是指使出租人的租赁收款额的现值与未担保余值的现值之和等于租赁资产公允价值与出租人的初始直接费用之和的利率。

其中，未担保余值，是指在租赁资产余值中，出租人无法保证能够实现或仅由与出租人有关的一方予以担保的部分。

初始直接费用，是指为达成租赁所发生的增量成本。增量成本是指若企业不取得该租赁，则不会发生的成本，如佣金、印花税等。无论是否实际取得租赁都会发生的支出，不属于初始直接费用，例如为评估是否签订租赁而发生的差旅费、法律费用等，此类费用应当在发生时计入当期损益。

承租人增量借款利率，是指承租人在类似经济环境下为获得与使用权资产价值接近的资产，在类似期间以类似抵押条件借入资金须支付的利率。该利率与承租人自身情况、租赁期长短、租赁负债金额大小、租赁资产性质和质量以及经济环境等相关。在具体操作时，承租人增量借款利率常见的参考基础包括承租人同期银行贷款利率、相关租赁合同利率、承租人最近一期类似资产抵押贷款利率、与承租人信用状况相似的企业发行的同期债券利率等，但承租人还需根据上述事项在参考基础上相应进行调整。

二、使用权资产的初始计量

使用权资产，是指承租人可在租赁期内使用租赁资产的权利。在租赁期开始日，承租人应当按照成本对使用权资产进行初始计量。该成本包括下列四项：一是租赁负债的初始计量金额；二是在租赁期开始日或之前支付的租赁付款额，存在租赁激励的，应扣除已享受的租赁激励相关金额；三是承租人发生的初始直接费用；四是承租人为拆卸及移除租赁资产、复原租赁资产所在场地或将租赁资产恢复至租赁条款约定状态预计将发生的成本。

【例9-1】20×9年初，在市场商用写字楼行情一般的条件下，北京东电电器制造有限公司（承租人）就某栋建筑物的F18共3 800平方米，与光明物业公司（出租人），在五次讨价还价后，商定改变以前惯用的租多年递增模式，签订了为期10年的租赁协议，并拥有5年的续租选择权。有关合同条款及相关信息如下：（1）初始租赁期内的不含税租金为每年5 000 000元，续租期间为每年5 500 000元，所有款项应于每年年初支付；（2）为获得该项租赁，北京东电电器制造有限公司发生的初始直接费用为200 000元，其中，150 000元为向该楼层前任租户支付的款项，50 000元为向促成此租赁交易的房地产中介支付的佣金；（3）作为对北京东电电器制造有限公司的激励，光明物业同意补偿北京东电电器制造有限公司50 000元的佣金；（4）在租赁期开始日，北京东电电器制造有限公司评估后认为，不能合理确定将行使续租选择权，因此，将租赁期确定为10年；（5）北京东电电器制造有限公司无法确定租赁内含利率，其增量借款利率为每年5%，该利率反映的是北京东电电器制造有限公司以类似抵押条件借入期限为10年、与使用权资产等值的相同币种的借款而必须支付的利率。

为简化处理，假设不考虑相关税费影响。

根据上述已知条件，现针对北京东电电器制造有限公司（承租人）的会计处理如下：

第一步，计算租赁期开始日租赁付款额的现值，并确认租赁负债和使用权资产。

在租赁期开始日，北京东电电器制造有限公司支付第一年的租金5 000 000元，并以剩余9年租金（每年5 000 000元）按5%的年利率折现后的现值计量租赁负债。计算租赁付款额现值的过程如下：

剩余9期租赁付款额 = 5 000 000 × 9 = 45 000 000（元）

租赁负债 = 剩余9期租赁付款额的现值 = 5 000 000 × （P/A，5%，9）= 35 539 100（元）

未确认融资费用 = 剩余9期租赁付款额 - 剩余9期租赁付款额的现值 =

45 000 000 - 35 539 100 = 9 460 900（元）

　　借：使用权资产　　　　　　　　　　　　　　　　40 539 100
　　　　租赁负债——未确认融资费用　　　　　　　　 9 460 900
　　　　贷：租赁负债——租赁付款额　　　　　　　　45 000 000
　　　　　　银行存款　　　　　　　　　　　　　　　 5 000 000

第二步，将初始直接费用计入使用权资产的初始成本。

　　借：使用权资产　　　　　　　　　　　　　　　　 200 000
　　　　贷：银行存款　　　　　　　　　　　　　　　 200 000

第三步，将已收的租赁激励相关金额从使用权资产入账价值中扣除。

　　借：银行存款　　　　　　　　　　　　　　　　　 50 000
　　　　贷：使用权资产　　　　　　　　　　　　　　 50 000

综上，北京东电电器制造有限公司使用权资产的初始成本 = 40 539 100 + 200 000 - 50 000 = 40 689 100（元）。

第二节　融资租赁业务的后续计量

一、承租人租赁负债的后续计量

（一）计量基础

在租赁期开始日后的持续租赁期间，应当对租赁负债进行后续计量，即确认租赁负债利息时，增加租赁负债的账面金额，而支付租赁付款额时，则减少租赁负债账面金额，并对因重估或租赁变更等原因导致租赁付款额发生变动时，重新计量租赁负债的账面价值。

也就是说，确认当期租赁付款额（当期利息+归还本金）时，借记"租赁负债——租赁付款额"科目，贷记"银行存款"科目，对其中利息部分，则借记"财务费用——利息费用"科目，贷记："租赁负债——未确认融资费用"科目。未纳入租赁负债计量的可变租赁付款额，即并非取决于指数或比率的可变租赁付款额，应当在实际发生时计入当期损益，但按照《企业会计准则第1号——存货》等其他准则规定应当计入相关资产成本的，从其规定。

（二）租赁负债的重新计量

在租赁期开始日后，当发生下列四种情形时，承租人应当按照变动后的租赁付款额的现值重新计量租赁负债，并相应调整使用权资产的账面价值。使用权资产的账面价值已调减至零，但租赁负债仍需进一步调减的，承租人应当将剩余金额计入当期损益。

1. 实质固定付款额发生变动

如果租赁付款额最初是可变的，但在租赁期开始日后的某一时点转为固定，那么，在潜在可变性消除时，该付款额成为实质固定付款额，应纳入租赁负债的计量中。承租人应当按照变动后租赁付款额的现值重新计量租赁负债。在该情形下，承租人采用的折现率不变，即采用租赁期开始日确定的折现率。

2. 担保余值预计的应付金额发生变动

在租赁期开始日后，承租人应对其在担保余值下预计支付的金额进行估计。该金额发生变动的，承租人应当按照变动后租赁付款额的现值重新计量租赁负债。在该情形下，承租人采用的折现率不变。

3. 用于确定租赁付款额的指数或比率发生变动

在租赁期开始日后，因浮动利率的变动而导致未来租赁付款额发生变动的，承租人应当按照变动后租赁付款额的现值重新计量租赁负债。在该情形下，承租人应采用反映利率变动的修订后的折现率进行折现。

在租赁期开始日后，因用于确定租赁付款额的指数或比率（浮动利率除外）的变动而导致未来租赁付款额发生变动的，承租人应当按照变动后租赁付款额的现值重新计量租赁负债。在该情形下，承租人采用的折现率不变。

需要得注意的是，仅当现金流量发生变动时，即租赁付款额的变动生效时，承租人才应重新计量租赁负债，以反映变动后的租赁付款额。承租人应基于变动后的合同付款额，确定剩余租赁期内的租赁付款额。

4. 购买选择权、续租选择权或终止租赁选择权的评估结果或实际行使情况发生变化

租赁期开始日后，发生下列情形的，承租人应采用修订后的折现率对变动后的租赁付款额进行折现，以重新计量租赁负债：一是发生承租人可控范围内的重大事件或变化，且影响承租人是否合理确定将行使续租选择权或终止租赁选择权的，承租人应当对其是否合理确定将行使相应选择权进行重新评估。上述选择权的评估结果发生变化的，承租人应当根据新的评估结果重新确定租赁期和租赁付款额。前述选择权的实际行使情况与原评估结果不一

致等导致租赁期变化的,也应当根据新的租赁期重新确定租赁付款额。二是发生承租人可控范围内的重大事件或变化,且影响承租人是否合理确定将行使购买选择权的,承租人应当对其是否合理确定将行使购买选择权进行重新评估。评估结果发生变化的,承租人应根据新的评估结果重新确定租赁付款额。

上述两种情形下,承租人在计算变动后租赁付款额的现值时,应当采用剩余租赁期间的租赁内含利率作为折现率;无法确定剩余租赁期间的租赁内含利率的,应当采用重估日的承租人增量借款利率作为折现率。

【例9-2】郑州达明电子公司(承租人)与北京伟业设备公司(出租人)签订了一份为期5年的设备租赁合同。郑州达明电子计划开发自有设备以替代租赁资产,自有设备计划在5年内投入使用。郑州达明电子拥有在租赁期结束时以5 000元购买该设备的选择权。每年的租赁付款额固定为10 000元,于每年年末支付。郑州达明电子无法确定租赁内含利率,其增量借款利率为5%。在租赁期开始日,郑州达明电子对行使购买选择权的可能性进行评估后认为不能合理确定将行使购买选择权。这是因为,郑州达明电子计划开发自有设备,继而在租赁期结束时替代租赁资产。

分析:在租赁期开始日,郑州达明电子确认的租赁负债为43 300元,即43 300 = 10 000 × (P/A,5%,5)。租赁负债将按表9-1所述方法进行摊销。

表9-1 租赁负债摊销 单位:元

项目	租赁负债 年初金额 ①	利息 ② = ① × 5%	租赁付款额 ③	租赁负债 年末金额 ④ = ① + ② - ③
第1年	43 300*	2 165	10 000	35 465
第2年	35 465	1 773	10 000	27 238
第3年	27 238	1 362	10 000	18 600
第4年	18 600	930	10 000	9 530
第5年	9 530	470**	10 000	—

* 为便于计算,本题中年金现值系数取两位小数。
** 第5年的利息费用 = 10 000 - 9 530 = 470(元)。

假设在第三年年末,郑州达明电子作出削减开发项目的战略决定,包括上述替代设备的开发。该决定在郑州达明电子的可控范围内,并影响其是否合理确定将行使购买选择权。此外,郑州达明电子预计该设备在租赁期结束时的公允价值为 20 000 元。郑州达明电子重新评估其行使购买选择权的可能性后认为，其合理确定将行使该购买选择权。原因是：在租赁期结束时不大可能有可用的替代设备，并且该设备在租赁期结束时的预期市场价值（20 000 元）远高于行权价格（5 000 元）。因此，郑州达明电子应在第三年年末将购买选择权的行权价格纳入租赁付款额中。假设郑州达明电子无法确定剩余租赁期间的租赁内含利率，其第三年年末的增量借款利率为 5.5%。在第二年年末，郑州达明电子重新计量租赁负债以涵盖购买选择权的行权价格，并采用修订后的折现率 5.5% 进行折现。重新计量后的租赁负债（支付前三年的付款额后）为 22 960 元，即 22 960 = 10 000 × (P/F, 5.5%, 1) + (10 000 + 5 000) × (P/F, 5.5%, 2)。此后，租赁负债将按表 9-2 所述方法进行后续计量。

表 9-2　　　　　　　　　　租赁负债摊销　　　　　　　　　　单位：元

项目	租赁负债 年初金额 ①	利息 ② = ① × 5.5%	租赁付款额 ③	租赁负债 年末金额 ④ = ① + ② - ③
第 4 年	22 960	1 263	10 000	14 223
第 5 年	14 223	777*	15 000	—

* 第 5 年的利息费用 = 10 000 + 5 000 - 14 223（行权价格）= 777（元）。

二、使用权资产的后续计量

（一）计量基础

在租赁期开始日后，承租人应当采用成本模式对使用权资产进行后续计量，即，以成本减累计折旧及累计减值损失计量使用权资产。

承租人按照有关规定重新计量租赁负债的，应当相应调整使用权资产的账面价值。

（二）使用权资产的折旧

自租赁期开始日起，承租人应该对使用权资产计提折旧。使用权资产通常应自租赁期开始的当月计提折旧，当月计提确有困难的，为便于实务操作，企业也可以选择自租赁期开始的下月计提折旧，但应对同类使用权资产采取相同的折旧政策。计提的折旧金额应根据使用权资产的用途，计入相关资产的成本或者当期损益。承租人在确定使用权资产的折旧方法时，应当根据与使用权资产有关的经济利益的预期实现方式做出决定。通常，承租人按直线法对使用权资产计提折旧,其他折旧方法更能反映使用权资产有关经济利益预期实现方式的,应采用其他折旧方法。

承租人在确定使用权资产的折旧年限时,应遵循以下原则:承租人能够合理确定租赁期届满时取得租赁资产所有权的,应当在租赁资产剩余使用寿命内计提折旧;承租人无法合理确定租赁期届满时能够取得租赁资产所有权的,应当在租赁期与租赁资产剩余使用寿命两者孰短的期间内计提折旧。如果使用权资产的剩余使用寿命短于前两者,则应在使用权资产的剩余使用寿命内计提折旧。

(三) 使用权资产的减值

在租赁权资产使用过程中,资产也可能发生减值情形,承租人应当按照《企业会计准则第8号——资产减值》的规定,确定使用权资产是否发生减值,并对已识别的减值损失进行会计处理。使用权资产发生减值的,按应减记的金额,借记"资产减值损失"科目,贷记"使用权资产减值准备"科目。使用权资产减值准备一旦计提,不得转回。承租人应当按照扣除减值损失之后的使用权资产的账面价值,进行后续折旧。

第三节 特殊租赁业务的会计处理

一、租赁变更的会计处理

市场供求矛盾变化快、装修或更新节奏快等这些因素都会导致租赁关系随着时间的推移发生双方可以理性地商量或调整的情形,即租赁变更。租赁变更,是指原合同条款之外的租赁范围、租赁对价、租赁期限的变更,包括增加或终止一项或多项租赁资产的使用权,延长或缩短合同规定的租赁期等。租赁变更生效日,是指双方就租赁变更达成一致的日期。

(一) 租赁变更作为一项单独租赁处理

租赁发生变更且同时符合下列条件的,承租人应当将该租赁变更作为一项单独租赁进行会计处理:一是该租赁变更通过增加一项或多项租赁资产的使用权而扩大了租赁范围或延长了租赁期限;二是增加的对价与租赁范围扩大部分或租赁期限延长部分的单独价格按该合同情况调整后的金额相当。

【例9-3】致远科技公司（承租人）与绿城房产（出租人）就2 000平方米的办公场所签订了一项为期10年的租赁合同。在第六年年初，致远科技公司和绿城房产同意对原租赁合同进行变更，以扩租同一办公楼内3 000平方米的办公场所。扩租的场所于第六年第二季度末可供致远科技公司使用。增加的租赁对价与新增3 000平方米办公场所的当前市价（根据致远科技公司获取的扩租折扣进行调整后的金额）相当。扩租折扣反映了绿城房产节约的成本，即若将相同场所租赁给新租户，绿城房产将会发生的额外成本（如营销成本）。

分析：在本例中，致远科技公司应当将该变更作为一项单独的租赁，与原来的10年期租赁分别进行会计处理。原因在于，该租赁变更通过增加3 000平方米办公场所的使用权而扩大了租赁范围，并且增加的租赁对价与新增使用权的单独价格按该合同情况调整后的金额相当。据此，在新租赁的租赁期开始日（即第六年第二季度末），致远科技公司确认与新增3 000平方米办公场所租赁相关的使用权资产和租赁负债。致远科技公司对原有2 000平方米办公场所租赁的会计处理不会因为该租赁变更而进行任何调整。

（二）租赁变更未作为一项单独租赁处理

租赁变更未作为一项单独租赁进行会计处理的，在租赁变更生效日，承租人应当按照有关租赁分拆的规定对变更后合同的对价进行分摊，按照有关租赁期的规定确定变更后的租赁期，并采用变更后的折现率对变更后的租赁付款额进行折现，以重新计量租赁负债。在计算变更后租赁付款额的现值时，承租人应当采用剩余租赁期间的租赁内含利率作为折现率；无法确定剩余租赁期间的租赁内含利率的，应当采用租赁变更生效日的承租人增量借款利率作为折现率。

就上述租赁负债调整的影响，承租人应区分以下情形进行会计处理：当租赁变更导致租赁范围缩小或租赁期缩短的，应当调减使用权资产的账面价值，以反映租赁的部分终止或完全终止。承租人应将部分终止或完全终止租赁的相关利得或损失计入当期损益。对其他租赁变更，则应当相应调整使用权资产的账面价值。

二、短期租赁和低价值租赁

对于短期租赁和低价值资产租赁，承租人可以选择不确认使用权资产和租赁负债。作出该选择的,承租人应当将短期租赁和低价值资产租赁的租赁付款额,在租赁期内各个期间按照直线法或其他系统合理的方法计入相关资产成本或当期损益。其他系统合理的方法能够更好地反映承租人的受益模式的,承租人应当采用该方法。

(一) 短期租赁

短期租赁,是指在租赁期开始日,租赁期不超过 12 个月的租赁。包含购买选择权的租赁不属于短期租赁。对于短期租赁,承租人可以按照租赁资产的类别作出采用简化会计处理的选择。如果承租人对某类租赁资产作出了简化会计处理的选择,未来该类资产下所有的短期租赁都应采用简化会计处理。某类租赁资产是指企业运营中具有类似性质和用途的一组租赁资产。

按照简化会计处理的短期租赁发生租赁变更或者其他原因导致租赁期发生变化的,承租人应当将其视为一项新租赁,重新按照上述原则判断该项新租赁是否可以选择简化会计处理。

(二) 低价值资产租赁

低价值资产租赁,是指单项租赁资产为全新资产时价值较低的租赁。承租人在判断是否是低价值资产租赁时,应基于租赁资产的全新状态下的价值进行评估,不应考虑资产已被使用的年限。

对于低价值资产租赁,承租人可根据每项租赁的具体情况作出简化会计处理选择。低价值资产同时还应满足准则规定,即只有承租人能够从单独使用该低价值资产或将其与承租人易于获得的其他资源一起使用中获利,且该项资产与其他租赁资产没有高度依赖或高度关联关系时,才能对该资产租赁选择进行简化会计处理。

低价值资产租赁的标准应该是一个绝对金额,即仅与资产全新状态下的绝对价值有关,不受承租人规模、性质等影响,也不考虑该资产对于承租人或相关租赁交易的重要性。常见的低价值资产的例子包括平板电脑、普通办公家具、电话等小型资产。

但是,如果承租人已经或者预期要把相关资产进行转租赁,则不能将原租赁按照低价值资产租赁进行简化会计处理。

值得注意的是,符合低价值资产租赁的,也并不代表承租人若采取购入方式取得该资产时该资产不符合固定资产确认条件。

【例 9-4】 杭州互联互通科技创业公司(承租人)与杭州市下城开发园

计算系统工程公司（出租人）签订了一份租赁合同，约定的租赁资产包括：（1）IT 设备，包括供员工个人使用的笔记本电脑、台式电脑、平板电脑、桌面打印机和手机等；（2）服务器，其中包括增加服务器容量的单独组件，这些组件根据承租人需要陆续添加到大型服务器以增加服务器存储容量；（3）办公家具，如桌椅和办公隔断等；（4）饮水机。

通常，办公笔记本电脑全新时的单独价格不超过人民币 10 000 元，台式电脑、平板电脑、桌面打印机和手机全新时的单独价格不超过人民币 5 000 元，普通办公家具的单独价格不超过人民币 10 000 元，饮水机的单独价格不超过人民币 1 000 元，服务器单个组件的单独价格不超过人民币 10 000 元。

分析上述租赁资产中，各种 IT 设备、办公家具、饮水机都能够单独使承租人获益，且与其他租赁资产没有高度依赖或高度关联关系。通常情况下，符合低价值资产租赁的资产全新状态下的绝对价值应低于人民币 40 000 元。本例中，承租人将 IT 设备、办公家具、饮水机作为低价值租赁资产，选择按照简化方法进行会计处理。对于服务器中的组件，尽管单个组件的单独价格较低，但由于每个组件都与服务器中的其他部分高度相关，承租人若不租赁服务器就不会租赁这些组件，不构成单独的租赁部分，因此不能作为低价值租赁资产进行会计处理。

第十章
租赁公司管理及其控制

本章精要

在完成对租赁公司主要经营活动（融资租赁、经营租赁）的会计核算阐述后，作为发展变化比较快、监管政策层出不穷的租赁行业，本章将进一步探索租赁公司的管理与控制主题。这是一个租赁公司能够实现长期可持续发展的重要法宝。本章主要分三个层面展开：

第一节，阐述租赁行业的政府监管阶段性特征及其变化过程。这对于准确理解、科学地组织和从事会计核算和财务管理无疑是有积极作用的。

第二节，解析租赁行业的内部与外部联运因素，对市场环境下如何应对、如何提升，对风险控制问题如何精准化解、如何有效推进都将有的放矢地进行深入分析。

第三节，租赁公司内部管理水平提升的管控视角改进。

期待通过学习本章内容，能够有效拓展对租赁公司的感性认知与理性掌握。

租赁公司的管理与控制，通常是从两个维度同时推进，既包括政府金融监管机构将租赁公司纳入监管，又包括各个租赁公司内部的管理与控制。

第一节 租赁公司纳入专业监管

对全国租赁行业的政府监管职责由银保监会履行，意味着国家将"类金融"业务纳入银保监会体系一监管的靴子终于落地。监管严趋势下，中国银保监会制订金融监管顶层方案、由地方金融办负责具体监管执行是趋势。相信各地会加快地方金融办职能转变的步伐，通过非现场监管、联网监管、任职资格监管等手段提升自身全覆盖、穿透式监管能力。这种监管势必将从两个方面展开。

一、对市场行为的政策监管导向

众所周知，融资租赁是集融资与融物于一体，而目前一些融资租赁公司主要开展的回租业务，更多是融资，没有达到融物的目的，例如，回租业务面临更为严格的监管、产品方案如"零首付"或被规范等。一直以来，我国融资租赁业务采取"两类三机构"的多头管理模式，不同融资租赁公司适用监管规则不同。这增加了融资租赁公司监管的复杂性，且易形成监管漏洞。我国融资租赁公司数量多而不大不强，行业集中度低。此次融资租赁公司纳入银保监会统一监管，是行业发展的必然趋势，有利于融资租赁业的健康、规范发展。行业整体经历一番优胜劣汰，一些空壳公司被"清出"后，那些规范的融资租赁公司能为客户提供更好的融资租赁服务，保障客户利益。

二、对行业许可的政策监管导向

实施更加严格的行业进入门槛，是一种必然选择。中国银保监会根据金融业务发展情况及审慎监管的需要，可以调高注册资本的最低限额。监管要求上，对资本充足率、核心资本充足率、对单一借款人的授信余额、对单一集团客户的授信余额、对单一股东及其关联方的授信余额、自用固定资产比例、对单一股东关联度、同业拆借比例，等等，可根据监管需要对上述指标做出适当调整。

对租赁资产应按照有关规定实行信用风险资产五级分类制度，并应建立审慎的资产减值损失准备制度，及时足额计提资产减值损失准备。未提足准备的，不得进行利润分配。

第二节　租赁行业内外联动分析

市场是资源配置的主渠道。因此，租赁公司或者说租赁行业的生存与发展，应该主要取决于市场。这个市场的构成及其变化因素则是我们必须全面深入分析的要素。

一、融资租赁行业和企业面临的宏观形势

融资租赁公司目前面临的外部环境和形势比较复杂，融资租赁行业正处在风险高发、多发阶段。

（一）宏观经济行势下行，面临经济转型和产业升级的挑战

近些年，中国经济增速下降，中低速增长成为新常态，人工智能、互联网科技等新业态的成长还不能对冲旧的业态的下行影响。经济向好，企业日子好过，融资租赁的风险自然就低，经济不好，企业的日子自然难过，出风险的概率就大。不少企业因为各种原因而关门或倒闭，风险正从中小企业向大中型企业包括上市公司蔓延。政府信用也开始进一步强化管控，个别政府债务也可能出现风险，大量的租赁公司政信平台业务面临转型。

（二）资金环境面临困难局面

在国家去杠杆，控风险的政策导向下，货币政策发生了重大变化，社会融资规模增量是一个敏感的晴雨表，需要及时关注。同时，随着国家监管力度的不断加强，金融自由化、影子银行、大资管繁荣时代已经结束，加上近年来企业债迎来偿债高峰期，负债压力会严重威胁很多企业的生存。

（三）强监管将带来融资租赁行业洗牌

有报道称，全国各类租赁公司超过 1 万家，实际运行的仅有 20%~30%。在强监管的背景下，大量的融资租赁公司政策套利的空间收窄，在普遍资产荒、资金荒的情况下，大到行业，小到企业、从业人员，都将面临不同程度的冲击，租赁行业的系统风险和租赁公司的经营风险在扩大。

二、对租赁公司如何进行风险管理的认识

（一）很多租赁公司的风险文化先天不足

近些年来，一些租赁公司都追求开门红，特别是股东，往往急于求成，希望快速见到成绩，在利润指标和发展规模指标方面给予公司不恰当的目标，导致公司在准备不足的情况下盲目冒进，一旦造成风险，将使租赁公司背上沉重的包袱，对公司的健康发展产生严重影响。此外，如同父母养育孩子，股东在租赁公司发展过程中不仅履行出资的责任，在公司文化建设、关键岗

位人员任免、授权审批、监察审计、新业务领域的准入安排等方面对租赁公司的风险管理都直接和间接地产生着重要影响。从公司发育周期分析，在初创期和转型期，案例的示范作用非常关键，一个项目不仅仅是做了一单业务，而是不论你希望或不希望它都会发挥示范作用，对后续的业务趟出了一条路，打开了一扇门，后面的业务很自然地就会把它当作样板和标准去复制，所以要做好营销和风险管理，掌握节奏，选择恰当的项目切入市场，不要一开始就挑战难度大的项目。

（二）加强顶层设计是风险控制的根本

"做什么，为什么做"是公司的战略基础，这是方向性的问题，公司的人、才、物等资源配置以及系统建设都是密切围绕业务方向展开的，这也是公司风险管理的基础，如果方向错了，租赁公司越走越偏，最后一切都可能推翻重来，这是最大的风险。方向的选择，必须有取有舍，有为有不为，处理好多元化和专业化之间的关系，深刻认识和挖掘股东的资源禀赋，这是绝大多数公司打造差异化、专业化、核心竞争力的基础。同时，公司必须深入研究宏观经济发展和国家产业结构调整的政策导向和市场趋势，研究同业竞争格局，认识自身发展阶段和实际条件等多重因素，对公司"做什么，为什么做"做出正确判断和取舍。

夯实战略基础是很多租赁公司意识薄弱的地方，很多公司对行业和市场的研究比较淡薄，对自身的市场定位、功能定位、价值定位、客户定位比较模糊，不理解产业是根，金融是叶，根深才能叶茂的道理，从而难以立足长远，深入扎根和着力打造自己的竞争力。在行业和市场研究方面，租赁公司需要向投行机构学习。

做什么和怎么做是互为前提、相辅相成的关系，做什么是战略方向问题，怎么做是能力建设问题，做什么必须要知道怎么做，知道怎么做也才更明确和坚定应该做什么。根本而言，租赁公司之间比的不仅是做什么，更重要的是比怎么做。市场上都说资产荒，租赁公司同质化，但是如果公司能不断专注于自身的业务创新，管理提效，实现竞争力的提升，自身发展的外部空间自然就扩大了。

（三）产品研发是风险管理的中心环节与关键内容

租赁公司必须着力做好两个工作，一方面是将金融解决方案进行标准化、规范化、产品化，实现可复制性；另一方面，花无百日红，不能沉浸在舒适区,而是要不断适应客户需求和同业竞争的需要,保持业务的创新能力。

金融产品和实物产品本质上非常相似,很明显,产品的研发是重中之重的环节。租赁公司需要打造、编制产品手册,通过产品手册将业务研发、营销、风险控制、决策、业务操作、资产管理等工作模块实现生产线一样的管理,并通过产品手册打造租前、租中、租后全流程的风险防控体系。产品手册的内容,应该包括产业研究、行业调研、产品设计、准入指引、评审标准、尽职调查指引、尽职调查模板、评审流程、放款流程、合同文本、租后资产管理、融资管理、考核制度、商务政策、决策制度等在内的一系列制度成果。

产品研发是租赁公司专业化建设的核心,如果没有专业化的基础,租赁公司开展市场化运作,参与市场化竞争就是无本之木,你的营销出门去找什么客户,提供什么方案都没有数,公司的业务怎么能做好。不能只偏重营销工作和营销人才,实际上公司的重心应该是公司的中后台,即在战略制定、产品研发、体系建设管理方面。

(四)资产配置的风险管理

资产安全是公司风险管理的首要目标,如何进行合理的资产配置,需要站在风险管理的角度进行研判。股东决定了租赁公司资源禀赋的差异性,是培育公司核心竞争力的关键因素,是规划公司战略的基础。租赁公司选择资产类型,首先应围绕股东的资源和产业背景进行考虑,争取打造出自己的绝对优势,既符合国家产业发展方向,又满足服务实体经济的需要。在股东产业之外的领域,租赁公司要争取打造比较优势。

处理好多元化和专业化发展的关系,根据自身实际情况对业务规划进行量身定制。满足投融资一体化的要求,不能单纯地关注资产端,而是要从投融一体化的角度配置资产。这一点是融资租赁投行化的本质,即为有资金的人配置资产,为有资金需要的人配置资金为代表的金融服务。融资租赁形式上是间接融资,实质上必须考虑资金的来源和投放的衔接配合,这是与银行的运作很不一样的地方,很多小公司让业务人员去找资金就是这个道理。

综合考虑杠杆水平,根据资产的周转情况,实现资产期限的合理配置。

(五)资金的流动性风险管理

很多租赁从业人员比较关注融资租赁的资产业务,其实租赁公司运作的是资金,融资租赁的负债业务是体现租赁公司金融属性最重要的方面之一。

对于严重依赖信用的租赁公司来说,资金的流动性风险管理是租赁公司风险管理的红线,比资产端的风险更威胁租赁公司的生存,也是一项非常复杂和专业的工作。带来流动性风险的原因包括杠杆经营的风险、久期匹配的风险等。加强资产的流动性运作是融资租赁行业的一个痛点,实现资产的出表运作是发展趋势,也是国家层面金融体制改革鼓励的方向。实现资产出表,对流动性风险的帮助显而易见,也可以有效改善各项财务指标。

第三节 租赁公司内部管控视角

如果从金融租赁公司细化监管维度分析,需要持续探索、科学面向租赁公司的监管体系。这种监管体系包括并不限于以下几个方面,现逐一解读。

一、资本充足性方面

对于租赁公司而言,资本充足率与流动性是一个问题的两个方面,处于动态移动中的平衡问题,需要彼此协同,统一管控。

金融租赁公司的资本充足水平、资本管理能力及资本补充机制是一个金融租赁公司最为核心的指标,分别从资本充足稳定性、资本管理能力等方面判断公司资本充足质量。稳健的利润分配制度应保证每年留存固定金额或固定比率的利润用于补充资本金,严禁公司在资本充足率未达到监管要求的情况下分配利润。

租赁公司流动性水平及流动性管理情况,旨在引导金融租赁公司完善资产负债匹配结构,建立稳健的流动性管理政策,健全流动性管理能力。一般通过期限匹配、高流动性资产储备水平、偿债能力和筹资能力来判断公司在某时点的流动性水平。流动性管理就是统筹资金来源,增强主动负债能力,提高管理层有效识别、分析和调控头寸的能力,来确保公司的正常运营。流动性管理技术包括具备实时监测流动性的技术手段,能准确测算流动性需求并进行预警,以满足流动性管理需要,确保金融租赁公司建立稳健的流动性管理体系,较好地控制流动性风险。

二、资产质量方面

金融租赁公司租赁资产质量及其管理情况,旨在引导金融租赁公司强化风险意识、规范信用风险管理及租赁物管理，包括所有权保障、价值评估和维护管理等，督促公司管理人员履职尽责，降低不良资产水平，实现资产质量的整体优化。包括但不限于资产质量指标（如不良融资租赁资产率/不良信用风险资产率、融资租赁质量偏离度/信用风险资产质量偏离度、逾期90天以上融资租赁与不良融资租赁比例）、风险缓释（融资租赁风险缓释比例/信用风险资产缓释比例）、融资租赁风险迁徙（正常类融资租赁迁徙率、关注类融资租赁迁徙率、次级类融资租赁迁徙率、可疑类融资租赁迁徙率）、拨备充足率指标、减值准备覆盖租赁余值率、集中度指标（单一客户融资集中度）。

租赁公司还要关注租赁的行业投向及其对资产质量的影响、承租人的资信状况及其对资产质量的影响，以及租赁物的所有权、价值、运行状况及流动性。如果租赁物的所有权存在瑕疵；或租赁物价值呈持续减值趋势；或租赁物出现严重质量问题，已不能正常运转；或租赁物通用性差，且租赁公司不能采取有效措施缓释风险，都会影响租赁物的质量状况。租赁公司应重视租赁资产的管理情况及其对资产质量的影响，加强租赁物的所有权保障措施、租赁资产管理的部门设置和人员配置及履职情况，等等。

租赁公司信用风险管理制度的健全性和有效性、信用风险资产分类制度的健全性和有效性也是要特别关注的。

三、公司组织管理方面

分析金融租赁公司的管理状况，包括公司治理、内部控制、合规性管理、内部审计及信息系统等方面制度建设的完善性和制度执行的有效性，旨在引导金融租赁公司建立完善的公司治理架构，强化内部约束机制，提升风险管理水平。

公司应关注公司治理的组织架构（建立以股东会、董事会、监事会及高级管理层为主体的公司治理架构，公司章程、各治理主体的议事规则及决策程序）、决策机制（股东会、董事会履职情况、中长期发展战略规划、合规及风险管理政策、限制性条款）、执行机制（决策传导机制、授权、高级管理人员素质）、监督机制（股东会的监督履职情况、董事会的监督履职情况、监事会的监督履职情况）、激励约束机制（绩效评价体系、薪酬政策、问责机制、激励约束机制）。

随着互联网技术的深度渗透，租赁公司也要关注自身信息系统的建设与运营。信息系统建设整体情况、管理信息提供情况、信息系统安全、实时监控监管指标、信息管理系统实时监控监管指标对合规管理与风险管理都十分重要。

总之，公司着力培育健康的企业文化，公司制定了合适的人力资源政策和程序，拥有与租赁业务发展相符的专业人才。

四、内部管制与风险管理

第一，需要从治理机制做起，以制度形式明确规定董事会、监事会、高管层在建立健全内部控制制度、监督内控制度执行上的职责。公司的内部控制目标和内部控制政策应科学合理、符合公司实际和发展战略，具有适当前瞻性。公司应建立分工合理、职责明确、报告关系清晰的组织结构。公司应制定风险识别与评估的制度、程序和方法，覆盖公司的各业务线及各主要风险，特别是租赁行业面临的特殊风险，能够对这些风险进行持续的监控。

第二，内部控制措施方面，要强化内部控制制度和程序，注重金融租赁公司内部控制制度和程序的全面性，内部控制制度和措施覆盖公司的所有机构、部门、业务和管理活动。

第三，业务审查与复核。各项业务严格按照内控制度及程序要求，履行相应的审批程序，风险管理部门与合规部门能够按照有关规章制度要求，认真审查与复核项目。

第四，重视租后管理。设立专门的部门或岗位负责租后管理事务，明确租后管理各参与部门的职责分工。租后管理至少应该包括项目档案管理、租赁物管理、租金管理、项目风险监测、债权追索及违约救济。

第五，租赁物管理。按规定程序和要求接受租赁物，明确租赁物的物权管理，做好对租赁物的投保，定期对租赁物进行监督检查。良好的租赁物管理对租赁资产质量十分重要。

第六，内部审计方面，包括内部审计的政策和程序（原则与目标、政策、制度与程序、评价机制）、组织结构（部门设置、人员数量与素质）、过程控制（执行情况、纠正机制）。金融租赁公司是否采取有效措施，及时整改内控评价中发现的问题，并追究有关人员责任。

此外，还要十分重视后台保障、应急制度、操作风险、信息交流与反馈、合规性管理（包括合规组织、报告路径、奖惩与举报、遵守监管要求）、业务合规性（承租人的行业属性、租赁物合规性、租赁业务方案的合规性、关联交易）。

五、市场风险方面

金融租赁公司的市场风险包括但不限于利率风险、汇率风险和租赁物价值风险。主要从市场风险管理政策、市场风险管理手段和市场风险管理人员设置分析租赁公司的市场风险管理能力。要重视市场风险管理体系构建，包括市场风险管理政策和程序，识别、计量、监测和控制市场风险的技术手段，市场风险管理部门及人员设置。此外，还要关注周期性风险状况，注重经营租赁业务的总体规模控制情况；追求租赁公司的专业化发展（发展战略、股东支持、专业人才储备）、业务创新（业务创新能力、创新业务市场拓展情况、创新业务资产规模占比）和市场形象。

第三篇 财务公司专业篇

 **开篇有益**

本篇是财务公司会计业务的专门篇章。财务公司是众多大型企业集团所拥有的特殊企业，从事规定的内部融资活动，也是我国金融市场主体的有机组成部分。

本篇将分成五章。第十一章是财务公司会计核算基础，在系统介绍财务公司特殊管理政策、主要法定业务的基础上，阐述财务公司会计核算的科目设置等相关知识；第十二章是财务公司筹资业务核算，包括财务公司的吸收存款业务和发行债券业务的会计核算；第十三章是财务公司投放业务核算，包括发放贷款的管理规定、发放贷款的会计核算；第十四章是财务公司其他相关业务的会计核算，包括开展法定结算业务的核算、财务公司其他往来业务的核算；第十五章是财务公司的管理与控制，包括产融结合框架下的运营思维、风险管控、流动性风险管理以及财务公司的绩效管理。

本篇所阐述的财务公司业务核算与管理，是财务公司经常性业务活动的主体内容与拓展知识，需要全面学习，系统掌握。

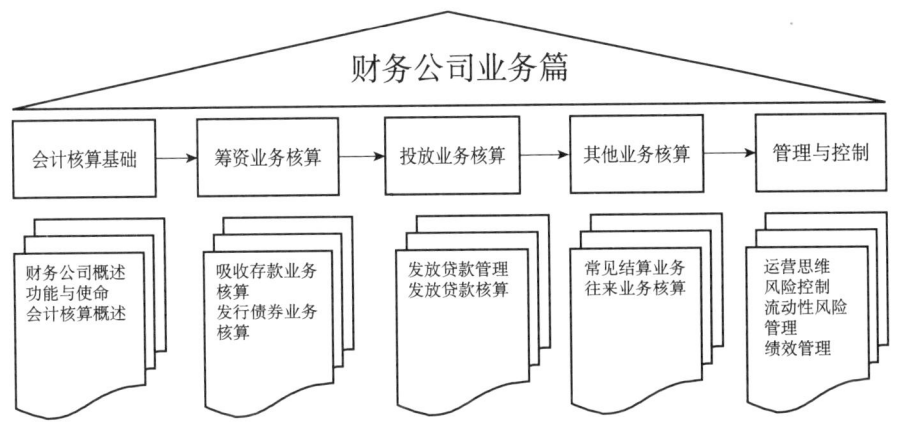

第十一章
财务公司会计核算基础

本章精要

财务公司作为拥有金融许可证的非银行金融机构，承载着企业集团资金运筹中心的使命，具有金融生成功能的"资金池"。财务公司既可以作为结算中心协助集团总部管理账户和进行资金结算，也可以跨区域甚至行业开展相关业务；既可以管理内部资金，也可以对外投资、融资和信贷。作为金融机构和独立法人，财务公司既有商业银行一样的中介职能，也有超越商业银行的混业经营优势，在货币市场、资本市场、银行间市场、交易所市场等各类金融市场上为企业集团进行资本管理。

本章主要就财务公司的业务视角监管与会计核算管制进行阐述。

第一节 财务公司概述

财务公司的历史渊源可以追溯到1716年法国通用银行的创设。而在百余年之后的美国，第一家真正意义上非银行的财务公司出现于1878年，此后财务公司逐渐演变成为一种新型的非银行金融机构，并在美国金融体系中一直占据重要地位。近些年来，财务公司开始出现于中国和东南亚地区，并日益受到越来越多的关注。

美国联邦储备银行曾经将财务公司定义为"任何一个公司（不包括银行、信用联合体、储蓄和贷款协会以及共同储蓄银行），如果其资产中所占比重最大的部分由以下一种或多种类型的应收款组成，如销售财务应收款、家庭或个人的私人现金贷款、中短期商业信用、房地产二次抵押贷款等，则该公司就称为财务公司"。除自有资金外，美国财务公司的资金来源主要是银行贷款、发行商业本票和巨额长期债券。

在中国，财务公司产生于 20 世纪 80 年代中后期，出现的时代背景就是肩负着为企业集团发展配套的非银行金融机构——实质上即是大型企业集团附属的金融公司。1987 年，经中国人民银行总行批准，中国第一家财务公司——东风汽车工业财务公司成立，截至 2018 年底，全国共有经中国银行业监督管理委员会批准设立的财务公司法人机构数量 253 家，全行业表内外资产总额 9.50 万亿元，财务公司行业经营状况良好，行业风险控制得当，整体保持稳健发展态势。其行业的规模、效益和市场影响力已经今非昔比。

一、财务公司的基本定义

作为政府时任主管机关，中国人民银行在 2000 年 6 月 30 日正式出台的《企业集团财务公司管理办法》中明确指出："财务公司是指依据《公司法》和《企业集团财务公司管理办法》设立的，为企业集团成员单位技术改造、新产品开发及产品销售提供金融服务，以中长期金融业务为主的非银行机构。"当然，财务公司在中国内地的出现，其实是作为扶持国家重点大型企业集团改革的配套政策之一，由中国一些重点大型企业集团申请，主要由集团成员投资人入股，经由中国人民银行批准后设立的，为集团范围内成员提供企业发展配套金融服务。因此，财务公司又经常称为企业集团财务公司，其名称规范为××（集团）财务有限责任公司。

目前，中国的财务公司行政上隶属于大型企业集团，受本企业集团的直接领导，业务上受中国银行业监督管理委员会管理、协调、监督和稽核，是独立核算、自负盈亏、自主经营、照章纳税的企业法人。认识财务公司，需要从双重比较中得到区别：财务公司与我国银行、证券、财务、保险等金融机构比较，其主要区别在于：在服务范围上，前者局限于某一企业集团内部，而后者是面向社会；前者业务种类更为综合，但服务范围不如后者广泛；前者的产业服务专业性突出，后者的金融专业性更强。如果将财务公司与厂内银行、内部结算中心比较，其差异也十分明显：前者是金融机构，可办理独立核算的集团内部成员间的金融业务；后者不是金融机构，不能办理金融业务，只起到加强企业内部各部门之间的经济核算作用。

二、财务公司的设立条件

《中华人民共和国银行业监督管理法》规定的财务公司的设立条件如下：

（1）确属集中管理企业集团资金的需要，经合理预测能够达到一定的业务规模。

（2）有符合《中华人民共和国公司法》和本办法规定的章程。

（3）有符合本办法规定的最低限额注册资本金。

（4）有符合中国银行业监督管理委员会规定的任职资格的董事、高级管理人员和规定比例的从业人员，在风险管理、资金集约管理等关键岗位上有合格的专门人才。

（5）在法人治理、内部控制、业务操作、风险防范等方面具有完善的制度。

（6）有符合要求的营业场所、安全防范措施和其他设施。

（7）中国银行业监督管理委员会规定的其他条件。

同时，《企业集团财务公司管理办法》对申请设立财务公司的企业集团也有非常严格的限制，申请设立财务公司的企业集团应当具备下列条件：

（1）符合国家的产业政策。

（2）申请前一年，母公司的注册资本金不低于8亿元人民币。

（3）申请前一年，按规定并表核算的成员单位资产总额不低于50亿元人民币，净资产率不低于30%。

（4）申请前连续两年，按规定并表核算的成员单位营业收入总额每年不低于40亿元人民币，税前利润总额每年不低于2亿元人民币。

（5）现金流量稳定并具有较大规模。

（6）母公司成立两年以上并且具有企业集团内部财务管理和资金管理经验。

（7）母公司具有健全的公司法人治理结构，未发生违法违规行为，近三年无不良诚信记录。

（8）母公司拥有核心主业。

（9）母公司无不当关联交易。

外资投资性公司除适用本条第（1）、（2）、（5）、（6）、（7）、（8）、（9）项的规定外，申请前一年其净资产应不低于20亿元人民币，申请前连续两年每年税前利润总额不低于2亿元人民币。

申请设立财务公司，母公司董事会应当作出书面承诺，在财务公司出现支付困难的紧急情况时，按照解决支付困难的实际需要增加相应资本金，并在财务公司章程中载明。

三、财务公司的资本金法定要求

设立财务公司的注册资本金最低为 1 亿元人民币。财务公司的注册资本金应当是实缴的人民币或者等值的可自由兑换货币。经营外汇业务的财务公司，其注册资本金中应当包括不低于 500 万美元或者等值的可自由兑换货币。

中国银行业监督管理委员会根据财务公司的发展情况和审慎监管的需要，可以调整财务公司注册资本金的最低限额。财务公司的注册资本金应当主要从成员单位中募集，并可以吸收成员单位以外的合格的机构投资者的股份。

所谓的合格的机构投资者是指原则上在 5 年内不转让所持财务公司股份的、具有丰富行业管理经验的外部战略投资者。财务公司的股东资格应当符合中国银行业监督管理委员会的有关规定。

外资投资性公司设立财务公司的注册资本金可以由该外资投资性公司单独或者与其投资者共同出资。

四、财务公司的业务规范

（一）基本业务规范

基本业务规范是指只要取得中国人民银行批准，财务公司方可从事的业务范围。财务公司的基本业务包括下列部分或全部业务：

（1）对成员单位办理财务和融资顾问、信用鉴证及相关的咨询、代理业务。

（2）协助成员单位实现交易款项的收付。

（3）经批准的保险代理业务。

（4）对成员单位提供担保。

（5）办理成员单位之间的委托贷款及委托投资。

（6）对成员单位办理票据承兑与贴现。

（7）办理成员单位之间的内部转账结算及相应的结算、清算方案设计。

（8）吸收成员单位的存款。

（9）对成员单位办理贷款及融资租赁。

（10）从事同业拆借。

（11）中国银行业监督管理委员会批准的其他业务。

（二）扩展业务规范

财务公司在具备相关条件时，可以从事一些扩展性业务。这些条件，主要是要求更加强大的资产家底、更加完美的管理制度等。具体包括：

（1）财务公司设立1年以上，且经营状况良好；

（2）注册资本金不低于3亿元人民币，从事成员单位产品消费信贷、买方信贷及融资租赁业务的，注册资本金不低于5亿元人民币；

（3）经股东大会同意并经董事会授权；

（4）具有比较完善的投资决策机制、风险控制制度、操作规程以及相应的管理信息系统；

（5）具有相应的合格的专业人员；

（6）中国银行业监督管理委员会规定的其他条件。

财务公司具备上述客观条件时，在严格遵守国家的有关规定和中国银行业监督管理委员会审慎监管的有关要求下，可以向中国银行业监督管理委员会申请从事下列业务：

（1）经批准发行财务公司债券。

（2）承销成员单位的企业债券。

（3）对金融机构的股权投资。

（4）有价证券投资。

（5）成员单位产品的消费信贷、买方信贷及融资租赁。

第二节　财务公司的功能与使命

从企业集团的现实运行出发，如何提升集团综合实力及其内部成员的资源配置效能，建立一个财务公司平台无疑是一个合理的经济选择。

一、财务公司的优势分析

客观分析财务公司的运作机理可以获知，财务公司相较于其他金融机构，在企业集团范畴内拥有独特的功能优势，具体如下：

（一）推行资金集中管理，有利于节约制度成本

企业集团资金集中管理是集团母公司通过控制或参与成员单位的资金经

营决策过程，达到聚集资金资源、实现资金安全与资金增值目的的管理方法。这对企业集团整体而言，在一定程度上解决了集团内部资金供求不平衡的问题，有利于解决"存贷双高"问题，提高了资金的使用效率，降低了财务成本；对集团总部而言，有利于决策层及时掌握各成员单位的资金流向，节约了管理成本；对各成员单位而言，资金资源整合必将替代原有的制度安排，在保证其转移资金的同时有效地转移风险，降低交易成本；在并购重组等资本运作中降低了整合成本。对于财务公司而言，不仅可以获得资金集约化管理的收益，还可以促进自身金融服务水平的提高。

（二）丰富集团融资功能，有利于提高融资效率

财务公司开展的业务不仅包括一般的存贷款和结算业务，还可以在法定的框架内，根据本集团的发展策略及产业特点，开展票据、买方信贷、银团贷款业务以及进入资本市场承销集团债券、发行金融债等。通过财务公司的融资方式，不仅丰富了各成员单位的融资途径，也极大地增强了企业集团的融资功能，将外融变成了内融，并且与外部资本市场的不健全（即存在信息披露制度不完善、法律对贷款者的保护能力较弱、契约的严格执行得不到保证以及审计技术不够先进等）相比，借贷双方在企业集团内部资本市场可在一定范围内有效克服信息不对称，从而减低金融活动的交易成本，提升融资效率，避免道德风险与逆向选择的发生，最终实现所在企业集团的发展壮大。

（三）掌握了真实的经营情况，有利于分散和降低风险

作为隶属于企业集团的金融机构，财务公司可通过内部的转账结算和对外支付，独立地帮助集团了解每一个成员企业在支付风险上的变化和现金流变化，每个公司的支付风险、流动性风险可以反映其经营的实质性变化。成员单位占用资金多少、单位资金使用效益好坏、交易对手风险大小等都可以通过资金的集中管理一目了然。因此，财务公司的结算和清算就成为风险观测镜，一方面可以根据企业的经营情况不断调整授信额度，降低财务公司自身的风险；另一方面也是集团总部了解下属企业情况的一个重要窗口，便于集团总部掌握和分析企业真实经营状况，提前规避各种风险。

（四）拓宽金融市场广度，优化金融结构

如前所述，整个金融体系采取的结构应当是为了更好地完成有效地筹措资金、高效地配置资金以及分散和降低风险，财务公司相较于其他金融机构的比较优势，不仅表现在促进企业集团的发展方面，还表现在完善金融系统

结构、弥补金融体系不足方面。随着经济金融的发展，原有的金融结构往往不能适应新形势下经济金融发展的新要求，而金融创新的出现可以突破金融发展的瓶颈，打破原有金融结构的局限性，通过机构调整、业务创新和工具创新形成新的符合实际经济金融需求的金融结构，可以有效满足社会发展对金融的需求，实现金融功能和效率的提升。而财务公司的出现，不但是金融创新，而且是有助于金融结构完善的金融创新。所以说，财务公司对拓宽金融市场的广度，优化金融结构起到了积极的作用。

二、财务公司对集团发展的价值定位

过去一段时间，国内许多企业集团陆续探索财务公司发展之路，在集团产业资本和金融资本融合方面，帮助集团整合了内部资金和外部金融资源，提高了核心竞争力，也推动了集团流程再造，降低了财务成本，共享了集团庞大的客户资源，从而实现了产业和金融的协同发展。由此证明，财务公司的价值定位相当重要。

（一）集约化金融服务、集团化金融管理、集成化金融支持三位一体

在集团框架下，财务公司对集团财务资源进行统一配置，对企业资金进行统一管理。这种管理是按资金流程而不是按资金收支进行财务资源的整合和配置，这就从源头上解决了财务部门之间以及财务部门与业务部门之间在资金流动和财务资源配置上的相互割裂问题，实现了集约化的财务管理；在集约化金融服务方面，财务公司利用金融手段对整个集团企业资金进行统一配置和集约服务，通过有偿调剂集团内部企业资金余缺，优化配置集团资金资源，激活了集团内部的闲置和沉淀资金，降低了集团外部融资规模，节约了大量资金成本，满足了成员单位产业发展过程中的内部融资需求，一些地方还实现了集团对外流动资金的"零贷款"。财务公司能够实现集团资金运作边际效益的最大化，实现资金零占用，进一步缩减集团资金体外循环的规模，协助集团加强税务统一监管力度和账户管理力度，发挥财务公司金融资源整合作用。

（二）司库型资金管理、信用型信贷服务、投行型财务顾问三足鼎立

财务公司的设立，使得其资金司库管理的载体由原来的部门职能机构上升为司库功能机构。在满足企业对流动资产基本需求的前提下，尽量使营运资金趋于最小的管理模式，称为零售营运资本管理。"零营运资本管理"强调

的是资金的使用效益,即将营运资金视为投入的资金成本,以最小的流动资产投入获得最大的销售收益。由于一些集团内部成员企业在互供产品及劳务方面的经济交易量较大,在资金管理上又存在时间、空间差的情况,因此财务公司从集团整体利益出发开展统一的内部转账结算,统一调拨内部资金,以对冲内部交易,降低资金占用额度,加速资金周转。财务公司充分发挥和完善各项金融结算职能,满足集团的金融需求,致力于对集团资金的集约化管理,并在提高集团结算资金的流转速度,减少集团资金体外循环方面取得了良好的市场效果,并且一直保持金融风险事故为零,结算业务出错率为零的良好风险控制记录,为提高集团总体资金运作的有效性,统一管理各单位的银行账户,防止资金运作中的风险,避免自有资金的体外循环,实现集团资金的集约化管理目标,整合社会金融资源优势发挥了重要的作用。

进一步分析,由于信息的不对称,原有的信贷资产五级分类基本停留在财务指标分析的基础上,定性分析往往流于形式。财务指标只是过去和现在的信息,只能代表过去的经营状况,而要真正掌握一个公司的信用状况不仅要看过去的信用表现更要看未来的发展潜力。因此,要了解企业潜在或将来的发展趋势,仅靠分析财务指标远远不够,必须从市场发展与产品研发中寻找答案,必须通过研究每个企业管理层对市场反应的敏感度、市场订单获取速度及能力、所占市场份额以及新产品开发能力入手,综合判断才能揭示企业整体经营状况及发展能力。为全面反映信贷资产质量,突破原有的资产质量分类局限性,财务公司一方面借助于其财务报表对其偿债能力、盈利能力、发展能力、流动性等财务指标进行分析,形成实质性数据分析;同时在财务指标分析的基础上,结合集团的管控机制,汇集来自成员单位及标杆单位的最前端信息,剖析其方方面面,尤其是对成员单位负责人经营能力、订单获取能力、市场份额和产品研发能力等非财务指标进行量化分析,对来源于市场的任何信息,财务公司都深入到市场终端,与成员单位一同站在市场的前沿,并参与其对现有问题的剖析,杜绝"闭门造车",真实、全面、动态地反映成员单位的资产质量,真正实现了资产质量分类的预警机制。

(三)专业化金融产品、个性化综合服务、供应链金融延伸三大进程

顺应发展趋势,财务公司着力开发专业化金融产品,创立了"物流银行"模式。在促进集团产品的销售过程中,财务公司走到市场终端,了解经营业

务流程及风险控制点，并与法律部门和金融专家进行完全充分的沟通，针对保兑仓业务推出"物流银行"模式，在最短的时间内为各地营销公司提供最及时的服务，同时保证操作风险降到了最低。财务公司充分利用集团账面大额应付账款做质押为供应商提供融资，既解决了供应商融资难、融资成本高的问题，又丰富了财务公司的业务，增加了财务公司的利润来源，同时又推动了集团的流程再造。

第三节 财务公司会计核算概述

从业务范围及资产负债结构态势来看，以前的财务公司基本是接受定向存款类的信贷机构，存贷款是其主要业务，贷款占据其资产、存款占据其负债、利息收入占据其营业收入的比重，通常都在70%左右。所以，如果依照IMF《国际金融统计指南》解释，财务公司属于"吸收存款机构"。随着服务市场的变化和监管政策的调整，财务公司保持了混业经营的态势，既可吸收集团内部中长期存款，又可承销、代理本企业发行债券。同时，经过清理整顿和重新登记，金融服务的职能更加强化了。由上述变化可以看出，财务公司应当执行商业银行财务报表格式和附注规定，如有特别需要，可以结合本企业的实际情况进行必要调整和补充。在科目的使用上，基本与商业银行保持一致，表11-1列出了其经常使用并拥有相应特色的相关科目。

表11-1　　　　财务公司主要业务核算专用会计科目表

类别	名称	主要核算内容
资产类	存放同业	核算财务公司存放于境内、境外银行和非银行金融机构的款项
	存放中央银行款项	核算财务公司存放于央行的各种款项，包括业务资金的调拨、办理同城票据交换和异地跨系统资金汇划、提取或缴存现金等
	贷款	核算财务公司按规定发放的各种客户贷款，包括质押贷款、抵押贷款、保证贷款、信用贷款等
	贷款损失准备	核算财务公司贷款的减值准备，计提贷款损失准备的资产包括贴现资产、拆出资金、客户贷款、银团贷款、贸易融资、协议透支、信用卡透支、转贷款和垫款等
	拆出资金	核算财务公司拆借给境内、境外其他金融机构的款项
	代理业务资产	核算财务公司不承担风险的代理业务形成的资产，包括受托理财业务进行的证券投资和受托贷款等

续表

类别	名称	主要核算内容
负债类	吸收存款	核算财务公司依照法规吸收的除同业存放款项以外的其他各种存款
	应付利息	核算财务公司按照合同约定应支付的利息,包括吸收存款、分期付息到期还本的长期借款、企业债券等应支付的利息
	应付债券	核算财务公司为筹集(长期)资金而发行债券的本金和利息
	拆入资金	核算财务公司从境内、境外金融机构拆入的款项
	代理业务负债	核算财务公司不承担风险的代理业务收到的款项,包括受托投资资金、受托贷款资金等
损益类	利息支出	核算财务公司发生的利息支出,即吸收的各种存款、与央行、同业等金融机构发生资金往来、卖出回购金融资产等产生的利息支出

第十二章
财务公司筹资业务核算

本章精要

对于财务公司而言，筹资无疑是一个重要环节与基础前提。财务公司筹资主要包括内外两个来源，一是吸收集团成员企业存款；二是对外发行金融债券，形成金融负债。本章对财务公司资本筹资业务的专门探讨也分成两个部分。

第一节是吸收存款业务核算。在吸收存款业务上，财务公司与商业银行的原理基本相同，只不过存款对象受到了很大限制；需要关注每一个环节的会计核算。

第二节是发行债券业务核算。在对外发行债券业务上，财务公司作为金融企业，自然只能发行金融债券，当然，金融债券与企业债券、公司债券的会计确认与计量原理十分相似。所以，本章关于金融债券的核算也同样适用于前面所有其他金融企业发行金融债券时的会计核算。

财务公司进行业务活动的资金来源除了股东单位投入的资金及其经营积累形成的资金之外，主要依靠吸收成员企业的存款、争取公开发行金融债券以及通过同业拆入资金解决资金不足问题。本节主要阐述吸收存款和发行债券两个方面，其他内容与有关业务基本相同。

第一节 吸收存款业务核算

一、财务公司吸收存款的意义

财务公司是在企业集团框架下的资金中心，它隶属于企业集团，并为集团成员单位提供金融性服务，因此，其存款业务与一般商业银行比较，具有特殊性。最为明显的就是"吸收成员单位的本外币存款"成为财务公司发挥自己职能、服务成员单位的一项主要职能。

对集团成员企业而言，销售商品或提供劳务收入，取得货币资金收入之后，在安排用于购买材料、支付工资和费用以及上缴利税等之前，必然形成相当数量的原始存款。此外，也有给成员单位发放贷款形成的派生存款。财务公司为了做好吸收存款工作，必须遵循"存款有息，安全保密，服务监督，保证支付"的原则，不断改进工作，搞好服务。

二、财务公司吸收存款的种类

财务公司所能吸收的存款，主要是来自集团成员企业的三个月以上期限的定期存款，此外，还有通知存款和协定存款等。

（1）单位定期存款。与集团成员客户事先约定存款期限、到期支取，利率执行央行规定的存款。

（2）通知存款。与集团成员客户签约，将其暂时闲置资金一次存入，不定期限，可一次或分次提前（一般是提前七天）以书面通知财务公司，到时即可支取，其利息按实际存款期限分档次计算，通常高于活期存款而低于定期存款，实际存期越长利率越高。

（3）协定存款。与集团成员单位签订协定存款合同的存款，对客户开设活期存款户和协定存款户两个账户，同时使用。款项收支先入活期存款户，每日终了，将其活期户余额超过或低于约定保留的最低额度部分，主动转账到协定存款户。两个存款户分别实行不同的利率。

三、财务公司存款业务的核算

（一）会计科目的设置

对于集团成员开户单位存入存款的核算，财务公司一般设置"吸收存款"的一级会计账户。由于财务公司吸收成员单位三个月以上定期存款，可按照成员单位的要求，注明其存款是长期还是短期，以一年为划分标准，不超过一年期限的为短期存款，超过一年期限的为长期存款。

需要说明的是，如前所述，财务公司是一种特殊的企业，兼有银行和企业的双重性，对成员单位来说具有银行的功能，对银行来说具有企业的性质，所以，一般财务公司处理挂靠银行存款的做法是：视本公司为企业，会计上作为"银行存款"来处理；而银行可视其为非银行金融机构，会计上将财务公司的存款作为"存放同业款项"。

（二）成员单位存入存款的核算

当存款单位直接交给财务公司转账支票，将此款项存入其在财务公司开立的账户，财务公司收款入账。如果由于时间差而不能立即收妥，财务公司可以开具临时入账凭证，待款项真正收妥以后，给其正式入账凭证（即收款通知书）。另外，开户单位收到其他单位汇款也以"收款通知书"作为正式回单。财务公司收妥成员开户单位款项时作会计分录如下：

借：银行存款（存放同业款项）
　　贷：吸收存款——××成员单位

收款通知书由财务公司收到款项时开具，收款通知书一式两联，第一联作为收款人回单，第二联作为财务公司贷方凭证。

（三）成员单位使用存款的核算

当客户转账使用存款时，一般来说，开户单位通过财务公司办理付款，使用委托付款凭证或转账支票作为此业务的原始凭证，并运用支票转账、电汇、信汇汇票等结算方式，作会计分录如下：

借：吸收存款——××成员单位
　　贷：银行存款（存放同业款项）

当客户存入现金时，开户成员单位向财务公司交存现金时，填写一式两联现金交款单，财务公司留存第二联作为贷方凭证，将第一联退给交款单位，作会计分录如下：

借：库存现金
　　贷：吸收存款——××成员单位

开户成员单位向财务公司提取现金时，一般先由财务公司填写现金支票交给银行提取现金，财务公司留存存根联记账，然后开户成员单位填写财务公司印制的内部现金支票，财务公司经认真审核印鉴后支付现金，作会计分录如下：

借：吸收存款——××成员单位
　　贷：库存现金

四、财务公司存款利息的核算

（一）利率选择的原则

财务公司应分别存款的类别，严格按照中国人民银行存款利率的规定，进行相应的利息计算与结算，在实际工作中，通常区别情况选择使用三种利率：

一是定期存款利率。定期存款的资金相对稳定，可以安排较长期限贷款，其利率高于活期存款利率，且存期越长，利率越高。单位定期存款期限分为三个月、六个月、一年、两年、三年、五年、八年及八年以上等七个档次，具体按中国人民银行的规定执行。

二是通知存款利率。按中国人民银行规定，所有金融机构开办的通知存款利率按同期、同档次定期存款利率，打六五折执行。但不满十五天的按活期存款利率，十五天至三个月的按低于三个月定期存款利率、高于活期存款利率确定。

三是协定存款利率。这是指存款单位两个账户中协定存款户的存款所执行的利率，其利率按中国人民银行省级分行的规定执行。

（二）存款利息的计算

1. 计息的基本公式

利息 = 本金 × 时期 × 利率

在具体计息时，应注意以下几点：计息的本金单位为元，元以下的角分不计息，利息金额计算至分，以下四舍五入；确定存期时，整数部分对年对日，零头天数应"算头不算尾"。如果这笔存贷款业务 3 月 5 日发生，5 月 10 日业务结束，计息时间为两个月五天，其中五天是 5 月 5 日至 9 日，10 日业务结束日不应算入。利率分为年利率、月利率、日利率，三者之间的换算关系如下：年利率 ÷ 12 = 月利率；月利率 ÷ 30 = 日利率；年利率 ÷ 360 = 日利率。所有存贷款者不计复利，只按单利计算。

2. 计息的具体处理

对单位定期存款，按对年、对月、对日结算本息，息随本清。提前支取按支取日法定活期存款利率计付利息；逾期支取将超过原存期的时段，按支取日法定活期存款利率计付利息。

对通知存款，按实际存期和利率档次对年、对月、对日结算利息。如提取部分存款，只计算支取部分的本息，未支取部分仍按原存入日期起息；全部提取则息随本清。

对协定存款，计息除利率按《协定存款合同》执行外，结息方法同单位活期存款。

3. 常用计息方法

通常，定期存款是在支取时结算利息；活期存款则是采用定期结息，按照规定租赁公司与财务公司每季度末月的 20 日为结息日，计息期为上季度末月 21 日至本季度末月 20 日止，通常采用账页积数计息法和余额表计息法。

（1）活期存款利息的计算。

① 账页积数计息法。采用账页计息一般记账时直接使用乙种账页，每当业务发生，除登记发生额并结出余额外，还需用上次余额乘以实存天数计算出积数，记入账页的"积数"栏。至结息日，计算全季度的累计计息积数，以累计积数乘以日利率计算出应付利息。

【例 12 – 1】中国东方财务公司的某成员单位客户的存款分户账如表 12 – 1 所示，计算其利息并进行账务处理。

表 12 – 1　　　　　　　中国东方财务公司存款分户账

户名：中国东方财务有限公司　　　　月利率%　　　　　　　　　　单位：元

日期		摘要	借方	贷方	借或贷	余额	日数	积数
3	21	承前页			贷	35 000	4	140 000
	25	转收		2 000	贷	37 000	18	666 000
4	12	转付	6 000			31 000	8	248 000
	20	现付	1 000			30 000	7	210 000
	27	转收		5 000		35 000	9	315 000
5	6	现收		800		35 800	12	429 600
	18	转收		2 500		38 300	14	536 200
6	1	转付	4 000			34 300	20	686 000
	20	结息		269.23*				
	21					34 509.23	92	3 230 800

*6 月 20 日的利息额 = 3 230 800 × 0.25% ÷ 30 = 269.23（元）

根据计算结果，编制会计分录如下：

借：利息支出——存款利息支出　　　　　　　　269.23
　　贷：吸收存款——××户　　　　　　　　　　　　269.23

② 余额表计息法。采用余额表计息是在每日营业终了时，将各分户账当

天余额抄入余额表内，若当天没有发生业务，即当天余额未发生变化，照抄上日余额。至结息日，逐户将全季的总积数乘以日利率即为各户应计利息数。

【例12-2】中国东方财务公司20×5年第二季度的成员单位存款账户余额表如表12-2所示，计算其利息并进行账务处理。

表12-2　　　　　　　　中国东方财务公司计息余额表

账户：财务存款　　　　　　　月利率‰　　　　　　　　单位：元

户名	3/21—6/17 累计积数	6月18日	6月18日	6月18日	3/21—6/20 累计积数	利息
东方电子	2 937 500	32 000	37 000	37 000	3 043 050	253.63*
优胜机械	×××	×××	×××	×××	×××	×××

*东方电子第二季度利息额 = 3 043 050 × 0.25% ÷ 30 = 253.63（元）

根据上述计算结果，后应于结息日次日作为客户收入。其会计分录如下：

借：利息支出——存款利息支出　　　　　　253.63
　　贷：吸收存款——××户　　　　　　　　　　253.63

（2）定期存款利息计算。

定期存款的利息采用逐笔对年、对月、对日计算的方法。对年按360天，对月按30天，零头天数按实际天数算头不算尾计算。

【例12-3】某财务公司开户的成员单位20×6年5月3日存入定期存数500 000元，二年期定期存款月利率为0.6%，活期存款月利率为0.4%。第三年（20×8年）5月3日支取，其利息额为：

500 000 × 0.6% × 24 = 72 000（元）

若该公司于20×8年6月15日支取，其利息额为：

500 000 × 0.6% × 24 + 500 000 × 42 × 0.4%/30 = 72 000 + 2 800 = 74 800（元）

第二节　发行债券业务核算

随着中国资本市场的日益活跃，在股票市场持续增长的同时，债券市场也开始了新的发展进程。近年来，由国家发展和改革委员会监管的企业债券、中国证券监督管理委员会监管的公司债券、中国银行业监督管理委员会监管的金融债券都分别得到了规模化的发展。在财务公司这一行业，中石化财务公司、中核电财务公司、中国电力财务公司等一大批财务公司陆续得到批准，实施了发行数额多达数十亿元、期限长达 5 年期的金融债券。

不论是企业债券，还是公司债券，甚至于金融债券，在会计确认、计量上已经基本趋同。故本书以金融企业发行金融债券为例，统一阐述三种债券的日常会计处理。

一、债券管理

前已述及，债券分为企业债券、公司债券和金融债券。尽管其运行机制与核算原理是相同的，但各自也存在着显著的差异，需要分别认识。

金融债券属于银行和非银行金融机构依照法定程序、用于特定用途、发行并约定在一定期限还本付息的有价证券。与吸纳的储蓄存款进行比较，存在着专用性、集中性、高利性和流动性。

公司债券是公司发行的定期还本付息的有价证券，分为信用公司债、保证公司债，也可分为收益公司债、可转换公司债和附新股认购权公司债等。

企业债券最早起源于 1987 年的《企业管理暂行条例》、1993 年的《企业债券管理条例》，国有企业如果符合一定条件，按规定进行专项申报审批就可以发行债券，并按照审批用途使用资金。企业债券包括重点企业债券、地方企业债券、企业短期融资券和住宅建设债券。

从会计确认和计量的视角看，不论属于金融债券、公司债券或者企业债券中的哪一类债券，其确认与计量的思路和方法是相同的。而从债券初始发行、中间计息、到期兑现等特征来看，通过发行债券融资的企业，总是可以将应付债券按照还本特征分为两种类型：即分期付息一次还本债券和一次还本付息债券，同时，根据其发行价款与债券面值的高低关系，分为两种情形：发行价款净额高于债券面值，发行价款净额低于债券面值。因此，以下按类别阐述其账务处理。

二、分期付息一次还本债券

第一，发行价款净额高于债券面值的账务处理。

【例 12-4】前进财务公司发行债券，该债券发行日为 20×4 年 1 月 1 日、期限 5 年、面值 100 000 元、年利率 10%，每年末付息、到期一次还本，债券的发行价格 110 000 元，债券承销商按 2% 收取发行费，前进账务公司取得债券发行价款净额 107 800 元。

107 800 = 100 000 × 10% { [1 − (1 + r)$^{-5}$] /r } + 100 000 × (1 + r)$^{-5}$

通过内插法可计算出实际利率 r = 8.06%。其债券计息调整如表 12 − 3 所示。

表 12 − 3　　　　　　　　债券利息计算过程表

编报单位：前进财务公司　　　　　　　　　　　　　　　　　　　　单位：元

计息日期与计算公式	合同利息 A	实际利息 B = A × 8.06%	利息调整 C = B − A	未调整余额 D = D + C	账面价值 E = E + C
20 × 4 年 1 月 1 日				7 800	107 800
20 × 4 年 12 月 31 日	10 000.00	8 688.68	− 1 311.32	6 488.68	106 488.68
20 × 5 年 12 月 31 日	10 000.00	8 582.99	− 1 417.01	5 071.67	105 071.67
20 × 6 年 12 月 31 日	10 000.00	8 468.78	− 1 531.22	3 540.45	103 540.45
20 × 7 年 12 月 31 日	10 000.00	8 345.36	− 1 654.64	1 885.81	101 885.81
20 × 8 年 12 月 31 日	10 000.00	8 114.19*	− 1 885.81	0	100 000.00
合计	50 000.00	42 200.00	− 7 800.00	—	—

* 8 114.19 = 10 000 − 1 885.81

在此类债券的整个发行、持有、兑付期间，其会计分录为：

（1）20 × 4 年 1 月 1 日发行时：

借：银行存款　　　　　　　　　　　　　　　107 800
　　贷：应付债券——面值　　　　　　　　　　　100 000
　　　　　　　——利息调整　　　　　　　　　　　7 800

（2）20 × 4 年 12 月 31 日的计息调整时：

借：利息支出（或财务费用等）　　　　　　　8 688.68
　　应付债券——利息调整　　　　　　　　　　1 311.32
　　贷：应付利息　　　　　　　　　　　　　　10 000

（3）20 × 5 年至 20 × 7 年每年末计息调整（略）。

（4）20 × 8 年末兑付时：

借：利息支出（或财务费用等）　　　　　　　8 114.19
　　应付债券——利息调整　　　　　　　　　　1 885.81
　　贷：应付利息　　　　　　　　　　　　　　10 000

借：应付债券——面值　　　　　　　　　　　100 000
　　贷：银行存款　　　　　　　　　　　　　　100 000

第二，发行价款净额低于债券面值的账务处理。

【例 12 - 5】 光明财务公司发行债券,该债券发行日为 20×4 年 1 月 1 日、期限 5 年、面值 100 000 元、年利率 10%,每年末付息、到期一次还本,债券的发行价格 100 000 元,债券承销商按 2% 收取发行费,光明财务公司取得债券发行价款净额 98 000 元。

$$98\ 000 = 100\ 000 \times 10\% \times [1 - (1+r)^{-5}]/r + 100\ 000 \times (1+r)^{-5}$$

通过内插法可计算出实际利率 $r = 10.54\%$。其债券计息调整如表 12-4 所示。

表 12 - 4　　　　　　　　债券利息计算过程表

编报单位：光明财务公司　　　　　　　　　　　　　　　　　　单位：元

计息日期 与计算公式	合同利息 A	实际利息 $B = E \times 10.54\%$	利息调整 $C = B - A$	未调整余额 $D = D + C$	账面价值 $E = E + C$
20×4 年 1 月 1 日				-2 000.00	98 000
20×4 年 12 月 31 日	10 000.00	10 329.2	329.2	-1 670.80	98 329.20
20×5 年 12 月 31 日	10 000.00	10 363.90	363.90	-1 306.90	98 693.10
20×6 年 12 月 31 日	10 000.00	10 402.25	402.25	-904.65	99 095.35
20×7 年 12 月 31 日	10 000.00	10 444.65	444.65	-460.00	99 540.00
20×8 年 12 月 31 日	10 000.00	10 460.00 *	460.00	0	100 000.00
合计	50 000.00	52 000	2 000.00	—	—

* 10 460 = 10 000 + 460

其五年期间的有关会计分录为：

(1) 20×4 年 1 月 1 日发行债券时：

借：银行存款　　　　　　　　　　　　　　　　98 000

　　应付债券——利息调整　　　　　　　　　　2 000

　　贷：应付债券——面值　　　　　　　　　　100 000

(2) 20×4 年末计息调整：

借：利息支出（或财务费用等）　　　　　　　　10 329.2

　　贷：应付利息　　　　　　　　　　　　　　10 000

　　　　应付债券——利息调整　　　　　　　　329.2

(3) 20×5 年至 20×7 年每年末计息调整（略）。

(4) 20×8 年末：

借：利息支出（或财务费用等）　　　　　　　　10 460

　　贷：应付利息　　　　　　　　　　　　　　10 000

　　　　应付债券——利息调整　　　　　　　　460

借：应付债券——面值　　　　　　　　　　　　　　　　100 000
　　贷：银行存款　　　　　　　　　　　　　　　　　　　　100 000

三、到期一次还本付息债券

与上述分期付息一次还本债券相比较而言，由于到期一次还本付息债券偿还借款的方式不同，其实际利率的计算方法以及会计核算方法均有较大差异。

第一，发行价款净额高于债券面值的账务处理。

【例12-6】承【例12-4】，假设该债券于20×8年末到期一次还本付息150 000元（100 000 + 100 000 × 10% × 5），其他资料不变。

$$107\,800 = 150\,000 \times (1+r)^{-5}$$

用内插法可计算出实际利率 r = 6.83%。其债券计息调整如表12-5所示。

表12-5　　　　　　　　债券利息计算过程表

编报单位：前进财务公司　　　　　　　　　　　　　　　　单位：元

计息日期与计算公式	合同利息 A	实际利息 B = E × 6.83%	利息调整 C = B - A	未调整余额 D = D + C	账面价值 E = E + B
20×4年1月1日				7 800.00	107 800.00
20×4年12月31日	10 000.00	7 362.74	-2 637.26	5 162.74	115 162.74
20×5年12月31日	10 000.00	7 685.62	-2 134.38	3 028.36	123 028.36
20×6年12月31日	10 000.00	8 402.84	-1 597.16	1 431.20	131 431.2
20×7年12月31日	10 000.00	8 976.75	-1 023.25	407.95	140 407.95
20×8年12月31日	10 000.00	9 592.05	-407.95	0	150 000.00
合计	50 000.00	42 200.00	-7 800.00	—	—

注：9 592.05 = 150 000 - 140 407.95

有关会计分录为：

（1）20×4年1月1日发行债券时：

借：银行存款　　　　　　　　　　　　　　　　　　　107 800
　　贷：应付债券——面值　　　　　　　　　　　　　　　100 000
　　　　应付债券——利息调整　　　　　　　　　　　　　　7 800

（2）20×4年末计息：

借：利息支出（或财务费用等）　　　　　　　　　　　7 362.74
　　应付债券——利息调整　　　　　　　　　　　　　　2 637.26

　　　　贷：应付债券——应计利息　　　　　　　　　　　10 000

（3）20×5 年至 20×7 年每年末计息（略）。

（4）20×8 年末：

借：利息支出（或财务费用等）　　　　　　　　　 9 592.05
　　　应付债券——利息调整　　　　　　　　　　　 407.95
　　　贷：应付债券——应计利息　　　　　　　　　　10 000
借：应付债券——面值　　　　　　　　　　　　　100 000
　　　应付债券——应计利息　　　　　　　　　　　 50 000
　　　贷：银行存款　　　　　　　　　　　　　　　150 000

第二，发行价款净额低于债券面值的账务处理。

【例 12-7】承【例 12-5】，假设该债券于 20×8 年末到期一次还本付息 150 000 元（100 000 + 100 000 × 10% × 5），其他资料不变。

$$98\,000 = 150\,000 \times (1 + r)^{-5}$$

用内插法可计算出实际利率 r = 8.89%。其债券计息调整如表 12-6 所示。

表 12-6　　　　　　　　　债券利息计算过程表

编报单位：光明财务公司　　　　　　　　　　　　　　　　　　　　单位：元

计息日期 与计算公式	合同利息 A	实际利息 B = A × 8.89%	利息调整 C = B - A	未调整余额 D = D + C	账面价值 E = E + B
20×4 年 1 月 1 日				-2 000.00	98 000.00
20×4 年 12 月 31 日	10 000.00	8 712.20	-1 287.8	-3 287.80	98 000.00
20×5 年 12 月 31 日	10 000.00	9 486.71	-513.29	-3 801.09	116 198.91
20×6 年 12 月 31 日	10 000.00	10 330.08	330.08	-3 471.04	126 528.99
20×7 年 12 月 31 日	10 000.00	11 248.43	1 248.43	-2 222.58	137 777.42
20×8 年 12 月 31 日	10 000.00	12 222.58*	2 222.58	0	150 000.00
合计	50 000.00	42 200.00	-7 800.00	—	—

* 12 222.58 = 150 000 - 137 777.42

有关会计分录为：

（1）20×4 年 1 月 1 日发行债券时：

借：银行存款　　　　　　　　　　　　　　　　　 98 000
　　　应付债券——利息调整　　　　　　　　　　　 2 000
　　　贷：应付债券——面值　　　　　　　　　　　 100 000

（2）20×4 年末计息：

借：利息支出（或财务费用等）　　　　　　　　　　8 712.2

　　　　应付债券——利息调整　　　　　　　　　　　　1 287.8
　　　　　贷：应付债券——应计利息　　　　　　　　　10 000
（3）20×5 年至 20×7 年每年末计息调整（略）。
（4）20×8 年末
　　借：利息支出（或财务费用等）　　　　　　　　　12 222.58
　　　　　贷：应付债券——应计利息　　　　　　　　　10 000
　　　　　　　　——利息调整　　　　　　　　　　　 2 222.58
　　借：应付债券——面值　　　　　　　　　　　　　100 000
　　　　　　　——应计利息　　　　　　　　　　　　 50 000
　　　　　贷：银行存款　　　　　　　　　　　　　　150 000

　　通过上述【例 12-3】和【例 12-5】、【例 12-4】和【例 12-6】的对比充分说明，由于两类债券的还款方式不同（分期付息一次还本债券是分期偿还，而到期一次还本付息债券是到期一次性全部偿还），二者实际利率的计算方法不同，二者计息调整表中的"账面价值"计算方法也不相同。对前者而言，由于每期要支付票面利息，因而每期期末的账面价值等于上期期末的账面价值加上当期的实际利息减去当期的票面利息，即每期期末的账面价值等于上期期末的账面价值加上当期的"利息调整"额（利息调整额等于当期的实际利息减去当期的票面利息）；对后者而言，由于每期不用支付票面利息（到期一次性全部支付），因而每期期末的账面价值就等于上期期末的账面价值加上当期的实际利息，其账面价值不受利息调整额的影响。

　　通过实例可以看出，分期付息一次还本债券与到期一次还本付息债券的计息调整表的编制方法基本相同，都包括票面（合同）利息、实际利息、利息调整、未调整余额、账面价值等，且前四项的计算方法二者完全相同，只有账面价值的计算方法二者存在较大差异。两类债券的核算方法也很相似，发行债券时的会计分录二者完全一致，二者每期期末都要根据"实际利息"额借记"财务费用"等科目，根据"利息调整"额借记或贷记"应付债券——利息调整"科目（利息调整额若为正数记贷方，若为负数则记借方），但是根据"票面利息"，前者贷记"应付利息"科目，而后者贷记"应付债券——应计利息"科目。正是由于二者还款方式不同，导致其在实际利率计算、计息调整表的编制以及会计核算等方面存在一系列差异。

第十三章 财务公司投放业务核算

本章精要

筹资是根本,投放是开花、结果与收获。财务公司在有效组织资本筹措的同时,需要将营运资本及时、安全地投放到符合要求的领域,以切实产生相应的经济收益。

本章关注财务公司投放业务的核算。

第一节主要阐述财务公司贷款管理、贷款审批,这是确保对外贷款能够优质、活跃、有效运行的前提,需要从目标客户的选择定位、内部控制、考察投放、会计核算等相关环节实施科学、严格的配套与管制。

第二节是财务公司资金投放的日常会计核算,这是财务公司实施资本运营能够准确投资、安全运行、效益及时、跟踪反馈的基本配套措施,包括贷款结息和贷款收回等诸多环节的确认与计量。

第一节 发放贷款的管理

一、财务公司贷款管理

财务公司的贷款业务主要是面对企业集团内部的成员企业。《企业集团财务公司管理办法》明确将财务公司的贷款对象限定在企业集团内部的成员单位。因此,财务公司的贷款业务不同于一般的商业银行等金融企业。

在企业集团内部,财务公司的对外贷款,按贷款用途的资金性质分类,主要有流动资金贷款、临时周转资金贷款、固定资产贷款(包括基本建设和技术改造)、科技贷款等;按贷款归还期限分类,主要有贷款期限在一年、六个月、三个月以及三个月以下不定期限的临时贷款和贷款期限在一年至三年、三年至五年以及五年以上的中长期贷款；按有无担保分类，除了适用于资信较高借款人的信用贷款外，财务公司也可以逐步采取保证、抵押、质押等方式办理贷款业务。

财务公司发放贷款，不仅要符合国家宏观政策的要求，也要体现财务公司自身经营的特点，确保每一笔贷款的合法性、安全性、流动性和盈利性。不过，从事实上看，除了合法性原则是不可逾越的红线外，安全性、流动性、盈利性三者往往不能同时达到最佳水平。因此，在具备合法性的基础上，对三者在不同的时期、不同的条件下可以有所侧重，或者把安全性放在首位，或者把盈利性放在首位，力求达到三者的最佳配置。当然，除了上述四个基本原则外，财务公司也要根据企业集团总体的战略发展需要，有目的地适当组织资金来源，发放专项贷款，支持集团发展。

二、财务公司贷款审批

财务公司受理借款申请后，要组织信贷人员对借款项目做好贷前调查，然后根据调查情况进行逐级审批，经批准后才能发放贷款。

（一）贷前调查

在企业集团内部，财务公司对集团成员单位的基本情况比较熟悉，因此对贷款的调查，主要是对申请借款中的各项内容进行核实，为贷款准备真实、可靠、全面的决策依据。贷前调查是信贷工作的重要环节，关系到贷款资金的发放是否正确、准确、合理以及贷款能否安全、按时收回。贷前调查和需要核实的内容主要有：

（1）关于经营和财务状况的调查。对借款单位经营和财务状况的调查，主要是通过其近期财务报表反映的销售收入、资金运用、盈利水平等情况的分析。借助这些比率的分析，财务公司可以了解借款单位的经营状况、获利能力和清偿能力，为贷款提供可靠的依据。

（2）关于贷款项目的调查。要对每笔贷款项目进行调查核实和分析。例如，流动资金贷款要调查其可行性和可靠性，集中对生产经营的主要环节，如物资供应的可靠性、储备和生产的合理性、商品销售的可行性等进行调查；技术改造固定资产贷款要调查其技术和经济效益的可行性、项目评估的正确性和可靠性等。通过以上调查，为贷款准备可靠的依据。

（3）关于借款申请书内容的调查核实。财务公司通过实地调查分析，核实申请书所涉及的贷款用途、金额、期限以及信誉、担保等内容，进一步作出贷款额度、期限等决策。

（二）贷款审批

在财务公司内部，对贷款的审批一般采取三级分工负责制。

第一步，信贷员初步审查及签注意见。信贷员通过调查分析根据掌握的资料，写出调查报告，这是贷款决策的重要依据，经办信贷员必须认真撰写。同时，在借款申请书上签注意见，应在贷款规模范围之内，提出贷与不贷、贷多贷少、期限长短的具体建议。

第二步，信贷部门负责人审核及签注意见。信贷部门负责人根据贷前调查的资料和信贷员的初步审查意见，进一步分析研究后，提出审核意见。

第三步，财务公司主管经理最后决定意见。公司主管经理在前面两个层次负责审查和签注意见的基础上，对贷款进行全面分析，最后作出决定并签注意见。对于额度较大或重要的贷款，可提请经理或由经理召开公司办公会议研究作最终决定。

第二节　发放贷款的核算

一、财务公司贷款核算

（一）贷款账户的设置

财务公司针对贷款业务的具体情况，通常设置"贷款"科目，其与一般金融机构对其他企业单位贷款的账户设置相同，用来核算财务公司自主贷款给成员单位或外部企业单位业务；"代理业务负债"科目与"代理业务资产"科目相匹配，专门用来核算受成员单位的委托，财务公司将其委托款项贷给其他成员单位或外部企业单位的业务。

（二）贷款的发放

贷款经调查、审查同意发放后，可与借款方签订借款合同，经双方签章，需要担保的还应经担保方签章生效后，具体办理发放贷款手续。借款合同是一种经济合同，它具有法律的约束力，双方必须严格遵守合同条款，履行合同规定的义务。借款合同条款应明确规定贷款数额、利率、期限、还款方式、资金投向和用途,以及违约行为和对违约的处置办法等内容。借款合同应经双方签章后生效,除单位公章外,必须由法定代表人或由法定代表人委托代表签章。需要担保的一般由担保方作保证,在借款合同上同时签章,如需用担保品担保的,应在借款合同中明确规定抵押或质押的形式、抵押品或质押品的种类、数量、质量、价值等。

由于借款合同具有法律效力,因此,条款内容必须完备有效,一般应注意合法性、严密性、明晰性和准确性。

(三) 发放贷款的会计核算

财务公司发放贷款的会计核算如下:

对一般贷款,借款人签订合同完毕,即可办理贷款,财务公司开具一式三联借款凭证,第一联作为财务公司借方凭证,第二联退给借款单位作为回单,第三联信贷部门留存,作会计分录如下:

借:贷款——借款人户
　　贷:吸收存款——借款人户

对委托贷款,与一般贷款区别在于款项不是由财务公司直接贷出,而是作为受托人,财务公司接受开户单位委托,将其款项贷给其他借款单位,贷款利息作为委托单位的收入,财务公司只收取手续费。委托人、财务公司(受委托人)、借款人三方签订合同,财务公司与委托人签订委托贷款委托合同,同时财务公司与借款单位签订委托贷款借款合同,然后借款单位即可办理借款,作会计分录如下:

委托单位委托存款增加时:

借:吸收存款——委托人户
　　贷:代理业务负债——委托人户

财务公司委托贷款增加时:

借:代理业务资产——借款人户
　　贷:吸收存款——借款人户

二、财务公司贷款结息

财务公司的贷款利率应按中国人民银行的规定执行(包括浮动范围)。利息收入是财务公司补偿利息支出和费用开支后获得盈利的主要来源,贷款利率的高低直接影响盈利水平。贷款到期收回本金时，应按协议规定定期收息，或者按"息随本清"的规定执行，同时付清利息。

定期收息指按规定的结息期（一般为每月末或每季末月的 20 日）结计利息，并采用季息余额表计算累计计息积数，乘以日利率的方法计算。然后将计算的各借款人的利息编制传票，全部转入应收利息账户。其会计分录如下：

借：应收利息
　　贷：利息收入

然后，根据计算的利息按借款人编制贷款利息通知单一式三联，从借款单位存款账户支付。借款人账户有款支付的，贷款利息通知单一联作为支款通知，另两联分别代替转账借方和贷方传票办理转账。其会计分录如下：

借：吸收存款——借款人户
　　贷：应收利息

利随本清是指按规定的贷款期限，在收回贷款的同时逐笔计收利息。利息的计算，采用对年对月对日的方法计算，贷款日与还款日算头不算尾，对年按 360 天，对月按 30 天计算，不满月的零头天数按实际天数计算。会计分录同上。

三、财务公司贷款收回

贷款回收是财务公司贷款后期管理的重要环节。为了保证贷款能如期回收，在贷款后应加强检查、监督、管理。贷款到期，借款单位暂时无力偿还需要延期的，应经财务公司审批人同意，无论到期归还或延期都要及时结清利息。

（一）贷后检查

每笔贷款发放后，为了确保贷款质量，保证贷款本息按期收回，财务公司应对贷款进行检查、监督，切实掌握贷款使用情况。这种检查一般通过借款单位的财务报表有关数据，分析掌握其资金来源和运用的情况以及其他财务状况，并结合走访生产、物资、销售等部门，了解贷款是否按用途使用，是否存在挪用、套用行为，使用贷款购买的物资和商品库存如何，是否适销对路，有无新的积压等，如发现问题要尽早采取措施加以解决。

（二）收回贷款

贷款按时收回是保证财务公司资金良性循环的重要条件和信贷资金收支

平衡的重要内容,也是保证财务公司收益和正常运转的基础。为了做好还款工作,财务公司应在贷款到期前通知借款单位做好还款准备。贷款到期,一般由借款单位主动归还本息,也可以由财务公司取得借款单位同意,从其存款户中扣收。作会计分录如下:

借:吸收存款——借款人户
　　贷:贷款——短期贷款——借款人户

(三) 贷款展期和逾期贷款

贷款到期,借款单位暂时无力偿还,要求延期归还的应在贷款到期日之前(一般是提前10天)提出书面的展期申请文件,经财务公司逐级审查同意后办理展期还款手续。展期的贷款利率,应按展期后的期限累计计算,按新的利率档次计息。展期合同与原借款合同同样经双方签章,有担保的还应由担保人签章生效,并作为原借款合同的一部分,具有同等法律效力。展期申请书附在借据后面一并保管,不再办理转账手续。

借款单位不能在贷款到期时偿还,也不提前提出展期申请,影响财务公司按期收回贷款以及发生其他违约行为时,原则上应按借款合同规定的条款执行。由于双方都在企业集团内部,也可申报企业集团出面协调解决。若财务公司不同意展期,则按照逾期贷款处理,转入该单位的逾期贷款账户。其会计分录如下:

借:逾期贷款——借款人户
　　贷:贷款——短期贷款——借款人户

凡转入逾期贷款户的,按规定加收逾期罚息。贷款逾期90天仍未收回的,将本金和应收利息转入"非应计贷款"账户。

借:非应计贷款——××单位
　　贷:逾期贷款——借款人户

【例13-1】 某财务公司于3月10日发放给其成员单位甲一笔30万元的贷款,期限6个月,利率0.8%,9月10日甲单位归还贷款,则应计利息如下:

300 000×0.8%×6=14 400(元)

财务公司收到利息后,应编制借款利息凭证,再根据转账支票或其他付款凭证,作会计分录如下:

借:吸收存款——甲成员单位　　　　　　　　314 400

贷：贷款——短期贷款——甲成员单位　　　　　　　300 000
　　　　利息收入——贷款利息收入　　　　　　　　　　 14 400

以上的贷款类别属于信用贷款。此外，还有抵押贷款和担保贷款两种贷款形式，其账务处理与信用贷款相同，在此不一一详述。

第十四章 财务公司其他业务核算

本章精要

财务公司在日常经营活动中,除了前述的筹资业务、投放业务之外,贯穿其中的还有财务公司的其他业务活动。这些业务活动,既是开展主营业务活动的配套项目,也是利用自身资源与渠道取得相应经济收入的重要方式。

财务公司的其他经济业务,包括常见的结算业务活动和银行往来业务活动。这是财务公司日常运行中经常发生,且能够产生相应第三方收益的服务项目,也是财务公司扩展业务、提高服务能力的重要渠道。

关于其中的会计核算,主要是基于实用性出发,对这些业务中的重要会计核算问题进行相应的探讨。

第一节 常见结算业务

一、结算业务的特点

财务公司结算业务与银行开办的结算业务相比,主要有以下特点:(1)财务公司办理结算业务的对象比较单一,只对集团成员单位办理结算;(2)结算方式上主要采取代理结算方式,即通过挂靠某家商业银行来办理清算;(3)结算范围比较狭窄,由于资金来源渠道比较窄,主要限定集团内部,资产规模不大,业务内部划转居多,业务量较银行而言较少;(4)财务公司组织结算的手段较为灵活,运用信用手段为客户提供形式多样的结算服务,极大地方便了集团的资金调度和成员单位资金运用,较好地体现了财务公司的金融服务功能。

二、结算业务的核算

（一）银行汇票

银行汇票是汇款人将款项交存当地银行，由银行签发给汇款人持往异地办理转账结算或支取现金的票据。银行汇票的签发和解付，全国范围限于中国人民银行和各商业银行参加"全国联行往来"的银行机构办理，由于财务公司没有"全国联行行号"，所以其核算手续有其独特性，部分程序委托其挂靠行办理。

1. 签发时的处理

汇款人申请办理银行汇票时，向财务公司提交一式三联的汇票委托书，由财务公司代为填写一式三联的汇票申请书，交给开户行办理汇票。财务公司应认真审查委托书的内容是否填写齐全、清晰，经审核无误后以第二联代转账借方传票，同时开具一张财务公司在挂靠行的转账支票，连同第三联到挂靠行办理汇票，第一联为挂靠行的回单。财务公司将银行汇票交给汇款人，作会计分录如下：

借：吸收存款——××户
　　贷：银行存款（存放同业款项）

开户的汇款人以汇票委托书的第二联为记账依据，财务公司以第一联的回单和转账支票的存根为记账依据。

2. 解付时的处理

公司接到开有存款账户的收款人交来汇票、解讫通知及两联进账单后，认真审查凭证是否齐全，汇票的印章、压印金额、汇票内容、付款期等审查无误后，由公司到解付行解付，两联进账单办理转账。待款项收妥后，开具收款通知书，第一联交给收款人作为记账依据，第二联作为财务公司的贷方凭证，同时与解付行开具的进账单一起作为记账依据。作会计分录如下：

借：银行存款（存放同业款项）
　　贷：吸收存款——××户

（二）支票

支票是出票人签发的，委托办理支票存款业务的银行或者其他金融机构在见票时无条件支付确定金额给收款人或者持票人的票据。

1. 收款人、签发人均在公司开户的处理手续

支票由付款人签发，可以由付款人，也可以由收款人，送交财务公司办理转账。

公司受理收款人、签发人送交的支票，应当认真审查支票和进账单填写的内容是否正确；支票与进账单的金额是否相符；大小写金额是否一致；支票是否在付款期内；印鉴是否相符；付款人账户是否有足够支付的款项。经审查无误后，以支票作借方传票，第二联进账单作贷方传票，办理转账。在支票和进账单各联上加盖业务公章，第一联进账单退交收款人或签发人。作会计分录如下：

借：吸收存款——付款人户
　　贷：吸收存款——收款人户

如果开户单位提取现金，可填写一式两联的现金支票交给公司，财务公司认真审核印鉴无误后，公司留存存根联记账，支付现金，同时将第一联退给开户单位作为回单，第二联作为财务公司凭证。作会计分录如下：

借：吸收存款——提取现金户
　　贷：库存现金

当开户单位向公司交存现金时，填写一式两联现金交款单，公司留存第二联作为贷方凭证，将第一联退给交款单位。作会计分录如下：

借：库存现金
　　贷：吸收存款——存款人现金户

2. 收款人、签发人不同时在公司开户的处理手续

（1）公司作为收款人开户行受理收款人送交支票的处理手续。公司接到收款人送交的支票和三联进账单时，应认真审查无误后，将第三联加盖"临时收据"戳记作为回单交给收款人。支票按照票据交换的规定及时提出交换，待退票时间过后，将进账单加盖业务公章，第一联作为正式回单退给收款人，第二联作为贷方传票，办理转账。签发人开户行收到交换人的支票，审核支票填写的签发人账号、户名、大小写金额、印鉴等无误后，没有退票的，支票作借方传票，办理转账。作会计分录如下：

借：银行存款（存放同业款项）
　　贷：吸收存款——收款人户

支票发生退票，公司通过暂收款项账户和暂付款项账户核算，作会计分

录如下：

借：其他应收款
  贷：吸收存款——收款人户

（2）公司作为付款人开户行，通过同城票据交换收到转账支票后的处理手续，以转账支票作为借方传票，办理转账。作会计分录如下：

借：吸收存款——付款人户
  贷：银行存款（存放同业款项）

（3）付款人到公司送交支票的处理手续。公司以转账支票作为借方传票，办理转账，进账单加盖公章，第一联退给收款人作回单，第二联通过同城票据交换到收款人开户行。

公司通过同城票据交换收到两联进账单后的处理手续，以第二联进账单作贷方传票，办理转账。会计分录与（2）相同。

（三）汇兑

汇兑，是汇款人委托银行将款项汇给异地收款人的结算方式。汇兑分为信汇和电汇两种。

1. 信汇

信汇，是汇款人委托银行用邮寄凭证的方式，通知汇入行兑付的一种结算方式。在办理信汇时，需填写一式四联信汇凭证，第一联作为汇款方的回单，第二联作为借方凭证，第三联作为贷方凭证，第四联作为转给收款方的收款通知。

（1）汇出时的处理。公司接到汇款人填写的信汇凭证时，应认真审查凭证填写的各项内容是否齐全、正确；汇款人存款账户内是否有足够支付的余额；汇款人的印章是否同预留银行印鉴相同，全部审查无误后，第一联加盖业务公章退给汇款人，第二联作借方传票办理转账，第三、第四联加盖业务公章后，通过同城票据交换至汇出行（通常为挂靠行），汇出行编制联行邮划贷方报单，与第三、第四联寄往汇入行。作会计分录如下：

借：吸收存款——汇款人户
  贷：银行存款（存放同业款项）

（2）汇入时的处理。汇入行（通常为挂靠行）接到汇出行寄来的邮划贷方报单和信汇凭证，审核无误后，通过交换至财务公司，汇入收款人账户，以第三联信汇凭证代转账贷方传票，第四联转交收款单位。作会计分录如下：

借：银行存款（存放同业款项）
　　贷：吸收存款——收款人户

2. 电汇

电汇，是汇款人委托银行以拍发电报的方式，通知汇入行付款的一种结算方式。

（1）汇出时的处理。汇款人办理电汇时，应填写一式三联电汇凭证，第一联回单，第二联借方凭证，第三联发电依据。公司收到凭证审查受理后，以电汇凭证第一联加盖业务公章退回汇款人，第二联作转账借方传票，第三联加盖业务公章后，通过交换到汇出行（通常为挂靠行），汇出行根据第三联编制联行电划贷方报单，凭以填制电稿，向汇入行拍发电报。会计处理与信汇会计处理相同。

（2）汇入时的处理。汇入行（通常为挂靠行）接到汇出行发来的电报后，应按电报内容编制报单，通过交换至财务公司，凭转账贷方传票联转账，并将收账通知联转交收款人。以上信汇和电汇结算业务，没有涉及系统行之间的汇兑结算，如果汇出行和汇入行属跨系统的异地行，其汇兑结算采取"跨行汇划款项，相互转汇"的办法进行。会计处理与信汇会计处理相同。

第二节　往来业务的核算

财务公司与中央银行、商业银行的业务往来，主要包括存放中央银行款项、贴现和同业拆借业务。

一、存放中央银行款项

财务公司和中央银行的往来业务通过"存放中央银行款项"核算，该账户属于资产项目，存入中央银行的款项记入借方，从中央银行支取的款项记入贷方，期末余额在借方，表明该财务公司在同级中央银行存款账户的结余数。目前，财务公司运用此项账户主要核算财务公司存放于中央银行的法定存款准备金和备付金。

存款准备金制度是在中央银行体制下逐步形成的，其作用主要是通过控制存款准备金率来限制或扩张派生存款，以调节银行的信用规模和货币供应量；而对于金融企业来说，可以增强支付能力和资金后备力量，保证联行和同业之间相互往来资金清算的需要。我国开始实行存款准备金制度时，分设法定存款准备金和备付金账户进行核算和管理。金融企业对吸收的单位存款以及其他各项存款等一般存款，提取法定存款准备金；备付金则反映金融企业用于调拨、结算和清算的那部分资金，也是金融企业存入中央银行的超额准备。从1998年开始，将法定存款准备金和备付金合并，确定以一般存款余额的8%作为缴存比例。各金融企业于每旬后5日内，自下而上逐级编制并汇总旬末一般存款余额表，由法人统一汇总后报送存款准备金账户的开户中央银行，中央银行则于每旬5日到旬后4日按上旬末一般存款余额的8%考核和调整存款准备金。

当财务公司向中央银行借入再贷款、系统内调入资金、清算票据交换应收款项、异地结算转汇应收款项、向同业拆入资金或收到同业归还拆借资金等，均需要将资金存入准备金账户，从而引起存款准备金的增加。作会计分录如下：

借：存放中央银行款项——存中央银行存款
　　贷：对应科目

当财务公司归还中央银行再贷款和再贴现、系统内调出资金、清算票据交换应付款项、异地结算转汇应付款项、向同业拆出资金或归还拆借资金等，均需要从存款准备金账户中支付款项，从而引起存款准备金的减少。作会计分录如下：

借：对应科目
　　贷：存放中央银行款项——存中央银行存款

（一）同城票据交换的核算

同城票据的交换一般由中央银行主持，设置票据交换所，规定每天交换场次和时间，并对金融企业各经办业务的行处核发交换号。持有交换号的行处，按规定时间集中于票据交换所，将本行代他行收、付款的凭证交给各个对方银行——提出票据，同时从他行收回应由本行收、付款的凭证——提回票据。交换各方根据本场提出和提回的票据，计算出应收和应付资金的差额，当场向票据交换所进行资金清算。即通过金融企业在中央银行的存款账户统一进行转账，实现资金的实收实支。

（二）异地跨系统转汇款项的核算

在异地结算和其他资金划拨业务中，收、付款人如果在不同的金融企业开户，则两者之间的异地结算属于跨系统结算，需通过转汇才能完成资金的划拨，其转汇有两种方法：一是通过中央银行的联行办理转汇；二是通过跨系统金融企业转汇，但资金的清算最后均由中央银行办理。

通过中央银行办理转汇业务时，汇出企业应将款项划给中央银行，汇出企业开户行所在地的中央银行，一方面从汇出款项金融企业的存款账户付出款项；另一方面将款项通过联行往来划向汇入地中央银行。汇入地中央银行收到划款报单及有关单证后，一方面将款项转入汇入行存款准备金账户；另一方面将有关凭证交汇入企业，由汇入企业凭以处理转账。这样能够使款项划拨和资金清算同时进行，并由中央银行控制大额转汇款项引起的联行汇差，既可以防止金融企业跨系统相互占用资金，又可以避免金融企业随意占用汇差资金。汇出企业汇出款项后，根据结算凭证逐笔登记转汇清单并汇总填制划款凭证，将有关凭证送交开户的中央银行办理转汇并清算资金。作会计分录如下：

借：对应科目
　　贷：存放中央银行款项——存中央银行存款

汇入企业根据中央银行交来的有关凭证办理转账。作会计分录如下：

借：存放中央银行款项——存中央银行存款
　　贷：对应科目

二、贴现

贴现是持票人以未到期的票据向银行等金融机构融通资金的一项业务。对于财务公司而言，由于具有银行和企业的双重性，它的贴现业务也包括两个方面：财务公司本身可到商业银行和中央银行贴现，取得贴现借款；在财务公司开户的成员单位可到财务公司办理贴现业务。

对于前者而言，财务公司一般需持规定的票据向商业银行和中央银行申请抵押贷款，财务公司获得贴现借款的利率由中央银行规定。我国财务公司从商业银行和中央银行申请贴现的资金，有一部分是通过票据贴现完成的，有一部分则以再贷款方式取得，即信用贷款。

对于后者而言，开户的成员单位到财务公司办理贴现业务时，应填制一式五联的"贴现凭证",并将交易合同和相关的增值税发票等凭证提交财务公司信贷部门审批,财务公司信贷部门审查同意后转交会计部门,会计部门按规定的贴现率计算贴现息后,以实付金额支付给收款人。其计算公式如下:

贴现息 = 汇票面值 × 贴现率 × 贴现期

实付贴现额 = 汇票面值 - 贴现息

其会计分录如下:

借:贴现资产——商业(银行)承兑汇票(汇票面值)
　　贷:吸收存款——收款人户(实付贴现额)
　　　　利息收入——贴现利息收入(贴现利息)

【例 14 - 1】20×5 年 4 月 8 日开户单位将一张面额为 30 万元的商业承兑汇票来财务公司贴现,汇票到期日为 7 月 15 日,经财务公司审查无误,办理贴现手续,月贴现率为 0.72‰,计算实际应付贴现金额,并作出有关会计分录。

贴现天数与逐笔核贷贷款方式利息时间的计算方法相同,整月按 30 天计算,零头按实际天数计算,算头不算尾。

贴现息 = 300 000 × 0.72‰ ÷ 30 × 97 = 6 984(元)

实付贴现额 = 300 000 - 6 984 = 293 016(元)

作会计分录如下:

借:贴现资产——商业承兑汇票　　　　　　　　300 000
　　贷:吸收存款——开户单位　　　　　　　　　293 016
　　　　利息收入——贴现利息收入　　　　　　　　6 984

财务公司对到期的贴现商业汇票,要及时收回票款,防止占用银行资金。按贴现的汇票不同,有两种不同的处理方式:

(一)银行承兑汇票

由于银行承兑汇票的付款人为承兑银行,在汇票到期时,财务公司作为持票人主动向承兑银行收款,办理转账。其会计分录如下:

借:银行存款(存放同业款项)
　　贷:贴现资产——银行承兑汇票户

(二)商业承兑汇票

贴现的商业承兑汇票到期,财务公司作为收款人应根据汇票到期日匡算邮程,持委托收款凭证提前向付款人收款。当财务公司收到付款人开户行划来的票款时，根据有关传票办理转账。作会计分录如下：

借：银行存款（存放同业款项）
　　贷：贴现资产——商业承兑汇票户

如果财务公司收到承兑银行或付款人开户行退回的委托收款凭证、汇票和拒付理由书，则可向贴现申请人追索票款。由于贴现申请人在财务公司开户，可从其账户上收取款项，填制两联特种转账借方凭证，并以第五联贴现凭证作为贷方凭证，作会计分录如下：

借：吸收存款——贴现申请人户
　　贷：贴现资产——商业汇票户

贴现申请人账户余额不足时，按逾期贷款处理。作会计分录如下：

借：逾期贷款——贴现申请人户
　　贷：贴现资产——商业汇票户

三、同业拆借业务

同业拆借是金融机构之间融通资金的一种短期借贷行为。财务公司在日常经营中有时会有暂时的资金闲置，有时会发生临时性的资金不足，通过同业拆借资金市场，满足资金供求双方的需要，对加强金融机构之间的横向资金融通、搞活资金、提高资金使用效益有着重要意义。

按拆借期限划分，主要的拆借方式有隔夜拆借和定期拆借两种。前者是指拆借资金必须在次日偿还，一般不需要抵押；后者是指拆借时间较长，可以是几日、几个星期或几个月，一般有书面协议。

（一）同业拆借的一般规定

金融机构拆出资金限于交足存款准备金和留足必要的备付金后的存款，对同业资金和中央银行贷款不能用于拆放。对于拆入资金只能用于弥补清算不足，弥补同业汇差不足，解决临时性周转资金需要，严禁用于发放固定资产贷款。

同业拆借资金的期限和利率由中央银行根据资金供求情况加以调整，拆借双方在规定的限度内协商确定，确定后应共同遵守。

对相互拆借的资金，不能用现金方式进行直接拆借，应一律通过双方在中央银行开立的存款账户进行核算。

（二）同业拆借的核算

借出资金的金融机构应开出中央（银行存款）账户转账支款凭证，办理转账。作会计分录如下：

借：拆放同业——×××（金融机构贷款户名称）
　　贷：存放中央银行款项

借入资金的金融机构应将借出资金的金融机构开出的支款凭证送存中央银行，办理转账。作会计分录如下：

借：存放中央银行款项
　　贷：同业拆入——×××（金融机构贷款户名称）

第十五章 财务公司管理与控制

本章精要

身为财务公司的会计人士,要规范、完整、更加深入地搞好财务公司的会计核算与财务管理工作,除了要掌握上述所有会计核算各项内容外,还应该进一步从业务创新、企业管理与风险控制的视角对财务公司的管理与控制有所认知。因此,面对新时代财务公司发展势头,本章基于经济学视角,将在会计核算基础上,分析财务公司特征与功能定位及其在产融互动下财务公司创新性业务、一般风险管理与控制、流动性风险管理、绩效管理与评价等相关内容。

第一节的主题是产融结合下的财务公司思维,主要讨论财务公司的行业特征、功能及其衍生的经济效应问题;

第二节的主题是财务公司的风险管控,主要讨论财务公司强化风险管理与控制的客观必要性、基本思路以及一般性防范策略;

第三节的主题是财务公司流动性风险,主要讨论财务公司流动性风险概述、表现以及相应的防范对策;

第四节的主题是财务公司绩效管理,简要讨论财务公司绩效管理的基本要素、指标体系构建及其权重确定思路。

第一节 产融结合下的财务公司思维

有效产融结合理论是企业集团组建财务公司的理论依据。传统理论认为,产融结合是一种优化了的金融资源配置方式和经济增长方式,它是将实业资本与虚拟资本、产业资本与金融资本有机结合于一体的有效载体。

一、财务公司的行业特征与功能

(一) 财务公司的三种行业特征

财务公司的产业定位,是在企业集团旗下准确定位并充分发挥财务公司作用的前提条件。通常,财务公司的产业特性是有效兼容了产业性、金融性和企业性,如图15-1所示。

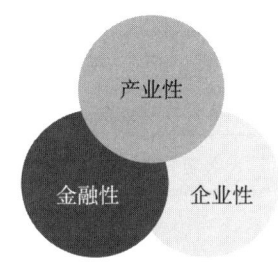

图 15-1　财务公司的经济产业属性

一是产业性。财务公司依托大型企业集团而生存和发展,其经营不可避免受制于该企业集团所在产业经营之兴衰的影响。通常,当集团主导产业属于朝阳产业,且业务前景好、未来潜力大、经营效益好时,财务公司效益就随之处于良好态势;当集团所在产业属于夕阳产业,发展后劲不足、行业潜力弱、经营下滑时,财务公司往往也会显现疲软态势。

二是金融性。财务公司在企业集团与其他企业相比具有一定的特殊性,它的基本任务是为成员企业提供金融服务。因而,它必须按照国家法律和金融体系的运行规律进行金融活动,利用各种金融工具为企业筹集资金、有效利用好资金,创造更好的效益。

三是企业性。财务公司是企业集团出资兴办,其经营在为成员企业经营发展提供服务的同时,作为独立核算的企业法人,务必赚取必要的利润,实现自身盈利目标。

(二) 财务公司的主要功能

当然,财务公司的运行特点决定了它在企业集团内部的独特地位。从众多企业集团财务公司的实际运行功能分析,尽管各种功能显现强度有所差异,但是,客观上财务公司所承载的功能主要包括如图15-2所示的基本功能。

即围绕企业集团发展战略，以提供集团金融需求的服务并实现集团规模经济为最高目标，通过更加有效地配置资源，协同好增量资源分配与存量资源调整，实现集团资本控制宗旨，并管理控制头寸调拨，防范"三高"现象，面向成员公司发挥筹资融资功能，发挥资金的使用效益与股权投资管理职能，发挥中介顾问功能，为双方提供相对合理的专业金融顾问能力。

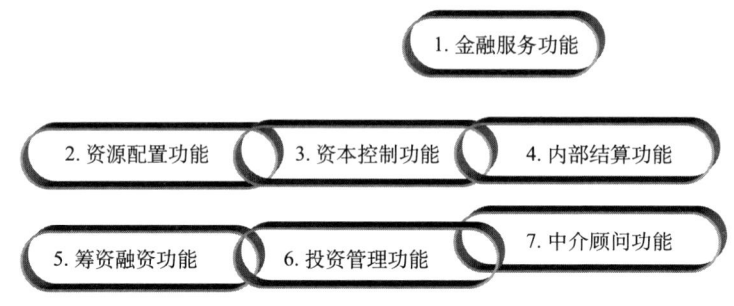

图 15-2　财务公司主要功能

二、产融结合的效应

（一）企业集团产融结合的正效应

企业集团通过实行一元化财务公司与多元化产业公司的相互融通与彼此结合，能够有效地节约交易费用，减少沉没成本，避免金融企业之间的信息不对称，实现了产业与金融在集团内部一体化的分布。那么，对于企业集团来说，产融结合具体的正效应表现在哪里呢？

1. 产融的协同效应

一般来说，成功进行了产融结合的企业，其产业和金融业并不是独立地在集团内部各自发展，而是需要相互交叉、相互促进、协同作用。协同效应可分为管理协同效应、经营协同效应、财务协同效应。产融结合后伴随着公司组织结构的调整和人力资源的整合，企业集团可以充分享有金融机构所具有的人才、信息优势，节约交易成本、信息成本、风险管理成本等各种费用，及时发现有利的投资机会。产融结合后由于业务的互补性、规模经济及成本节约，企业集团可以享受产生规模效益，提高生产经营活动的效率。此外，产融结合形成的企业集团内各子公司由于经营资源和经营能力的不同，其边际收益和边际成本曲线是不一致的，同时一些国家税法对不同的资产使用不同的税率，股息收入、利息收入、营业收益、资本收益的税率也各不相同。

企业可利用这些规定，通过并购行为及相应的财务处理合理避税。

2. 有效地降低市场交易成本

当企业集团由外部金融市场提供金融服务时，必须按较高的金融市场价格支付成本：如贷款利息、股票发行费、金融服务手续费、保险经纪费，等等。如果这些金融服务由企业集团内部的金融机构来提供，则与这些服务有关的交易费就能留存在企业内部，提高企业资金的投资利润率。同时，由于在集团内部调节资金余缺，避免了在外部银行存贷差支出的损失，有效降低了向金融市场转移的交易成本，从而为集团实现可用资金和资本的双向增值。

3. 减少对外部金融市场依赖，有效防范风险发生

人们常开玩笑说，银行是一个"嫌贫爱富"的角色，只会锦上添花，不会雪中送炭。这至少是银行本能的一种形象刻画。不过，财务公司则有所区别，通过财务公司，则形成内部资本市场，产业和金融企业在集团统一产权约束下，减少了双方信息不对称性，有效地保证金融机构监督企业，贷款的成员企业不太可能在契约前进行"逆向选择"，也不可能逃避债务而承担"道德风险"。一旦企业经营不善或财务出现危机时，对企业的控制权会自动转到金融机构手中，金融机构可以利用自身特殊的企业治理优势参与企业改组和治理结构重筑，这也降低了金融企业的经营风险，从这方面来看，企业集团的产融结合能够减少市场交易摩擦所带来的效率和风险成本。

（二）企业集团产融结合的负效应

产融结合对于企业集团和宏观经济来说，拥有诸多好处的同时，也会衍生负面影响。犹如硬币有正反两面一样，产融结合也像一把"双刃剑"，如把握不好，在促进经济增长的同时，产融结合也会加大经济运行与金融操作中的风险。现具体分析如下：

1. 产融结合中的风险效应

产融结合可以充分利用有限的资源，实现规模经济，改进经营管理，降低成本，提高盈利水平，从而保障利润的稳定性，但也应注意产融结合还孕育着巨大市场风险。一是集团范畴内与外部形成新的交易风险。金融机构和工商企业相互参股使得产融双方的关系由外部化转为内部化，这就使得两者发生内部交易的可能性大大增加，而对于外部市场来说，产融双方共谋行为增加，外部市场的市场风险也随之增加。二是产融结合还具有风险外溢效应。

产融结合为金融企业和工商企业把金融风险和产业风险向实业领域和金融领域转嫁提供了便利,而这会造成风险进一步扩大。

2. 产融结合的金融异化效应

所谓产融结合的金融异化效应是指产融结合过程中出现的金融机构、金融工具失去其原有作为经济发展手段的功能,在形成相对独立的虚拟经济形态过程中出现的功能变异。首先,产融结合过程中一些金融机构出现了功能异化。财务公司应该是服务于、服从于企业集团整体经营与发展目标,但在脱离实体经济的极度逐利价值目标的指引下,不仅不再服务于实体经济反而转向阻碍,甚至损害实体经济的发展。如:严重背离实体经济,单纯追求货币增值,虚假促生金融泡沫;或者偏离主业而将资本投向短期回报高的房地产开发、资金拆借、国债回购、代发企业债券等业务,导致大量不良资产产生。

3. 泡沫经济效应带来资金放大

金融资本的根本属性是追逐高额利润,产融结合后产业资本会在金融资本逐利性的影响下逐渐金融化,而产业资本金融化又会导致产业虚拟化。如果没有工商产业的价值增值为基础,金融资产的增长只能是一种虚拟的泡沫,一旦某一资金环节出现问题,将会产生连锁效应影响。受实体经济"空心化"困扰的温州就是一个现实的警惕案例。因此,产融结合犹如一把"双刃剑",搞不好可能成为产业发展的"绊脚石"。也就是说,产融结合理性发展的判断标准,关键在于这种融合是否能够产生两种资本功能的互补——金融资本推动产业发展,产业资本提供金融资源,两种资本的比例是否均衡从而真正产生跨行业的协同效应。

总之,从前面的分析我们可以得知,实施产融结合的效果与其实现的方式密切相关。由于世界各国在经济发展背景和制度环境方面存在差异,所创造出的产融结合模式也是多种多样的。但是无论怎样选择,都不能脱离企业集团的产业背景和社会经济发展阶段,不能背离为成员企业服务的宗旨,必须从企业集团发展的需要出发,选择合适的路径方式。以产业资本起家的企业集团,在产融结合的思维下,除了参股金融机构外,直接设立财务公司也是一项现实选择。

第二节 财务公司风险管控

一、财务公司建立风险管控的客观需求

(一) 产融结合的商业机理要求风险管控

当今社会日新月异,科技不断进步。在企业集团化发展格局下,生产运作规模化程度越来越高,产业资本存量需求也越来越大,金融机构也正是在这样的背景下孕育而生并发展壮大起来。从基本的信贷业务开始,产业资本和金融资本就联系在了一起,相互作用,共同发展和成长。企业用较低的成本获得了资金促进了产业发展,同时,金融资本也获得了增值,其在经济发展进程中的支配权力也得到提升,资本的来源渠道得到保障。在产业资本和金融资本融合的过程中,不能盲目地追求产业资本的无限扩大,在保证促进产业发展,金融资本获得收益的同时,要更加注重保证金融资本的性。一味地追求收益最大化,不顾金融资本的安全性和流动性,必将导致产融结合的风险暴露。

(二) 财务公司的业务自身蕴含着多种风险

财务公司大多数业务存在着固有的金融风险。随着业务活动不断创新,业务凸显出范围广、新的特点,对财务公司而言,一个新鲜业务的到来,就意味着新的风险的到来。同时,财务公司在业务范围和品种方面受限较多,在风险的化解手段和措施方面存在先天不足,比如存款准备金、同业拆借、金融市场准入、同业交易等方面还有一定的限制,制约了财务公司功能的有效发挥。随着宏观经济环境日益严峻,监管层对财务公司的监管力度不断加大,监管要求不断提高,财务公司将要面临业务模式、经营理念转型的重大变革,在今后的发展过程中还需要得到集团的进一步理解和支持。

二、财务公司风险管控的基本思路

根据财务公司的内在运行机理与风险管理原理,要科学、稳健地掌控好财务公司的风险管理,必须要强化如下思路:

一是根据国家宏观经济与金融政策,合理安排信贷投向,做好与政府各

监管机关就资产业务规模及新业务准入的沟通,争取更加有利于财务公司发展的外部条件。

二是合理定位,促进集团产融结合。通过探索建立"司库管理"模式,加大力度建立和推广集团"票据池"等举措,促进财务公司功能从"服务支持"进一步拓展至"金融平台管理",逐步改善财务公司盈利模式单一的现状。

三是通过加强与成员单位及同业之间在票据方面的合作,加大财务公司资产结构调整力度,增加财务公司资产的变现能力和抗风险能力。

四是围绕集团及财务公司业务发展,建立起与之相适应的,以"资产负债比例管理、流动性比例管理、资本充足率管理"为核心的资产负债管理体系,完善财务公司风险管理体系。

三、财务公司风险管控的应对策略

(一) 建立现代风险管理理念,培育全员风险管理文化

风险管理文化是财务公司企业文化建设的灵魂,是强化公司员工责任意识的基石,是减少操作风险的良方;是将公司管理理念、经营方略、管理行为和管理环境融为一体的一种文化。公司要时刻以人为本,加强风险管理的举措,培育全面风险管理理念,加强宣传力度,制定防范风险的体系,建立高效的管理队伍,提升风险管理水平。

财务公司经营活动的任何一个环节、任何一名员工都会涉及风险管理问题,而每一个人都有自己的独立意识和处事原则,人生观、价值观、道德观都不尽相同,这就需要公司采用形式多样的方式培育全体员工的风险意识和观念,在风险认识上必须同质化,要让每个员工都意识到风险管理的重要意义和作用,形成共同风险文化的价值观。首先,根据风险教育和业务的风险评估对工作人员进行培训,要让每位员工清醒地认识到自己岗位的重要性和风险点,认真做事做人,不能大意马虎,必须把公司的整体利益放在首位。其次,应该形成全体员工的风险文化的管理,主要表现在实际的工作操作方面,要做到内控有标准、业务有流程,操作有手册、过程有监控、结果有考核,在公司营造"全体重视、献计献策、积极参与、齐抓共管"的公司风险管理文化氛围。

(二) 完善和建立内部控制机制，建立健全风险管理体系

不断建立和完善公司内部控制机制是增加企业抗风险和提高盈利能力的重要内部制度保障，是防范金融风险的第一道防御线，也是衡量金融业经营管理水平高低的重要指标。财务公司经营发展的首要任务就是不断提高自身管理风险的能力，在管理风险的同时实现公司利润最大化。为避免利益冲突，实现有效风险管理，一要保证风险管理部门的独立性和权威性；二是建立以风险管理委员会为主导、风险管理部门组织实施、内部审计部门监督检查、业务部门协调配合的风险管理组织体系。根据风险管理与控制要求，分析各个业务风险控制点，针对风险控制点制定相应控制办法，将风险管理融入各个业务、各个岗位，充分发挥其职能，促进各项业务安全平衡进行。建立和完善内部控制机制，主要包括：建立相互制约的、权责分明的组织体系；实施决策责任追究制；建立违章违规的转化、控制、补偿制度；建立违规违章的预警预报及处理制度；建立新兴业务定期稽核制度，等等。

(三) 构建风险评估和测量系统，完善金融风险点预警系统

财务风险的评估和测量是企业人员在进行风险管理时的主动行为，其通过最大限度地把握和认识风险的特点，从而采取针对性强的措施来进行风险控制。风险的量化是现代风险管理的关键手段，主要是通过构建数理统计模型来衡量、识别和监测风险，是风险管理得以有效实施的前提和基础。现在的风险管理工作非常注重定量方法的运用，运用数理统计模型来识别、衡量、监测风险，得出的数据客观、科学，且明了、易懂、直观。

现在财务公司严格按照银监会要求的标准进行业务监管，利用非现场指标和资产负债管理指标来对公司的经营发展过程中存在的风险进行监测和预警。为了能够更有效、更全面和准确地衡量公司经营过程中面临的种种风险，财务公司还要不断提高防范风险的措施和技术，收集整理历史数据，构建量化模型，例如借鉴国内外先进的经验和风险量化的防范方法。根据自己的实际情况按照合法合规、具有可操作性等原则来制定出适合自身特点的风险评估体系，要充分考虑资产的盈利性、安全性、流动性等方面的监管要求，选择典型的关键性指标，确定预警红线，结合定性和定量的方法，衡量评估公司的风险水平，向决策层作出汇报。

(四) 加强风险控制，通过合理的业务组合来规避风险

预防金融风险要健全和建立金融点风险的预警系统制度，通过这些制度

的执行和约束来确保预警系统的有效运行。第一，通过全面、细致的风险因素分析，找出风险控制点。在排查风险控制点的时候，遵循"既要考虑内部风险，又要考虑外部风险"；"既要考虑动态风险，也要注意静态风险"；"既要考虑政策和体制风险，又要考虑操作风险"的原则进行。第二，要对风险进行识别和分析。首先识别内部风险机制是否完善，然后识别外部风险机制是否需要改进，最后识别出每一项重要的业务活动目标面临的风险，继而进一步估计风险的重要性、可能性、发生的频率和概率。第三，应该采取风险控制活动和控制措施。对于有可能出现的风险，列出要采取的措施和活动，控制活动要和风险评估相结合，要符合实际，保证管理指令的执行。服务对象的特殊性，决定了信用风险相对较小，而外部市场风险持续增大，需要引起重视。

（五）创新风险控制方法，增强评估手段

现在财务公司的风险控制过度强调事后监督，忽略事前、事中控制。要改变这种只是强调事情发生之后进行控制的内部考核风险控制方法，应积极地按照当前的经济发展形势，引进和学习先进的风险控制理念和方法，对财务公司的风险管理实行事前、事中、事后全过程跟踪监控，同时选取操作性强的风险管理工具和技术，最大限度地减少由于风险导致的损失，能够使财务公司的财务风险率降低，让公司更好地经营和运转。

（六）加强经营风险的预警分析，加强内部监督

虽然财务公司面临的客户比较特殊，均为集团内部单位，但是仍然要加强经营管理，规范关联交易，以规避风险。要建立经营管理风险的预警机制，如果有款项发生，在发生时要连续系统地监测变化情况，分析各种经营的风险因素是否真实存在。财务公司在各个发展阶段都会遇到这样那样的风险问题，尤其在金融业务不断创新发展的进程当中，财务公司将会面临更大的挑战和风险。这给我们一个警示，集团财务公司在运营中不能只强调盈利性，出现违规高风险操作，开展业务前应充分重视风险分析和防范。

第三节 财务公司流动性风险管理

根据财务公司的运行现实，在内部信用风险相对较小的同时，其面临的

流动性风险却相对较重。因此，财务公司必须特别关注对流动性风险的管理与控制。

一、财务公司流动性风险概述

流动性风险主要还只是停留在合规层面，方法和理念相对落后，风险管理难度较大。

（一）财务公司流动性风险的表现

财务公司在日常经营活动中的流动性风险至少表现为如下几项：一是利率变化环境下，资产与负债期限结构、资金头寸错配，将导致公司出现流动性风险；二是资金计划与实际情况出现偏离，从而引发资金头寸不足引发流动性风险；三是若集中出现企业因运营需要大量提取账户存款，从而引发资金头寸不足引发流动性风险；四是运用短期负债大量进行长期贷款或投资，资产与负债期限不匹配，造成资金流动性紧张。

（二）财务公司流动性风险的特点

财务公司的流动性对于集团产业具有敏感性与重要性，这是企业集团以金融为杠杆、以产业为纽带，"金融搭台、产业唱戏"的先导观念所决定的。因此，财务公司的流动性风险自然而然地体现在整个集团框架下的综合反应，其特点至少归结为如下几点：

（1）流动性风险形成原因复杂。相较于财务公司其他几种风险，流动性风险的成因更加复杂。信用风险、操作风险在采取一定的措施以后可以得到控制，而流动性风险因为与其他风险密切联系，在做好流动性危机应对的同时，也要保证不受操作风险等其他风险带来的影响。

（2）流动性风险集中程度高。财务公司经营对象只限于所在企业集团成员单位和其分支机构，相对于银行，财务公司面临的风险主要集中于集团内部，而不是一个社会系统性风险，但流动性风险集中程度高也可能带来更大的风险。

（3）流动性风险具有联动效应。当财务公司遭遇流动性危机时，可能会遭到授信银行较低授信额度，存款方可能担心资金风险，出现拒绝与财务公司合作并挤提存款的情况，导致财务公司的流动性危机进一步恶化。

二、财务公司流动性风险管理措施

（一）加强财务公司风险管理文化建设

风险管理文化是以企业为背景，贯穿以人为本的经营理念，在风险管理活动中凝练并通过由企业文化的精神层面、制度层面、行为层面和知识层面共同体现、为广大员工认同并自觉遵守的风险管理理念、风险价值观念和风险管理行为规范。财务公司需要结合自身实际情况，从以下几个方面加强文化建设：一是树立鲜明的风险管理的理念，明确风险管理文化的价值观，如违规损失永远大于冒险利益；二是开展风险管理的各种培训，宣导风险管理理念，掌握风险管理技能，营造风险管理氛围；三是多种手段强化风险管理过程：墙报、标语、展板、内刊、会议等；四是风险管理文化建设需与公司人力、薪酬制度结合，避免公司出现盲目追求高业绩却忽视风险的行为，为此公司可设立相应的风险控制绩效评估，给完成任务的员工以奖励；五是风险文化应与企业文化相结合，只有将风险文化融入企业文化，企业员工对风险充分认识，在其业务操作过程中才会有意识地进行风险防范，对于公司整体应对流动性风险大有帮助。

（二）制定流动性风险管理政策，明确管理责任

该风险管理政策要包括流动性风险定义、流动性风险管理原则、流动性风险管理治理结构、流动性风险管理策略、流动性风险管理流程、相关的考核与奖惩等内容。具体内容不再介绍。

建立与公司业务规模、性质、复杂程度相适应的流动性风险管理体系和组织架构，包括董事会及其下设专门委员会、监事会、高级管理层及其下设专门委员会和相关实施部门，并明确风险管理职责。其中，董事会承担流动性风险管理的最终责任，高级管理层负责流动性风险的具体管理工作，员工层面需要划分为三道防线，建立前中后台密切配合，事前、事中、事后全面覆盖，长期预警与日常预警相结合的流动性风险预警机制。明确流动性比例指标监测频率、报告方式、路径和监测报告时间节点，落实具体责任部门，将流动性比例合规风险控制在事前和事中，进一步提高公司流动性风险管理的制度化和规范化水平，杜绝流动性比例不合规情况的发生。

（三）定期开展流动性压力测试

作为对金融稳健指标中风险度量工具的重要补充，压力测试是金融机构评估财务实力和风险管理的强有力的工具，用于测量某些小概率事件对经营和资产组合可能造成的影响。当前，发达国家的监管当局都要求金融机构年度报告中应加入压力测试分析，使股东及其他社会各界对其未来发展、前景及风险有更深层次的认识，以达到信息透明化及公开化的目的。2007年3月，

中国银监会上海监管局要求上海各财务公司至少每半年对信用、市场、操作、合规等风险进行整体评估,并向董事会报告,压力测试就是其中一项必备内容。因此,积极探讨适合财务公司实际的压力测试方法,并制定应急预案,保证持续稳健经营,是十分必要的。当前经济增长放缓,企业集团将面临存款少、贷款多的局面,作为企业集团资金集合平台,必将产生巨大的冲击。近年来,我国一直采取稳健的货币政策,对货币市场微调,多次出现金融行业流动性不足的情况,压力测试的运用将加强财务公司极端情况的应对能力。但目前我国财务公司对压力测试的运用和研究相对较少。作为前沿性的工具,压力测试通过测量某些极端小概率事件对经营和资产组合可能造成的损失与经营状况变化,在事前衡量流动性风险承受能力,有助于提高财务公司的流动性风险管理水平。

(四)通过金融创新降低流动性风险

财务公司应通过功能扩张实现为集团提供功能强大、渠道多元的金融平台,以抵消宏观调控和不利的国内外经济金融形势对集团的消极影响,增加财务公司资金供给,以应对流动性危机。发行财务公司金融债券等创新业务是财务公司进行功能扩张、提升为集团服务水平和质量的重中之重。财务公司可通过发行金融债解决资产负债期限不匹配的问题,同时可在金融市场上打出一张漂亮的名片,将会为集团的后续融资带来极大的方便;财务公司获得金融股权投资,可以通过战略性参控股商业银行、信托公司、保险公司、证券公司等金融机构,从而扩张集团的金融产业链,丰富集团的金融功能,发挥产业资本和金融资本的多边协同效应。

(五)开展流动性风险管理审计

财务公司可以将流动性风险管理审计嵌入其他审计项目中进行,比如在经营情况审计、内部控制评价审计等项目中设立专项,而不一定要单独开展流动性风险审计。流动性风险相关的计量数据较多,财务公司还可考虑用计算机等非现场审计方式。同时,财务公司应设立风险审计部门和审计委员会,对公司各项风险开展审计工作。

第四节 财务公司绩效管理

绩效,从字面意思分析,就是绩与效的组合。企业绩效就是业绩,从管理学角度看，是组织期望的结果。财务公司讲求绩效评价，将直接有利于集团公司行使出资人权利，有利于集团公司准确掌握财务公司经营信息，也有利于财务公司经营者观念转变，同样还有利于为有效激励财务公司经营者提供可靠依据，此外，还有利于银监会对财务公司的监管，控制金融风险。

一、构成财务公司绩效的基本要素

一般来说，企业绩效应包括财务收益水平、资产运营水平、偿债能力和后续发展能力等方面的诉求。其中，财务收益水平是综合绩效评价的核心，资产运营水平是提高企业绩效的途径，偿债能力是反映企业资产安全性的重要体现，后续发展能力则是企业持续发展的主要内容。结合财务公司的实际，本节围绕财务公司盈利性、资产流动性、资金安全性以及发展能力等四个方面的期望来分析财务公司绩效要素的内涵要求，以便进一步构建财务公司绩效评价的指标体系。

（一）流动性要求是核心

流动性原则是财务公司以合理价格获取可用资金的能力。财务公司流动性体现在资产和负债两个方面：资产的流动性指财务公司资产在不受损失的前提下迅速变现的能力；负债的流动性指财务公司及时以较低的成本获取资金的能力；流动性直接关系财务公司资金经营的安全，并在一定程度上决定公司的盈利水平；财务公司的经营对象是各类金融工具，必须有足够的现金准备以应付频繁的现金流动；财务公司的负债绝大部分是企业集团成员单位的活期存款，必须有相应的资金准备以保证存款人的随时支付；财务公司受市场变化程度影响较高，只有坚持经营资金的流动性，才能适应意外变化。

（二）安全性要求是基础

安全性是财务公司资产、收入、信誉以及所有经营条件、生存条件和发展条件免遭损失的可靠性程度。资金经营安全是财务公司生存发展的基础，也是实现资产流动和盈利，保持良好信誉的前提，安全性原则要求公司尽可能规避风险、转移风险和减少风险。财务公司面对千差万别的客户和错综复杂的外部环境，经常会受到市场变化、贷款拖欠的威胁，一旦资金受损、流动受阻，就不能保证存款支付，发生经营困难，危及财务公司生存发展。因此，财务公司应把安全性原则作为经营管理的基本原则认真贯彻，坚定执行。

（三）盈利性要求是目标

盈利性是公司获取利润的能力。追求利润最大化也是财务公司经营的目标，是其不断改进服务、进行业务创新、扩大业务范围的内在动力。增强盈利能力有助于增加财务公司资本积累，扩大经营规模，增强抵抗经营风险的能力；有助于增强信誉，吸引更多优质客户，筹集更多资金；有助于增强核心竞争能力，在激烈竞争的市场环境下，不断提高职工福利待遇，吸引高层次人才。

（四）发展能力是未来价值的源泉

发展能力指企业未来持续生存和进一步发展的能力。企业必须注重发展能力或成长性，因为它不仅关系到财务公司的持续生存问题，还关系到投资人的未来收益和债权人的长期债权的风险程度。影响企业发展能力的因素既包括营业收入的增长、资本的扩大、利润的增加，还包括管理水平的高低、发展战略的制定、技术与观念的创新、员工素质的提高，等等。对发展能力的评价可以在一定程度上防止企业的短期行为，促进企业健康、稳定、可持续发展。

以上四个方面相辅相成、内在统一，不能顾此失彼，以偏概全。

二、财务公司绩效评价指标体系

（一）评价指标体系的设计原则

1. 全面性原则

要综合评价企业绩效，必须将反映企业绩效的各种因素合理纳入评价范围，并据此设计指标体系。对于财务公司，出于不同的目的，各利益相关者对财务公司的绩效评价的关注角度不同，集团母公司、财务公司股东及投资者、存款人（企业集团成员单位）、监管机构、财务公司高层管理者都有不同方面的绩效评价动机与关注点。因此，财务公司绩效评价的指标体系应该充分体现全面性，对影响企业绩效水平的各种因素进行多层次、多角度的反映，在具体指标设置上应该全面反映财务和非财务方面的因素。

2. 科学性原则

科学性原则指企业绩效评价体系设计的全过程都必须有严谨的科学依据，指标体系的设定必须同评价内容相一致。评价方法有相应的理论依据，要与指标体系相适应，只有评价体系与设计过程严格依据科学的方法，最终的评价结果才能与实际的绩效水平相符合,真实反映经营者的管理水平。

3. 定量与定性相结合原则

绩效评价指标的制定一般均采用定性与定量两类指标。对于一些容易量化的项目通常采用定量指标计量;而对于不容易量化的项目则采用定性指标反映。尽管定量指标比较客观,但是定量指标不能包含所有要测评的信息,因此,不能因为定量指标的数据易于收集和追求片面的客观而放弃定性指标的评价。定性指标虽然包含一些评价人员的主观因素,但是通过优化评价人员的构成,可以将主观性的负面影响降到最低。

4. 动态与静态相结合原则

绩效评价不仅仅是对过去或某一时刻状况进行评价,更重要的是随时可以进行评价,这就要求评价指标体系不能只是选取一些静态指标,还要选取一些能够反映公司长期发展的指标。动态性的指标能够使财务公司评价指标体系具有可延续性,实现纵向的比较与分析。因此,所选取的指标要能够反映出经营管理给企业带来的长期影响,而不只是短期或眼前的影响。

5. 可比性和可操作性相结合原则

可比性是指评价指标应具有普遍的统计意义,使评价结果能够实现企业间的横向比较和时间上的纵向比较。可操作性是指在满足评价目的和需要的前提下,评价指标要清晰,表达方式简单易懂,数据来源易于收集。评价体系不是理想化的模型,而必须有助于评价机构操作执行。评价体系的设计必须兼顾这两个原则,才能适应市场经济条件下对企业的监管。

6. 紧密结合财务公司功能定位原则

财务公司是指以加强企业集团资金集中管理和提高企业集团资金使用效率为目的,为企业集团成员单位提供财务管理服务的非银行金融机构。因此,财务公司的经营绩效评估指标应该能够反映实现上述目标的程度。通过考核财务公司的经营绩效,充分发挥财务公司结算、信贷、投资等职能,提高集团资金运转效率。

(二)绩效评价指标内容体系

财务公司的绩效评价内容体系由财务绩效定量评价和管理绩效定性评价两部分组成。

财务绩效定量评价是指对财务公司一定期间的盈利能力、资产质量、债务风险和经营增长各方面进行定量对比分析和评判。财务绩效定量评价指标依据各项指标的功能作用划分为基本指标和修正指标：基本指标反映企业一定期间财务绩效的主要方面，并得出企业财务绩效定量评价的基本结果；修正指标是根据财务指标的差异性和互补性，对基本指标的评价结果作进一步的补充和矫正。

管理绩效定性评价是指在企业财务绩效定量评价的基础上，通过采取专家评议的方式，对企业一定期间的经营管理水平进行定性分析与综合评判。企业财务绩效定量评价指标和管理绩效定性评价指标共同构成财务公司组织绩效评价指标体系。

1. 财务绩效基本指标的构成

基本指标是评价财务公司经营绩效的最重要、最基础的指标，着眼于定量分析、财务分析，体现可比性和可操作性，根据多目标规划原理，综合考虑企业绩效评价的总目标和影响企业绩效评价的多方面因素，从基本覆盖财务公司资本经营管理全过程的财务效益、经营安全性、资产流动性、发展能力四个方面作为企业绩效评价的基本指标。考虑到数据的可获得性，拟构建出如下财务绩效基本指标体系：流动性基本指标、安全性基本指标、盈利性基本指标、安全性基本指标。

2. 财务绩效修正指标的构成

修正指标是用以对基本指标进行校正的重要辅助指标。根据基本指标，分别从盈利性、安全性、流动性和发展能力四个方面选择了13项重要的指标，作为企业绩效评价的修正指标。

3. 管理绩效定性指标体系构成

前两个层次基本指标和修正指标都不能反映企业的经营管理行为和管理过程。因此，管理绩效定性指标可以使企业绩效评价结论更加全面、真实和可靠。管理绩效定性指标体系包括顾客导向型指标（或对集团贡献指标）、内部营运指标、学习与成长指标。

（三）指标权数设置

各指标的权重，依据评价指标的重要性和各指标的引导功能，应通过咨询专家意见和组织必要测试进行确定。在评价指标体系中，各个指标所起的作用是不同的。为了表示不同指标对企业绩效的不同贡献程度，根据指标的重要程度对所选指标赋权，权重大小表示指标在评价中对企业绩效贡献的大小。

目前，权重确定的方法最为简单的就是主观赋权法，如专家评分法、德尔菲法等。即财务公司绩效评价实行百分制，将财务绩效定量指标权重确定为80分，管理绩效定性指标权重确定为20分，在实际操作过程中，为了计算方便，三层次指标权数均先分别按百分制设定，然后按权重还原。

第四篇

综合业务与财务报告篇

开篇有益

本篇包括两项内容：一是综合业务，如资产减值与债务重组，会计政策、会计估计变更及会计差错更正，资产负债表日后事项；二是财务报告，如年度财务报告和其他财务报告。

在综合性业务中，资产减值与债务重组是值得关注的特殊会计事项；资产负债表日后事项，要在明确时间界限基础上，区别调整事项和非调整事项两类不同的会计处理方法；会计政策变更要理解会计政策的含义、会计政策变更的原因，掌握会计估计的特点及变更原因，并掌握会计政策、会计估计变更的会计处理。

在财务报告中，既要掌握年度报表，如资产负债表、利润表、现金流量表、股东权益变动表和附注等，也要掌握中期财务报告、关联交易披露、合并报表编制，同时还要掌握财务报表的分析技术。

租赁公司和财务公司都应该执行商业银行财务报表格式和附注规定，如有特别需要，可以结合本企业的实际情况进行必要调整和补充。

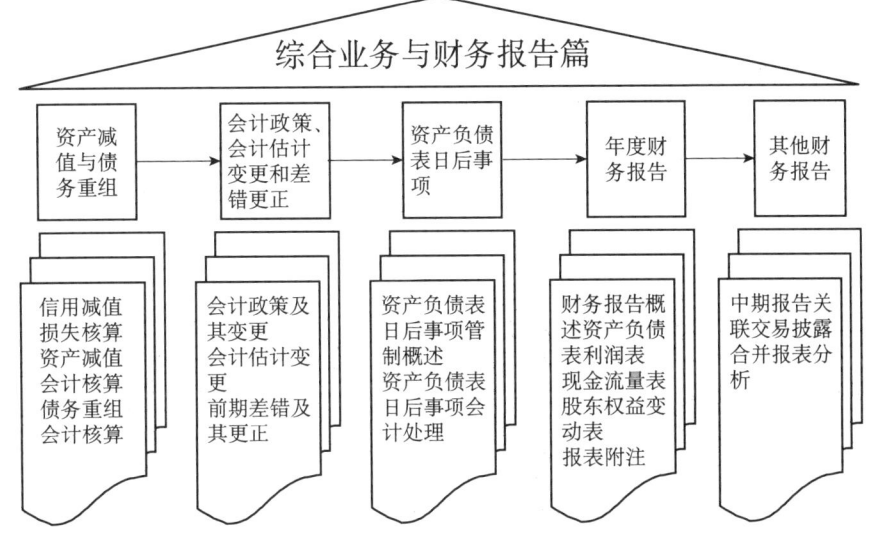

第十六章
资产减值与债务重组

本章精要

本章主要阐述两个彼此不同而又相互关联的主题,资产减值与债务重组。

在资产减值主题上,通过两节来深化探讨,先是针对金融资产领域的减值问题,即信用风险计提;再是除此之外的资产减值,即资产减值准备。

第一节为信用减值损失的核算。根据2017年修订的金融工具会计准则,对金融资产减值采用信用减值损失的计提方法。即企业应当在资产负债表日计算金融工具(或金融工具组合)预期信用损失,如果该预期信用损失大于该工具(或组合)当前减值准备的账面金额,企业应当将其差额确认为减值损失。

第二节为资产减值会计核算。除了第一节的金融工具减值采用信用减值损失之外,资产减值概念相当"宽厚"。本节从三个方面阐述:一是资产减值基本内涵与外延基础上的减值迹象与测试;二是关于资产可收回金额的计量;三是资产减值损失的确认与计量。通过分析判断,在对资产进行减值测试后,如果可收回金额的计量结果表明应将资产的账面价值减记至可收回金额,减记的金额确认为资产减值损失,计入当期损益。

第三节是债务重组会计核算。理解在新环境下的债务重组定义,并掌握以下几种方式(以资产清偿债务、债务转为资本、修改其他债务条件和以上三种方式的组合)的具体判断标准。阐述了债务重组的确认与计量,分别掌握以资产(现金、非现金资产)清偿债务、以债务转为资本清偿债务、修改其他债务条件、三种方式组合等清偿债务下的会计处理,特别需要理解债权人、债务人的对应性处理。

第一节 信用减值损失核算

作为金融企业,租赁公司和财务公司都会关注其金融资产的价值在市场化运行中的动态表现。当然,在资产负债表日,也需要对其持有的金融资产进行价值测试,尤其是基于未来市场信用态势进行技术分析和相应的金融资产减值预报,也就是对信用减值的损失进行相应的确认、计量的报告。

对租赁公司和财务公司的非金融工具类资产项目(如长期股权投资、固定资产、无形资产、商誉等)如何计提减值准备,则在第二节阐述。

一、预期信用损失的概念及其计量

根据金融工具准则规定,公司应当在资产负债表日对金融资产和信贷承诺等,以预期未来的信用损失为基础确认减值损失,计提减值准备,以便能更加有效反映和防控金融工具的信用风险。新准则对金融工具减值指定为"预期信用损失法",这与过去根据实际已发生减值损失确认减值准备的思路根本不同。在预期信用损失法下,减值准备的计提不以减值的实际发生为前提,而是以未来可能的违约事件造成的损失的期望值来计量当前(资产负债表日)应当确认的减值准备。

预期信用损失,是指以发生违约的风险为权重的金融工具信用损失的加权平均值。违约风险就是发生违约的概率,而信用损失则是指根据合同应收的现金流量与预期能收到的现金流量之间的差额(以下称现金流缺口)的现值。根据现值的定义,即使企业能够全额收回合同约定的金额,但如果收款时间晚于合同规定的时间,也会产生信用损失。

按照金融工具准则相关规定,可以将金融工具发生信用减值的过程分为三个阶段,对于不同阶段的金融工具的减值有不同的会计处理方法:第一阶段,信用风险自初始确认后未显著增加,应当按照未来12个月的预期信用损失计量损失准备,并按其账面余额(即未扣除减值准备)和实际利率计算利息收入(若该工具为金融资产,下同);第二阶段,信用风险自初始确认后已显著增加但尚未发生信用减值,应当按照该工具整个存续期的预期信用损失计量损失准备,并按其账面余额和实际利率计算利息收入;第三阶段,初始确认后发生信用减值,应当按照该工具整个存续期的预期信用损失计量损失准备,但对利息收入的计算不同于处于前两阶段的金融资产。对于已发生信用减值的金融资产,企业应当按其摊余成本(账面余额减已计提减值准备,也即账面价值)和实际利率计算利息收入。

根据金融工具准则的规定,预期信用损失是以违约概率为权重的金融工具现金流缺口(即合同现金流量与预期收到的现金流量之间的差额)现值的加权平均值。这一定义说明了预期信用损失的基本计算方法。

关于计量基础,不同金融工具的预期信用损失有着不同的计量基础,其中,对于金融资产,信用损失应为下列两者差额的现值:其一,依照合同应收取的合同现金流量;其二,预期能收到的现金流量。企业可在计量预期信用损失时运用简便方法。例如,对于应收账款的预期信用损失,企业可参照历史信用损失经验,编制应收账款逾期天数与固定准备率对照表(如,若未逾期为1%;若逾期不到30日为2%;若逾期天数为30~90(不含)日,为3%;若逾期天数为90~180(不含)日,为20%等),以此为基础计算预期信用损失。如果确有历史经验表明不同细分客户群体发生损失的情况存在显著差异,那么企业应当对客户群体进行恰当的分组,在分组基础上运用上述简便方法。

关于折现率选择,保险公司应当采用相关金融工具初始确认时确定的实际利率或其近似值,将现金流缺口折现为资产负债表日的现值,而不是预计违约日或其他日期的现值。如果金融工具具有浮动利率,那么企业应当采用根据2017版指南中"关于金融工具的计量"所确定的当前实际利率(即最近一次利率重设后的实际利率)对现金流缺口进行折现。对于购买或源生的已发生信用减值的金融资产,企业应当采用在初始确认时确定的经信用调整的实际利率(即购买或源生时将减值后的预计未来现金流量折现为摊余成本的利率)进行折现。

关于预期信用损失的概率加权属性,是指企业对预期信用损失的估计采用概率加权的结果,应当始终反映发生信用损失的可能性以及不发生信用损失的可能性(即便最可能发生的结果是不存在任何信用损失),而不是仅对最坏或最好的情形作出估计。实务中,这一要求可能并不需要企业开展复杂的分析。在某些情形下,运用相对简单的模型可能足以满足上述要求,而不需要使用大量具体的情景模拟。例如，一个较大的具有共同风险特征的金融工具组合（如小额贷款）的平均信用损失，可能是概率加权金额的合理估计值。而在其他情形下，企业可能需要识别关于现金流量金额、时间分布以及各种结果估计概率的具体数值。在这种情形下，预期信用损失应当至少反映发生信用损失和不发生信用损失两种可能性（即企业需要估计发生信用损失的概率和金额）。

关于计量中采集和使用的信息，财务公司和租赁公司对金融工具预期信用损失的计量方法应当反映能够以合理成本即可获取的、合理且有依据的关于过去事项、当前状况以及未来经济状况预测的信息。换言之，企业应当采集上述信息作为金融工具预期信用损失计量的依据。

关于估计预期信用损失的期间，即金融工具可能发生的现金流缺口所属的期间。最长期限应当为企业面临信用风险的最长合同期限（包括由于续约选择权可能延续的合同期限）。对于贷款承诺和财务担保合同，计量预期信用损失的最长期限应当为企业承担提供信贷或财务担保的现时义务的最长合同期限。

【例 16-1】 甲财务公司发放一笔 5 年期质押贷款，按合同面值到期一次偿还本金。合同面值为 1 000 万元，利率 5%，按年付息。假定实际利率为 5%。第一个会计期间（简称"第一期"）期末，由于自初始确认后信用风险无显著增加，甲财务公司按 12 个月内预期信用损失确认损失准备，损失准备余额为 20 万元。

在第二期期末，公司确定该贷款自初始确认后的信用风险已显著增加，因此对该笔贷款确认整个存续期内的预期信用损失，损失准备余额为 30 万元。

在第三期期末，由于借款人出现重大财务困难，公司修改了该笔贷款的合同条款和现金流量，将该笔贷款的合同期限延长了一年。因此在修改日（第三期期末），该笔贷款的剩余期限为三年。本次修改并未导致甲财务公司终止确认该贷款。

由于进行了上述修改，公司根据该贷款的初始实际利率 5%，重新计算修改后的合同现金流量的现值作为该金融资产的账面余额，并将重新计算的账面余额与修改前的账面余额之间的差额确认为合同变更利得或损失。在本例中假定甲财务公司确认了修改损失 80 万元，账面余额降为 920 万元。

在考虑修改后的合同现金流量的基础上，公司评估了是否应继续对该贷款按整个存续期内预期信用损失计量损失准备，并重新计算了损失准备。甲财务公司将当前信用风险（基于修改后的现金流量）与初始确认时的信用风险（基于初始未修改的现金流量）进行比较，认为信用风险已显著增加，因此继续按整个存续期内的预期信用损失计量损失准备。在资产负债表日，该贷款按照整个存续期内的预期信用损失计量的损失准备余额为 100 万元。

公司对于上述合同现金流量修改的相关计算如表 16-1 所示。

表 16-1　　　　　　甲财务公司信用损失测算表　　　　　　单位：万元

期间	期初账面余额 (A)	减值损失/利得 (B)	修改损失/利得 (C)	利息收入 (D = A × 5%)	现金流量 (E)	期末账面余额 (F = A + C + D − E)	损失准备 (G)	期末摊余成本 (H = F − G)
1	1 000	(20)		50	50	1 000	20	980
2	1 000	(10)		50	50	1 000	30	970
3	1 000	(70)	(80)	50	50	920	100	820

注：括号内的金额代表损失。

在后续资产负债表日，将该贷款初始确认时的信用风险（基于初始未修改的现金流量）与资产负债表日的信用风险（基于修改后的现金流量）进行比较，以评估信用风险是否显著增加。

修改贷款合同再过两个期间之后（第五期），与修改日的预期相比，借款人的实际业绩明显好于其经营计划，而且借款人所属行业的前景好于此前预测。通过使用以合理成本即可获得的、合理且有依据的信息进行评估，甲财务公司发现该贷款的整体信用风险和在整个存续期内的违约风险率下降，因此公司在第五期期末调整了借款人的内部信用评级。

考虑到这一进展，公司对该贷款信用状况进行了重新评估，并确定该贷款的信用风险已经下降，与初始确认时的信用风险相比已无显著增加。因此，公司重新按 12 个月内预期信用损失计量该贷款的损失准备。

二、金融资产减值与利息收入的计算

（一）未发生信用减值的资产

对于处于信用减值第一阶段和第二阶段的金融资产，以及按照金融工具准则规定适用实务简化处理的应收款项、合同资产和租赁应收款，企业应当按照该金融资产的账面余额（即不考虑减值影响）乘以实际利率的金额确定其利息收入。

（二）已发生信用减值的资产

当对金融资产预期未来现金流量具有不利影响的一项或多项事件发生时，该金融资产成为已发生信用减值的金融资产。金融资产已发生信用减值的证据包括下列可观察信息：一是发行方或债务人发生重大财务困难；二是债务人违反合同，如偿付利息或本金违约或逾期等；三是债权人出于与债务人财务困难有关的经济或合同考虑，给予债务人在任何其他情况下都不会做出的让步；四是债务人很可能破产或进行其他财务重组；五是发行方或债务人财务困难导致该金融资产的活跃市场消失；六是以大幅折扣购买或源生一项金融资产，该折扣反映了发生信用损失的事实。显而易见，金融资产发生信用减值，有可能是多个事件的共同作用所致，未必是可单独识别的事件所致。

已发生信用减值的金融资产分两种情形：一是对于购买或源生时未发生信用减值，但在后续期间发生信用减值的金融资产，企业应当在发生减值的后续期间，按照该金融资产的摊余成本（即账面余额减已计提减值）乘以实际利率（初始确认时确定的实际利率，不因减值的发生而变化）的金额确定其利息收入；二是对于购买或源生时已发生信用减值的金融资产，企业应当自初始确认起，按照该金融资产的摊余成本乘以经信用调整的实际利率（即购买或源生时将减值后的预计未来现金流量折现为摊余成本的利率）的金额确定其利息收入。

三、金融工具减值的账务处理

（一）减值准备的计提和转回

企业应当在资产负债表日计算金融工具（或金融工具组合）预期信用损失。如果在当期的资产负债表日测试的未来信用损失大于该工具（或组合）当前已经计提的减值准备账面金额时，企业应当将其差额确认为当期的减值损失，借记"信用减值损失"科目，根据金融工具的种类，贷记"债权投资减值准备"或"其他综合收益"（用于以公允价值计量且其变动计入其他综合收益的债权类资产）等相关科目。如果资产负债表日计算的预期信用损失小于该工具（或组合）当前减值准备的账面金额，则应当将差额确认为减值利得，作相反的会计分录。

(二) 已发生信用损失金融资产的核销

企业实际发生信用损失，认定相关金融资产无法收回，经批准予以核销的，应当根据批准的核销金额，借记"债权投资减值准备"等科目，贷记相应的资产科目，如"贷款""应收债券""应收账款""合同资产""应收融资租赁款"等科目。若核销金额大于已计提的损失准备，还应按其差额借记"信用减值损失"科目。

【例16-2】A财务公司对其持有的以摊余成本计量的金融资产进行未来信用风险测试。2×20年12月31日，该债权投资本金5 000万元，年利率4%，每年12月31日付息，2×25年12月31日还本。假设不考虑交易费用，该项目实际利率为4%。

2×21年12月31日，按约定向浙华公司收取利息。公司评估认为该债权投资信用风险自初始确认以来未显著增加，并计算其未来12个月预期信用损失为80万元。

2×22年12月31日，按约定向浙华公司收取利息。公司评估认为该债权投资信用风险自初始确认以来已经显著增加，并计算剩余存续期预期信用损失为300万元。

2×23年6月30日，通过相关渠道，获知浙华公司面临重大财务困难，认定该债权投资已发生减值。同日，A财务公司计算剩余存续期预期信用损失为800万元。

2×23年12月31日，未能如期收到浙华公司利息。A财务公司计算剩余存续期预期信用损失为1 200万元。

2×24年6月30日，公司计算剩余存续期预期信用损失为1 600万元，并以3 500万元价格将该贷款所有风险和报酬转让给信光辉资产管理公司。

根据上述资料，公司的相关账务处理如下（不考虑税费影响）：

(1) 2×20年12月31日，发生该项投资时的会计分录如下：
借：债权投资　　　　　　　　　　　　　　　　50 000 000
　　贷：银行存款　　　　　　　　　　　　　　　　50 000 000

(2) 2×21年12月31日，如期确认利息收入和收到利息时的会计分录如下：

利息收入 = 账面余额 × 实际利率 = 5 000 × 4% = 200（万元）
借：应收利息　　　　　　　　　　　　　　　　2 000 000

　　　　贷：利息收入　　　　　　　　　　　　　　2 000 000
　　　借：银行存款　　　　　　　　　　　　　　　2 000 000
　　　　贷：应收利息　　　　　　　　　　　　　　2 000 000
　　计提减值准备：
　　　借：信用减值损失　　　　　　　　　　　　　　800 000
　　　　贷：债权投资减值准备　　　　　　　　　　　800 000

（3）2×22年12月31日，如期确认利息收入和收到利息时的会计分录如下：

　　　借：应收利息　　　　　　　　　　　　　　　2 000 000
　　　　贷：利息收入　　　　　　　　　　　　　　2 000 000
　　　借：银行存款　　　　　　　　　　　　　　　2 000 000
　　　　贷：应收利息　　　　　　　　　　　　　　2 000 000
　　补提减值准备：
　　　借：信用减值损失　　　　　　　　　　　　　2 200 000
　　　　贷：债权投资减值准备　　　　　　　　　　2 200 000

（4）2×23年6月30日，确认实际减值前利息收入及其相应的会计分录如下：

利息收入 = 账面余额 × 实际利率 = $50\,000\,000 \times [(1+4\%)^{0.5} - 1]$ = 990 195（元）

　　　借：应收利息　　　　　　　　　　　　　　　　990 195
　　　　贷：利息收入　　　　　　　　　　　　　　　990 195
　　补提减值准备：
　　　借：信用减值损失　　　　　　　　　　　　　5 000 000
　　　　贷：债权投资减值准备　　　　　　　　　　5 000 000

（5）2×23年12月31日，未能收到利息，确认实际减值后利息收入及其相应的会计分录如下：

利息收入 = 摊余成本 × 实际利率 = $(50\,000\,000 + 990\,195 - 8\,000\,000) \times [(1+4\%)^{0.5} - 1]$ = 851 374（元）

　　　借：应收利息　　　　　　　　　　　　　　　　851 374
　　　　贷：利息收入　　　　　　　　　　　　　　　851 374
　　补提减值准备：

借：信用减值损失	4 000 000	
贷：债权投资减值准备		4 000 000

(6) 2×24 年 6 月 30 日，确认利息收入：

利息收入 = 摊余成本 × 实际利率
= (50 000 000 + 990 195 + 851 374 − 12 000 000) × $[(1+4\%)^{0.5}-1]$
= 789 019（元）

借：应收利息	789 019	
贷：利息收入		789 019

补提减值准备：

借：信用减值损失	4 000 000	
贷：债权投资减值准备		4 000 000

实现资产转移，并终止确认贷款时的会计分录如下：

借：银行存款	35 000 000	
债权投资减值准备	16 000 000	
投资收益	1 630 588	
贷：债权投资		50 000 000
应收利息		2 630 588

第二节　资产减值会计核算

前已述及，公司资产的主要特征之一是它必须能够为企业带来经济利益的流入。如果资产不能够为企业带来经济利益或者带来的经济利益低于其账面价值，那么，该资产就不能再予确认，或者不能再以原账面价值予以确认，否则不符合资产的定义，也无法反映资产的实际价值，其结果会导致企业资产虚增和利润虚增。因此，当企业资产的可收回金额低于其账面价值时，即表明资产发生了减值，企业应当确认资产减值损失，并把资产的账面价值减记至可收回金额。

一、资产减值的迹象与测试

企业所有的资产在发生减值时，原则上都应当对所发生的减值损失及时加以确认和计量。当然，由于各种资产的特性不同，其减值会计处理也是有差别的，因而所适用的具体准则也不尽相同。例如，金融资产的减值适用金融工具的确认和计量会计准则。这些减值会计的处理在相关各章节阐述，本章不涉及有关内容。

本章涉及的主要是除上述资产以外的资产，这些资产通常属于企业的非流动资产，具体包括：（1）对子公司、联营企业和合营企业的长期股权投资；（2）采用成本模式进行后续计量的投资性房地产；（3）固定资产；（4）无形资产；（5）商誉，等等。

（一）资产减值迹象的判断

企业在资产负债表日应当判断资产是否存在可能发生减值的迹象，主要可从外部信息来源和内部信息来源两方面加以判断：

从企业外部信息来源来看，如果出现了资产的市价在当期大幅度下跌，其跌幅明显高于因时间的推移或者正常使用而预计的下跌；企业经营所处的经济、技术或者法律等环境以及资产所处的市场在当期或者将在近期发生重大变化，从而对企业产生不利影响；市场利率或者其他市场投资报酬率在当期已经提高，从而影响企业计算资产预计未来现金流量现值的折现率，导致资产可收回金额大幅度降低等，均属于资产可能发生减值的迹象。企业需要据此估计资产的可收回金额，决定是否需要确认减值损失。

从企业内部信息来源来看，如果有证据表明资产已经陈旧过时或者其实体已经损坏；资产已经或者将被闲置、终止使用或者计划提前处置；企业内部报告的证据表明资产的经济绩效已经低于或者将低于预期，如资产所创造的净现金流量或者实现的营业利润远远低于原来的预算或者预计金额、资产发生的营业损失远远高于原来的预算或者预计金额、资产在建造或者收购时所需的现金支出远远高于最初的预算、资产在经营或者维护中所需的现金支出远远高于最初的预算等，均属于资产可能发生减值的迹象。

需要说明的是，上述列举的资产减值迹象并不能穷尽所有的减值迹象，企业应当根据实际情况来认定资产可能发生减值的迹象。

（二）资产减值的测试

如果有确凿证据表明资产存在减值迹象的，应当进行减值测试，估计资产的可收回金额。资产存在减值迹象是资产是否需要进行减值测试的必要前提，但是有两项资产除外，即因企业合并形成的商誉和使用寿命不确定的无形资产，对于这两类资产，无论是否存在减值迹象，都应当至少于每年年度终了进行减值测试。

企业在判断资产减值迹象以决定是否需要估计资产可收回金额时，应当遵循重要性原则。根据这一原则，企业资产存在下列情况的，可以不估计其可收回金额：

（1）以前报告期间的计算结果表明，资产可收回金额远高于其账面价值之后又没有发生消除这一差异的交易或者事项的，企业在资产负债表日可以不需重新估计该资产的可收回金额。

（2）以前报告期间的计算与分析表明，资产可收回金额对于资产减值准则中所列示的一种或者多种减值迹象反应不敏感，在本报告期间又发生了这些减值迹象的，在资产负债表日企业可以不需因为上述减值迹象的出现而重新估计该资产的可收回金额。比如在当期市场利率或者其他市场投资报酬率提高的情况下，如果企业计算资产未来现金流量现值时所采用的折现率不大可能受到该市场利率或者其他市场投资报酬率提高的影响；或者即使会受到影响，但以前期间的可收回金额敏感性分析表明，该资产预计未来现金流量也很可能相应增加，因而不大可能导致资产的可收回金额大幅度下降的，企业可以不必对资产可收回金额进行重新估计。

二、可收回金额的计量

（一）估计资产可收回金额的基本方法

企业资产存在减值迹象，应当估计其可收回金额，然后将所估计的资产可收回金额与其账面价值相比较，以确定资产是否发生减值，以及是否需要计提减值准备并确认相应的减值损失。在估计资产可收回金额时，原则上以单项资产为基础，如果企业难以对单项资产的可收回金额进行估计，应当以该项资产所属的资产组为基础确定资产组的可收回金额。

资产可收回金额的估计，应当根据其公允价值减去处置费用后的净额与资产预计未来现金流量的现值两者之间的较高者确定。因此，要估计资产的可收回金额。但是在下列情况下，可以有例外或者作特殊考虑：

（1）资产的公允价值减去处置费用后的净额与资产预计未来现金流量的现值，只要有一项超过了资产的账面价值，就表明资产没有发生减值，不需要估计另一项金额。

（2）没有确凿证据表明，资产预计未来现金流量现值显著高于其公允价值减去处置费用后的净额的，可以将资产的公允价值减去处置费用后的净额作为资产的可收回金额。对于企业持有待售的资产往往属于这种情况，即该资产在持有期间（处置之前）所产生的现金流量可能很少，其最终取得的未来现金流量往往就是资产的处置净收入，因此。在这种情况下，以资产公允价值减去处置费用后的净额作为其可收回金额是适宜的，因为资产的未来现金流量现值不大会显著高于其公允价值减去处置费用后的净额。

（3）资产的公允价值减去处置费用后的净额如果无法可靠估计的，应当以该资产预计未来现金流量的现值作为其可收回金额。

（二）资产的公允价值减去处置费用后的净额的估计

资产的公允价值减去处置费用后的净额，通常反映的是资产如果被出售或者处置时可以收回的净现金收入。其中，资产的公允价值是指在公平交易中熟悉情况的交易双方自愿进行资产交换的金额；处置费用是指可以直接归属于资产处置的增量成本，包括与资产处置有关的法律费用、相关税费、搬运费以及为使资产达到可销售状态所发生的直接费用等，但是，财务费用和所得税费用等不包括在内。

企业在估计资产的公允价值减去处置费用后的净额时，应当按照下列顺序进行：

首先，应当根据公平交易中资产的销售协议价格减去可直接归属于该资产处置费用的金额确定资产的公允价值减去处置费用后的净额。这是估计资产的公允价值减去处置费用后的净额的最佳方法，企业应当优先采用这一方法。

其次，在资产不存在销售协议但存在活跃市场的情况下，应当根据该项资产的市场价格减去处置费用后的金额确定。资产的市场价格通常应当按照资产买方的出价确定。

再次，在既不存在资产销售的协议又不存在资产活跃市场的情况下，企业应当以可获取的最佳信息为基础，根据在资产负债表日如果处置该资产的话，熟悉情况的交易双方自愿进行公平交易愿意提供的交易价格减去资产的处置费用后的净额。

如果企业按照上述要求仍然无法可靠地估计资产的公允价值减去处置费用后的金额，应当以该资产预计未来现金流量的现值作为其可收回金额。

（三）资产预计未来现金流量的现值的估计

资产预计未来现金流量的现值，应当按照资产在持续使用的过程中和最终处置时所产生的预计未来现金流量，选择恰当的折现率对其进行折现后的金额加以确定。因此，预计资产未来现金流量的现值，主要应当综合考虑以下因素：（1）资产的预计未来现金流量；（2）资产的使用寿命；（3）折现率。其中，资产使用寿命的预计与固定资产准则、无形资产准则等规定的使用寿命预计方法相同。以下重点阐述资产未来现金流量和折现率的预计方法。

1. 资产未来现金流量的预计

（1）预计资产未来现金流量的基础。为了估计资产未来现金流量的现值，需要首先预计资产的未来现金流量。为此，企业管理层应当在合理和有依据的基础上对资产剩余使用寿命内整个经济状况进行最佳估计，并将资产未来现金流量的预计建立在经企业管理层批准的最近财务预算或者预测数据之上。但是，出于数据可靠性和便于操作等方面的考虑，建立在该预算或者预测基础上的预计现金流量最多涵盖5年，企业管理层如能证明更长的期间是合理的，可以涵盖更长的期间。

如果资产未来现金流量的预计还包括最近财务预算或者预测期之后的现金流量，企业应当以该预算或者预测期之后年份稳定的或者递减的增长率为基础进行估计。但是，企业管理层如能证明递增的增长率是合理的，可以以递增的增长率为基础进行估计。同时，所使用的增长率除了企业能够证明更高的增长率是合理的之外，不应当超过企业经营的产品、市场、所处的行业或者所在国家或者地区的长期平均增长率，或者该资产所处市场的长期平均增长率。在恰当、合理的情况下，该增长率可以是零或者负数。

（2）预计资产未来现金流量应当包括的内容。预计的资产未来现金流量应当包括下列各项：资产持续使用过程中预计产生的现金流入；为实现资产持续使用过程中产生的现金流入所必需的预计现金流出（包括为使资产达到预定可使用状态所发生的现金流出）；资产使用寿命结束时处置资产所收到或者支付的净现金流量。

（3）预计资产未来现金流量应当考虑的因素。企业为了预计资产未来现金流量，应当综合考虑下列因素：

第一，以资产的当前状况为基础预计资产未来现金流量。

企业资产在使用过程中有时会因为修理、改良、重组等原因而发生变化。

因此。在预计资产未来现金流量时,企业应当以资产的当前状况为基础,不应当包括与将来可能会发生的、尚未作出承诺的重组事项或者与资产改良有关的预计未来现金流量。具体包括以下几层意思:

① 重组通常会对资产的未来现金流量产生影响,有时还会产生较大影响。因此,对于重组的界定就显得十分重要。这里所指的重组,专门指企业制定和控制的,将显著改变企业组织方式、经营范围或者经营方式的计划实施行为。关于重组的具体界定和对已作出承诺的重组事项的判断标准,企业应当依据或有事项准则有关规定加以判断。

② 企业已经承诺重组的,在确定资产的未来现金流量的现值时,预计的未来现金流入和流出数,应当反映重组所能节约的费用和由重组所带来的其他利益,以及因重组所导致的估计未来现金流出数。

③ 企业在发生与资产改良(包括提高资产的营运绩效)有关的现金流出之前,预计的资产未来现金流量仍然应当以资产的当前状况为基础,不应当包括因与该现金流出相关的未来经济利益增加而导致的预计未来现金流入金额。

④ 企业未来发生的现金流出如果是为了维持资产正常运转或者资产正常产出水平而必要的支出或者属于资产维护支出,应当在预计资产未来现金流量时将其考虑在内。

第二,预计资产未来现金流量不应当包括筹资活动和所得税收付产生的现金流量。

企业预计的资产未来现金流量,不应当包括筹资活动产生的现金流入或者流出以及与所得税收付有关的现金流量。其原因:一是所筹集资金的货币时间价值已经通过折现因素予以考虑;二是折现率是以税前基础计算确定的,因此,现金流量的预计也必须建立在税前基础之上,这样可以有效避免在资产未来现金流量现值的计算过程中可能出现的重复计算等问题,以保证现值计算的正确性。

(4) 预计资产未来现金流量的方法。企业预计资产未来现金流量的现值,需要预计资产未来现金流量。预计资产未来现金流量,通常应当根据资产未来每期最有可能产生的现金流量进行预测。这种方法通常叫作传统法,它使用的是单一的未来每期预计现金流量和单一的折现率计算资产未来现金流量的现值。

【例 16-3】 某租赁公司一项固定资产剩余使用年限为 3 年，企业预计未来 3 年里在正常的情况下，该资产每年可为企业产生的净现金流量分别为 100 万元、50 万元、10 万元。该现金流量通常即为最有可能产生的现金流量，企业应以该现金流量的预计数为基础计算资产的现值。

但在实务中，有时影响资产未来现金流量的因素较多，情况较为复杂，带有很大的不确定性，为此，使用单一的现金流量可能并不会如实反映资产创造现金流量的实际情况。这样，企业应当采用期望现金流量法预计资产未来现金流量。

【例 16-4】 沿用【例 16-3】，假定利用该固定资产生产的产品受市场行情波动影响较大，企业预计未来 3 年每年的现金流量情况如表 16-2 所示。

表 16-2　　　　　各年现金流量概率分布及发生情况　　　　单位：万元

年份	产品行情好 （30% 的可能性）	产品行情一般 （60% 的可能性）	产品行情差 （10% 的可能性）
第 1 年	150	100	50
第 2 年	80	50	20
第 3 年	20	10	0

在这种情况下，采用期望现金流量法比采用传统法更为合理。在期望现金流量法下，资产未来现金流量应当根据每期现金流量期望值进行预计，每期现金流量期望值按照各种可能情况下的现金流量与其发生概率加权计算。按照表 16-1 提供的情况，企业应当计算资产每年的预计未来现金流量如下：

第 1 年的预计未来现金流量（期望现金流量）：

$150 \times 30\% + 100 \times 60\% + 50 \times 10\% = 110$（万元）

第 2 年的预计未来现金流量（期望现金流量）：

$80 \times 30\% + 50 \times 60\% + 20 \times 10\% = 56$（万元）

第 3 年的预计未来现金流量（期望现金流量）：

$20 \times 30\% + 10 \times 60\% + 0 \times 10\% = 12$（万元）

应当注意的是，如果资产未来现金流量的发生时间是不确定的，企业应当根据资产在每一种可能情况下的现值及其发生概率直接加权计算资产未来现金流量的现值。

2. 折现率的预计

为了资产减值测试的目的，计算资产未来现金流量现值时所使用的折现率应当是反映当前市场货币时间价值和资产特定风险的税前利率。该折现率是企业在购置或者投资资产时所要求的必要报酬率。需要说明的是，如果在预计资产的未来现金流量时已经对资产特定风险的影响作了调整的，折现率的估计不需要考虑这些特定风险。如果用于估计折现率的基础是税后的，则应将其调整为税前的折现率以便与资产未来现金流量的估计基础相一致。

在实务中折现率的确定，应当首先以该资产的市场利率为依据。如果该资产的利率无法从市场上获得，可以使用替代利率估计。在估计替代利率时，企业应当充分考虑资产剩余寿命时间的货币时间价值和其他相关因素，比如资产未来现金流量金额及时间的预计离异程度、资产内在不确定性的定价等。如果资产预计未来现金流量已经对这些因素作了相关调整的，应当予以剔除。

估计替代利率时可以根据企业加权平均的资金成本、增量借款利率以及其他相关市场借款利率作出适当的调整后确定。调整时，应当考虑与资产预计现金流量有关的特定风险以及其他有关的政治风险、货币风险、价格风险等。

估计资产未来现金流量现值，通常应当使用单一的折现率。但是如果资产未来现金流量的现值对未来不同期间的风险差异或者利率的期间结构反应敏感的，企业应在未来不同期间采用不同的折现率。

3. 资产未来现金流量现值的确定

在预计了资产的未来现金流量和折现率后，资产未来现金流量的现值只需将该资产的预计的未来现金流量按照预计的折现率在预计的资产使用寿命里加以折现即可确定。其一般计算公式如下：

资产未来现金流量的现值 = Σ［第 t 年预计资产未来现金流量／(1 + 折现率)^t］

【例 16 – 5】 XYZ 财务公司于 20×0 年末对一固定资产进行减值测试。该固定资产账面价值 16 000 万元，预计尚可使用年限为 8 年。该固定资产的公允价值减去处置费用后的净额难以确定，因此企业需要通过计算其未来现金流量的现值确定资产的可收回金额。假定公司当初购置该固定资产用的资金是银行长期借款资金，借款年利率为 15%，公司认为 15% 是该资产的最低必要报酬率，已考虑了与该资产有关的货币时间价值和特定风险。因此，在计算其未来现金流量现值时，使用 15% 作为其折现率（税前）。

公司管理层批准的财务预算显示，公司将于 20×5 年对固定资产进行更新改建,预计为此发生资本性支出 1 500 万元,这一支出将提高资产的运营绩效。

为了计算该固定资产在 20×0 年末未来现金流量的现值,公司首先必须预计其未来现金流量。假定公司管理层批准的初始年末的固定资产预计未来现金流量如表 16-3 所示。

表 16-3　　　　　　　　未来现金流量预计表　　　　　　　　单位:万元

年份	预计未来现金流量 (不包括改良的影响金额)	预计未来现金流量 (包括改良的影响金额)
20×1	2 500	
20×2	2 460	
20×3	2 380	
20×4	2 360	
20×5	2 390	
20×6	2 470	3 290
20×7	2 500	3 280
20×8	2 510	3 300

根据资产减值准则的规定,在初始年预计资产未来现金流量时,应当以资产当时的状况为基础,不应考虑与该资产改良有关的预计未来现金流量。因此,尽管 20×2 年对该固定资产将进行更新以改良资产绩效,提高资产未来现金流量,但是在 20×0 年末对其进行减值测试时,则不应将其包括在内。即在初始年末计算该资产未来现金流量的现值时,应当以不包括资产改良影响金额的未来现金流量为基础加以计算,如表 16-4 所示。

表 16-4　　　　　　　　　现值的计算

年份	预计未来现金流量 (不包括改良的影响金额)(万元)	以折现率为15% 的折现系数	预计未来现金流量的 现值(万元)
20×1	2 500	0.869 6	2 174
20×2	2 460	0.756 1	1 860
20×3	2 380	0.657 5	1 565
20×4	2 360	0.571 8	1 349
20×5	2 390	0.497 2	1 188
20×6	2 470	0.432 3	1 068
20×7	2 500	0.375 9	940
20×8	2 510	0.326 9	821
合计			10 965

由于在 20×0 年末,固定资产的账面价值(尚未确认减值损失)为 16 000 万元,而其可收回金额为 10 965 万元,账面价值高于其可收回金额,因此,应当确认减值损失,并计提相应的资产减值准备。应确认的减值损失为:16 000 - 10 965 = 5 035(万元)。

假定 20×1—20×4 年该固定资产没有发生进一步减值的迹象,因此不必再进行减值测试,无须计算其可收回金额。20×5 年发生了 1 500 万元的资本性支出,改良了资产绩效,导致其未来现金流量增加,但由于我国资产减值准则不允许将以前期间已经确认的资产减值损失予以转回。因此,在这种情况下,也不必计算其可收回金额。

三、资产减值损失会计处理

(一) 资产减值损失确认与计量的一般原则

企业在对资产进行减值测试后,如果可收回金额的计量结果表明,资产的可收回金额低于其账面价值的,应当将资产的账面价值减记至可收回金额。减记的金额确认为资产减值损失,计入当期损益,同时,计提相应的资产减值准备。这样,企业当期确认的减值损失应当反映在其利润表中,而计提的资产减值准备应当作为相关资产的备抵项目,反映于资产负债表中,从而夯实企业资产价值,避免利润虚增,如实反映企业的财务状况和经营成果。

资产减值损失确认后,减值资产的折旧或者摊销费用应当在未来期间作相应调整,以使该资产在剩余使用寿命内,系统地分摊调整后的资产账面价值(扣除预计净残值)。比如,固定资产计提了减值准备后,固定资产账面价值将根据计提的减值准备相应抵减,因此,固定资产在未来计提折旧时,应当按照新的固定资产账面价值为基础计提每期折旧。

考虑到固定资产、无形资产、商誉等资产发生减值后,一方面价值回升的可能性比较小,通常属于永久性减值;另一方面从会计信息稳健性要求考虑,为了避免确认资产重估增值和操纵利润,资产减值损失一经确认,在以后会计期间不得转回。以前期间计提的资产减值准备,需要等到资产处置时才可转出。

(二) 资产减值损失的账务处理

为了正确核算企业确认的资产减值损失和计提的资产减值准备,企业应当设置"资产减值损失"科目,按照资产类别进行明细核算,反映各类资产在当期确认的资产减值损失金额;同时,应当根据不同的资产类别,分别设置"固定资产减值准备""在建工程减值准备""投资性房地产减值准备""无形资产减值准备""商誉减值准备""长期股权投资减值准备"等科目。

当企业确定资产发生了减值时,应当根据所确认的资产减值金额借记"资产减值损失"科目,贷记"固定资产减值准备""在建工程减值准备""投资性房地产减值准备""无形资产减值准备""商誉减值准备""长期股权投资减值准备"等科目。在期末,企业应当将"资产减值损失"科目余额转入"本年利润"科目,结转后该科目应当没有余额。

【例 16-6】沿用【例 16-5】,根据测试和计算的结果,XYZ 财务公司应当确认的固定资产减值损失为 5 035 万元,账务处理如下:

借:资产减值损失 50 350 000
  贷:固定资产减值准备 50 350 000

计提资产减值准备后,固定资产的账面价值为 10 965 万元,在该固定资产剩余的使用寿命中,企业应当以此为基础计提折旧,如果发生进一步的减值的,在作进一步的减值测试。

第三节 债务重组会计核算

一、债务重组的定义

对于财务公司和租赁公司来说,债务重组总是经常处于债权人地位。债务重组是指在债务人发生财务困难的情况下,债权人按照其与债务人达成的协议或法院的裁定作出让步的事项。债务重组定义中的"债务人发生财务困难",是指债务人出现资金周转困难或经营陷入困境导致其无法或者没有能力按原定条件偿还债务;"债权人作出让步",是指债权人同意发生财务困难的债务人现在或者将来以低于重组债务账面价值的金额或者价值偿还债务。"债权人作出让步"的情形主要包括债权人减免债务人部分债务本金或者利息、降低债务人应付债务的利率等。债务人发生财务困难,是债务重组的前提条件,而债权人作出让步是债务重组的必要条件。

二、债务重组的方式

债务重组主要有以下几种方式：

（1）以资产清偿债务，是指债务人转让其资产给债权人以清偿债务的债务重组方式。债务人通常用于偿债的资产主要有现金、存货、固定资产、无形资产、股权投资等。这里的现金，是指货币资金，即库存现金、银行存款和其他货币资金。在债务重组的情况下，以现金清偿债务，通常是指以低于债务的账面价值的现金清偿债务，如果以等量的现金偿还所欠债务，则不属于本章所指的债务重组。

（2）债务转为资本，是指债务人将债务转为资本，同时债权人将债权转为股权的债务重组方式。但债务人根据转换协议，将应付可转换公司债券转为资本的，则属于正常情况下的债务转资本，不能作为债务重组处理。

债务转为资本时，对股份有限公司而言为将债务转为股本；对其他企业而言，是将债务转为实收资本。债务转为资本的结果是，债务人因此而增加股本（或实收资本），债权人因此而增加股权。

（3）修改其他债务条件，是指修改不包括上述两种情形在内的债务条件进行债务重组的方式，如减少债务本金、降低利率、免去应付未付的利息等。

（4）以上三种方式的组合，是指采用以上三种方法共同清偿债务的债务重组形式。例如，以转让资产清偿某项债务的一部分，另一部分债务通过修改其他债务条件进行债务重组。主要包括以下可能的方式：①债务的一部分以资产清偿，另一部分则转为资本；②债务的一部分以资产清偿，另一部分则修改其他债务条件；③债务的一部分转为资本，另一部分则修改其他债务条件；④债务的一部分以资产清偿，一部分转为资本，另一部分则修改其他债务条件。

三、债务重组会计处理

（一）以资产清偿债务时的会计处理

1. 以现金清偿债务

债务人以现金清偿债务的，债务人应在债务重组日，将重组债务的账面价值与实际支付现金之间的差额，确认为债务重组利得，计入当期损益。

债务人以现金清偿债务的，债权人应在债务重组日，将重组债权的账面余额与收到的现金之间的差额,先冲减已提取的损失准备,未提取损失准备的或损失准备不足冲减的部分,则将该差额确认为债务重组损失,计入当期损益。

【例 16-7】20×4 年 1 月 8 日,某财务公司拆借给宏源公司资金 351 000 元。当年 2 月 25 日,宏源公司财务发生困难,无法按合同规定偿还债务,经双方协议,财务公司同意减免宏源公司 50 000 元债务,余额用现金立即偿清。财务公司未对债权计提坏账准备。根据重组协议,财务公司应作如下会计处理:

借:银行存款　　　　　　　　　　　　　　301 000
　　营业外支出——债务重组损失　　　　　　50 000
　　贷:拆出资金　　　　　　　　　　　　　　351 000

2. 以非现金资产清偿债务

以非现金资产清偿债务的,债务人应将重组债务的账面价值与转让的非现金资产公允价值之间的差额确认为债务重组利得,计入当期损益。相应地,债权人就会发生重组损失。非现金资产的账面价值,是指非现金资产的账面余额扣除有关准备后的余额,如存货的账面价值是指存货的账面余额扣除有关损失准备后的金额,固定资产的账面价值是指固定资产原值减去累计折旧及有关损失准备后的金额等。债务人在转让非现金资产的过程中发生的一些税费,如资产评估费、运杂费等,直接计入转让资产损益。

以非现金资产清偿债务的,债权人应当对受让的非现金资产按其公允价值入账,重组债权的账面余额与受让的非现金资产的公允价值之间的差额,先冲减已提取的损失准备,未提取损失准备的或损失准备不足冲减的部分,则将该差额确认为债务重组损失,计入当期损益。债权人发生的运杂费,保险费等,也应计入相关资产的价值。

(二) 以债务转为资本清偿债务时的会计处理

债务人以债务转为资本清偿债务的,债务人应注意区别以下情况进行会计处理:

(1) 债务人为股份有限公司的,债务人应按债权人因放弃债权而享有股份的面值总额确认股本,股份的公允价值总额与股本之间的差额确认为资本公积。重组债务的账面价值与股份的公允价值之间的差额确认为债务重组利得,计入当期损益。

(2) 债务人为其他企业的,债务人应将债权人因放弃债权而享有的股权份额确认为实收资本;股权的公允价值与实收资本之间的差额确认为资本公积。重组债务的账面价值与股权的公允价值之间的差额作为债务重组利得,计入当期损益。

债务人将债务转为资本,即债权人将债权转为股权。在这种方式下,债权人在债务重组日,重组债权的账面余额与因放弃债权而享有的股权的公允价值之间的差额,先冲减已提取的损失准备,未提取损失准备的或损失准备不足冲减的部分,将该差额确认为债务重组损失,计入当期损益。以债务转为资本的,债权人应将因放弃债权而享有的股权按公允价值计量。发生的相关税费,分别按照长期股权投资或者金融工具确认计量的规定进行处理。

【例 16-8】 20×4 年 2 月 1 日,某财务公司拆借给宏源公司(股份有限公司)资金 412 000 元。8 月 1 日,宏源公司与财务公司协商,以其 30 000 股普通股抵偿该资金,每股面值 1 元,每股市价为每 12 元。股票登记手续已办理完毕,财务公司对其作为长期股权投资核算。不考虑其他税费。宏源公司和财务公司应分别作如下会计处理:

(1) 财务公司:

① 计算债务重组损失:

债务重组日,应收票据账面价值	412 000
减:股权的公允价值	360 000
债务重组损失	52 000

② 会计分录:

借:长期股权投资	360 000
营业外支出——债务重组损失	52 000
贷:拆出资金	412 000

(2) 宏源公司:

① 计算债务重组利得:

债务重组日,重组债务的账面价值	412 000
减:股票的公允价值	360 000
债务重组利得	52 000

② 计算应计入资本公积的金额:

股票的公允价值	360 000

减：股票的面值总额	30 000
应计入资本公积	330 000
借：拆入资金	412 000
贷：股本	30 000
资本公积——股本溢价	330 000
营业外收入——债务重组利得	52 000

（三）修改其他债务条件时的会计处理

1. 债务人的会计处理

以修改其他债务条件进行债务重组的，债务人应当将修改其他债务条件后债务的公允价值作为重组后债务的入账价值。重组债务的账面价值与重组后债务的入账价值之间的差额，确认为债务重组利得，计入当期损益。

修改后的债务条款如涉及或有应付金额，且该或有应付金额符合或有事项准则中有关预计负债确认条件的，债务人应当将该或有应付金额确认为预计负债。重组债务的账面价值与重组后债务的入账价值和预计负债金额之和的差额，确认为债务重组利得，计入当期损益。

2. 债权人的会计处理

以修改其他债务条件进行债务重组的，如修改后的债务条款不涉及或有应收金额的，债权人应当将修改其他债务条件后的债权的公允价值作为重组后债权的入账价值，重组债权的账面余额与重组后债权的入账价值之间的差额确认为债务重组损失，计入当期损益。如果债权人已对该项债权计提了坏账准备，应当首先冲减已计提的坏账准备。

如果修改后的债务条款涉及或有应收金额的，债权人不应确认或有应收金额；或有应收金额收到时，作为当期收益处理。

【例16-9】志远集团财务有限责任公司20×3年12月31日应收中北公司欠款账面余额为183 600元，其中，3 600元为累计未付的利息，票面年利率4%。由于中北公司连年亏损，资金周转困难，不能偿付应于20×3年12月31日前支付的欠款。经双方协商，于20×3年1月8日进行债务重组。志远财务公司同意将债务本金减至150 000元；免去债务人所欠的全部利息；将利率从4%降低到2%（等于实际利率），并将债务到期日延至20×5年12月31日，利息按年支付。该项债务重组协议从协议签订日起开始实施。志远财务公司已为该项借款项计提了9 000元坏账准备。

财务公司和中北公司的会计处理如下：

（1）财务公司：

借款账面余额	183 600
减：重组后债权公允价值	150 000
差额	33 600
减：已计提坏账准备	9 000
债务重组损失	24 600

① 借：发放贷款——债务重组　　　　　　　　　150 000
　　　营业外支出——债务重组损失　　　　　　24 600
　　　贷款减值准备　　　　　　　　　　　　　　9 000
　　　贷：发放贷款　　　　　　　　　　　　　　　　　183 600

② 20×4年12月31日收到利息：

借：银行存款　　　　　　　　　　（150 000×2%）3 000
　　贷：财务费用　　　　　　　　　　　　　　　　　3 000

③ 20×5年12月31日收到本金和最后一年利息：

借：银行存款　　　　　　　　　　　　　　　　153 000
　　贷：财务费用　　　　　　　　　　　　　　　　3 000
　　　　发放贷款——债务重组　　　　　　　　150 000

（2）中北公司：

应付账款的账面余额	183 600
减：重组后债务公允价值	150 000
债务重组利得	33 600

① 借：应付账款　　　　　　　　　　　　　　　183 600
　　贷：应付账款——债务重组　　　　　　　　　　150 000
　　　　营业外收入——债务重组利得　　　　　　　33 600

② 20×4年12月31日支付利息：

借：财务费用　　　　　　　　　　　　　　　　3 000
　　贷：银行存款　　　　　　　　　　　　　　　　3 000

③ 20×5年12月31日偿还本金和最后一年利息：

借：应付账款——债务重组　　　　　　　　　150 000
　　财务费用　　　　　　　　　　　　　　　　3 000

贷：银行存款　　　　　　　　　　　　　　　153 000

(四) 采用以上三种方式的组合清偿债务的会计处理

根据组合方法不同，以上三种方式可以组合出多种不同的方式。主要有以下几种方式：(1) 以现金、非现金资产两种方式的组合清偿某项债务；(2) 以现金、债务转为资本两种方式的组合清偿某项债务；(3) 以非现金资产、债务转为资本两种方式的组合清偿某项债务；(4) 以现金、非现金资产、债务转为资本三种方式的组合清偿某项债务；(5) 以资产、债务转为资本等方式清偿某项债务的一部分，并对该项债务的另一部分以修改其他债务条件进行债务重组。

需要注意的是，采用以上三种方式的组合清偿债务，债务人和债权人在进行会计处理时，应依据债务清偿的顺序。一般情况下，应先考虑以现金清偿，接下来是以非现金资产清偿或以债务转为资本方式清偿，最后是修改其他债务条件。

第十七章
会计政策、会计估计变更和差错更正

本章精要

本章阐述三个关联且经常被混淆的问题。

首先是在掌握会计变更的原因及具体情形前提下，分层次来解析：一是分析会计政策的含义、会计政策变更的原因；二是会计估计概述、特点及其变更原因。

其次，要分别掌握会计政策、会计估计变更的会计处理。对于会计政策变更，要掌握追溯调整法和未来适用法，尤其是掌握追溯调整法的步骤和每一步的具体方法；对会计估计变更，应采用未来适用法。

最后是前期差错及其更正。明确前期差错的定义及产生的原因。对前期差错更正采用追溯重述法进行更正。如果确定前期差错累积影响数不切实可行的，可以从可追溯重述的最早期间开始调整留存收益的期初余额，财务报表其他相关项目的期初余额也应当一并调整，也可以采用未来适用法。

第一节 会计政策及其变更

一、会计政策概述及其变更的原因

（一）会计政策概述

1. 会计政策的含义

会计政策，是指企业在确认、计量和报告中所采用的原则、基础和会计处理方法。其中：原则，是指企业在会计核算过程中按照《企业会计准则》

和统一会计制度规定的原则所制定的、适合于本企业的会计制度中所采用的会计原则。基础,是指企业在会计核算中按照《企业会计准则》规定所采用的会计计量基础。会计处理方法,是指企业在会计核算中对于诸多可选择的会计处理方法中所选择的适合于本企业的会计处理方法。

2. 会计政策的特点

会计政策具有以下特点:(1)会计政策由国家统一的会计制度规定;(2)会计政策是在允许的会计原则、基础和会计处理方法中作出的具体选择;(3)会计政策是企业进行会计核算的直接依据;(4)会计政策应保持前后各期的一致性。

3. 会计政策的主要内容

企业在会计核算中所采纳的会计政策,通常应在会计报表附注中加以披露,企业至少应当需要披露的重要会计政策包括:

(1)长期股权投资的后续计量,是指企业取得长期股权投资后的会计处理。例如,企业对被投资单位的长期股权投资是采用成本法,还是采用权益法核算。

(2)投资性房地产的后续计量,是指企业在资产负债表日对投资性房地产进行后续计量所采用的会计处理。例如,企业对投资性房地产的后续计量是采用成本模式,还是公允价值模式。

(3)固定资产的初始计量,是指对取得的固定资产初始成本的计量。例如,企业取得的固定资产初始成本是以购买价款,还是以购买价款的现值为基础进行计量。

(4)无形资产的确认,是指对无形项目的支出是否确认为无形资产。例如,企业内部研究开发项目开发阶段的支出是确认为无形资产,还是在发生时计入当期损益。

(5)非货币性资产交换的计量,是指非货币性资产交换事项中对换入资产成本的计量。例如,非货币性资产交换是以换出资产的公允价值作为确定换入资产成本的基础,还是以换出资产的账面价值作为确定换入资产成本的基础。

(6)收入的确认,是指收入确认所采用的会计原则。例如,企业确认收入时要同时满足已将商品所有权上的主要风险和报酬转移给购货方、收入的金额能够可靠地计量、相关经济利益很可能流入企业等条件。

（7）合并政策，是指编制合并财务报表所采纳的原则。例如，母公司与子公司的会计年度不一致的处理原则；合并范围的确定原则等。

（8）其他重要会计政策。

（二）会计政策变更的原因

会计政策变更，是指企业对相同的交易或事项由原来采用的会计政策改用另一会计政策的行为。

为保证会计信息的可比性，使会计报表使用者在比较企业一个以上期间的会计报表时，能够正确判断企业的财务状况、经营成果、现金流量和所有者权益变动的趋势，一般情况下，企业应在每期采用相同的会计政策，不应也不能随意变更会计政策；否则，势必削弱会计信息的可比性，使会计报表使用者在比较企业的经营业绩时发生困难。但是，也不能认为会计政策不能变更，按会计准则规定，符合下列条件之一的，应改变原采用的会计政策：

第一，法律、行政法规或者国家统一的会计制度等要求变更。这种情况是指按照法律、行政法规以及国家统一的会计制度的规定，要求企业采用新的会计政策，则企业应当按照法律、行政法规以及国家统一的会计制度的规定改变原会计政策，按照新的会计政策执行。

第二，会计政策变更能够提供更可靠、更相关的会计信息。由于经济环境、客观情况的改变，使企业原采用的会计政策所提供的会计信息，已不能恰当地反映企业的财务状况、经营成果和现金流量等情况。在这种情况下，应改变原有会计政策，按变更后新的会计政策进行会计处理，以便对外提供更可靠、更相关的会计信息。例如，企业一直采用成本模式对投资性房地产进行后续计量，如果企业能够从房地产交易市场上持续地取得同类或类似房地产的市场价格及其他相关信息，从而能够对投资性房地产的公允价值作出合理的估计，此时，企业可以将投资性房地产的后续计量方法由成本模式变更为公允价值模式。

对会计政策变更的认定，直接影响会计处理方法的选择。因此，在会计实务中，企业应当正确认定属于会计政策变更的情形。下列两种情况不属于会计政策变更：

第一，本期发生的交易或者事项与以前相比具有本质差别而采用新的会计政策。这是因为，会计政策是针对特定类型的交易或事项，如果发生的交易或事项与其他交易或事项有本质区别，那么，企业实际上是为新的交易或事项选择适当的会计政策，并没有改变原有的会计政策。例如，企业以往租入的设备均为临时需要而租入的，企业按经营租赁会计处理方法核算，但自本年度起租入的设备均采用融资租赁方式，则该企业自本年度起对新租赁的设备采用融资租赁会计处理方法核算。由于该企业原租入的设备均为经营性租赁，本年度起租赁的设备均改为融资租赁，经营租赁和融资租赁有着本质差别，因而改变会计政策不属于会计政策变更。

第二，对初次发生的或不重要的交易或者事项采用新的会计政策。对初次发生的某类交易或事项采用适当的会计政策，并未改变原有的会计政策。对不重要的交易或事项采用新的会计政策，不按会计政策变更作出会计处理，并不影响会计信息的可比性，所以也不作为会计政策变更。例如，企业原在生产经营过程中使用少量的低值易耗品，并且价值较低，故企业在领用低值易耗品时一次性计入费用；该企业于近期投产新产品，所需低值易耗品比较多，且价值较大，企业对领用的低值易耗品处理方法改为五五摊销法。该企业低值易耗品在企业生产经营中所占的费用比例并不大，改变低值易耗品处理方法后，对损益的影响也不大，属于不重要的事项，会计政策在这种情况下的改变不属于会计政策变更。

二、会计政策变更的会计处理

（一）会计政策变更会计处理方法的选择

会计政策变更的会计处理方法的选择应根据具体情况，分别按照以下规定处理：

1. 企业依据法律或会计准则等行政法规、规章的要求变更会计政策

如果国家发布相关的会计处理办法，按照国家发布的相关会计处理规定进行处理。例如，由于2006年《企业会计准则——基本准则》和38项具体准则发布后，涉及的会计政策发生了较大的变动，为此，财政部专门制定了《企业会计准则第38号——首次执行企业会计准则》，明确了在首次执行日，哪些事项应采用追溯调整，哪些事项不应采用追溯调整，企业在执行新制度过程中对于会计政策变更的处理，就应按照该准则规定进行处理。

实务中某项交易或者事项的会计处理，具体会计准则或其应用指南未作规范的，应当根据《企业会计准则——基本准则》规定的原则、基础和方法进行处理；待作出具体规定时，从其规定。

2. 由于经济环境、客观情况的改变而变更会计政策

如果由于经济环境、客观情况的改变,企业需要变更会计政策,以便提供有关企业财务状况、经营成果、现金流量和所有者权益等更可靠、更相关的会计信息,则应采用追溯调整法进行会计处理。

3. 会计政策变更的累积影响数不能合理确定

如果会计政策变更的累积影响数不能合理确定,无论属于法规、规章要求变更会计政策,还是经济环境、客观情况的改变而变更会计政策,均采用未来适用法进行会计处理。例如,企业如果因账簿、凭证超过法定保存期限而销毁,或因不可抗力而毁坏、遗失,如火灾、水灾等,或因人为因素,如盗窃、故意毁坏等,也可能使会计政策变更的累积影响数无法计算。在这种情况下,会计政策的变更可以采用未来适用法进行处理。

(二) 会计政策变更的会计处理方法

会计政策变更的会计处理方法有两种(如果国家没有发布相关的会计处理规定),即追溯调整法和未来适用法。

1. 追溯调整法

(1) 追溯调整法的主要内容。追溯调整法,是指对某项交易或事项变更会计政策时,视同该项交易或事项初次发生时就开始采用变更后的会计政策,并以此对财务报表相关项目进行调整的方法。追溯调整如同新的会计政策在一开始时就采用,但不需要重编以前年度会计报表。在追溯调整法下,应计算会计政策变更累积影响数,并将会计政策变更的累积影响数调整期初留存收益。

运用追溯调整法的步骤如下:

第一步,计算会计政策变更的累积影响数;

第二步,相关的账务处理;

第三步,调整会计报表相关项目;

第四步,附注说明。

(2) 累积影响数的确定。运用追溯调整法对会计政策变更进行账务处理时,关键在于确定累积影响数。会计政策变更的累积影响数,是指按变更后的会计政策对以前各期追溯计算的变更年度期初留存收益应有的金额与现有的金额之间的差额。即会计政策变更的累积影响数,是以下两个金额之间的差额:

① 在变更会计政策的当年,按变更后的会计政策对以前各期追溯计算,所得到的年初留存收益金额;

② 变更会计政策当年年初的留存收益。

上述留存收益金额,包括当年和要求年度的未分配利润和按照相关规定提取并累积的盈余公积。调整期初留存收益是指对期初未分配利润和盈余公积两个项目的调整。

累积影响数通常可以通过以下各步计算获得:

第一步,根据新的会计政策重新计算受影响的前期交易或事项;

第二步,计算两种会计政策下的差异;

第三步,计算差异的所得税影响金额;

第四步,确定前期中的每一期的税后差异;

第五步,计算会计政策变更的累积影响数。

采用追溯调整法时,会计政策变更的累积影响数应包括在变更当期期初留存收益中;如果提供可比会计报表,对于比较会计报表期间的会计政策变更,应调整各该期间净损益各项目和会计报表其他相关项目,视同该政策在比较会计报表期间一直采用,对于比较会计报表可比期间以前的会计政策变更的累积影响数,应调整比较会计报表最早期间的期初留存收益,会计报表其他相关项目的数字也应一并调整。

【例17-1】新明财务公司与乙公司签订经营租赁合同,合同规定从20×6年1月1号起,新明财务公司将新购置的A幢办公楼对外出租,租期为三年,年租金为600万元,每年年初一次性收取。新明财务公司对投资性房地产采用成本模式计量,该出租办公楼原价为10 000万元,已提折旧2 000万元,预计尚可使用年限为20万元,通过年限平均法计提折旧,预计净残值为零,假定新明财务公司折旧方法及预计使用年限符合税法规定。从20×5年开始,新明财务公司所在地段街区有活跃房地产交易行情,公允价值信息可持续可靠取得。新明财务公司决定从20×9年初开始,对该投资性房地产由成本模式改为公允价值模式计量,据悉,该办公楼20×5年底、20×6年底、20×7年底、20×8年底的公允价值分别为8 000万元、9 000万元、9 600万元、10 100万元。假定按年确定公允价值变动损益,新明财务公司所在地所得税税率为25%,按净利润的10%提取法定盈余公积。

第一步,根据资料,计算改变投资性房地产计量模式后的会计政策变更累计影响数如表17-1所示。

新明财务公司20×9年12月31日的比较财务报表列报前期最早期初为20×8年1月1日。

新明财务公司在20×6年、20×7年按公允价值模式计算的税前利润分别为1 600万元（租金收入600万元＋公允价值变动损益1 000万元）和1 200万元（租金收入600万元＋公允价值变动损益600万元）；按成本模式计量的税前利润均为200万元（税前租金收入600万元－每年计提折旧400万元），两种方法税前差异合计为2 400万元，对所得税影响为600万元，税后差异为1 800万元，也就是新明财务公司20×9年1月1日投资性房地产计量模式后的会计政策变更累计影响数。

新明财务公司在20×8年公允价值模式计算的税前利润为1 100万元（租金收入600万元＋公允价值变动损益500万元），按成本模式计算的税前利润为200万元（租金收入600万元－当年计提折旧400万元），两种方法税前差异合计为900万元，对所得税影响为225万元，两者的税后差异为675万元，即应调整的20×8年当期金额（20×9年利润表的上年数字）。

表17-1 会计政策变更的累积影响数（投资性房地产计量模式改变） 单位：万元

年度	成本模式计量当期损益	公允价值模式计量当期损益额	税前差异	所得税影响额	税后差异
20×6	200	1 600	1 400	350	1 050
20×7	200	1 200	1 000	250	750
小计	400	2 800	2 400	600	1 800
20×8	200	1 100	900	225	675
合计	600	3 900	3 300	825	2 475

第二步，对该项会计政策变更进行如下账务处理：

（1）编制20×8年初调整分录：

① 调整会计政策变更累积影响数：

借：投资性房地产——成本	80 000 000
——公允价值变动	16 000 000
投资性房地产累计折旧（摊销）	28 000 000
贷：投资性房地产	100 000 000
递延所得税负债	6 000 000
利润分配——未分配利润	18 000 000

② 调整利润分配：

借：利润分配——未分配利润　　　　　　　　　1 800 000
　　贷：盈余公积　　　　　　　　　　　　　　　　　1 800 000

（2）编制 20×8 年调整分录：

① 调整投资性房地产：

借：投资性房地产——公允价值变动　　　　　　5 000 000
　　投资性房地产累计折旧（摊销）　　　　　　4 000 000
　　贷：递延所得税负债　　　　　　　　　　　　　　2 250 000
　　　　利润分配——未分配利润　　　　　　　　　　6 750 000

② 调整利润分配：

借：利润分配——未分配利润　　　　　　　　　　675 000
　　贷：盈余公积　　　　　　　　　　　　　　　　　　675 000

第三步，调整 20×9 年度会计报表相关项目。

新明财务公司在列报 20×9 年财务报表时应调整资产负债表有关项目的年初数；利润表有关项目的上年数及所有者权益变动表有关项目的上年数和本年数也应作相应调整。以下三表分别列示资产负债表年初数栏调整数、利润表上年数栏调整数、所有者权益变动表上年金额栏和本年金额栏调整数。

（1）资产负债表项目的调整：调增投资性房地产年初余额 3 300 万元，调增递延所得税负债年初余额 825 万元，调增盈余公积年初余额 247.5 万元，调增未分配利润年初余额 2 227.5 万元，见表 17-2。

（2）利润表项目的调整。调减营业成本上年金额 400 万元，调增公允价值变动收益上年金额 500 万元，调增利润总额上年金额 900 万元，调增所得税费用上年金额 225 万元，调增净利润上年金额 675 万元，见表 17-3。

（3）所有者权益变动表项目的调整：调整会计政策变更项目中盈余公积上年金额 180 万元，未分配利润上年金额 1620 万元，所有者权益合计上年金额 1 800 万元；调整会计政策变更项目中盈余公积本年金额 67.5 万元，未分配利润本年金额 607.5 万元，所有者权益合计本年金额 675 万元，见表 17-4。

表 17-2　　　　　　　　　资产负债表（局部）

编制单位：新明财务公司　　　　20×9 年 12 月 31 日　　　　　　单位：万元

资产	年初余额（调整数）	负债和所有者权益	年初余额（调整数）
		递延所得税负债	825

续表

资产	年初余额（调整数）	负债和所有者权益	年初余额（调整数）
投资性房地产	3 300	盈余公积	247.5
		未分配利润	2 227.5
资产合计	3 300	负债及所有者权益合计	3 300

表 17-3　　　　　　　　　　　利润表（局部）
编制单位：新明财务公司　　　　20×9 年　　　　　　　　　　单位：万元

项目	上年金额（调整数）
减：业务及管理费	-400
公允价值变动	500
……	
利润总额	900
减：所得税费用	225
净利润	675

表 17-4　　　　　　　　　所有者权益变动表（局部）
编制单位：新明财务公司　　　　20×9 年　　　　　　　　　　单位：万元

项目	本年金额（调整金额）				上年金额（调整金额）			
	……	盈余公积	未分配利润	所有者权益	……	盈余公积	未分配利润	所有者权益
一、上年金额		180	1 620	1 800				
加：会计政策变更		67.5	607.5	675		180	1 620	1 800
前期差错更正								
二、本年年初余额		247.5	2 227.5	2 475				

2. 未来适用法

未来适用法，是指对某项交易或事项变更会计政策时，新的会计政策适用于变更当期及未来期间发生的交易或事项的方法。即采用未来适用法时，会计政策的变更只影响变更当期及未来各期，不需要计算会计政策变更的累积影响数，也不需要重编以前年度会计报表。

【例 17-2】ABC 租赁公司对自有办公楼一直采用平均年限法计提折旧。经研究，拟从 20×9 年起改用双倍余额递减法。

对于此种情况，根据《企业会计准则第 4 号——固定资产》第十九条规定，固定资产使用寿命、预计净残值和折旧方法的改变应当作为会计估计变更。而此类会计估计，根据《企业会计准则第 28 号——会计政策、会计估计变更和差错更正》第九条规定，应当采用未来适应法处理。因此，不需要进行追溯调整，只需要在20×9年起按照新估计方法计提折旧即可。

（三）会计政策变更在会计报表附注中的披露

企业应在附注中披露如下与会计政策变更有关的信息：

（1）会计政策变更的性质、内容和原因。

（2）当期和各个列报前期财务报表中受影响的项目名称和调整金额。

（3）无法进行追溯调整的，说明该事实和原因以及开始应用变更后的会计政策的时点、具体应用情况。

第二节 会计估计变更

一、会计估计概述及其变更的原因

（一）会计估计概述

1. 会计估计的含义

会计估计，是指企业对其结果不确定的交易或事项以最近可利用的信息为基础所作的判断。企业为了定期、及时提供有用的会计信息，将企业延续不断的营业活动人为地划分为各个阶段，如年度、季度、月度，并在权责发生制的基础上对企业的财务状况和经营成果进行定期确认和计量。在确认、计量过程中，当记入的交易或事项涉及未来事项不确定性时，例如，关于未来事项是否发生的不确定性以及关于未来事项的影响或时间的不确定性，必须予以估计入账。

2. 会计估计的特点

会计估计具有以下特点：

第一，会计估计的存在是由于经济活动中内在的不确定性因素的影响。在会计核算中，企业总是力求保持会计核算的准确性，但有些经济业务本身具有不确定性，例如，坏账、固定资产折旧年限、固定资产残余价值、无形资产摊销年限等，因而需要根据经验作出估计。可以说，在进行会计核算和相关信息披露的过程中，会计估计是不可避免的。

第二，进行会计估计时，往往以最近可利用的信息或资料为基础。企业在会计核算中，由于经营活动中内在的不确定性，不得不经常进行估计。一些估计的主要目的是为了确定资产或负债的账面价值，例如坏账准备、担保责任引起的负债；另一些估计的主要目的是确定将在某一期间记录的收益或费用的金额，例如，某一期间的折旧、摊销的金额。企业在进行会计估计时，通常应根据当时的情况和经验，以一定的信息或资料为基础进行。但是，随着时间的推移、环境的变化，进行会计估计的基础可能会发生变化。因此，进行会计估计所依据的信息或者资料不得不经常发生变化。由于最新的信息是最接近目标的信息，以其为基础所作的估计最接近实际，所以进行会计估计时，应以最近可利用的信息或资料为基础。

第三，进行会计估计并不会削弱会计确认和计量的可靠性。企业为了定期、及时地提供有用的会计信息，将延续不断的经营活动人为划分为一定的期间并在权责发生制的基础上对企业的财务状况和经营成果进行定期确认和计量。例如，在会计分期的情况下，许多企业的交易跨越若干会计年度，以至于需要在一定程度上作出决定：某一年度发生的开支，哪些可以合理地预期能够产生其他年度以收益形式表示的利益，从而全部或部分向后递延，哪些可以合理地预期在当期能够得到补偿，从而确认为费用。由于会计分期和货币计量的前提，在确认和计量过程中，不得不对许多尚在延续中、其结果尚未确定的交易或事项予以估计入账。

3. 会计估计的主要内容

会计核算中经常存在各种估计，会计估计和会计政策都是进行会计核算的基础。常见的需要进行会计估计的项目包括：坏账；固定资产的耐用年限与净残值；无形资产的受益期；长期待摊费用的分摊期间；预计负债；收入确认中的估计，等等。

(二) 会计估计变更的原因

会计估计变更，是指由于资产和负债的当前状况及预期未来经济利益和义务发生了变化，从而对资产或负债的账面价值或者资产的定期消耗金额进行的重估和调整。

企业在会计核算过程中，估计是不可或缺的。其原因是企业经营活动中内在的不确定因素，使许多财务报表项目不能准确地计量，只能加以估计，比如发生的坏账、存货报废、预提费用和待摊费用的摊销、应计折旧固定资产的使用年限等，都需要进行估计。会计估计变更的情形包括：

第一，赖以进行估计的基础发生了变化。企业进行会计估计，总是依赖一定的基础。如果其所依赖的基础发生了变化，则会计估计也应相应发生变化。例如，企业的某项无形资产摊销年限原定为 10 年，以后发生的情况表明，该资产的受益年限已不足 10 年，则应相应调减摊销年限。

第二，取得了新的信息、积累了更多的经验。企业进行会计估计是就现有资料对未来所做的判断，随着时间的推移，企业有可能取得新的信息、积累更多的经验。在这种情况下，企业可能不得不对会计估计进行修订，即发生会计估计变更。例如，企业原根据当时能够得到的信息，对应收账款每年按其余额的 5% 计提坏账准备。现在掌握了新的信息，判定不能收回的应收账款比例已达 15%，企业改按 15% 的比例计提坏账准备。

会计估计变更，并不意味着以前期间会计估计是错误的，只是由于情况发生变化，或者掌握了新的信息，积累了更多的经验，使变更会计估计能够更好地反映企业的财务状况和经营成果。如果以前期间的会计估计是错误的，则属于会计差错，应按会计差错更正的会计处理办法进行处理。

二、会计估计变更的会计处理

（一）会计估计变更会计处理方法

会计估计变更应采用未来适用法，其处理方法为：

（1）如果会计估计的变更仅影响变更当期，有关估计变更的影响应于当期确认。

（2）如果会计估计的变更既影响变更当期又影响未来期间，有关估计变更的影响在当期及以后各期确认。

（3）如果以前期间的会计估计变更的影响数记入特殊项目，则以后期间也相应记入特殊项目。

【例 17-3】甲财务公司对于 20×3 年 1 月 1 日起计提折旧的二手办公楼，外购初始价值 50 000 000 元，根据相关技术与法规依据，估计使用年限为 8 年，净残值为 2 000 000 元，按年限平均法计提折旧。在使用 4 年之后的 20×7 年初，由于经济的快速发展等原因，需要对原估计的使用年限和净残值作出修正，修改后该办公楼的使用年限为 6 年，净残值为 1 000 000 元。

甲公司对上述估计变更的处理方式如下：不调整以前各期折旧，也不计算累积影响数；变更日以后发生的经济业务改按新估计使用年限提取折旧。

按原估计,每年折旧额为 6 000 000 元,已提折旧 4 年,共计 24 000 000 元,固定资产净值为 26 000 000 元,则第五年相关科目的期初余额为:固定资产原值 50 000 000 元,累计折旧 24 000 000 元,固定资产净值 26 000 000 元。

改变估计使用年限后,20×7 年起每年计提的折旧费用为 12 500 000 元 [(26 000 000 - 1 000 000)÷(6-4)]。20×7 年不必对以前年度已提折旧进行调整,只需按重新预计的使用年限和净残值计算确定的年折旧费用,编制会计分录如下:

借:业务及管理费　　　　　　　　　　　　　　12 500 000
　　贷:累计折旧　　　　　　　　　　　　　　　　　　12 500 000

(二) 会计估计变更在会计报表附注中的披露

企业应当在附注中披露与会计估计变更有关的下列信息:
(1) 会计估计变更的内容和原因。
(2) 会计估计变更对当期和未来期间的影响数。
(3) 会计估计变更的影响数不能确定的,披露这一事实和原因。

例如,对【例 17-3】所述情形,应在附注中披露如下信息:本公司办公楼原始价值 50 000 000 元,原估计使用年限为 8 年,预计净残值 2 000 000 元,按年限平均法计提折旧。由于新技术的发展,该设备已不能按原估计使用年限计提折旧,本公司于 20×7 年初变更该设备的使用年限为 6 年,预计净残值为 1 000 000 元,以反映该设备的真实使用年限和净残值。此估计变更影响本年度净利润减少数为 4 875 000 元 [(12 500 000 - 6 000 000)×(1-25%)]。

三、会计政策变更和会计估计变更不易划分的会计处理

企业应当正确划分会计政策变更和会计估计变更,并按不同的方法进行相关会计处理。但有时很难区分会计估计变更和会计政策变更,例如,某银行原对贷款按余额的 5% 计提减值准备,现改按账龄分析法计提减值。对于这一事项如果从会计政策变更角度考虑,坏账准备由应收账款余额百分比法改为账龄分析法,属于会计政策变更;但从计提比例看,计提坏账准备的比例发生了变化,属于会计估计变更。在这种情况下,如果不易区别会计政策变更和会计估计变更,按规定视为会计估计变更,按会计估计变更的未来适用法进行处理。

第三节 前期差错及其更正

一、前期差错的定义及产生的原因

前期差错,是指由于没有运用或错误运用以下两种信息,而对前期财务报表造成遗漏或误报。

(1) 编报前期财务报表时能够合理预计取得并应当加以考虑的可靠信息。

(2) 前期财务报表批准报出时能够取得的可靠信息。

企业在会计核算过程中可能会发生各种各样的差错,产生错账。会计差错按发生的原因分为会计政策使用上的差错、会计估计上的差错和其他差错。按发现及归属期间分为本期发现的属于本期的会计差错以及本期发现的属于以前年度的会计差错,即前期差错。前期差错通常包括:

(1) 计算错误。

(2) 应用会计政策错误。

(3) 疏忽或曲解事实产生的错误。

(4) 舞弊产生的错误。人为或故意地采用法律或国家统一会计制度等行政法规、规章所不允许的会计政策,或滥用会计政策变更。

(5) 固定资产盘盈。企业会计准则规定,企业如有盘盈固定资产的,应作为前期差错记入"以前年度损益调整"科目。

二、前期差错更正的会计处理

(一) 前期差错更正的会计处理方法

企业发现前期差错时,应当根据差错的性质及时纠正。前期差错的更正应按以下规定处理:

(1) 采用追溯重述法进行更正。追溯重述法,是指在发现前期差错时,视同该项前期差错从未发生过,从而对财务报表相关项目进行更正的方法。追溯重述法的会计处理与追溯调整法相同。

(2) 采用未来适用法进行更正。确定前期差错累积影响数不切实可行的,可以从可追溯重述的最早期间开始调整留存收益的期初余额,财务报表其他相关项目的期初余额也应当一并调整;也可以采用未来适用法,即对于前期重要差错,本应追溯重述,但因无法取得数据等原因无法重述,则不重述。

(二) 非重大前期差错更正的会计处理

非重大前期差错,是指不足以影响会计报表使用者对企业财务状况、经营成果、现金流量和所有者权益变动作出正确判断的会计差错。对于本期发现的,属于与前期相关的非重大会计差错,不调整会计报表相关项目的期初数,但应调整发现当期与前期相同的相关项目,属于影响损益的,应直接计入本期与上期相同的净损益项目;属于不影响损益的,应调整本期与前期相同的相关项目。

【例 17-4】某财务公司在 20×4 年 12 月 31 日发现,20×3 年漏记了分支机构人员工资 3 000 元。

则 20×4 年应编制更正此差错的会计分录为:

借:业务及管理费　　　　　　　　　　　　　3 000
　　贷:应付职工薪酬——工资　　　　　　　　　3 000

(三) 重大前期差错更正的会计处理

重大前期差错,指企业发现的使公布的会计报表不再具有可靠性的会计差错。重大前期差错一般金额比较大。通常某项交易或事项的金额占该类交易或事项的金额 10% 及以上,则认为金额比较大,如某企业提前确认未实现的营业收入占全部营业收入的 10% 及以上,则认为是重大前期差错。企业发现的重大前期差错,如不加以调整,会使公布的会计报表所反映的信息不可靠,并有可能误导投资者、债权人及其他会计报表阅读者的决策或判断。因此,重大前期差错应调整期初留存收益,及会计报表其他相关项目的期初数。

第十八章
资产负债表日后事项

本章精要

　　日后并不等于事后。本章专门探讨资产负债表日后事项的处理。

　　首先，要从时间关系上认清理解资产负债表日后事项的定义，即资产负债表日后事项，是指资产负债表日至财务报告批准报出日之间发生的有利或不利事项。应明确三个时间关系：其一是资产负债表日，通常是指年度资产负债表日，即12月31日；其二是财务报告批准报出日；其三就是介于前二者之间的期间，即资产负债表日后事项不是指在这个特定期间内发生的全部事项，而是指与资产负债表日存在状况有关的事项，或者虽然与资产负债表日存在状况无关，但对企业财务状况具有重大影响的事项。

　　资产负债表日后事项及其会计处理适用于企业处于持续经营状态，不涉及资产负债表日前、资产负债表日或资产负债表日后确定的终止营业。掌握资产负债表日后事项涵盖的期间和资产负债表日后事项的内容，即调整事项的特点、内容和非调整事项的特点、内容，以及二者的异同。

　　在资产负债表日后事项的会计处理上，区别掌握调整事项和非调整事项的会计处理的原则和方法。

第一节　资产负债表日后事项管制概述

一、资产负债表日后事项的定义

资产负债表日后事项，是指资产负债表日至财务报告批准报出日之间发生的有利或不利事项。财务报告批准报出日,是指董事会或类似机构批准财务报告报出的日期。

理解资产负债表日后事项定义时,应明确以下几个问题:

(1) 资产负债表日,在我国一般是指年度资产负债表日,即12月31日。根据《中华人民共和国会计法》的规定,"会计年度自公历1月1日起至12月31日止"。因此,资产负债表日是指"年度资产负债表日"。

(2) 财务报告批准报出日,是指董事会或类似机构批准财务报告报出的日期,通常是指对财务报告的内容负有法律责任的单位或个人批准财务报告向企业外部公布的日期。其中,"对财务报告的内容负有法律责任的单位或个人"一般是指所有者、所有者中的多数、董事会或类似的管理单位。

(3) 资产负债表日后事项包括所有有利或不利的事项,即对于资产负债表日后事项在会计处理中采用同一原则进行处理。

(4) 资产负债表日后事项不是指在这个特定期间内发生的全部事项,而是指与资产负债表日存在状况有关的事项,或者虽然与资产负债表日存在状况无关,但对企业财务状况具有重大影响的事项。

(5) 资产负债表日后事项及其会计处理适用于企业处于持续经营状态,不涉及资产负债表日前、资产负债表日或资产负债表日后确定的终止营业。

二、资产负债表日后事项涵盖的期间

资产负债表日后事项所涵盖的期间是指资产负债表日后至财务报告批准报出日之间。上市公司在这个期间内涉及完成财务报告编制日、注册会计师出具审计报告日、董事会批准财务报告可以对外公布日、实际对外公布日等几个日期。其中,审计报告日期是指注册会计师完成外勤审计工作的日期;实际对外公布日通常不会早于董事会批准财务报告对外公布的日期。这几个日期用图示表示如图18-1所示。

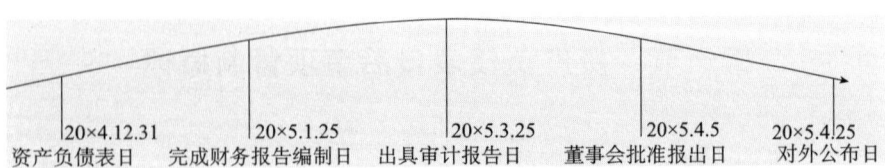

图18-1 相关时点关系图

资产负债表日后事项是以报告年度次年的1月1日起（含1月1日，下同），但应以哪个日期为截止日期？即要明确资产负债表日后事项涵盖的期间，是以报告年度次年的1月1日至董事会批准财务报告可以对外公布的日期。即以董事会批准财务报告可以对外公布的日期为截止日期。

【例18－1】某公开发行股票并上市交易的公司20×4年的年度财务报告于20×5年1月5日编制完成，注册会计师完成整个年度审计工作并签署审计报告的日期为20×5年4月12日，经董事会批准财务报告可以对外公布的日期为20×5年4月20日（注：本章凡涉及经批准财务报告对外公布日，均假定为4月20日），财务报告实际对外公布日期为20×5年4月24日，股东大会召开日期为20×5年5月15日。

本例中，财务报告批准报出日为20×5年4月20日，资产负债表日后事项涵盖的期间为20×5年1月1日至20×5年4月20日。

如果本公司在4月20日至24日之间发生了重大事项，按规定需要调整会计报表相关项目的数字或需要在会计报表附注中披露的，经调整或说明后的财务报告再经董事会批准的报出日期为20×5年4月28日，实际对外公布的日期为20×5年4月30日，则资产负债表日后事项涵盖的期间为20×5年1月1日至20×5年4月28日。

三、资产负债表日后事项的内容

（一）调整事项

调整事项，是指对资产负债表日已经存在的情况提供了新的或进一步证据的事项。这类事项所提供的新的或进一步的证据，表明依据资产负债表日存在状况编制的会计报表已不再具有有用性，应依据新发生的情况对资产负债表日存在状况的有关金额作出重新估计，并据此对资产负债表日所反映的收入、费用、资产、负债以及所有者权益进行调整。

1. 调整事项的特点

调整事项的特点体现在以下两个方面：

（1）在资产负债表日或以前已经存在，资产负债表日后得以证实的事项。

（2）对按资产负债表日存在状况编制的会计报表产生重大影响的事项。

2. 调整事项的内容

调整事项的内容通常包括资产负债表日后诉讼案件结案，已确定支付的赔偿；已证实资产发生减损；购入资产的成本或售出资产的收入发生了变化；发现了财务报表舞弊或差错。具体举例说明如下：

（1）诉讼案件结案，已确定支付的赔偿。这一事项是指，在资产负债表日以前，或资产负债表日已经存在的诉讼案件已估计了与该诉讼案件相关的预计负债，而在资产负债表日后期间诉讼案件结案，法院判决证实了企业在资产负债表日已经存在现时义务，确定了企业需要支付的赔偿款，这一事项的发生需要调整原先确认的与该诉讼案件相关的预计负债，或确认一项新负债，应对资产负债表日编制的会计报表进行调整。

【例18－2】甲财务公司与乙企业签订了一项合同，甲公司因为违约致使乙企业发生经济损失，乙企业于20×4年11月提出起诉，要求甲公司赔偿违约经济损失600 000元。由于案件尚在审理过程中，法院尚未作出最终判决，甲公司于20×4年12月31日根据当时的资料判断很可能会败诉，估计赔偿金额为300 000元，并按此估计金额入账。但在财务报告批准报出前的3月10日经法院判决，甲公司需赔偿乙企业经济损失为500 000元，双方均接受此判决，不再上诉。

本例中，甲公司于20×4年12月31日结账时已经知道根据本企业违约和当时的资料判断很可能会败诉（即在20×4年12月31日资产负债表日，甲公司违约和很可能败诉的事实已经存在），但没有得到法院的最终判决，按300 000元借记"营业外支出"科目，贷记"预计负债"科目，并编制了20×4年12月31日资产负债表、20×4年度的利润表和所有者（或股东，下同）权益变动表。20×5年3月10日接到法院判决通知，已确定赔偿金额，这就对20×4年12月31日存在的状况提供了新的证据，表明根据20×4年12月31日存在情况提供的资产负债表所估计的预计负债和利润表所估计的营业外支出以及由此引起的盈余公积、未分配利润等已不能真实反映企业的实际情况，因此，应据此对资产负债表日编制的会计报表相关项目的数字进行调整。

（2）已证实资产发生减损。这一事项是指，在年度资产负债表日以前，或在年度资产负债表日，根据当时资料判断某项资产可能发生了损失或永久性减值，但没有最后确定是否会发生，因而按照当时最好的估计金额反映在会计报表中。但在年度资产负债表日后期间，取得了确凿证据，表明该项资产已经发生了损失或永久性减值，应对资产负债表日所作的估计进行修正。

【例 18 - 3】 甲财务公司于 20×4 年 6 月 1 日贷给乙企业 600 000 元，按合同约定应在 20×4 年 8 月 1 日前收回货款。在 20×4 年 12 月 31 日结账时甲财务公司尚未收回这笔贷款，并已知乙企业财务状况不佳，近期内难以偿还债务，甲财务公司对该笔贷款提取 3% 的坏账准备。20×5 年 3 月 10 日，在甲财务公司报出财务报告之前收到乙企业已宣告破产通知，无法偿付全部欠款。

本例中，甲财务公司于 20×4 年 12 月 31 日结账时已经知道乙企业财务状况不佳（即在 20×4 年 12 月 31 日资产负债表日，乙企业财务状况不佳的事实已经存在），但未得到乙企业破产的确切证据。20×5 年 3 月 10 日甲财务公司正式收到乙企业通知，得知乙企业已破产，并且无法偿付全部货款，即 20×5 年 3 月 10 日对 20×4 年 12 月 31 日存在的情况提供了新的证据，表明根据 20×4 年 12 月 31 日存在情况提供的资产负债表所反映的应收乙企业账款已全部成为坏账，据此应对会计报表相关项目的数字进行调整。

(3) 购入资产的成本或售出资产的收入发生了变化。这一事项是指，在资产负债表日以前或资产负债表日，根据合同规定所购入资产已经收到，按照当时确定的资产价值已经入账；或者销售的物资已经发出，当时认为与该项物资所有权相关的风险和报酬已经转移，货款能够收回，确认了收入。即在资产负债表日企业已经确认为资产或收入，并在会计报表上反映，但在资产负债表日后期间所取得的证据证明，已确认为资产的物资确实已经退货或销售的物资确实已经退回，应作为调整事项进行相关的账务处理，并调整资产负债表日编制的会计报表有关项目的数字。

(4) 发现了财务报表舞弊或差错。这一事项是指，在资产负债表日后期间所取得的证据证明资产负债表日编制的财务报表有舞弊行为或差错问题，对于这些问题应作为调整事项，调整资产负债表日编制的会计报表有关项目的数字。一般来说，财务舞弊均是重要事项。但发生的差错，可能是重要差错或非重要差错。

(二) 非调整事项

非调整事项，是指表明资产负债表日后才发生或存在情况的事项。这类事项在资产负债表日并不存在，而是其后才发生或存在的事项，其事项不影响资产负债表日存在的状况，但为了对外提供更有用的会计信息，必须以适当的方式披露这类事项。

1. 非调整事项的特点

非调整事项的特点体现在以下两个方面：

(1) 在资产负债表日并没有发生或者存在，完全是在其后新发生的事项。

(2) 对理解和分析财务报告有重大影响的事项。

2. 非调整事项的内容

非调整事项的内容通常包括：

(1) 发生重大诉讼、仲裁、承诺。

(2) 资产价格、税收政策、外汇汇率发生重大变化。

(3) 因自然灾害导致资产发生重大损失。

(4) 发行股票和债券以及其他巨额举债。

(5) 资本公积转增资本。

(6) 发生巨额亏损。

(7) 发生企业合并或处置子公司。

(三) 调整事项和非调整事项的异同

调整事项和非调整事项的区别在于：调整事项是事项存在于资产负债表日或以前，资产负债表日后提供了证据对以前已存在的事项所作的进一步说明；而非调整事项是在资产负债表日尚未存在，但在财务报告批准报出日之前发生或存在。

调整事项和非调整事项的共同点体现在：调整事项和非调整事项都是在资产负债表日后至财务报告批准报出日之间发生的，对报告年度的财务报告所反映的财务状况、经营成果都将产生重大影响。

第二节 资产负债表日后事项会计处理

一、调整事项会计处理的原则和方法

(一) 调整事项会计处理的原则

企业发生的资产负债表日后调整事项，应当如同资产负债表所属期间发生的事项一样，作出相关账务处理，并对资产负债表日已编制的资产负债表、利润表、所有者权益变动表及现金流量表、附注中作出相应的调整。

由于资产负债表日后事项发生在次年，上年度的有关账目已经结转，特别是损益类账户在结账后已无余额。因此，资产负债表日后发生的调整事项，应当分别以下情况进行账务处理：

（1）涉及损益的事项，通过"以前年度损益调整"科目核算。该科目属于损益类会计科目，贷方登记调整增加以前年度利润或调整减少以前年度亏损的事项，及其调整减少的所得税费用（即收入的增加或费用的减少）；该科目的借方调整减少以前年度利润或调整增加以前年度亏损的事项，以及调整增加的所得税费用（即收入的减少或费用的增加）。期末将本科目贷方或借方余额，转入"利润分配——未分配利润"科目，结转后本科目应无余额。"以前年度损益调整"科目核算的内容用T形账户表示如图18-2所示。

借方	以前年度损益调整	贷方
调整减少以前年度利润		调整增加以前年度利润
调整增加以前年度亏损		调整减少以前年度亏损
因以前年度损益调整增加的所得税费用		因以前年度损益调整减少的所得税费用
将本科目余额转入"利润分配——未分配利润"		将本科目余额转入"利润分配——未分配利润"

图18-2 "以前年度损益调整"科目

（2）涉及利润分配调整的事项，直接调增或调减"利润分配——未分配利润"科目。

（3）不涉及损益和利润分配的事项，直接调整相关的资产、负债及所有者权益。

（4）通过上述账务处理后，还应同时调整会计报表相关项目的数字，包括资产负债表日编制的会计报表相关项目的数字；当期编制的会计报表相关项目的年初数；提供比较会计报表时，还应调整相关会计报表的上年数；经过上述调整后，如果涉及会计报表附注内容的，还应当调整会计报表附注相关项目的数字。

（二）调整事项的具体会计处理方法

1. 资产负债表日后诉讼案件结案

资产负债表日后诉讼案件结案，法院判决证实了企业在资产负债表日已经存在现时义务，需要调整原先确认的与该诉讼案件相关的预计负债，或确认一项新负债。

【例18-4】沿用【例18-2】且假定甲财务公司已经支付了赔偿款

500 000元（注：下列所有例子均假定20×5年4月20日为财务报告批准报出日；所得税税率为33%，按净利润的15%提取盈余公积，提取盈余公积之后，不再作其他分配；涉及需要调整现金流量表附注有关项目的数字略）。假定甲、乙双方20×4年所得税汇缴清算在20×5年2月15日完成，所得税采用资产负债表债务法核算。

对该项调整事项，甲公司应进行如下处理：

（1）支付赔偿款。

① 借：以前年度损益调整　　　　　（调整营业外支出）200 000
　　　贷：其他应付款　　　　　　　　　　　　　　　200 000

② 借：预计负债　　　　　　　　　　　　　　　　　300 000
　　　　其他应付款　　　　　　　　　　　　　　　 200 000
　　　贷：银行存款　　　　　　　　　　　　　　　　500 000

应说明的是，资产负债表日后发生的调整事项如果涉及现金收支项目的，均不调整报告年度资产负债表的货币资金项目和现金流量表各项目数字。本例中，虽然已支付了赔偿款，但在调整会计报表相关数字时，只需调整上述第一笔会计分录，第二笔会计分录作为20×5年的会计事项处理。

（2）调整应交所得税。

借：递延所得税资产　　　　　　　　　　　　　　 66 000
　　贷：以前年度损益调整
　　　　（调整所得税费用）（200 000×33%）66 000

注：20×4年末负债账面价值500 000元，在20×5年所得税申报时可抵扣，而产生可抵扣暂时性差异500 000元；因确认预计负债300 000元时已确认相应的递延所得税资产，因此日后事项处理时再确认增加的200 000元负债对应的递延所得税资产。

（3）将"以前年度损益调整"科目余额转入利润分配。

借：利润分配——未分配利润　　　　　　　　　　 134 000
　　贷：以前年度损益调整　　（200 000-66 000）134 000

（4）因净利润变动，调整盈余公积。

借：盈余公积　　　　　　　　　　　　　　　　　　20 100
　　贷：利润分配——未分配利润　（134 000×15%）20 100

（5）调整报告年度（20×4年）会计报表相关项目的数字（会计报表略）：

① 调整资产负债表有关数字：调增其他应付款 200 000 元；调增递延所得税资产 66 000 元；调减盈余公积 20 100 元；调减未分配利润 113 900 元 (134 000 – 20 100)。

② 调整利润表有关数字：调增营业外支出 200 000 元；调减所得税费用 66 000 元。

③ 调整所有者权益变动表有关数字：调减提取盈余公积 20 100 元；调减未分配利润 113 900 元。

(6) 调整 20×5 年 3 月资产负债表相关项目的年初余额。甲财务公司在编制 20×5 年 1 月、2 月的会计报表时，按照调整前的数字作为资产负债表的年初数，由于发生了资产负债表日后调整事项，甲公司除了调整 20×4 年度会计报表相关项目的数字外，还应当调整 20×5 年 3 月资产负债表相关项目的年初余额，其年初数按照上述调整后的数字填列。

对该项调整事项，乙企业应进行如下处理：

(1) 记录已收到赔偿款。

① 借：其他应收款　　　　　　　　　　　　　　　500 000
　　贷：以前年度损益调整　　（调整营业外收入）500 000

② 借：银行存款　　　　　　　　　　　　　　　　500 000
　　贷：其他应收款　　　　　　　　　　　　　　500 000

(2) 调整应交所得税。

借：以前年度损益调整　　（调整所得税费用）165 000
　贷：递延所得税负债　　（500 000×33%）165 000

(3) 将"以前年度损益调整"科目余额转入利润分配。

借：以前年度损益调整　　　　　　　　　　　　335 000
　贷：利润分配——未分配利润　（500 000 – 165 000）335 000

(4) 因净利润增加，补提盈余公积。

借：利润分配——未分配利润　　　　　　　　　　50 250
　贷：盈余公积　　　　　　　　　（335 000×15%）50 250

(5) 调整报告年度会计报表相关项目的数字：

① 调整资产负债表有关数字：调增其他应收款 500 000 元；调增递延所得税负债 165 000 元；调增盈余公积 50 250 元；调增未分配利润 284 750 元 (335 000 – 50 250)。

② 调整利润表有关数字：调增营业外收入 500 000 元；调增所得税费用 165 000 元。

③ 调整所有者权益变动表有关数字：调增提取盈余公积 50 250 元；调增未分配利润 284 750 元。

（6）调整 20×5 年 3 月资产负债表相关项目的年初余额。乙公司在编制 20×5 年 1 月、2 月的会计报表时，按照调整前的数字作为资产负债表的年初数，由于发生了资产负债表日后调整事项，乙公司除了调整 20×4 年会计报表相关项目的数字外，还应当调整 20×5 年 3 月资产负债表相关项目的年初余额，其年初数按照上述调整后的数字填列。

2. 资产负债表日后发现了财务报表舞弊

【例 18-5】甲公司 20×4 年 12 月 31 日编制资产负债表时，人为调增当年利润，没有对应由当年管理部门负担的财产保险费 700 000 元进行摊销。20×5 年 2 月 28 日注册会计师出具审计报告，查明该事实确凿，属于财务报表舞弊行为（假定在计算所得税时，不考虑产生暂时性差异）。

对该项调整事项，甲公司应进行如下处理：

（1）调整业务及管理费。

借：以前年度损益调整　　　　　　　　　　　　　700 000
　　贷：其他应收款——财产保险费　　　　　　　　700 000

（2）调整应交所得税。

借：应交税费——应交所得税　　（700 000×33%）231 000
　　贷：以前年度损益调整　　　　　　　　　　　　231 000

（3）将"以前年度损益调整"科目余额转入利润分配。

借：利润分配——未分配利润　（700 000 − 231 000）469 000
　　贷：以前年度损益调整　　　　　　　　　　　　469 000

（4）因净利润变动，调整盈余公积。

借：盈余公积　　　　　　　　　　　　　　　　　　70 350
　　贷：利润分配——未分配利润　（469 000×15%）70 350

（5）调整报告年度会计报表相关项目的数字：

① 调整资产负债表有关数字：调减其他应收款 700 000 元；调减应交税费 231 000 元；调减盈余公积 70 350 元；调减未分配利润 398 650 元（469 000 − 70 350）。

② 调整利润表有关数字：调增业务及管理费 700 000 元；调减所得税费用 231 000 元。

③ 调整所有者权益变动表有关数字：调减提取盈余公积 70 350 元；调减未分配利润 398 650 元。

(6) 甲公司 20×5 年 2 月资产负债表的年初余额应按上述调整后的数字填列。

二、非调整事项会计处理的原则和方法

(一) 非调整事项会计处理的原则

资产负债表日后事项如属于非调整事项，由于这类事项与资产负债表日存在状况无关，调整会计报表是不恰当的，因为这样做通常会导致在赚取收益或发生费用的日期之前报告这些金额。因此，对于非调整事项，不需要进行账务处理，也不需要调整会计报表。但是，财务报告应当反映最近期的相关信息，以满足财务报告及时性的要求，同时，由于这类事项可能很重大，如不加以说明将会影响财务报告使用者对企业财务状况、经营成果作出正确的估价和决策，因而需要在会计报表附注中说明事项的内容、估计其对财务状况、经营成果的影响，以提供会计数据来补充资产负债表日编制的财务报告的信息。如无法对资产负债表日后才发生或存在的事项对财务报告数据的影响作出估计，应说明其原因。

(二) 非调整事项的具体会计处理方法

1. 资产负债表日后发生重大诉讼、仲裁、承诺

资产负债表日后发生的重大诉讼等事项，对企业影响较大，为防止误导投资者及其他财务报告使用者，应当在报表附注中披露。

2. 资产负债表日后资产价格、税收政策、外汇汇率发生重大变化

资产负债表日后发生的资产价格、税收政策和外汇汇率的重大变化，虽然不会影响资产负债表日财务报表相关项目的数据，但对企业资产负债表日后期间的财务状况和经营成果有重大影响，应当在报表附注中予以披露。

3. 资产负债表日后因自然灾害导致资产发生重大损失

自然灾害导致资产重大损失对企业资产负债表日后财务状况的影响较大，如果不加以披露，有可能使财务报告使用者作出错误的决策，因此应作为非调整事项在报表附注中进行披露。

4. 资产负债表日后发行股票和债券以及其他巨额举债

企业发行股票、债券以及向银行或非银行金融机构举借巨额债务都是比较重大的事项，虽然这一事项与企业资产负债表日的存在状况无关，但这一事项的披露能使财务报告使用者了解与此有关的情况及可能带来的影响，因此应当在报表附注中进行披露。

5. 资产负债表日后资本公积转增资本

企业以资本公积转增资本将会改变企业的资本（或股本）结构，影响较大，应当在报表附注中进行披露。

6. 资产负债表日后发生巨额亏损

企业资产负债表日后发生巨额亏损将会对企业报告期以后的财务状况和经营成果产生重大影响，应当在报表附注中及时披露该事项，以便为投资者或其他财务报告使用者作出正确决策提供信息。

7. 资产负债表日后发生企业合并或处置子公司

企业合并或者处置子公司的行为可以影响股权结构、经营范围等方面，对企业未来的生产经营活动能产生重大影响，应当在报表附注中进行披露。

8. 资产负债表日后，企业利润分配方案中拟分配的以及经审议批准宣告发放的股利或利润

资产负债表日后，企业制订利润分配方案，拟分配或经审议批准宣告发放股利或利润的行为，并不会导致企业在资产负债表日形成现时义务。虽然该事项的发生可导致企业负有支付股利或利润的义务，但支付义务在资产负债表日尚不存在，不应该调整资产负债表日的财务报告，因此，该事项为非调整事项。不过，该事项对企业资产负债表日后的财务状况有较大影响，可能导致现金大规模流出、企业股权结构变动等，为便于财务报告使用者更充分了解相关信息，企业需要在财务报告中适当披露该信息。

【例18-6】20×5年2月，甲财务公司因为违约被丁企业起诉，20×5年3月，甲财务公司同意付给丁企业800 000元的现金以使其撤回法律诉讼。

本例属于资产负债表日以后发生事项导致的索赔诉讼的结案，不论是甲财务公司还是丁企业，均应将此事项作为非调整事项，在20×4年度会计报表附注中进行披露。

【例18-7】甲财务公司20×4年9月5日贷给乙企业贷款800 000元，甲公司于20×4年12月31日编制20×4年度会计报表时，将这笔贷款列入资

产负债表"贷款"项目内。甲公司20×5年1月20日收到乙企业发生火灾。大部分厂房和设备烧毁,已无力偿付所欠贷款的通知。

本例属于资产负债表日后因自然灾害导致资产发生重大损失。由于火灾是在20×5年1月20日资产负债表日后才发生的事项,对于这一非调整事项,甲财务公司和乙企业均应在20×4年度会计报表附注中披露与这一非调整事项有关的损失原因、金额等信息。

第十九章
年度财务报告

本章精要

财务报告是会计人直接创造的产品,是经理层甚至全体成员的劳动成果,当然也与投资者和其他报表使用者的利益息息相关。正是基于这样的背景,我们需要对财务报告这章特别加以关注。

财政部《企业会计准则——应用指南2006》明确要求租赁公司、财务公司应当执行商业银行财务报表格式和附注规定,如有特别需要,可以结合本企业的实际情况进行必要的调整和补充。因此,本章对租赁公司与财务公司的财务报告的讲解将统一采用其共同参照执行的商业银行财务报表格式和附注规定。

首先明确财务报告的概念、种类;其次关注年度财务会计报告涵盖的三个层次:会计报表、会计报表附注和财务情况说明书,其中会计报表至少应当包括资产负债表、利润表、现金流量表、所有者权益变动表、附注。

本章在第一节之后,再分节来讲述"四表一注"的具体编制要求。

第一节 财务报告概述

一、财务报告的定义与种类

财务报告是指企业对外提供的反映企业某一特定日期财务状况和某一会计期间经营成果、现金流量的文件。通常其由会计报表、会计报表附注和财务情况说明书组成。会计报表又称为财务报表,是对企业财务状况、经营成果和现金流量的结构性表述。会计报表是财务会计报告的核心,它是根据企业日常会计核算资料归集、加工和整理后形成的,是企业会计核算的最终成果。

财务报告是提供会计信息的重要手段,是会计作为"商业语言"的载体,是决策者进行决策的重要经济信息来源。但是,财务报告所提供的信息只是一种工具,它与其他工具一样,对于那些有能力并愿意去使用的人们有直接的助益。而编制财务报告本身并不能确定或影响各种决策的结果,它只为人们使用这种信息提供前提条件。

财务报告分为年度、半年度、季度和月度财务会计报告。年度财务报告应当包括会计报表;会计报表附注和财务情况说明书。会计报表至少应当包括下列组成部分:资产负债表;利润表;现金流量表;所有者权益(或股东权益,下同)变动表、附注。

会计报表附注是为便于会计报表使用者理解会计报表的内容而对在资产负债表、利润表、现金流量表和所有者权益变动表等报表中列示项目的文字描述或明细资料,以及对未能在这些报表中列示项目的说明等。

财务情况说明书是以文字形式记载企业某一会计期间的经营情况,并就该期间的经营情况加以说明、分析、总结的书面文件。财务情况说明书至少应当对下列情况作出说明:企业生产经营的基本情况;利润实现和分配情况;资金增减和周转情况;对企业财务状况、经营成果和现金流量有重大影响的其他事项。

会计报表可以根据需要,按照不同的标准进行分类。

(1) 按会计报表的编报时间,可以分为月报、季报、半年报和年报。其中,月报、季报和半年报称为中期财务报告。

(2) 按会计报表反映财务活动方式的不同,可以分为静态报表和动态报表。静态报表是指综合反映企业某一特定日期资产、负债和所有者权益状况的报表,如资产负债表;动态报表是指综合反映企业一定时期的经营情况或现金流动情况的报表,如利润表或现金流量表。

(3) 按会计报表编制范围不同,可以分为个别会计报表和合并会计报表。个别会计报表是独立核算的企业用来反映其自身经营活动和财务状况的会计报表;合并会计报表是由母公司编制的,一般包括所有控股子公司会计报表的有关内容,反映整个企业集团经营成果和财务状况的会计报表。

(4) 按会计报表服务的对象不同,可以分为内部会计报表和外部会计报表。内部会计报表,是为企业内部管理需要而提供的报表,一般包括费用明细表、利润明细表等。外部会计报表，是供企业外部的政府部门、投资者和债权人等使用的会计报表，如资产负债表、利润表、现金流量表、所有者权益变动表等。

二、会计报表的编制要求

（一）编制会计报表的准备工作

（1）对发生的所有经济业务全部登记入账；

（2）核对账簿，做到账证、账账相符；

（3）清查财产物资和往来账项，做到账实相符；

（4）收集与会计报表所反映内容有关的重要信息资料。

（二）编制会计报表的具体要求

（1）内容完整。会计报表要提供全面的会计信息，不得少报、漏报。对于应当填列的，无论是表内项目还是表外项目，都应填报齐全。对于一些重要信息，应以适当形式予以披露。

（2）计算准确。会计报表要做到数字准确，不得用估计数代替实际数。在日常的会计核算中，会计人员要严格遵守会计准则和各项会计法规制度，对发生的经济业务和会计事项进行准确的确认、计量和记录。要做好财产物资的清查盘点工作，经常进行账证核对、账账核对、账表核对，以保证账实相符，计算准确。只有做好上述工作，才能保证会计报表的真实性和准确性。

（3）数字真实。会计报表反映的各种数据要真实准确，不得弄虚作假，掩盖真相。

（4）编报及时。会计报表必须按照国家和有关部门规定的期限和程序，及时编制。为此，应科学地组织日常的会计核算，平时认真做好记账、算账、对账、报账和财产清查工作。在会计报表的编制过程中，会计人员应密切配合，加强协作，提高效率。

三、财务报告列报的基本原则

（一）遵循各项会计准则进行确认和计量

企业应当根据实际发生的交易和事项，遵循各项具体会计准则的规定进行确认和计量，并在此基础上编制财务报表。企业应当在附注中对遵循企业会计准则编制的财务报表作出声明，只有遵循了企业会计准则的所有规定时，财务报表才应当被称为"遵循了企业会计准则"。

（二）列报基础

在编制财务报表的过程中，企业管理层应当对企业持续经营能力进行评价，需要考虑的因素包括市场经营风险、企业目前或长期的盈利能力、偿债能力、财务弹性以及企业管理层改变经营政策的意向等。评价后对企业持续经营能力产生严重怀疑的，应当在附注中披露导致对持续经营能力产生重大怀疑的重要的不确定因素。

非持续经营是企业在极端情况下出现的一种情况，非持续经营往往取决于企业所处的环境以及企业管理部门的判断。一般而言，企业存在以下情况之一的，通常表明企业处于非持续经营状态：（1）企业已在当期进行清算或停止营业；（2）企业已经正式决定在下一个会计期间进行清算或停止营业；（3）企业已确定在当期或下一个会计期间没有其他可供选择的方案而将被迫进行清算或停止营业。企业处于非持续经营状态时，应当采用其他基础编制财务报表，比如破产企业的资产应当采用可变现净值计量，负债应当按照其预计的结算金额计量等。在非持续经营情况下，企业应当在附注中声明财务报表未以持续经营为基础列报，披露未以持续经营为基础的原因以及财务报表的编制基础。

（三）财务报表项目列示的一致性

财务报表项目的列报应当在各个会计期间保持一致，不得随意变更，但下列情况除外：（1）会计准则要求改变财务报表项目的列报。（2）企业经营业务的性质发生重大变化后，变更财务报表项目的列报能够提供更可靠、更相关的会计信息。

（四）财务报表项目的单独列示

性质或功能不同的项目，应当在财务报表中单独列报，但不具有重要性的项目除外。性质或功能类似的项目，其所属类别具有重要性的，应当按其类别在财务报表中单独列报。所谓重要性，是指财务报表某项目的省略或错报会影响使用者据此作出经济决策的，该项目具有重要性。重要性应当根据企业所处环境，从项目的性质和金额大小两方面予以判断。

（五）财务报表项目的相互抵销

财务报表项目应当以总额列报，资产和负债、收入和费用不能相互抵销，即不得以净额列报，但企业会计准则另有规定的除外。比如，企业欠客户的应付款不得与其他客户欠本企业的应收款相抵销,如果相互抵销就掩盖了交易的实质。

下列两种情况不属于抵销,可以以净额列示:(1)资产项目按扣除减值准备后的净额列示,不属于抵销。对资产计提减值准备,表明资产的价值确实已经发生减损,按扣除减值准备后的净额列示,才反映了资产当时的真实价值。(2)非日常活动的发生具有偶然性,并非企业主要的业务,从重要性来讲,非日常活动产生的损益以收入扣减费用后的净额列示,更有利于报表使用者的理解,也不属于抵销。

(六)比较信息的提供

除国家另有规定外,当期财务报表的列报,至少应当提供所有列报项目上一可比会计期间的比较数据,以及与理解当期财务报表相关的说明。

财务报表项目的列报发生变更的,应当对上期比较数据按照当期的列报要求进行调整,并在附注中披露调整的原因和性质,以及调整的各项目金额。对上期比较数据进行调整不切实可行的,应当在附注中披露不能调整的原因。所谓不切实可行,是指企业在作出所有合理努力后仍然无法采用某项规定。

(七)财务报表表首的列报

企业应当在财务报表的显著位置至少披露下列各项:编报企业的名称;资产负债表日或财务报表涵盖的会计期间;人民币金额单位;财务报表是合并财务报表的,应当予以标明。

(八)报告期间

企业至少应当按年编制财务报表。年度财务报表涵盖的期间短于一年的,应当披露年度财务报表的涵盖期间,以及短于一年的原因。对外提供中期财务报告的,还应遵循中期财务报告的规定。

第二节 资产负债表

一、资产负债表的内容和格式

(一)资产负债表的内容和结构

1. 资产负债表的结构

资产负债表是指反映企业在某一特定日期财务状况的会计报表。它反映企业在某一特定日期所拥有或控制的经济资源、所承担的现时义务和所有者对净资产的要求权。通过资产负债表，可以提供某一日期资产的总额及其结构，表明企业拥有或控制的资源及其分布情况，使用者可以一目了然地从资产负债表上了解企业在某一特定日期所拥有的资产总额及其结构；可以提供某一日期的负债总额及其结构，表明企业未来需要用多少资产或劳务清偿债务以及清偿时间；可以反映所有者所拥有的权益，据以判断资本保值、增值的情况以及对负债的保障程度。此外，资产负债表还可以提供进行财务分析的基本资料，如将流动资产与流动负债进行比较，计算出流动比率；将速动资产与流动负债进行比较，计算出速动比率等，可以表明企业的变现能力、偿债能力和资金周转能力，从而有助于报表使用者作出经济决策。

2. 资产负债表的内容

资产负债表的项目分为资产、负债和所有者权益三类。资产类项目主要按照项目的流动性排列，按照流动资产和非流动资产分项列示。把资产分成这样几类，就是让会计信息使用者一看到流动资产就知道1年内它能够变现；看到非流动资产就知道变现期要超过1年等。而且从上往下看，变现能力是越来越差。如果企业需要现金，需要把资产转化成现金，流动资产比较容易变现，但是要想把固定资产、无形资产等变现则比较困难。因此，阅读报表时会发现，非流动资产占比越大，企业变现能力就越差。

符合下列条件之一的资产，应当归为流动资产：

（1）预计在一个正常营业周期中变现、出售或耗用（经营周期是指从购买用于加工的资产到其收回现金或现金等价物的这段时间）；

（2）主要为交易目的而持有的；

（3）预期在自资产负债表日起一年内变现的；

（4）在自资产负债表日起一年内，交换其他资产或清偿负债的能力不受限制的现金或现金等价物。

流动资产以外的资产应当归类为非流动资产，并应按其性质分类列示。

负债类项目一般按照债务偿还期限的长短分为流动负债和长期负债并分项列示。这样分类的目的是使报表使用者看到流动负债就知道企业将在一年内要清偿的债务有多少，看到长期负债就知道企业偿还期在一年以上的债务有多少，从而判断企业的财务状况。

负债满足下列条件之一的，应当归类为流动负债：

(1) 预计在一个正常营业周期中清偿；

(2) 主要为交易目的而持有；

(3) 在资产负债表日起一年内到期应予以清偿；

(4) 企业无权自主地将清偿推迟至资产负债表日后一年以上。

当没有可靠证据表明企业的营业周期超过一年，或者同行业大多数企业的营业周期均不超过一年时，企业应当以一年作为划分流动负债与非流动负债的标准。

流动负债以外的负债，应当归类为非流动负债。非流动负债应当按照长期负债的性质分类列示。

对于在资产负债表日起一年内到期的负债，企业预计能够自主地将清偿义务展期至资产负债表日起一年以上的，应当归类为非流动负债；不能自主地将清偿义务展期的，即使在资产负债表日后、财务报表批准报出日前签订了重新安排清偿计划协议，该项负债仍应归类为流动负债。

企业在资产负债表日或之前违反了长期借款协议，导致贷款人可随时要求清偿的负债，应当归类为流动负债。

贷款人在资产负债表日或之前同意提供在资产负债表日起一年以上的宽限期，企业能够在此期限内改正违约行为，且贷款人不能要求随时清偿，该项负债应当归类为非流动负债。

所有者权益则按实收资本（或股本）、资本公积、盈余公积、未分配利润等项目分项列示。资产负债表中的所有者权益类应当包括所有者权益的合计项目。

资产负债表应当列示资产总计项目，负债和所有者权益总计项目。资产类项目金额的合计数与负债和所有者权益类项目的合计数必须相等。资产项目和负债项目的金额不得相互抵销。资产项目按扣除减值准备后的净额列示，不属于抵销。

金融企业由于在经营内容上不同于一般的工商企业，导致其资产、负债、所有者权益的构成项目也与一般工商企业有所区别。在资产负债表上列示时，资产通常需要列示：（1）货币资金；（2）拆出资金；（3）交易性金融资产；（4）衍生金融资产；（5）买入返售金融资产；（6）应收利息；（7）具有本行业特点的应收款项；（8）债权投资；（9）其他债权投资；（10）其他权益工具投资；（11）长期股权投资；（12）投资性房地产；（13）固定资产；

(14) 无形资产；(15) 递延所得税资产；(16) 其他资产。

负债也按流动性大小列示：(1) 短期借款；(2) 拆入资金；(3) 交易性金融负债；(4) 衍生金融负债；(5) 卖出回购金融资产；(6) 具有本行业特点的各类应付和预收款项；(7) 应付职工薪酬；(8) 应交税费；(9) 应付利息；(10) 预计负债；(11) 长期借款；(12) 长期应付款；(13) 应付债券；(14) 递延所得税负债。

所有者权益，按实收资本、资本公积、盈余公积、一般风险准备、未分配利润等项目分项列示。

另外，资产负债表除了列示各项资产、负债和所有者权益项目的期末余额以外，至少还应当提供所有列报项目上一可比会计期间的比较数据，即这些项目的年初余额，通过对年初、期末数的比较，可以看出各项资产、负债及所有者权益项目的变动情况。

（二）资产负债表的格式

资产负债表有两种格式：一种是账户式格式，另一种是报告式格式。账户式资产负债表是左右结构，左边列示资产，右边列示负债和所有者权益，资产各项目的金额合计等于负债和所有者权益各项目的金额合计。我国采用的是账户式的资产负债表。租赁公司与财务公司资产负债表的格式如表 19-1 所示。

表 19-1　　　　　　　　　　　资产负债表

编制单位：　　　　　　　　　　　年　月　日　　　　　　　　　　　　单位：元

资产	期末余额	年初余额	负债和所有者权益（或股东权益）	期末余额	年初余额
资产：			负债：		
现金及存放中央银行款项			向中央银行借款		
存放同业款项			同业及其他金融机构存放款项		
贵金属			拆入资金		
拆出资金			交易性金融负债		
衍生金融资产			衍生金融负债		
买入返售金融资产			卖出回购金融资产款		
应收利息			吸收存款		
金融投资：			应付职工薪酬		
交易性金融资产			应交税费		

续表

资产	期末余额	年初余额	负债和所有者权益（或股东权益）	期末余额	年初余额
债权投资			应付利息		
其他债权投资			预计负债		
其他权益工具投资			应付债券		
长期股权投资			递延所得税负债		
投资性房地产			其他负债		
固定资产			负债合计		
无形资产			所有者权益（或股东权益）：		
递延所得税资产			实收资本（或股本）		
			资本公积		
			减：库存股		
			盈余公积		
			一般风险准备		
			未分配利润		
			所有者权益（或股东权益）合计		
资产总计			负债和所有者权益（或股东权益）总计		

另外，资产负债表除了列示各项资产、负债和所有者权益项目的期末余额外，通常还列示这些项目的年初余额，通过对年初数与期末数的比较，可以看出各项资产、负债及所有者权益的变动。所以，这种资产负债表称为比较资产负债表。

二、资产负债表的编制方法

（一）资产负债表编制的基本方法

会计报表的编制，主要是通过对日常会计核算记录的数据加以归集、整理，使之成为有用的财务信息。资产负债表各项目数据的来源，主要通过以下几种方式取得：

1. 根据总账账户余额直接填列

资产负债表各项目的数据来源，大多是根据总账账户期末余额直接填列，如"应收利息"项目，根据"应收利息"总账科目的期末余额直接填列；"短期借款"项目，根据"短期借款"总账科目的期末余额直接填列。

2. 根据总账账户余额计算填列

资产负债表的某些项目不能直接根据总账账户的期末余额填列，而是要根据若干个总账账户的期末余额合并计算填列。如"货币资金"项目，根据"库存现金""银行存款""其他货币资金"账户的期末余额合计数计算填列。

3. 根据明细账户余额计算填列

资产负债表的某些项目不能根据总账账户的期末余额或若干个总账账户的期末余额计算填列，而是需要根据有关账户所属的相关明细账户的期末余额分析计算填列。如"应付账款"项目，根据"应付账款""预付账款"科目所属相关明细科目的期末贷方余额计算填列。

4. 根据总账账户和明细账户余额分析计算填列

资产负债表的某些项目不能根据总账账户的期末余额或若干个总账账户的期末余额计算填列，也不能根据有关账户所属的相关明细账户的期末余额分析计算填列，而是要根据总账账户和明细账户的期末余额计算填列。如"长期借款"项目，根据"长期借款"总账账户期末余额，扣除"长期借款"账户所属明细分类账户中反映的将于一年内到期的长期借款部分，分析计算填列。

5. 根据账户余额减去其备抵项目后的净额填列

资产负债表的某些项目应当反映账面价值，应根据有关账户余额减去其备抵项目后的净额填列。如"固定资产"项目，根据"固定资产"账户的期末余额，减去"累计折旧"和"固定资产减值准备"备抵账户余额后的净额填列；又如"无形资产"项目，根据"无形资产"账户的期末余额，减去"累计摊销"和"无形资产减值准备"备抵账户余额后的净额填列。

（二）资产负债表编制的具体方法

1. 资产负债表"年初余额"栏的填列方法

在我国，资产负债表的"年初余额"栏内各项数字，根据上年末资产负债表"期末余额"栏内各项数字填列。如果当年度资产负债表规定的各个项目的名称和内容同上年度不相一致，则按编报当年的口径对上年年末资产负债表各项目的名称和数字进行调整，填入本表"年初余额"栏内。

2. 资产负债表"期末余额"栏的内容和填列方法

资产负债表的"期末余额"栏内各项数字，根据各项目期末情况填列。

第三节 利润表

一、利润表的内容与结构

(一) 利润表的内容

利润表是反映企业在一定会计期间的经营成果的会计报表。利润表的列报必须充分反映企业经营业绩的主要来源和构成,有助于使用者判断净利润的质量及其风险,有助于使用者预测净利润的持续性,从而作出正确的决策。通过利润表,可以反映企业一定会计期间的收入实现情况,如实现的营业收入有多少、实现的投资收益有多少、实现的营业外收入有多少,等等;可以反映一定会计期间的费用耗费情况,如耗费的营业成本有多少、营业税费有多少、销售费用、业务及管理费、财务费用各有多少、营业外支出有多少,等等;可以反映企业生产经营活动的成果,即净利润的实现情况,据以判断资本保值、增值情况。将利润表中的信息与资产负债表中的信息相结合,还可以提供进行财务分析的基本资料,便于报表使用者判断企业未来的发展趋势,作出经济判断。

(二) 利润表的结构

概括地说,利润表提供了不同方面能够形成企业利润的相关指标,它主要反映以下几方面的内容:

一是构成营业利润的各项要素。营业利润是企业在经营活动过程中形成的利润,它从营业收入出发,减去营业成本、税金及附加、业务及管理费、资产减值净损失,加上公允价值变动净收益(或减去公允价值变动净损失),再加上投资净收益(或减去投资净损失)后得出。

二是构成利润总额的各项要素。利润总额(或利润亏损)在营业利润的基础上,加上营业外收入,减去营业外支出后得出。

三是构成净利润的各项要素。净利润(或净亏损)在利润总额(或亏损总额)的基础上,减去本期计入损益的所得税费用后得出。

四是反映企业投资者每个单位投资额的回报情况,包括每股收益和稀释每股收益。

从利润表的格式性结构来看，由于不同国家和地区对会计报表的信息要求不完全相同，利润表的格式也不完全相同。目前，利润表的格式主要有多步式利润表和单步式利润表两种。我国企业的利润表一般采用多步式。

单步式利润表是将本期发生的所有收入收益汇集在一起，将所有的费用损失汇集在一起，然后将收入收益合计减去费用损失合计，得出本期净利润。在单步式下，利润表分为营业收入和收益、营业费用和损失、净利润三部分。营业收入和收益包括营业收入、公允价值变动净收益、投资净收益、营业外收入等。营业费用和损失包括营业成本、税金及附加、业务及管理费、资产减值损失、投资损失、公允价值变动净损失、营业外支出、所得税费用等。净利润是两者计算的结果。单步式利润表对于营业收入和收益、营业费用和损失，在各类内排列时不区分先后顺序。

多步式利润表是通过多步计算，最后确定的净利润。通常分为以下几步：

第一步，反映营业利润。从营业收入出发，减去营业成本、税金及附加、业务及管理费、资产减值损失加上公允价值变动净收益和投资收益，计算出营业利润。

第二步，反映利润总额（或亏损总额）。在营业利润的基础上，加上营业外收入，减去营业外支出，计算出利润总额（或亏损总额）。

第三步，反映净利润（或净亏损）。在利润总额（或亏损总额）的基础上，减去本期计入损益的所得税费用后，计算出净利润。

第四步，反映从企业投资者视角看的当期净利润情况，包括每股收益和稀释每股收益。

二、利润表的编制方法

（一）利润表的编制方法概述

利润表中的"本期金额"栏反映各项目的本期实际发生数，应根据本期实际发生额填列；"上期金额"栏内各项数字，反映上期的实际发生额，应根据上期利润表"本期金额"栏内所列数字填列。在编制年度利润表时，"本期金额"为报表年度全年的累计实际发生额；"上期金额"为上年度全年的累计实际发生额，应根据上年度利润表"本期金额"栏数字填列。如果上年度利润表规定的各个项目的名称和内容同本年度不相一致，应对上年度利润表各项目的名称和数字按本年度的规定进行调整。

(二) 利润表各项目的内容及其填列方法

利润表中的各项目，主要根据各损益类账户的发生额填列。

公司的利润表主要包括下列信息：(1) 营业收入，其中包括利息收入、手续费及佣金收入、投资收益、公允价值变动收益、汇兑收益、其他业务收入等；(2) 营业支出，其中包括税金及附加、业务及管理费、资产减值损失、其他业务成本等；(3) 营业外收入；(4) 营业外支出；(5) 所得税费用；(6) 净利润。

(三) 利润表格式

根据企业会计准则的规定，利润表包括项目和补充资料两部分，表 19-2 列示了利润表格式。

表 19-2　　　　　　　　　利润表（公司）

编制单位：　　　　　　　　　年　月　　　　　　　　　　　　　　单位：元

项目	本期金额	上期金额
一、营业收入		
利息净收入		
利息收入		
利息支出		
手续费及佣金净收入		
手续费及佣金收入		
手续费及佣金支出		
投资收益（损失以"-"号填列）		
其中：对联营企业和合营企业的投资收益		
公允价值变动收益（损失以"-"号填列）		
汇兑收益（损失以"-"号填列）		
其他业务收入		
二、营业支出		
税金及附加		
业务及管理费		
资产减值损失		
其他业务成本		
三、营业利润（亏损以"-"号填列）		
加：营业外收入		
减：营业外支出		
四、利润总额（亏损总额以"-"号填列）		

续表

项目	本期金额	上期金额
减：所得税费用		
五、净利润（净亏损以"-"号填列）		
六、每股收益：		
（一）基本每股收益		
（二）稀释每股收益		

第四节　现金流量表

一、现金及现金流量的含义与内容

（一）现金流量的含义

现金流量也称"现金净流量"，指现金和现金等价物的流入和流出的净额。

现金流量表是以现金为基础编制的，这里的现金包括现金和现金等价物，具体包括以下内容：

1. 现金

现金，是指企业库存现金以及可以随时用于支付的存款。不能随时用于支付的存款不属于现金。

应注意的是，银行存款和其他货币资金中有些不能随时用于支付的存款，如不能随时支取的定期存款等，不应作为现金，而应列作投资；提前通知便可支取的定期存款，则应包括在现金范围内。

2. 现金等价物

现金等价物，是指企业持有的期限短、流动性强、易于转换为已知金额现金、价值变动风险很小的投资。期限短，一般是指从购买日起三个月内到期。现金等价物通常包括三个月内到期的债券投资等。权益性投资变现的金额通常不确定，因而不属于现金等价物。企业应当根据具体情况，确定现金等价物的范围，一经确定，不得随意变更。现金等价物的定义本身，包含了判断一项投资是否属于现金等价物的四个条件，即，（1）期限短（一般是指从购买之日起三个月内到期）；（2）流动性强；（3）易于转换为已知金额的现金；（4）价值变动风险很小。其中，期限短、流动性强，强调了变现能力，而易于转换为已知金额的现金、价值变动风险较小，则强调了支付能力的大小。

（二）现金流量的分类

现金流量是现金流量表所要反映的一个重要指标，它反映了企业各类活动形成的现金流量的最终结果。它产生于不同的来源，也有不同的用途，如企业可以通过销售商品、提供劳务收回现金，通过向银行借款收到现金、对外投资分红收到现金等；购买原材料、购买固定资产、对外投资、支付职工工资等需要用现金进行支付。所以，编制现金流量表首先应对现金流量进行合理的分类。我国现金流量表准则将现金流量分为三类：经营活动产生的现金流量，投资活动产生的现金流量，筹资活动产生的现金流量。

1. 经营活动产生的现金流量

经营活动是指企业投资活动和筹资活动以外的所有交易和事项。也就是说，除归属于企业投资活动和筹资活动以外的所有交易和事项，都可归属于经营活动。经营活动主要包括财务公司吸收存款、发放贷款、提供结算服务，租赁公司的融资租赁业务，等等。

2. 投资活动产生的现金流量

投资活动是指企业长期资产的购建和不包括在现金等价物范围内的投资及其处置活动，包括实物资产的投资，也包括金融资产投资。这里的长期资产是指固定资产、无形资产、在建工程、其他资产等持有期限在一年或一个营业周期以上的资产。

一般来说，投资活动产生的现金流入项目主要有：收回投资所收到的现金，取得投资收益所收到的现金，处置固定资产、无形资产和其他长期资产所收回的现金净额和收到的其他与投资活动有关的现金。

投资活动产生的现金流出项目主要有：购建固定资产、无形资产和其他长期资产所支付的现金，投资所支付的现金，取得子公司及其他营业单位支付的现金净额和支付的其他与投资活动有关的现金。

3. 筹资活动产生的现金流量

筹资活动是指导致企业资本及债务规模和构成发生变化的活动。这里所说的资本，包括实收资本（股本），也包括资本溢价（股本溢价）。这里所说的债务，指对外举债，包括向银行借款、发行债券等。

一般来说，筹资活动产生的现金流入项目主要有：吸收投资收到的现金、发行债券所收到的现金和收到的其他与筹资活动有关的现金。

筹资活动产生的现金流出项目主要有：偿还债务所支付的现金，分配股利、利润或偿付利息所支付的现金，支付的其他与筹资活动有关的现金。

需要注意的是，在日常活动之外，企业可能还会偶然遇到一些特殊的、不经常发生的项目，如自然灾害损失、保险赔款、捐赠等。现金流量表通过揭示企业现金流量的来源和用途，为分析现金流量前景提供信息，对于那些日常活动之外特殊的、不经常发生的项目，现金流量表准则规定应当归并到相关类别中，并单独反映，也就是在现金流量相应类别下单设一项。比如，对于自然灾害损失和保险赔款，如果能够确指，属于流动资产损失，应当列入经营活动产生的现金流量；属于固定资产损失，应当列入投资活动产生的现金流量。如果不能确指，则可以列入经营活动产生的现金流量。捐赠收入和支出，可以列入经营活动。当然，如果特殊项目的现金流量金额不大，则可以列入现金流量类别下的"其他"项目，不单列项目。

二、现金流量表的编制程序和方法

（一）现金流量表的列报方法

现金流量表的列报方法有两种：直接法和间接法，它们通常也被称之为经营活动产生的现金流量表的报告方法。

1. 直接法

直接法是指按现金收入和现金支出的主要类别，直接反映企业经营活动产生的现金流量。采用直接法编报的现金流量表，便于分析企业经营活动产生的现金流量的来源和用途，预测和评价企业现金流量的未来前景。

2. 间接法

间接法是指以净利润为起点，调整不涉及现金的收入、费用、营业外收支等有关项目，据此计算出经营活动产生的现金流量。采用间接法编报的现金流量表，便于将净利润与经营活动产生的现金流量净额进行比较，了解净利润与经营活动产生的现金流量差异的原因，从现金流量的角度分析净利润的质量。

由于采用直接法编制"现金流量表"可以直接揭示经营活动产生的现金流量的收支总额，预测和评价企业现金流量的未来前景，所以国际会计准则鼓励企业采用直接法编制现金流量表。我国的现金流量表准则也规定企业应当采用直接法编报现金流量表，同时要求提供在净利润基础上调节到经营活动产生的现金流量的信息。

（二）现金流量表的格式

我国企业会计准则规定，现金流量表格式分别一般企业、银行、保险公司、证券公司等企业类型予以规定。

租赁公司、财务公司应当执行财政部制定的金融企业现金流量表格式规定，如有特别需要，可以结合本企业的实际情况，进行必要调整和补充。

直接法下企业现金流量表包括主表和现金流量表补充资料两部分。现金流量表格式如表 19-3 所示。

表 19-3　　　　　　　　　　　现金流量表

编制单位：　　　　　　　　　　年　月　　　　　　　　　　　单位：元

项目	本期金额	上期金额
一、经营活动产生的现金流量：		
客户存款和同业存放款项净增加额		
向中央银行借款净增加额		
向其他金融机构拆入资金净增加额		
收取利息、手续费及佣金的现金		
收到的税费返还		
收到其他与经营活动有关的现金		
经营活动现金流入小计		
客户贷款及垫款净增加额		
存放中央银行和同业款项净增加额		
支付手续费及佣金的现金		
支付给职工以及为职工支付的现金		
支付的各项税费		
支付其他与经营活动有关的现金		
经营活动现金流出小计		
经营活动产生的现金流量净额		
二、投资活动产生的现金流量：		
收回投资收到的现金		
取得投资收益收到的现金		
收到其他与投资活动有关的现金		
投资活动现金流入小计		

续表

项目	本期金额	上期金额
投资支付的现金		
购建固定资产、无形资产和其他长期资产支付的现金		
支付其他与投资活动有关的现金		
投资活动现金流出小计		
投资活动产生的现金流量净额		
三、筹资活动产生的现金流量：		
吸收投资收到的现金		
取得借款收到的现金		
收到其他与筹资活动有关的现金		
筹资活动现金流入小计		
偿还债务支付的现金		
分配股利、利润或偿付利息支付的现金		
支付其他与筹资活动有关的现金		
筹资活动现金流出小计		
筹资活动产生的现金流量净额		
四、汇率变动对现金的影响		
五、现金及现金等价物净增加额		
加：期初现金及现金等价物余额		
六、期末现金及现金等价物余额		

（三）现金流量表的编制程序

编制现金流量表的编制程序可以分为两种：一种是工作底稿法，一种是T形账户法。

1. 工作底稿法

采用工作底稿法编制现金流量表，就是以工作底稿为手段，以利润表和资产负债表数据为基础，对每一项目进行分析并编制调整分录，从而编制出现金流量表。在直接法下，整个工作底稿纵向分成三段，第一段是资产负债表项目，其中又分为借方项目和贷方项目两部分；第二段是利润表项目；第三段是现金流量表项目。工作底稿横向分为五栏，在资产负债表部分，第一栏是项目栏，填列资产负债表各项目名称；第二栏是期初数，用来填列资产负债表项目的期初数；第三栏是调整分录的借方；第四栏是调整分录的贷方；第五栏是期末数，用来填列资产负债表项目的期末数。在利润表和现金流量表部分，第一栏也是项目栏，用来填列利润表和现金流量表项目名称；第二栏空置不填；第三、第四栏分别是调整分录的借方和贷方；第五栏是本期数，利润表部分这一栏数字应和本期利润表数字核对相符，现金流量表部分这一栏的数字可直接用来编制正式的现金流量表。

采用工作底稿法编制现金流量表的程序是：

第一步，将资产负债表的期初数和期末数过入工作底稿的期初数栏和期末数栏。

第二步，对当期业务进行分析并编制调整分录。调整分录大体有这样几类：第一类涉及利润表中的收入、成本和费用项目以及资产负债表中的资产、负债及所有者权益项目，通过调整，将权责发生制下的收入费用转换为现金基础；第二类涉及资产负债表和现金流量表中的投资、筹资项目，反映投资和筹资活动的现金流量；第三类涉及利润表和现金流量表中的投资和筹资项目，目的是将利润表中有关投资和筹资方面的收入和费用列入现金流量表的投资、筹资现金流量中。此外，还有一些调整分录并不涉及现金收支，只是为了核对资产负债表项目的期末期初数变动。在调整分录中，有关现金和现金等价物的事项，并不直接借记或贷记现金，而是分别记入"经营活动产生的现金流量""投资活动产生的现金流量""筹资活动产生的现金流量"有关项目，借记表明现金流入，贷记表明现金流出。

第三步，将调整分录过入工作底稿中的相应部分。

第四步，核对调整分录，借贷合计应当相等，资产负债表项目期初数加减调整分录中的借贷金额以后，应当等于期末数。

第五步，根据工作底稿中的现金流量表项目部分编制正式的现金流量表。

2. T形账户法

采用T形账户法，就是以T形账户为手段，以利润表和资产负债表数据为基础，对每一项目进行分析并编制调整分录，从而编制出现金流量表。采用T形账户法编制现金流量表的程序如下：

第一步，为所有的非现金项目（包括资产负债表项目和利润表项目）分别开设T形账户，并将各自的期末期初变动数过入各该账户。

第二步，开设一个大的"现金及现金等价物"T形账户，每边分为经营活动、投资活动和筹资活动三个部分，左边记现金流入，右边记现金流出。与其他账户一样，过入期末期初变动数。

第三步，以利润表项目为基础，结合资产负债表分析每一个非现金项目的增减变动，并据此编制调整分录：

第四步，将调整分录过入各 T 形账户，并进行核对，该账户借贷相抵后的余额与原先过入的期末期初变动数应当一致。

第五步，根据大的"现金及现金等价物"T 形账户编制正式的现金流量表。

（四）现金流量表的编制方法

企业应采用直接法报告经营活动的现金流量，即通过现金收入和现金支出的主要类别反映来自企业经营活动的现金流量。现金流量表应分别经营活动、投资活动和筹资活动报告企业的现金流量。现金流量一般应分别按现金流入和现金流出总额反映。但代客户收取或支付的现金以及周转快、金额大、期限短的项目的现金收入和现金支出，应以净额列示。

企业外币现金流量以及境外子公司的现金流量，应以现金流量发生日的汇率或平均汇率折算。汇率变动对现金的影响，应作为调节项目，在现金流量表中单独列示。

有些特殊项目，如自然灾害损失、保险索赔等，应根据发生业务的性质，分别归并到前述现金流量的类别中。

采用直接法时，有关经营活动现金流量的信息，可以通过以下途径之一取得：（1）企业的会计记录；（2）根据以下项目对利润表中的营业收入、营业成本以及其他项目进行调整：①当期经营性应收和应付项目的变动；②固定资产折旧、无形资产摊销等其他非现金项目；③其现金影响属于投资或筹资活动现金流量的其他项目。

（五）现金流量表项目的内容和填报方法

下面以商业银行为例说明租赁公司与财务公司现金流量表的内容和填报方法。

1. 经营活动产生的现金流量

（1）客户存款和同业存放款项净增加额。本项目反映本期向客户和同业借入款项的净增加额。

（2）向中央银行借款净增加额。本项目反映了本期向中央银行借入款项的净增加额。

（3）向其他金融机构拆入资金净增加额。本项目反映本期从境内外金融机构拆入款项所取得的现金，减去拆借给境内外金融机构款项所支付现金后的金额。

（4）收取利息、手续费及佣金的现金。本项目反映了本期从境内外客户收取的利息、手续费及佣金收入。

（5）收到其他与经营活动有关的现金。本项目反映除了上述各项目外，与经营活动有关的其他现金流入，如捐赠现金收入、罚款收入、流动资产损失中由个人赔偿的现金收入等。其他现金流入如价值较大的，应单列项目反映。

（6）客户贷款及垫款净增加额。本项目反映了本期发放的各种客户贷款，以及办理商业票据贴现、转贴现融出及融入资金等业务款项的净增加额。

（7）存放中央银行和同业款项净增加额。本项目反映存放于中央银行以及存放于境内外金融机构的款项的净增加额。

（8）支付手续费及佣金的现金。本项目反映了委托其他企业代办业务实际支付的手续费和佣金。

（9）支付给职工以及为职工支付的现金。本项目反映实际支付给职工的现金以及为职工支付的现金，包括本期实际支付给职工的工资、奖金、各种津贴和补贴等，以及为职工支付的其他费用。不包括支付的离退休人员的各项费用和支付给在建工程人员的工资等。支付的离退休人员的各项费用，包括支付的统筹退休金以及未参加统筹的退休人员的费用，在"支付其他与经营活动有关的现金"项目中反映；支付的在建工程人员的工资，在"购建固定资产、无形资产和其他长期资产所支付的现金"项目中反映。

（10）支付的各项税费。本项目反映企业按规定支付的各项税费，包括本期发生并支付的税费（不包括支付的增值税进项税额），以及本期支付以前各期发生的税费和预交的税金，如支付的教育费附加、印花税、房产税、土地增值税、车船税等。不包括计入固定资产价值、实际支付的耕地占用税等，也不包括本期退回的增值税、所得税。本期退回的增值税、所得税，在"收到的税费返还"项目中反映。

（11）支付其他与经营活动有关的现金。本项目反映企业除上述各项目外，支付的其他与经营活动有关的现金，如罚款支出、支付的差旅费、业务招待费、保险费、经营租赁所支付的现金等。其他与经营活动有关的现金如果价值较大的，应单列项目反映。

2. 投资活动产生的现金流量

（1）收回投资收到的现金。本项目反映企业出售、转让或到期收回除现金等价物以外的交易性金融资产、债权投资、其他债权投资和其他权益工具投资、长期股权投资等而收到的现金,以及收回长期债权投资本金而收到的现金。不包括长期债权投资收回的利息,以及收回的非现金资产。

(2) 取得投资收益收到的现金。

(3) 收到其他与投资活动有关的现金。本项目反映企业除上述各项目外,收到的其他与投资活动有关的现金。其他与投资活动有关的现金,如果价值较大的,应单列项目反映。

(4) 投资支付的现金。

(5) 购建固定资产、无形资产和其他长期资产支付的现金。

(6) 支付其他与投资活动有关的现金。本项目反映企业除上述各项目外,支付的其他与投资活动有关的现金。其他与投资活动有关的现金,如果价值较大的,应单列项目反映。

需要注意的是,企业购买股票和债券时,实际支付的价款中包含的已宣告但尚未发放的现金股利或已到付息期但尚未领取的债券利息,应在"支付其他与投资活动有关的现金"项目中反映;收回购买股票和债券时支付的已宣告但尚未发放的现金股利或已到付息期但尚未领取的债券利息,应在"收到其他与投资活动有关的现金"项目中反映。

3. 筹资活动产生的现金流量

(1) 吸收投资收到的现金。

(2) 取得借款所收到的现金。本项目反映企业举借各种短期、长期借款而收到的现金。本项目可根据"库存现金""银行存款""短期借款""长期借款"等科目的记录分析填列。

(3) 收到其他与筹资活动有关的现金。本项目反映企业除上述各项目外,收到的其他与筹资活动有关的现金。其他与筹资活动有关的现金,如果价值较大的,应单列项目反映。本项目可根据有关科目的记录分析填列。

(4) 偿还债务支付的现金。本项目反映企业以现金偿还债务的本金,包括归还公司的借款本金、偿付企业到期的债券本金等。需要注意的是,企业偿还的借款利息、债券利息在"分配股利、利润或偿付利息支付的现金"项目中反映,不在本项目中反映。

(5) 分配股利、利润或偿付利息支付的现金。本项目反映企业实际支付的现金股利、支付给其他投资单位的利润或用现金支付的借款利息、债券利息等。

(6) 支付其他与筹资活动有关的现金。本项目反映企业除上述各项目外，支付的其他与筹资活动有关的现金。其他与筹资活动有关的现金，如果价值较大的，应单列项目反映。

4. 汇率变动对现金的影响

该项目反映企业外币现金流量及境外子公司的现金流量折算为人民币时，所采用的现金流量发生日的汇率或平均汇率折算为人民币金额与"现金及现金等价物净增加额"中外币现金净增加额按期末汇率折算为人民币金额之间的差额。

在编制现金流量表时，对当期发生的外币业务，也可不必逐笔计算汇率变动对现金的影响，可以通过会计报表附注中"现金及现金等价物净增加额"数额与报表中"经营活动产生的现金流量净额""投资活动产生的现金流量净额""筹资活动产生的现金流量净额"三项之和比较，其差额即为"汇率变动对现金的影响"。

5. 现金流量表补充资料的编制方法

企业应当采用间接法在现金流量表附注中披露将净利润调节为经营活动现金流量的信息。现金流量表的格式如表19-4所示。

表 19-4　　　　　　　　　　现金流量表补充资料

补充资料	本期金额	上期金额
1. 将净利润调节为经营活动现金流量：		
净利润		
加：资产减值准备		
固定资产折旧、油气资产折耗、生产性生物资产折旧		
无形资产摊销		
长期待摊费用摊销		
处置固定资产、无形资产和其他长期资产的损失（收益以"-"号填列）		
固定资产报废损失（收益以"-"号填列）		
公允价值变动损失（收益以"-"号填列）		
财务费用（收益以"-"号填列）		
投资损失（收益以"-"号填列）		
递延所得税资产减少（增加以"-"号填列）		
递延所得税负债增加（减少以"-"号填列）		

续表

补充资料	本期金额	上期金额
存货的减少（增加以"-"号填列）		
经营性应收项目的减少（增加以"-"号填列）		
经营性应付项目的增加（减少以"-"号填列）		
其他		
经营活动产生的现金流量净额		
2. 不涉及现金收支的重大投资和筹资活动：		
债务转为资本		
一年内到期的可转换公司债券		
融资租入固定资产		
3. 现金及现金等价物净变动情况：		
现金的期末余额		
减：现金的期初余额		
加：现金等价物的期末余额		
减：现金等价物的期初余额		
现金及现金等价物净增加额		

（1）"将净利润调节为经营活动现金流量"部分的内容及填列方法。

① 资产减值准备。本项目反映企业计提的各项资产的减值准备，例如坏账准备、长期股权投资减值准备、固定资产减值准备、无形资产减值准备等。企业计提的各项资产的减值准备包括在利润表中，从利润中扣除，但是却没有发生现金流出。所以，在将净利润调节为经营活动现金流量时，需要进行"增加"调节。本项目可根据"资产减值损失"等科目的记录分析填列。

② 固定资产折旧、油气资产折耗、生产性生物资产折旧。本项目反映企业本期累计提取的折旧。企业计提的固定资产折旧包括在业务及管理费中，计入业务及管理费中的部分，作为期间费用在计算净利润时从中扣除，但是却没有发生现金流出。所以，在将净利润调节为经营活动现金流量时，需要予以加回。本项目可根据"累计折旧"科目的贷方发生额分析填列。

③ 无形资产摊销、长期待摊费用摊销。本项目分别反映企业本期累计摊入成本费用的无形资产的价值及长期待摊费用。企业摊销无形资产时，计入业务及管理费；摊销长期待摊费用时，计入业务及管理费，计入业务及管理费中的部分作为期间费用在计算净利润时从中扣除，但是却没有发生现金流出，所以，在将净利润调节为经营活动现金流量时，需要予以加回。这两个

项目可根据"累计摊销""长期待摊费用"科目的贷方发生额分析填列。

④ 处置固定资产、无形资产和其他长期资产的损失。本项目反映企业本期由于处置固定资产、无形资产和其他长期资产而发生的净损失。企业处置固定资产、无形资产和其他长期资产发生的损益,属于投资活动产生的损益,不属于经营活动产生的损益,所以,在将净利润调节为经营活动现金流量时,需要予以调节。本项目可根据"营业外收入""营业外支出""资产处置损益"等科目所属有关明细科目的记录分析填列;如为净收益,以"－"号填列。

⑤ 固定资产报废损失。本项目反映企业本期固定资产盘亏(减:盘盈)后的净损失。企业发生的固定资产报废损益,属于投资活动产生的损益,不属于经营活动产生的损益,所以,在将净利润调节为经营活动现金流量时,需要予以调节。本项目可根据"营业外支出""营业外收入"等科目所属有关明细科目中固定资产盘亏损失减去固定资产盘盈收益后的差额填列。

⑥ 公允价值变动损失。由于公允价值计量与原账面价值的差额计入了当期损益,但不影响现金流量,故增加利润时调减,减少利润时调增。

⑦ 财务费用。本项目反映企业本期发生的应属于投资活动或筹资活动的财务费用。企业发生的财务费用,可以分别归属于经营活动、筹资活动和投资活动。其中,属于经营活动的部分,本身就应该在计算净利润时予以扣除,所以,在将净利润调节为经营活动现金流量时,不需要调节。与此相对应,属于投资活动、筹资活动的部分,在计算净利润时也从中扣除,但是,这部分发生的现金流出不属于经营活动范畴,所以,在将净利润调节为经营活动现金流量时,需要予以加回。本项目可根据"财务费用"科目的本期借方发生额分析填列;如为收益,以"－"号填列。

⑧ 投资损失。本项目反映企业本期投资所发生的损失减去收益后的净损失。企业发生的投资损益,属于投资活动产生的损益,不属于经营活动产生的损益,所以,在将净利润调节为经营活动现金流量时,需要予以调节。本项目可根据利润表中"投资收益"项目的数字填列;如为投资收益,以"－"号填列。

⑨ 递延所得税资产减少。本项目反映企业本期期末递延所得税资产比期初减少的金额,企业发生递延所得税资产,与其相对应的是所得税的减少,增加了本期的净利润。而企业本期期末递延所得税资产比期初减少意味着本期转回递延所得税资产比本期发生的递延所得税资产多,因而增加了本期所

得税费用，但却没有发生现金流出，所以，在将净利润调节为经营活动现金流量时，需要予以加回。"递延所得税资产"的期末数大于期初数的差额，以"-"号填列。

⑩ 递延所得税负债增加。本项目反映企业本期期末递延所得税负债比期初增加的金额，企业发生递延所得税负债，与其相对应的是所得税的增加，减少了本期的净利润。而企业本期期末递延所得税负债比期初增加意味着本期发生递延所得税负债比本期转回的递延所得税负债多，因而增加了本期所得税费用，但却没有发生现金流出，所以，在将净利润调节为经营活动现金流量时，需要予以加回；"递延所得税负债"的期末数小于期初数的差额，以"-"号填列。

⑪ 经营性应收项目的减少。本项目反映企业本期经营性应收项目的减少。如果某一期间经营性应收项目期末余额大于经营性应收项目期初余额，说明本期收入中有一部分没有收回现金，但是，在计算净利润时这部分收入已包括在内，所以，在将净利润调节为经营活动现金流量时，需要从中扣除；反之，如果某一期间经营性应收项目期末余额小于经营性应收项目期初余额，说明本期收回的现金大于利润表中所确认的收入，所以，在将净利润调节为经营活动现金流量时，需要予以加回。

⑫ 经营性应付项目的增加。本项目反映本期经营性应付项目的增加。如果某一期间经营性应付项目期末余额大于经营性应付项目期初余额，说明本期购入的商品中有一部分没有支付现金，但是，在计算净利润时却通过成本包括在内，所以，在将净利润调节为经营活动现金流量时，需要予以加回；反之，如果某一期间经营性应付项目期末余额小于经营性应付项目期初余额，说明本期支付的现金大于利润表中所确认的成本，所以，在将净利润调节为经营活动现金流量时，需要从中扣除。

⑬ 其他。本项目反映影响企业损益但不包括在以上项目的其他项目。例如，企业在编制会计差错更正处理当年的现金流量表时，除将会计差错更正对有关科目的影响分别反映于"净利润"有关调节项目外，还应将其对本年留存收益的影响作为"净利润"的调节因素反映于"其他"项目中。

（2）"不涉及现金收支的重大投资和筹资活动"项目的内容和填列方法。本项目反映企业一定期间内影响资产或负债但不形成该期现金收支的所有重大投资和筹资活动的信息。这些投资和筹资活动虽然不涉及现金收支，但对以后各期的现金流量有重大影响。

①"债务转为资本"项目,反映企业本期转为资本的债务金额。

②"一年内到期的可转换公司债券"项目,反映企业一年内到期的可转换公司债券的本息。

③"融资租入固定资产"项目,反映企业本期融资租入固定资产记入"长期应付款"科目的金额。

(六)现金流量表的披露要求

现金流量表准则规定,企业应当在附注中披露将净利润调节为经营活动现金流量的信息。至少应当单独披露对净利润进行调节的下列项目:

(1)资产减值准备;

(2)固定资产折旧;

(3)无形资产摊销;

(4)长期待摊费用摊销;

(5)处置固定资产、无形资产和其他长期资产的损益;

(6)固定资产报废损失;

(7)公允价值变动损益;

(8)财务费用;

(9)投资损益;

(10)递延所得税资产和递延所得税负债;

(11)经营性应收项目;

(12)经营性应付项目。

现金流量表准则规定,企业应当在附注中以总额披露当期取得或处置子公司及其他营业单位的下列信息:

(1)取得或处置价格;

(2)取得或处置价格中以现金支付的部分;

(3)取得或处置子公司及其他营业单位收到的现金;

(4)取得或处置子公司及其他营业单位按照主要类别分类的非现金资产和负债。

现金流量表准则规定,企业应当在附注中披露不涉及当期现金收支,但影响企业财务状况或在未来可能影响企业现金流量的重大投资和筹资活动。

现金流量表准则规定,企业应当在附注中披露与现金和现金等价物有关的下列信息：

（1）现金和现金等价物的构成及其在资产负债表中的相应金额。

（2）企业持有但不能由母公司或集团内其他子公司使用的大额现金和现金等价物金额。

第五节 所有者权益变动表

所有者权益变动表是专门描述企业所有者权益在一定会计期间变动过程及其结果的会计报表。

一、所有者权益变动表的结构与内容

所有者权益变动表包括表首和正表两部分。其中，表首列示所有者权益变动表的名称、编制单位、所属报表期间、报表编号、货币名称等。正表是所有者权益变动表的主体，可以从纵横两个视角来分析其结构。

从左到右的横向，列示着所有者权益各项目变动情况的本年金额和上年金额。在每一年的金额构成中，详细列示了组成所有者权益的各个部分，包括实收资本（或股本）、其他权益工具（如优先股、永续股和其他）、资本公积、其他综合收益、盈余公积、一般风险准备、未分配利润等。

从上而下的纵向，依次列示各个项目的变动情形，包括上年年末余额、本年年初余额、本年增减变动金额和本年年末余额四项。其中：

（1）本年年初余额是在上年所有者权益年末余额的基础上，加上（或减去）会计政策变更和前期会计差错更正对上年所有者权益的影响金额。

（2）本年增减变动金额项目是本表的主要部分，主要包括会计期间形成的净利润，直接计入所有者权益的利得和损失，所有者投入和减少的资本，利润分配等项目对所有者权益增减变动的影响。

所有者权益变动表至少应当单独列示反映下列信息的项目：①综合收益总额；②所有者投入或减少资本部分；③利润分配；④所有者权益内部结转。

（3）本年年末余额是本年年初余额加上（或减去）本年所有者权益增减变动金额后的余额。

现将所有者权益变动表的结构与内容具体列示如表 19-5 所示。

表 19-5　××租赁股份有限公司

所有者权益变动表

编制单位：××租赁股份有限公司　　　　年度　　　　　　　　　　　　　　　　　　　　　　　　　　　单位：元

项目	本年金额											上年金额										
	实收资本（或股本）	其他权益工具			资本公积	减：库存股	其他综合收益	盈余公积	一般风险准备	未分配利润	所有者权益合计	实收资本（或股本）	其他权益工具			资本公积	减：库存股	其他综合收益	盈余公积	一般风险准备	未分配利润	所有者权益合计
		优先股	永续股	其他									优先股	永续股	其他							
一、上年年末余额：																						
加：会计政策变更																						
前期差错更正																						
其他																						
二、本年年初余额																						
三、本年增减变动额（减少以"-"表示）																						
（一）综合收益总额																						
（二）所有者投入和减少资本																						
1. 所有者投入的普通股																						
2. 其他权益工具持有者投入资本																						
3. 股份支付计入所有者权益金额衍生金融资产																						
4. 其他																						
（三）利润分配																						
1. 提取盈余公积																						

续表

项目	本年金额											上年金额										
	实收资本（或股本）	其他权益工具			资本公积	减：库存股	其他综合收益	盈余公积	一般风险准备	未分配利润	所有者权益合计	实收资本（或股本）	其他权益工具			资本公积	减：库存股	其他综合收益	盈余公积	一般风险准备	未分配利润	所有者权益合计
		优先股	永续债	其他									优先股	永续债	其他							
2. 提取一般风险准备																						
3. 对所有者（或股东）的分配																						
4. 其他																						
（四）所有者权益内部结转																						
1. 资本公积转增资本（或股本）																						
2. 盈余公积转增资本（或股本）																						
3. 盈余公积弥补亏损																						
4. 设定受益计划转增留存收益																						
5. 其他综合收益结转留存收益																						
6. 其他																						
四、本年末余额																						

二、所有者权益变动表的编制方法

所有者权益变动表反映企业报告年度内所有者权益（或股东权益）增减变动的情况。本表应根据所有者权益账户及其所属各明细分类账户的发生额分析填列。

所有者权益变动表采取矩阵式列示方法，从左到右，按照静态构成所有者权益的项目排列，并列本年与上年两期数值；从上而下，按照综合收益和与所有者之间的交易事项进行列示。

"本年金额"栏各项目填列方法如下：

(1) "上年年末余额"项目，反映上年年末所有者权益各项目的余额。该项目直接根据上年所有者权益变动表的"本年年末余额"项目填列。

(2) "会计政策变更"项目，反映企业由于会计政策变更对上年所有者权益各项目（主要是盈余公积、未分配利润项目）的影响金额。该项目应根据"盈余公积""利润分配"账户所属明细分类账户分析填列。

(3) "前期差错更正"项目，反映企业由于前期会计差错对以前年度所有者权益各项目（主要是盈余公积、未分配利润项目）的影响金额。该项目应根据"盈余公积""利润分配"账户所属明细分类账户分析填列。

(4) "本年年初余额"项目，反映经过调整后的上年年末余额。该项目根据所有者权益各项目的"上年年末余额"加上（或减去）"会计政策变更"和"会计政策变更"对所有者权益各项目的影响金额。

(5) "本年增减变动金额"项目，反映企业当期形成的综合收益（以净利润为基础的调整结果）、所有者投入和减少的资本、利润分配、所有者内部划转等对本年所有者权益的影响金额。该项目根据该项目下的"(一) 综合收益总额""(二) 所有者投入和减少资本""(三) 利润分配""(四) 所有者权益内部结转"等项目对所有者权益的影响金额的合计填列。如果是减少金额，以"-"号填列。

(6) "四、本年年末余额"项目，在前述"二、本年年初余额"与"三、本年增减变动金额"的基础上加总计算。

具体数据，根据"实收资本（股本）""其他权益工具""资本公积""盈余公积""其他综合收益""利润分配""库存股""以前年度损益调整"等分析填列。

需要特别说明的是，"其他综合收益转留存收益"项目主要反映：（1）企业指定为以公允价值计量且其变动计入其他综合收益的非交易性权益工具投资终止确认时，之前计入其他综合收益的累计利得或损失从其他综合收益中转入留存收益的金额；（2）企业指定为以公允价值计量且其变动计入当期损益的金融负债终止确认时，之前由企业自身信用风险变动引起而计入其他综合收益的累计利得或损失从其他综合收益中转入留存收益的金额等。

第六节 财务报表附注

一、财务报表附注的作用

财务报表附注是对在资产负债表、利润表、现金流量表和所有者权益变动表等报表中列示项目的文字描述或明细资料，以及对未能在这些报表中列示项目的说明等。

附注是财务报表的重要组成部分，是对财务报表的补充说明，它对财务报表不能包括的内容，或者披露不详尽的内容，作进一步的解释和说明，从而有助于财务报告使用者理解和使用会计信息。

例如，财务报表采用报表格式，由于形式的限制，只能按照大类设置项目，反映总体情况，具有一定的固定性和规定性，至于各项目的构成明细等情况难以在表内反映，从而使其反映的会计信息受到一定的限制。再如，在可比性原则下，对于同样的经济业务，要求企业采用同样的会计方法和程序。此外，它要求前后各期采用的会计政策保持一致，不得随意变更。在实际工作中，由于会计法规发生变化，或者为了更加公允地反映企业的实际情况，企业有可能改变财务报表中某些项目的会计政策，由于不同期间的财务报表中同一项目采用了不同的会计政策，影响不同期间财务报表的可比性。为了帮助财务报表使用者掌握会计政策的变化，也需要在财务报表附注中加以说明。

需要注意的是，财务报表附注不能代替确认和计量。

二、财务报表附注的披露内容

财务报表附注应当披露财务报表的编制基础，相关信息应当与资产负债表、利润表、现金流量表和所有者权益变动表等报表中列示的项目相互参照。

财务报表附注应当按照顺序披露以下内容：

（1）财务报表的编制基础。

（2）遵循企业会计准则的声明。

（3）重要会计政策的说明，包括财务报表项目的计量基础和会计政策的确定依据等。

（4）重要会计估计的说明，包括下一会计期间内很可能导致资产、负债账面价值重大调整的会计估计的确定依据等。

（5）会计政策和会计估计变更以及差错更正的说明。

（6）对已在资产负债表、利润表、现金流量表和所有者权益变动表中列示的重要项目的进一步说明，包括终止经营税后利润的金额及其构成情况等。

（7）或有和承诺事项、资产负债表日后非调整事项、关联方关系及其交易等需要说明的事项。

此外，企业还应当在附注中披露在资产负债表日后、财务报告批准报出日前提议或宣布发放的股利总额和每股股利金额（或向投资者分配的利润总额）。

下列各项未在与财务报表一起公布的其他信息中披露的，企业应当在附注中披露：

（1）企业注册地、组织形式和总部地址。

（2）企业的业务性质或主要经营活动。

（3）母公司以及集团最终母公司的名称。

三、财务报表附注的内容

应当按照规定披露附注信息，主要包括下列内容：

其一，公司的基本情况。

其二，财务报表的编制基础。

其三，遵循企业会计准则的声明。

其四，重要会计政策和会计估计。

其五，会计政策和会计估计变更以及差错更正的说明。

以上这五个项目，应当比照一般企业进行披露。

其六，报表重要项目的说明。

1. 现金及存放中央银行款项的披露格式（见表 19-6）

表 19-6

项目	期末账面余额	年初账面余额
库存现金		
存放中央银行法定准备金		
存放中央银行超额存款准备金		
存放中央银行的其他款项		
合计		

2. 拆出资金的披露格式（见表 19-7）

表 19-7

项目	期末账面余额	年初账面余额
拆放其他银行		
拆放非银行金融机构		
减：贷款损失准备		
拆出资金账面价值		

3. 交易性金融资产（不含衍生金融资产）的披露格式（见表 19-8）

表 19-8

项目	期末公允价值	年初公允价值
债券		
基金		
权益工具		
其他		
合计		

如有指定为以公允价值计量且其变动计入当期损益的金融资产，也应比照上述格式进行披露。

4. 衍生工具的披露格式（见表 19-9）

表 19-9

类别	期末金额						年初金额					
	套期工具			非套期工具			套期工具			非套期工具		
	名义金额	公允价值资产	公允价值负债	名义金额	公允价值资产	公允价值负债	名义金额	公允价值资产	公允价值负债	名义金额	公允价值资产	公允价值负债
利率衍生工具												

续表

类别	期末金额							年初金额						
	套期工具			非套期工具				套期工具			非套期工具			
	名义金额	公允价值		名义金额	公允价值			名义金额	公允价值		名义金额	公允价值	
		资产	负债		资产	负债			资产	负债		资产	负债
衍生工具1													
……													
货币衍生工具													
衍生工具1													
……													
权益衍生工具													
衍生工具1													
……													
信用衍生工具													
衍生工具1													
……													
其他衍生工具													
合计													

5. 买入返售金融资产的披露格式（见表19-10）

表19-10

项目	期末账面余额	年初账面余额
证券		
票据		
贷款		
其他		
减：坏账准备		
买入返售金融资产账面价值		

6. 发放贷款和垫款

（1）贷款和垫款按个人和企业分布情况的披露格式见表19-11。

表19-11

项目	期末账面余额	年初账面余额
个人贷款和垫款		
——信用卡		
——住房抵押		
——其他		

续表

项目	期末账面余额	年初账面余额
企业贷款和垫款		
——贷款		
——贴现		
——其他		
贷款和垫款总额		
减：贷款损失准备		
其中：单项计提数		
组合计提数		
贷款和垫款账面价值		

（2）贷款和垫款按地区分布情况的披露格式见表19-12。

表19-12

地区分布	期末账面余额	比例（％）	年初账面余额	比例（％）
华南地区				
华北地区				
……				
其他地区				
贷款和垫款总额				
减：贷款损失准备				
其中：单项计提数				
组合计提数				
贷款和垫款账面价值				

注：银行可以按地区风险集中情况自行确定地区分布。

（3）贷款和垫款按担保方式分布情况的披露格式见表19-13。

表19-13

项目	期末账面余额	年初账面余额
信用贷款		
保证贷款		
附担保物贷款		
其中：抵押贷款		
质押贷款		
……		
贷款和垫款总额		
减：贷款损失准备		

续表

项目	期末账面余额	年初账面余额
其中：单项计提数		
组合计提数		
贷款和垫款账面价值		

（4）逾期贷款的披露格式见表19-14。

表19-14

项目	期末账面余额					年初账面余额				
	逾期1天至90天（含90天）	逾期90天至360天（含360天）	逾期360天至3年（含3年）	逾期3年以上	合计	逾期1天至90天（含90天）	逾期90天至360天（含360天）	逾期360天至3年（含3年）	逾期3年以上	合计
信用贷款										
保证贷款										
附担保物贷款										
其中：抵押贷款										
质押贷款										
……										
合计										

注：即使是本金逾期1天，整笔贷款也应划为逾期贷款。

（5）贷款损失准备的披露格式见表19-15。

表19-15

项目	本期金额		上期金额	
	单项	组合	单项	组合
期初余额				
本期计提				
本期转出				
本期核销				
本期转回：				
——收回原转销贷款和垫款导致的转回				
——贷款和垫款因折现价值上升导致的转回				
——其他因素导致的转回				
期末余额				

注：① 本期转出是指贷款转为抵债资产等而转出的贷款损失准备。
② 本期核销是指经批准贷款予以核销而核销的贷款损失准备。

7. 以摊余成本计量的金融资产的披露格式（见表 19-16）

表 19-16

项目	期末账面余额	年初账面余额
债权投资——债券		
其中：债券 1		
……		
债权投资——其他		
以摊余成本计量的金融资产合计		
减：债权投资减值准备		
以摊余成本计量的金融资产账面价值		

8. 以公允价值计量的金融资产的披露格式（见表 19-17）

表 19-17

项目	期末公允价值	年初公允价值
以公允价值计量且其变动计入其他综合收益的金融资产		
其他债权投资		
其中：类别 1		
……		
其他权益工具投资		
其中：类别 1		
……		
以公允价值计量且其变动计入当期损益的金融资产		
其中：权益类别 1		
……		
其他		
合计		

9. 其他资产的披露格式（见表 19-18）

表 19-18

项目	期末账面价值	年初账面价值
存出保证金		
应收股利		
其他应收款		
抵债资产		
……		
合计		

注：抵债资产的类别、减值准备计提、本年处置情况及未来处置计划，应同时予以披露。

10. 企业应当分别借入中央银行款项、国家外汇存款等披露期末账面余额和年初账面余额

11. 企业应当分别同业、其他金融机构存放款项披露期末账面余额和年初账面余额

12. 企业应当分别银行拆入、非银行金融机构拆入披露期末账面余额和年初账面余额

13. 交易性金融负债（不含衍生金融负债）的披露格式（见表 19–19）

表 19–19

项目	期末公允价值	年初公允价值
外币债券卖空		
其他		
合计		

如有指定为以公允价值计量且其变动计入当期损益的金融负债，也应比照上述格式披露。

14. 卖出回购金融资产款的披露格式（见表 19–20）

表 19–20

项目	期末账面余额	年初账面余额
证券		
票据		
贷款		
其他		
合计		

15. 吸收存款的披露格式（见表 19–21）

表 19–21

项目	期末账面余额	年初账面余额
活期存款		
其中：银行		
……		
定期存款（含通知存款）		
其中：银行		
……		

续表

项目	期末账面余额	年初账面余额
其他存款（含汇出汇款、应解汇款等）		
合计		

16. 应付债券的披露格式（见表19-22）

表 19-22

债券类型	发行日	到期日	利率	期初账面余额	本期增加额	本期减少额	期末账面余额
债券类别1							
……							
合计							

注：（1）发行次级债券的，应补充披露发行总面值、转换选择权条款、未摊销发行成本余额等。
（2）发行可转换公司债券的，应补充披露发行日可转换公司债券面值、债务成分和权益成分的初始确认金额、本期和上期支付的利息总额等。

17. 其他负债的披露格式（见表19-23）

表 19-23

项目	期末账面余额	年初账面余额
存入保证金		
应付股利		
其他应付款		
……		
合计		

18. 披露一般风险准备的期末、年初余额及计提比例

19. 利息净收入的披露格式（见表19-24）

表 19-24

项目	本期发生额	上期发生额
利息收入：		
——存放同业		
——存放中央银行		
——拆出资金		
——发放贷款及垫款		
其中：个人贷款和垫款		
公司贷款和垫款		

续表

项目	本期发生额	上期发生额
票据贴现		
——买入返售金融资产		
——债券投资		
——其他		
其中：已减值金融资产利息收入		
利息支出：		
——同业存放		
——向中央银行借款		
——拆入资金		
——吸收存款		
——卖出回购金融资产		
——发行债券		
——其他		
利息净收入		

20. 手续费及佣金净收入的披露格式（见表 19-25）

表 19-25

项目	本期发生额	上期发生额
手续费及佣金收入：		
——结算与清算手续费		
——代理业务手续费		
——信用承诺手续费及佣金		
——银行卡手续费		
——顾问和咨询费		
——托管及其他受托业务佣金		
——其他		
手续费及佣金支出：		
——手续费支出		
——佣金支出		
手续费及佣金净收入		

21. 投资收益的披露格式（见表19-26）

表19-26

项目	本期发生额	上期发生额
以公允价值计量且其变动计入当期损益的金融工具投资		
债权投资		
长期股权投资		
其他		
合计		

22. 公允价值变动收益的披露格式（见表19-27）

表19-27

项目	本期发生额	上期发生额
交易性金融工具		
指定为以公允价值计量且其变动计入当期损益的金融工具		
衍生工具		
其他		
合计		

23. 业务及管理费的披露格式（见表19-28）

表19-28

项目	本期发生额	上期发生额
电子设备运转费		
安全防范费		
物业管理费		
其他		
合计		

24. 分部报告

（1）主要报告形式是业务分部的披露格式见表19-29。

表19-29

项目	××业务		××业务		……	其他		抵销		合计	
	本年	上年	本年	上年		本年	上年	本年	上年	本年	上年
一、营业收入											
利息净收入											

续表

项目	××业务		××业务		……	其他		抵销		合计	
	本年	上年	本年	上年		本年	上年	本年	上年	本年	上年
其中：分部间利息净收入											
手续费及佣金净收入											
其中：分部间手续费及佣金净收入											
其他收入											
二、营业费用											
三、营业利润（亏损）											
四、资产总额											
五、负债总额											
六、补充信息											
1. 折旧和摊销费用											
2. 资本性支出											
3. 折旧和摊销以外的非现金费用											

注：主要报告形式是地区分部的，比照业务分部格式进行披露。

（2）在主要报告形式的基础上，对于次要报告形式，企业还应披露对外交易收入、分部资产总额。

25. 担保物

按照《企业会计准则第37号——金融工具列报》第二十一条和第二十二条的相关规定进行披露。

26. 金融资产转移（含资产证券化）

按照《企业会计准则第37号——金融工具列报》第二十条的相关规定进行披露。

27. 除上述项目以外的其他项目，应当比照一般企业进行披露。

其七，或有事项。

除比照一般企业进行披露外，还应对承诺事项作如下披露：

1. 信贷承诺的披露格式（见表19-30）

表19-30

项目	期末合同金额	年初合同金额
贷款承诺		
其中：1. 原到期日在1年以内		
2. 原到期日在1年或以上		

续表

项目	期末合同金额	年初合同金额
开出信用证		
开出保函		
银行承兑汇票		
其他		
合计		

注：对信贷承诺应计算并披露本期和上期信贷风险加权金额。

2. 存在经营租赁承诺、资本支出承诺、证券承销及债券承兑承诺的，还应披露有关情况

其八，资产负债表日后事项。

比照一般企业进行披露。

其九，关联方关系及其交易。

比照一般企业进行披露。

其十，风险管理。

按照《企业会计准则第37号——金融工具列报》第二十五条至第四十五条的相关规定进行披露。

第二十章
其他财务报告

本章精要

在上一章会计报告基础篇章之后，还要分析中期财务报告与合并报告等问题。

第一节是中期财务报告，要在掌握公司中期财务报告概念的前提下，明确中期报告的编制原则和确认计量要求。

第二节是关联方管制披露。了解关联方关系的认定，明确关联方关系与不构成关联方关系的一条红线。关于关联方交易的类型，需要分别厘清，包括购买或销售商品或其他资产、提供或接受劳务、经济担保、提供资金（贷款）或股权投资、租赁、代理等情形。对关联方的披露，则要区别对待，规范披露。

第三节是合并财务报表的编制。明确合并财务报表是指反映母公司和其全部子公司形成的企业集团整体财务状况、经营成果和现金流量的财务报表。要以"控制"为标准来确定合并范围，这是一个前提问题，同时，合并报表中的抵销项目也是一个问题。掌握合并财务报表的编制程序，并通过实例掌握合并资产负债表、合并利润表、合并现金流量表和合并所有者权益变动表的编制。

第四节是财务报表分析。本节针对租赁公司、财务公司的常规财务态势，阐述资金结构指标、盈利能力指标、偿债能力指标和资产效率指标等分析技术。

第一节 中期财务报告

一、中期财务报告的定义及其构成

（一）中期财务报告的定义

中期财务报告，是指以中期为基础编制的财务报告。中期，是指短于一个完整的会计年度（自公历 1 月 1 日起至 12 月 31 日止）的报告期间，它可以是一个月、一个季度或者半年，也可以是其他短于一个会计年度的期间，如 1 月 1 日至 9 月 30 日的期间等。因此，中期财务报告包括月度财务报告、季度财务报告、半年度财务报告，也包括年初至本中期末的财务报告。

（二）中期财务报告的构成

中期财务报告至少应当包括以下部分：资产负债表；利润表；现金流量表；附注。其中：

（1）资产负债表、利润表、现金流量表和附注是中期财务报告至少应当编制的法定内容，对其他财务报表或者相关信息，如所有者权益（或股东权益）变动表等，企业可以根据需要自行决定。

（2）中期资产负债表、中期利润表和中期现金流量表的格式和内容，应当与上年度财务报表相一致。如果当年新施行的会计准则对财务报表格式和内容作了修改，中期财务报表应当按照修改后的报表格式和内容编制，与此同时，在中期财务报告中提供的上年度比较财务报表的格式和内容也应当作相应的调整。

（3）中期财务报告中的附注相对于年度财务报告中的附注而言，是适当简化的。中期财务报表附注的编制应当遵循重要性原则。

二、中期财务报告的编制要求

（一）遵循与年度财务报告相一致的会计政策原则

企业在编制中期财务报告时，应当将中期视为一个独立的会计期间，不仅所采用的会计政策应当与年度财务报告所采用的会计政策相一致，而且会计要素确认和计量原则也要相一致。企业在编制中期财务报告时不得随意变更会计政策。

（二）遵循重要性原则

重要性原则是企业编制中期财务报告的一项十分重要的原则，具体应注意以下几点：

（1）重要性程度的判断应当以中期财务数据为基础，而不得以预计的年度财务数据为基础。这里所指的"中期财务数据"，既包括本中期的财务数据，也包括年初至本中期末的财务数据。有些对于预计的年度财务数据显得不重要的信息，对于中期财务数据而言可能是重要的。

（2）重要性原则的运用应当保证中期财务报告包括了与理解企业中期末财务状况和中期经营成果及其现金流量相关的信息。企业在运用重要性原则时，应当避免在中期财务报告中由于不确认、不披露或者忽略某些信息而对信息使用者的决策产生误导。

（3）重要性程度的判断需要根据具体情况作具体分析和职业判断。通常，在判断某一项目的重要性程度时，应当将项目的金额和性质结合在一起予以考虑，而且在判断项目金额的重要性时，应当以资产、负债、净资产、营业收入、净利润等直接相关项目数字作为比较基础，并综合考虑其他相关因素。有时在一些特殊情况下，单独依据项目的金额或者性质就可以判断其重要性。例如，企业发生会计政策变更，该变更事项对当期期末财务状况或者当期损益的影响可能比较小，但对以后期财务状况或者损益的影响却比较大，因此会计政策变更从性质上属于重要事项，应当在财务报告中予以披露。

（三）遵循及时性原则

为了体现企业编制中期财务报告的及时性原则，中期财务报告计量相对于年度财务数据的计量而言，在很大程度上依赖于估计。

三、中期财务报告的编制

企业在确认、计量和报告各中期财务报表项目时，对项目重要性程度的判断，应当以中期财务数据为基础，不应以年度财务数据为基础。中期会计计量与年度财务数据相比，可在更大程度上依赖于估计，但是，企业应当确保所提供的中期财务报告包括了相关的重要信息。

（一）中期财务报表

中期资产负债表、中期利润表和中期现金流量表应当是完整报表，其格式和内容应当与上年度财务报表相一致。

1. 中期财务报告涉及的合并财务报表和母公司财务报表

上年度编制合并财务报表的，中期期末应当编制合并财务报表。上年度财务报告除了包括合并财务报表，还包括母公司财务报表的，中期财务报告也应当包括母公司财务报表。上年度财务报告包括了合并财务报表，当报告中期内处置了所有应当纳入合并范围的子公司的，中期财务报告只需提供母公司财务报表，但上年度比较财务报表仍应当包括合并财务报表，上年度可比中期没有子公司的除外。

2. 中期财务报表涉及的比较财务报表

企业在中期期末除需编制中期资产负债表、中期利润表、中期现金流量表外，还应当提供前期比较财务报表，以提高财务报表信息的可比性和有用性。

（1）中期财务报告中比较财务报表的种类。

① 本中期末的资产负债表和上年度末的资产负债表。

② 本中期的利润表、年初至本中期末的利润表以及上年度可比期间的利润表（上年度可比期间的利润表包括上年度可比中期的利润表和上年度年初至可比中期末的利润表）。

③ 年初至本中期末的现金流量表和上年度年初至本可比中期末的现金流量表。

【例20-1】20×4年6月30日，甲公司按照规定编制第二季度财务报告。

本例中，甲公司在第二季度财务报告中应提供的财务报告如表20-1所示。

表20-1

报表类别	本年度中期财务报表时间	上年度比较财务报表时间
资产负债表	20×4年6月30日	20×3年12月31日
利润表（本中期）	20×4年4月1日至6月30日	20×3年4月1日至6月30日
利润表（年初至本中期末）	20×4年1月1日至6月30日	20×3年1月1日至6月30日
现金流量表	20×4年1月1日至6月30日	20×3年1月1日至6月30日

（2）提供比较财务报表时应注意以下几点：

① 企业在中期内如果由于新的会计准则或有关法规的要求，对财务报表

项目的列报或分类进行了调整或者修订,或者企业出于便于报表使用者阅读和理解的需要,对财务报表项目作了调整,从而导致本年度中期财务报表项目及其分类与比较财务报表项目及其分类出现不同,比较财务报表中的有关金额应当按照本年度中期财务报表的要求予以重新分类,同时还应当在会计报表附注中说明财务报表项目重新分类的原因及其内容。

② 企业如果在中期内发生了会计政策变更或者重大会计差错更正事项,则应当调整相关比较财务报表期间的净损益和其他相关项目,视同该项会计政策在比较财务报表期间一贯采用或者该重大会计差错在产生的当期已经得到了更正。对于比较财务报表可比期间以前的会计政策变更的累积影响数或者重大会计差错,应当根据规定调整比较财务报表最早期间的期初留存收益,财务报表其他相关项目的金额也应当一并调整。

③ 对于本年度中期内发生的调整以前年度损益事项,企业应当调整本年度财务报表相关项目的年初数,同时中期财务报告中相应的比较财务报表也应当为已经调整以前年度损益后的报表。

(二) 中期财务报表附注

中期财务报告中的附注应当以年初至本中期末为基础编制,披露自上年度资产负债表日之后发生的,有助于理解企业财务状况、经营成果和现金流量变化情况的重要交易或者事项。对于理解本中期财务状况、经营成果和现金流量有关的重要交易或者事项,也应当在附注中作相应披露。

中期财务报告中的附注至少应当包括下列信息:

(1) 中期财务报表所采用的会计政策与上年度财务报表相一致的声明。会计政策发生变更的,应当说明会计政策变更的性质、内容、原因及其影响数;无法追溯调整的,应当说明原因。

(2) 会计估计变更的内容、原因及其影响数;影响数不能确定的,应当说明原因。

(3) 前期差错的性质及其更正金额;无法进行追溯重述的,应当说明原因。

(4) 企业经营的季节性或者周期性特征。

(5) 存在控制关系的关联方发生变化的情况;关联方之间发生交易的,应当披露关联方关系的性质、交易类型和交易要素。

(6) 合并财务报表的合并范围发生变化的情况。

（7）对性质特别或者金额异常的财务报表项目的说明。

（8）证券发行、回购和偿还情况。

（9）向所有者分配利润的情况，包括在中期内实施的利润分配和已提出或者已批准但尚未实施的利润分配情况。

（10）根据分部报告准则规定应当披露分部报告信息的，应当披露主要报告形式的分部收入与分部利润（亏损）。

（11）中期资产负债表日至中期财务报告批准报出日之间发生的非调整事项。

（12）上年度资产负债表日以后所发生的或有负债和或有资产的变化情况。

（13）企业结构变化情况，包括企业合并，对被投资单位具有重大影响、共同控制或者控制关系的长期股权投资的购买或者处置，终止营业等。

（14）其他重大交易或者事项，包括重大的长期资产转让及其出售情况、重大的固定资产和无形资产取得情况、重大的研究和开发支出、重大的资产减值损失情况等。

企业在提供上述（5）、（10）有关联方交易、分部收入与分部利润（亏损）信息时，应当同时提供本中期（或者本中期末）和本年度年初至本中期末的数据，以及上年度可比中期（或者可比期末）和可比年初至可比中期末的比较数据。

【例20-2】甲财务公司按季度编制季度财务报表，20×4年4月10日，甲财务公司向股东实施了上年度财务报告中提出的"每10股送2股并每股派发现金股利0.6元"的利润分配方案，分配方案的基数为上年度末总股本10 000 000股。

本例中，甲财务公司编制第二季度财务报告的财务报表附注中应作如下披露：

利润分配情况的说明：

20×4年4月10日，本公司以20×3年12月31日的10 000 000股总股本为基数，向全体股东实施了20×3年度财务报告中提出的"每10股送2股并每股派发现金股利0.6元"的利润分配方案，共计送股2 000 000股，派发现金6 000 000元，其中，每股派发现金股利为0.6元（含税）。

四、中期财务报告的确认和计量

（1）企业在中期财务报表中应当采用与年度财务报表相一致的会计政策。

（2）企业上年度资产负债表日之后发生了会计政策变更，且变更后的会计政策将在年度财务报表中采用的，中期财务报表应当采用变更后的会计政策，并应当在附注中说明会计政策变更的性质、内容、原因及其影响数；无法追溯调整的，应当说明原因。

会计政策变更的累积影响数能够合理确定，且涉及本年度以前中期财务报表相关项目数字的，应当予以追溯调整，视同该会计政策在整个会计年度一贯采用，同时上年度可比财务报表也应当作相应调整。

（3）企业财务报告的频率不应当影响其年度结果的计量，中期会计计量应当以年初至本中期期末为基础。

（4）在同一会计年度内，以前中期财务报表项目在以后中期发生了会计估计变更的，以后中期财务报表应当反映该会计估计变更后的金额，但对以前中期财务报表项目金额不作调整。同时，企业应当在以后中期财务报表附注中披露会计估计变更的内容、原因及其影响数；影响数不能确定的，应当说明原因。

（5）企业在会计年度中不均匀发生的费用，应当在发生时予以确认和计量，不应当在中期财务报表中预提或者待摊。但是，会计年度末允许预提或者待摊的费用，允许在中期财务报表中预提或者待摊。

五、中期会计政策变更的处理

企业在中期如果发生了会计政策的变更，应当按照会计政策、会计估计变更和差错更正准则的规定处理，并在财务报表附注中作相应披露。会计政策变更的累积影响数能够合理确定，且涉及本会计年度以前中期财务报表相关项目数字的，应当予以追溯调整，视同该会计政策在整个会计年度一贯采用；同时，上年度可比财务报表也应当作相应调整。

第二节 关联方管制披露

一、关联方关系的认定

关联方关系的存在是以控制、共同控制或重大影响为前提条件的。在判断是否存在关联方关系时,应当遵守实质重于形式原则。从一个企业的角度出发,与其存在关联方关系的各方包括:

(1) 该企业的母公司,不仅包括直接或间接控制该企业的其他企业,也包括能够对该企业直接控制的部门、单位等。

(2) 该企业的子公司,包括直接或间接被该企业控制的其他企业,也包括直接或间接地被该企业控制的单位、财务基金等。

(3) 与该企业同受同一母公司控制的其他企业。例如,A公司和B公司共同控制C公司,同时A公司和D公司共同控制E公司,由于C公司和E公司同时受到A公司的共同控制,因此,C公司和E公司之间构成关联方关系。

(4) 对该企业实施共同控制的投资方。这里的共同控制包括直接的共同控制和间接的共同控制。对企业实施直接或间接共同控制的投资方与该企业之间是关联方关系。但这些投资方之间并不能仅仅因为共同控制了同一家企业而视为存在关联方关系。

(5) 对该企业施加重大影响的投资方。这里的重大影响包括直接的重大影响和间接的重大影响。对企业实施重大影响的投资方与该企业之间是关联方关系,但这些投资方之间并不能仅仅因为对同一家企业具有重大影响而视为存在关联方关系。

(6) 该企业的合营企业。合营企业是以共同控制为前提的,两方或多方共同控制某一企业时,该企业则为投资者的合营企业。

(7) 该企业的联营企业。联营企业和重大影响是相联系的,如果投资者能对被投资企业施加重大影响,则该被投资企业视为投资者的联营企业。

(8) 该企业的主要投资者个人及与其关系密切的家庭成员。主要投资者个人,是指能够控制、共同控制一个企业或者对一个企业施加重大影响的个人投资者。

（9）该企业或其母公司的关键管理人员及与其关系密切的家庭成员。关键管理人员，是指有权力并负责计划、指挥和控制企业活动的人员。与主要投资者个人或关键管理人员关系密切的家庭成员，是指在处理与企业的交易时可能影响该个人或受该个人影响的家庭成员。

（10）该企业主要投资者个人、关键管理人员或与其关系密切的家庭成员控制、共同控制或施加重大影响的其他企业。对于这类关联方，应当根据主要投资者个人、关键管理人员或与其关系密切的家庭成员的实际影响力具体分析判断。

二、关联方交易的类型

存在关联方关系的情况下，关联方之间发生的交易为关联方交易。关联方的交易类型主要有：

（1）购买或销售商品。购买或销售商品是关联方交易较常见的交易事项。例如，企业集团成员企业之间互相购买或销售商品，形成关联方交易。

（2）购买或销售除商品以外的其他资产。例如，母公司出售给其子公司设备或建筑物等。

（3）提供或接受劳务。

（4）担保。担保包括在借贷、买卖、货物运输、加工承揽等经济活动中，为了保障其债权实现而实行的担保等。当存在关联方关系时，一方往往为另一方提供为取得借款、买卖等经济活动中所需要的担保。

（5）提供资金（贷款或股权投资）。例如，企业从其关联方取得资金，或权益性资金在关联方之间的增减变动等。

（6）租赁。租赁通常包括经营租赁和融资租赁等，关联方之间的租赁合同也是主要的交易事项。

（7）代理。代理主要是依据合同条款，一方可为另一方代理某些事务，如代理销售货物，或代理签订合同等。

（8）研究与开发项目的转移。在存在关联方关系时，有时某一企业所研究与开发的项目会由于一方的要求而放弃或转移给其他企业。

（9）许可协议。当存在关联方关系时，关联方之间可能达成某项协议，如允许一方使用另一方商标等，从而形成了关联方之间的交易。

（10）代表企业或由企业代表另一方进行债务结算。

（11）关键管理人员薪酬。企业支付给关键管理人员的报酬，也是一项主要的关联方交易。

三、关联方的披露

（1）企业无论是否发生关联方交易，均应当在附注中披露与该企业之间存在直接控制关系的母公司和子公司有关的信息。母公司不是该企业最终控制方的，还应当披露企业集团内对该企业享有最终控制权的企业（或主体）的名称。母公司和最终控制方均不对外提供财务报表的，还应当披露母公司之上与其最相近的对外提供财务报表的母公司名称。

（2）企业与关联方发生关联方交易的，应当在附注中披露该关联方关系的性质、交易类型及交易要素。

（3）对外提供合并财务报表的，对于已经包括在合并范围内各企业之间的交易不予披露。

第三节 合并财务报表的编制

一、合并财务报表概述

合并财务报表，是指反映母公司和其全部子公司形成的企业集团（以下简称"企业集团"）整体财务状况、经营成果和现金流量的财务报表。

与个别财务报表相比，合并财务报表反映的是企业集团整体的财务状况、经营成果和现金流量，反映的对象是通常由若干个法人（包括母公司和其全部子公司）组成的会计主体，是经济意义上的主体，而不是法律意义上的主体。

（一）合并范围的确定

合并财务报表的合并范围应当以控制为基础加以确定。

控制，是指一个企业能够决定另一个企业的财务和经营政策，并能据以从另一个企业的经营活动中获取利益的权力。

（二）控制标准的具体应用

1. 母公司拥有其半数以上的表决权的被投资单位应当纳入合并财务报表的合并范围

母公司直接或通过子公司间接拥有被投资单位半数以上的表决权表明母公司能够控制被投资单位，应当将该被投资单位认定为子公司，纳入合并财务报表的合并范围。但是，有证据表明母公司不能控制被投资单位的除外。

2. 母公司拥有其半数以下的表决权的被投资单位纳入合并财务报表的合并范围的情况

母公司拥有被投资单位半数或以下的表决权，满足下列条件之一的，视为母公司能够控制被投资单位，应当将该被投资单位认定为子公司，纳入合并财务报表的合并范围。但是，有证据表明母公司不能控制被投资单位的除外：

（1）通过与被投资单位其他投资者之间的协议，拥有被投资单位半数以上的表决权。

（2）根据公司章程或协议，有权决定被投资单位的财务和经营政策。这种情况是指在被投资单位的公司章程等文件中明确母公司对其财务和经营政策能够实施控制。

（3）有权任免被投资单位的董事会或类似机构的多数成员。

（4）在被投资单位董事会或类似机构占多数表决权。

在母公司拥有被投资单位半数或以下的表决权满足上述四个条件之一，合并报表准则视为母公司能够控制被投资单位，应当将该被投资单位认定为子公司，纳入合并财务报表的合并范围。但是，如果有证据表明母公司不能控制被投资单位的除外。

（三）所有子公司都应纳入母公司的合并财务报表的合并范围

母公司应当将其全部子公司纳入合并财务报表的合并范围。即，只要是由母公司控制的子公司，不论子公司的规模大小、子公司向母公司转移资金能力是否受到严格限制，也不论子公司的业务性质与母公司或企业集团内其他子公司是否有显著差别，都应当纳入合并财务报表的合并范围。

下列被投资单位不是母公司的子公司，不应当纳入合并财务报表的合并范围：

（1）宣告被清理整顿的原子公司。

（2）已宣告破产的原子公司。

（3）母公司不能控制的其他被投资单位。

二、合并财务报表的编制程序

合并财务报表编制有其特殊的程序，主要包括如下几个方面：

（1）编制合并工作底稿。合并工作底稿的作用是为合并财务报表的编制提供基础。在合并工作底稿中，对母公司和子公司的个别财务报表各项目的金额进行汇总和抵销处理，最终计算得出合并财务报表各项目的合并金额。

（2）将母公司、子公司个别资产负债表、利润表、现金流量表、所有者权益变动表各项目的数据过入合并工作底稿，并在合并工作底稿中对母公司和子公司个别财务报表各项目的数据进行加总，计算得出个别资产负债表、利润表、现金流量表、所有者权益变动表各项目合计金额。

（3）在合并工作底稿中编制调整分录和抵销分录，将内部交易对合并财务报表有关项目的影响进行抵销处理。编制抵销分录，进行抵销处理是合并财务报表编制的关键和主要内容，其目的在于将个别财务报表各项目的加总金额中重复的因素予以抵销。

在合并工作底稿中编制的调整分录和抵销分录，借记或贷记的均为财务报表项目（即资产负债表项目、利润表项目、现金流量表项目和所有者权益变动表项目），而不是具体的会计科目。比如，在涉及调整或抵销固定资产折旧、固定资产减值准备等均通过资产负债表中的"固定资产"项目，而不是"累计折旧""固定资产减值准备"等科目来进行调整和抵销。

（4）计算合并财务报表各项目的合并金额。即在母公司和子公司个别财务报表各项目加总金额的基础上，分别计算出合并财务报表中各资产项目、负债项目、所有者权益项目、收入项目和费用项目等的合并金额。

三、合并资产负债表

合并资产负债表是反映企业集团在某一特定日期财务状况的财务报表，由合并资产、负债和所有者权益各项目组成。财务公司和租赁公司编制合并报表和其他企业编制合并报表有相同之处，比如两者都涉及长期股权投资的抵销；但是两者之间也有很大的差别，比如财务公司和租赁公司合并报表的编制很少涉及内部商品购销和内部购销固定资产的抵销。

（一）对子公司的个别财务报表进行调整

在编制合并财务报表时，首先应对各子公司进行分类，分为同一控制下企业合并中取得的子公司和非同一控制下企业合并中取得的子公司两类。

1. 属于同一控制下企业合并中取得的子公司

对于属于同一控制下企业合并中取得的子公司的个别财务报表，如果不存在与母公司会计政策和会计期间不一致的情况，则不需要对该子公司的个别财务报表进行调整，即不需要将该子公司的个别财务报表调整为以公允价值反映的财务报表，只需要抵销内部交易对合并财务报表的影响即可。

2. 属于非同一控制下企业合并中取得的子公司

对于属于非同一控制下企业合并中取得的子公司，除了存在与母公司会计政策和会计期间不一致的情况，需要对该子公司的个别财务报表进行调整外，还应当根据母公司为该子公司设置的备查簿的记录，以记录的该子公司的各项可辨认资产、负债及或有负债等在购买日的公允价值为基础，通过编制调整分录，对该子公司的个别财务报表进行调整，以使子公司的个别财务报表反映为在购买日公允价值基础上确定的可辨认资产、负债及或有负债在本期资产负债表日的金额。

（二）按权益法调整对子公司的长期股权投资

合并报表准则规定，合并财务报表应当以母公司和其子公司的财务报表为基础，根据其他有关资料，按照权益法调整对子公司的长期股权投资后，由母公司编制。

在合并工作底稿中，按权益法调整对子公司的长期股权投资时，应按长期股权投资准则所规定的权益法进行调整。

合并报表准则也允许企业直接在对子公司的长期股权投资采用成本法核算的基础上编制合并财务报表，但是所生成的合并财务报表应当符合合并报表准则的相关规定。

（三）编制合并资产负债表时应进行抵销处理的项目

合并资产负债表是以母公司和子公司的个别资产负债表为基础编制的。个别资产负债表则是以单个企业为会计主体进行会计核算的结果，它从母公司本身或从子公司本身的角度对自身的财务状况进行反映。这样，对于内部交易，从发生内部交易的企业来看，发生交易的各方都在其个别资产负债表中进行了反映。在这种情况下，资产、负债和所有者权益类各项目的加总金额中，必然包含有重复计算的因素。作为反映企业集团整体财务状况的合并资产负债表，必须将这些重复计算的因素予以扣除，对这些重复的因素进行抵销处理。这些需要扣除的重复因素，就是合并财务报表编制时需要进行抵销处理的项目。

编制合并资产负债表时需要进行抵销处理的，主要有如下项目：

1. 长期股权投资与子公司所有者权益的抵销处理

母公司对子公司进行的长期股权投资，一方面反映为长期股权投资以外的其他资产的减少，另一方面反映为长期股权投资的增加，在母公司个别资产负债表中作为资产类项目中的长期股权投资列示。子公司接受这一投资时，一方面增加资产，另一方面作为实收资本（或股本，下同）处理，在其个别资产负债表中一方面反映为实收资本的增加，另一方面反映为相对应的资产的增加。从企业集团整体来看，母公司对子公司进行的长期股权投资实际上相当于母公司将资本拨付下属核算单位，并不引起整个企业集团的资产、负债和所有者权益的增减变动。因此，编制合并财务报表时，应当在母公司与子公司财务报表数据简单相加的基础上，将母公司对子公司长期股权投资项目与子公司所有者权益项目予以抵销。

子公司所有者权益中不属于母公司的份额，即子公司所有者权益中抵销母公司所享有的份额后的余额，在合并财务报表中作为"少数股东权益"处理，"少数股东权益"项目应当在"所有者权益"项目下单独列示。

当母公司对子公司长期股权投资的金额与在子公司所有者权益中所享有的份额不一致时，应按其差额记入"商誉"项目。

2. 内部债权与债务的抵销处理

母公司与子公司、子公司相互之间的债权和债务项目，是指母公司与子公司、子公司相互之间因销售金融商品、提供金融服务以及发生结算业务等原因产生的应收利息与应付利息、其他应收款与其他应付款、债权投资与应付债券等项目。发生在母公司与子公司、子公司相互之间的这些项目，企业集团内部企业的一方在其个别资产负债表中反映为资产，而另一方则在其个别资产负债表中反映为负债。但从企业集团整体角度来看，它只是内部资金运动，既不能增加企业集团的资产，也不能增加负债。因此，为了消除个别资产负债表直接加总中的重复计算因素，在编制合并财务报表时应当将内部债权债务项目予以抵销。

同时，公司在合并报表时，如果母子公司之间存在相互销售商品、销售固定资产的情况，也需要对存货价值中包含的未实现内部销售损益和内部固定资产交易进行抵销处理。

四、合并利润表

（一）编制合并利润表时应进行抵销处理的项目

合并利润表应当以母公司和子公司的利润表为基础，在抵销母公司与子公司、子公司相互之间发生的内部交易对合并利润表的影响后，由母公司合并编制。

利润表作为以单个企业为会计主体进行会计核算的结果，分别从母公司本身和子公司本身反映其在一定会计期间经营成果。在以母、子公司个别利润表为基础计算的收入和费用等项目的加总金额中，也必然包含有重复计算的因素。因此，编制合并利润表时，也需要将这些重复的因素予以剔除。

编制合并利润表时需要进行抵销处理的，主要有如下项目：

1. 内部营业收入和内部营业成本的抵销处理

内部营业收入是指企业集团内部母公司与子公司、子公司相互之间发生的商品销售（或劳务提供，下同）活动所产生的营业收入。内部营业成本是指企业集团内部母公司与子公司、子公司相互之间发生的销售商品的营业成本。

在企业集团内部母公司与子公司、子公司相互之间发生内部购销交易的情况下，母公司和子公司都从自身的角度，以自身独立的会计主体进行核算反映其损益情况。从销售企业来说，以其内部销售确认当期销售收入并结转相应的销售成本，计算当期内部销售商品损益。从购买企业来说，其购进的商品可能用于对外销售，也可能是作为固定资产、工程物资、在建工程、无形资产等资产使用。因此，对内部销售收入和内部销售成本进行抵销时，应分别不同的情况进行处理。

2. 内部投资收益（利息收入）和利息费用的抵销处理

企业集团内部母公司与子公司、子公司相互之间可能发生相互提供信贷，以及相互之间持有对方债券的内部交易。在内部提供信贷的情况下，提供贷款的企业（公司）确认利息收入，并在其利润表中反映为营业收入（利息收入）；而接受贷款的企业则支付利息费用，在其利润表中反映为财务费用（本节为了简化合并处理，假定所发生的利息费用全部计入当期损益，不存在资本化的情况）。在持有母公司或子公司发行的企业债券（或公司债券，下同）

的情况下，发行债券的企业支付的利息费用作为财务费用处理，并在其个别利润表"财务费用"项目中列示；而持有债券的企业将购买的债券在其个别资产负债表"债权投资"（假定购买债券的企业将该债券投资归类为债权投资）项目中列示，当期获得的利息收入则作为投资收益处理，并在其个别利润表"投资收益"项目中列示。在编制合并财务报表时，应当在抵销内部发行的应付债券和债权投资等内部债权债务的同时，将内部应付债券和债权投资相关的利息费用与投资收益（利息收入）相互抵销，即将内部债券投资收益与内部发行债券的利息费用相互抵销。

3. 母公司与子公司、子公司相互之间持有对方长期股权投资的投资收益的抵销处理

内部投资收益是指母公司对子公司或子公司对母公司、子公司相互之间的长期股权投资的收益，即母公司对子公司的长期股权投资在合并工作底稿中按权益法调整的投资收益，实际上就是子公司当期营业收入减去营业成本和期间费用、所得税费用等后的余额与其持股比例相乘的结果。在子公司为全资子公司的情况下，母公司对某一子公司在合并工作底稿中按权益法调整的投资收益，实际上就是该子公司当期实现的净利润。编制合并利润表时实际上是将子公司的营业收入、营业成本和期间费用视为母公司本身的营业收入、营业成本和期间费用同等看待，与母公司相应的项目进行合并，是将子公司的净利润还原为营业收入、营业成本和期间费用，也就是将投资收益还原为合并利润表中的营业收入、营业成本和期间费用处理。因此，在编制合并利润表时，必须将对子公司长期股权投资收益予以抵销。

（二）合并利润表的编制

在编制合并利润表时，母公司首先应当设计合并工作底稿，将母公司、子公司个别利润表的数据过入合并工作底稿，并计算利润表各项目的合计金额。其次，编制调整分录，按照母公司备查簿中所记录的子公司可辨认资产、负债及或有负债在购买日的公允价值的资料调整子公司的财务报表，将子公司的财务报表调整成以购买日可辨认资产、负债及或有负债的公允价值为基础编制的财务报表，按照权益法调整母公司对子公司的长期股权投资。最后，编制抵销分录，将母公司与子公司之间的内部交易对合并利润表的影响予以抵销。

第四节 财务报表分析

人们常说,财务是个内当家。但是不懂财务也当不好公司经理。有人曾经典地总结出:你要考察现状,就看资产负债表;你要评价过去,就看利润表;你要测量真金白银,就看现金流量表。可见,对于财务报表这一体系,只有科学地进行分析,才能真正揭示其内在的信息价值。

一、租赁公司与财务公司会计报表分析的方法

租赁公司与财务公司在分析会计报表时,一般是以年为期间进行分析的,当然也可以进行月度分析。无论以哪一种时间为基础,会计报表的分析方法都归纳为两种:一是比例分析,二是比率分析。

(一)比例分析

比例分析有两种方法:一是增长比例分析,又叫横向或水平分析;二是结构比例分析,也叫纵向或垂直分析。

(1)增长比例分析主要目的是分析企业经营成果在若干年内的增长比例情况,其自身也有两种计算方法,一是环比增长分析,就是将相邻两年的数字进行比较分析,如2011年与2010年比,2014年与2013年比等;二是定基增长分析,就是固定某一年为比较的基础,分析增长情况,如以2000年为基数,各年度都与其相比。在计算增长情况时既可以用绝对数,也可以用相对数(百分比)。

(2)结构比例分析主要目的是分析某一种会计报表中各项目的构成是否合理,如流动资产占总资产的比例,固定资产占总资产的比例,销售成本占销售收入的比例等。结构比例分析可以用于各种会计报表的分析。

(二)比率分析

比率分析是将两个相互联系的财务指标进行测算分析,是会计报表分析中最常见、最普遍的方法,而且很多比率指标已经标准化了。

二、租赁公司与财务公司会计报表分析的主要指标

我们知道,会计主要研究资金及其运动,资金运动有一个循环周期,就

生产企业来讲，资金的循环运动过程是由货币资金、储备资金、生产资金、产成品资金、销售资金又回到货币资金，租赁公司与财务公司也各自具有其自身的资金运动规律与周转特点。而从企业经营管理角度来说，资金管理同样有一个内在的循环过程，或者说是衡量判断企业运行过程中质量优劣的重要环节，即企业的资金结构、盈利能力、偿债能力和负债能力以及企业自身的资金使用效率。也就是说，企业经营首先离不开资金，"工欲善其事，必先利其器"，有了资金，要看你的资金结构是否合理；资金结构合理了还要看企业的盈利能力，即指资金投入后能给企业带来多少利润。其次，企业发展、扩大规模不可避免要进行举债，举债分长期和短期，衡量企业短期偿还债务的能力叫偿债能力，长期偿还债务的能力叫负债能力。最后还要分析企业资金使用的效率，泛指各项资产的周转速度，一般情况下，周转速度越快越好，显示资产管理水平越高。因此，租赁公司与财务公司会计报表分析，主要就是利用会计报表及有关资料，结合以上企业运行过程中的重要环节，确定相应的指标进行综合分析。

（一）分析租赁公司与财务公司资金结构的指标

分析资金结构的指标主要包括资产结构和负债结构两项指标。

1. 资产结构

资产结构主要反映流动资产和非流动资产之间的比例关系。它帮助我们从客观角度掌握租赁公司与财务公司所在行业的特点、经营管理和客户需求的水平。主要指标是流动资产率，即流动资产占资产总额的比例。该指标越高，企业的日常生产经营活动对于经营格局就越重要。比如，在客户对金融产品需求旺盛或扩大经营规模时期，企业投入当期经营活动的资金要比其他企业、其他时期更多。

2. 负债结构

负债结构主要分析负债总额与所有者权益之间的比例关系。主要指标是自有资金负债率，也叫企业投资安全系数，用来衡量投资者对负债偿还的保障程度。自有资金负债率越大，债权人所得到的保障越小，获得银行贷款的可能性越小（或者说银行收回贷款的难度就越大）。企业的客户也很关心这一指标，它是确定付款方式、付款期限的依据。该比率越低，股东及企业以外第三方对企业的信心就越足，但如果该比率过低，说明企业没有充分利用自有资金，发展潜力还很大。一般认为1:1最理想。

(二) 分析租赁公司与财务公司盈利能力的指标

企业盈利能力又称企业创造效益的能力,是企业效率的集中表现,也是企业在市场竞争中立于不败之地的根本保证。这方面需要掌握的指标很多,通常主要有以下几种:

1. 主营业务收入增长率

主营业务收入,也称营业额,是企业开展租赁服务或财务资源提供所取得的收入。它是企业实现利润的主要来源。由于影响主营业务收入的因素很多,包括自身客户对象、资金价格高低等,所以该指标又是企业业绩的综合表现。

2. 主营业务利润率

主营业务利润率是指主营业务利润与主营业务收入的百分比,反映每百元主营业务收入带来的利润是多少,表示每百元主营业务收入扣除主营业务成本和销售费用等后,有多少钱可以用于补偿期间费用和形成盈利。它又是利润总额的基础,反映企业基本获利能力,一个企业没有足够大的主营业务利润便不能盈利。

3. 总资产报酬率

总资产报酬率反映每1元资产所取得的收益,是反映企业资产盈利能力的一个十分有效的指标。把企业一定时期的利润与企业的全部资产相比较,表现企业资产运用的综合指标。该指标越高,表示资产的利用效率越高、越好,反之则相反。

4. 净资产收益率

净资产收益率反映净资产的活力能力,该指标越高,表示净资产的获利能力越高。该指标中的所有者权益,如为股份制企业则指股东对企业净资产的权利。股份制企业的全部资产减全部负债后的净资产属股东权益,它包括股本、资本公积和未分配利润。

(三) 分析租赁公司与财务公司偿债能力的指标

企业的偿债能力是指企业承担财务风险的能力。如前所述,租赁公司与财务公司要发展,不可避免要进行举债,企业的债务是要用资产偿还的,短期债务要用流动资产偿还。一般常用以下两个比率指标分析考核租赁公司与财务公司的偿债能力。

1. 流动比率

流动比率反映企业流动资产同流动负债的比率关系,关键要确定一个合理的界限，一般情况下经验数据认为 2:1 较为合理，过高会使企业占用在流动资产上的资金太多，失去更好的投资机会；过低也会使企业产生风险。

2. 速动比率

速动资产是流动资产扣除存货后的差额。流动比率能够反映企业的偿债能力，但有一个假定的前提，就是全部流动资产都能在一年内转变成现金，如果变现过程出现障碍，这一比率就不能充分体现企业的偿债能力。在流动资产中，存货是变现最慢的，所以在流动资产中扣除存货，那就更能体现企业的偿债能力。一般认为，速动比率为 1:1 就具有良好的偿债能力，与流动比率一样，速动比率不一定越高越好。

（四）分析租赁公司与财务公司负债能力的指标

所谓负债能力是指企业负担长期债务的能力，体现长期债务人所承担的风险。它与偿债能力是不同的，偿债能力与流动资产相关，而负债能力则与企业的净资产或资产总额相关。主要指标是资产负债比率。

资产负债比率反映企业全部资产中由债权人提供的部分，假如比率为 40%，就说明在全部资产中，有 40% 是由债权人提供的，60% 是属于所有者的。债权人提供得越多，企业的负债包袱越重，债务人面临的风险就越大。但过低也未必好，它会失去财务杠杆的作用，所有者收益不能达到最大化。

（五）分析租赁公司与财务公司资产效率的指标

企业资产效率又称企业营运能力，它是通过企业各主要资产的周转率来体现的，主要分析指标有：

1. 固定资产周转率

固定资产周转率反映固定资产的运用状况，用于衡量固定资产的利用效率，指标越高，表明企业固定资产周转速度越快，利用率越高，即固定资产投资得当，结构分布合理，营运能力较强；反之，说明固定资产周转速度慢，利用效率低，即拥有固定资产数量过多，设备闲置没有充分利用。

2. 总资产周转率

总资产周转率用于衡量企业全部资产的管理质量和利用效率，是一项综合性指标。该指标周转速度越快，说明企业利用全部资产进行经营的效率越高，资产的有效使用程度也越高，销售能力越强；反之，说明企业利用全部资产进行经营的效率越低，造成资金浪费，影响企业盈利能力。

综上所述，科学规范地遵循会计报表分析的原理和原则，利用比率或比例分析方法，定期考核租赁公司与财务公司经营、管理各环节的重要指标，必定能够去粗取精，去伪存真，剔除一些粉饰的外衣，真实公允地反映企业经营和财务状况，明确企业竞争地位和发展前景，促进租赁公司与财务公司不断做大做强，赶超先进水平，持续稳定又好又快地向前发展。

主要参考文献
Reference

1. 中华人民共和国财政部制定：《企业会计准则 2006》，经济科学出版社 2006 年 6 月版。

2. 财政部会计司编写组编著：《〈企业会计准则第 22 号——金融工具确认和计量〉应用指南 2018》，中国财政经济出版社 2018 年 7 月版。

3. 财政部会计司编写组编著：《〈企业会计准则第 23 号——金融资产转移〉应用指南 2018》，中国财政经济出版社 2018 年 7 月版。

4. 财政部会计司编写组编著：《〈企业会计准则第 24 号——套期会计〉应用指南 2018》，中国财政经济出版社 2018 年 7 月版。

5. 财政部会计司编写组编著：《〈企业会计准则第 37 号——金融工具列报〉应用指南 2018》，中国财政经济出版社 2018 年 7 月版。

6. 中华人民共和国财政部制定：《企业会计准则（合订本）2020》，经济科学出版社 2020 年 3 月版。